编辑委员会名单

主　任：林吕建

副主任：何一峰　　葛立成　　汪俊昌　　潘捷军　　王金玲

成　员：万　斌　　卢敦基　　邢自霞　　华忠林　　陈　野

　　　　陈华兴　　陈柳裕　　林华东　　徐吉军　　解力平

　　　　滕　复

中国地方社会科学院学术精品文库·浙江系列

中国地方社会科学院学术精品文库·浙江系列

民初宪政危机中的
政治调和思潮

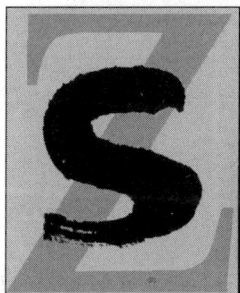

The thoughts of
political compromise in
constitutional crisis in
Early Republican China

● 胡丽娟 / 著

社会科学文献出版社
SOCIAL SCIENCES ACADEMIC PRESS (CHINA)

浙江省哲学社会科学规划课题
（12JCLS04YB）研究成果

浙江省哲学社会科学重点研究基地浙江省
中国特色社会主义理论研究中心学术成果

立足地方实践　高扬中国特色

《中国地方社会科学院学术精品文库》总序

人类社会踏上了充满挑战和希望的 21 世纪，世界各种文明和思想文化经历着深刻的激荡和变革。面对这样的形势，坚持理论创新、科技创新、文化创新以及其他各方面的创新，乃是建设中国特色社会主义事业，振兴中华民族的必由之路。因此，承担着"认识世界、传承文明、创新理论、资政育人、服务社会"职责的哲学社会科学，任重而道远。

中国特色的社会主义，是物质文明、政治文明和精神文明全面发展的新型社会，是人类历史中前无古人的创举，需要在马列主义、毛泽东思想、邓小平理论和"三个代表"重要思想的指引下，解放思想，求真务实，在实践和理论上进行不懈的探索，用科学发展观统领经济发展和社会进步，实现全面协调可持续发展。

胡锦涛同志 2003 年 7 月 1 日《在"三个代表"重要思想理论研讨会上的讲话》中指出，在实现全面建设小康社会这个宏伟目标的征程中，我们将长期面对三个重大课题：一是要科学判断和全面把握国际形势的发展变化，正确应对世界多极化和经济全球化以及科技进步的发展趋势，在日益激烈的综合国力竞争中牢牢掌握加快我国发展的主动权。二是要科学判断和全面把握我国长期处于社会主义初级阶段的基本国情，正确认识和妥善处理人民日益增长的物质文化需要同落后的社会生产力这个社会主要矛盾，不断增强综合国力，逐步实现全体人民的共同富裕。三是要科学判断和全面把握我们党所处的历史方位和肩负的历史使命，加强和改进党的建设，不断提高党的领导水平和执政水平，增强拒腐防变和抵御风险能力，始终成为团结带领人民建设中国特色社会主义的领导核心。哲学社会科学工作者必须立足国情，立足当代，以这三个重大课题为主攻方向，同党和人民一道，在实践的基础上进行前瞻性、全局性和战略性的研究，努力解决广大群众关心的理论问题和实际问题，建设中国特色、中国风格、中国气派的哲学社会科学。

中国共产党历来高度重视哲学社会科学的发展。中共中央在2004年3月发布了《关于进一步繁荣发展哲学社会科学的意见》，精辟地阐述了哲学社会科学在建设中国特色社会主义中的地位和作用，指明了进一步繁荣发展哲学社会科学的指导方针和基本原则。这个文件是在新的历史时期发展繁荣哲学社会科学的精神动力和行动指南，必将唤起广大哲学社会科学工作者为建设中国特色社会主义、服务于中国人民进行实践探索和理论创新的使命感，迎来中国哲学社会科学繁荣发展的又一个阳光灿烂的春天。

地方社会科学院是我国哲学社会科学研究的一支重要力量。20多年来，除台湾省之外，各省市自治区和部分计划单列市先后建立了社会科学院，总数已经达到44家。可以说，地方社会科学院是我国社会主义现代化建设的一支不可替代的生力军。在各省（市）党委、政府的领导与支持下，地方社会科学院在队伍建设、科研体制改革等诸多方面进行了许多探索，取得了重大的成就和可贵的经验，涌现出了一批科研骨干，获得大批立足地方实践、富有地方特色的优秀科研成果，为地方的经济社会发展和理论创新作出了重要贡献。立足地方特色，紧密结合广大人民群众的实践，是地方社会科学院发展的一个显著特点。我们相信《中国地方社会科学院学术精品文库》作为一个多系列精品工程的编辑出版，能够比较集中和系统地展示地方社会科学院的优秀科研成果及其固有特色，激励和推动社会科学学术研究的进一步开展和提高，有益于社会科学工作者之间的联系和合作。

继承和发展马克思主义，发展、繁荣社会主义中国的哲学社会科学事业，实现中华民族的伟大振兴，任重而道远，让我们大家共勉，在以胡锦涛为总书记的党中央领导下，进一步解放思想、开拓创新，迎接哲学社会科学繁荣发展的美好明天。

中国社会科学院院长

陈奎元

2004 年 8 月 15 日

承继浙学优秀传统　促进当代学术繁荣

《中国地方社会科学院学术精品文库·浙江系列》序

浙江学术有很多优秀的传统。

首先一点，浙江学术富有批判精神。汉代中期以后独尊儒学，当时的儒学有两个特点：一是墨守章句之学；二是盛行谶纬迷信。浙江人王充"退孔孟而进黄老"，对传统儒学提出尖锐批评，提出"神灭无鬼"的新说。他所开创的学术新风气对后来魏晋玄学产生了重大影响。唐宋以后，新儒学产生，程朱理学、陆王心学是其中最重要的两个学术流派。浙江产生了"浙学"，即以吕祖谦为代表的金华学派，以叶适为代表的永嘉学派，以及以陈亮为代表的永康学派。他们倡言事功，充分强调"利"的正当性。在南宋三大儒学流派中，他们于朱、陆两家之外独树一帜，不但成为宋学不可或缺的一支，也对此后浙江文化的塑造产生了深远的影响。南宋之后，程朱理学定于一尊，至明后期，余姚人王阳明提出"致良知"的新说，突破朱熹"天理"的绝对性，肯定了"人欲"的合理性。晚明文学艺术界有一股提倡人性解放、不拘一格抒发性灵的社会思潮，王氏之学，有以导之。至清代，考据之学成为当时的学术主流。浙江学者，不但为后人贡献了大量考据学上的成果，而且产生了章学诚这样的反潮流的学术大师，他强调"六经皆史"，标榜"浙东学术"的独特个性，与吴、皖两家相颉颃。至于清末，学风再变，程朱理学与经世思潮重新抬头，浙江不但产生了龚自珍这样的新思潮的代表人物，还产生了孙诒让、黄以周、俞樾这样的朴学大师，号

"清末三先生"。综观中国学术发展史，浙江学人在其中的地位清晰可见：他们未必是某一时期学术发展的主导者，却常常是某一时期主流学术的批判者；而他们所开创的学术新风，又常常引导着下一时期的学术新方向。浙江学人的这种批判精神，本质上就是一种创新精神。

浙江学术的另一优秀传统是对现实问题的高度关注。南宋"浙学"思想家们主张重商富民，正是这一学术传统的体现。到明清时期，浙江学人的现实主义精神得到进一步发展。浙东学派的重要代表人物黄宗羲，不但在经济上主张"工商皆本"，在政治上更是对君主专制制度提出前所未有的批评，成为中国思想史上一个不朽的标杆。清代浙江学术的地域风格已经形成。章学诚在《文史通义》中讲"浙东贵专家，浙西尚博雅"。浙东学派的成就，主要体现在历史研究上。清代文禁极严，明史研究是一个在政治上非常敏感的学术领域。浙江受文字狱之祸极深，著名的"明史案"便发生在浙江。当时很多历史学家为了避祸，在研究中有意避开这一禁区，专攻古史考证。而浙江学人，敢于逆流而上，浙东学派尤以明史研究见长。黄宗羲撰《弘光实录钞》、《行朝录》、《明儒学案》，选编《明文海》；万斯同一生专治明史，独力完成《明史稿》五百卷；邵廷采撰《东南纪事》、《西南纪事》、《明遗民所知录》；全祖望著《鲒埼亭集》，撰集碑记，表彰浙东抗清不屈之士。浙东学人的明史研究，表面上是研究历史，实际上反映的是现实政治问题，他们的学问，表面上是史学，骨子里是政治学。在这一点上，浙江学术的现实主义精神可理解成是一种革命精神。至于近代，一代国学大师章太炎，他的学术成就固以朴学见长，但在他的学术理论中，"种族革命"的特色表现得特别浓厚。这与浙东学派的精神是一脉相承的，都体现了一种对现实不回避的态度与勇气。

浙江学术的第三个传统是包容的态度和开放的精神。浙江的地理位置，正处于中国的中间地带。在历史上，永嘉南渡、安史之乱、黄巢起义、靖康之变，数次大事件引发的移民浪潮，都对浙江学术传统产生了重要影响。如南宋"浙学"三家，婺学（金华学派）的吕祖谦本来就是北方世家；永嘉学派，源自北宋"永嘉九先生"，他们与"二程"有师承关系。各种区域文化的交汇碰撞，造就了浙江学人包容的、学习的态度。浙江又地处沿海，在明清以后"地理大发现"的国际背景中，又成为"西学东渐"的前沿。早在明末，就有杭州人李之藻，从西方传教士利玛窦习天文、数学、地理等科学知识。近代以来，在西方学术科目的引进和建立中，浙江学人发挥了重要作用，如沈家本在法学上，蔡元培在教育学上，马寅初在经济学上，都堪称是一个学科的开创者或奠基人。蔡元培在执掌北京大学期间，以"兼容并蓄"治校，为"五四"新文化运动的兴起培育了土壤。作为新文化运动的代表人物，鲁迅以"拿来主义"的态度译介西方文学，并用新方法从事文学创作和文学史研究。在此过程中，中国的旧学问开始转型。海宁人王国维是一个对中国现代学术转型有着巨大影响的国学大师，在哲学、文学、史学三方面都有重要影响。在哲学上，他是中国最早介绍德国哲学家康德、叔本华等人哲学思想的人，他的《红楼梦评论》是中国最早运用西方美学对《红楼梦》进行学术批评的著作；在文学上，他著有《人间词话》，提出"境界"与"意境"说；在史学上，王国维是最早对甲骨文进行识读且取得突破性成就的学者之一，他首创"二重证据法"，将甲骨文与存世文献进行对照分析，使商朝历史成为信史。

浙江先贤的学术传统，是我们不朽的楷模。

浙江省社会科学院坚持以马列主义、毛泽东思想、邓小平理论与"三个代表"重要思想为指导，全面贯彻落实科学发展观，在省委、省政府领导下，坚持以科研为中心，坚持以浙江改革开放和现代化建设的重大理论与实践问题为主攻方向，重视基础理论研究，加强应用研究，突出浙江特色，强化为省委、省政府决策服务和为全省两个文明建设服务的功能，为发展我国哲学社会科学事业作出贡献。为了更好地发挥传承文明、创新理论的功能，推进"精品工程"和"人才工程"的实施，从 2001 年起，浙江省社会科学院设立浙江省省级社会科学优秀学术著作出版资金，陆续推出一批有较高学术价值的科研成果；从 2004 年起，又与社会科学文献出版社合作编辑出版《中国地方社会科学院学术精品文库·浙江系列》丛书，使科研成果的出版更加规范化、制度化，扩大了浙江省社会科学院的学术影响。

这些学术成果，有的重视社会调查，重视数据的收集与分析，关注浙江社会经济发展的现实问题；有的致力于乡邦文献的整理、地方史事的钩沉以及区域文化的理论探讨；当然，其中不乏越出地域之圈、站在学术前沿的创新之作。这些成果，或许还存在这样、那样的不足，有些问题在学术上还有争论，有的还有待社会实践以及学术自身的发展来检验，但它们有鉴别、有批判、有创新，这正体现了浙江学术的优秀传统。

林吕建

2009 年

内 容 提 要

　　政治调和思潮代表着民国初年民主转型中的妥协路径，因其蕴涵着深邃的妥协智慧与丰富的曲折性经验，不失为近现代中国政治思想史的重大课题。英美宪政民主的成功经验，证明妥协之于民主转型具有不可或缺的重要价值，有鉴于此，本书回顾了民初的政治调和思潮。

　　本书围绕如何实现民初民主转型的问题意识，通过文本解读和历史分析，探讨了民初政治调和思潮的时代背景、理论要旨和思想价值，以及思潮的衰落；进而借鉴邹谠的"全赢博弈"理论，分析了民初激烈对抗型政治文化的基本特征以及调和思潮衰落的原因。本书认为，民初的宪政危机，很大程度上是由袁氏与民党间互不妥协的激烈对抗所致。本书梳理了章士钊、杜亚泉、梁启超、张东荪、李大钊、李剑农的政治调和理论，进而从价值理念、宪政制度、社会基础三方面综合分析思潮的要旨，指出思潮的价值理念在于多元妥协的宽容，渐进的进化，英美传统的自由；宪法、政党政治及权力分立制度，是其一整套的宪政制度；社会是政治改革的基础，社会与国家二分，中产阶级占主体的市民社会，是政治调和所需的社会基础。由于袁氏与民党间你死我活的激进"全赢博弈"，政治调和思想因其"妥协博弈"的温和特质，被激进的时代所淹没。思潮的衰落，不仅表征着民初的转型方式由渐进改革转向激进革命，也表征着自由主义由英美传统转向法俄传统。此外，调和思潮的衰落有着更为深层的社会历史原因。与英美孕育妥协的封建弱王权，多中心秩序，思想多元、法治传统，均势政治，以及市民社会等社会历史条件不同，民初社会深具大一统专制强王权，一元秩序，思想一元论与人治传统，非均势政治，以及东方农民社会等政治文化传统。民初的这一历史土壤只能产出"全赢博弈"，全然不适宜政治调和的生长。

本书在结语部分充分肯定民初政治调和思潮的思想价值，提出跳出民初的"全赢博弈"模式，实现中国的民主转型，必有赖妥协之道及其适宜的历史土壤。妥协是民主的必由之路。

目　　录

绪　　论

所有的政府，人类所有的利益与福乐、所有的美德，以及所有的谨慎行为都必须建立在妥协互让的基础上。

——〔英〕埃德蒙·柏克

妥协是政治的灵魂。

——〔英〕阿克顿勋爵

第一节　选题的缘起与意义

一　问题意识

辛亥革命推翻了帝制，初创的中华民国开始了富有活力的宪政试验阶段，古老中华帝国由此迈出向现代民主国家转型的一步。然而，宪政的曙光转瞬即逝，民国的民主转型旋即流产。民初的民主试验何以失败？本书试图从思想史的角度，通过民初宪政危机中政治调和思潮的探讨，对此问题作进一步的探讨。

"妥协是政治的灵魂。"① 阿克顿勋爵如是说。我们考察英美宪政民主的转型，不难发现其成功的钥匙正是妥协。英国的"自由大宪章"和"光荣革命"堪称妥协的典范，前者是国王与贵族，后者是国王、贵族以及资产阶级之间达成妥协并签订协议，英国宪政的基础由妥协而奠定。且之后

---

① 〔英〕阿克顿：《自由史论》，胡传胜等译，上海：译林出版社，2001，第165页。

英国宪政上的调整变化，如 1832 年开始的选举改革，1911 年的《议会法》，1949 年的新《议会法》等，都是以妥协的方式得以实现。可以说，英国近代以来的政治都是通过妥协而向前迈进，其前进的每一步都是在旧形式中注入新的内容。即以妥协的方式实现政治上的不断完善。正如汤因比所说："英国顺利地在旧瓶里装进了新酒，还不至于引起旧瓶爆炸"，这"可以说是一种宪法方面的胜利，这种胜利应该当作是一种惊人的技艺"。①汤氏此处所谓的"技艺"显然是指"妥协"。

美国宪政的成功是又一个妥协的范例。美国宪法本身，就是一个以法律制度的形式所规定的妥协的机制；从美国宪政发展过程来看，许多关键性的、重大而艰难的问题往往通过妥协而得以解决。一部看似短短的美国史，充满着"康涅狄格妥协案"（"大妥协"）及"五分之三妥协""1820年密苏里妥协案""1850 年大妥协"等字眼。英美的成功经验是：宪政是妥协的艺术，只有通过妥协才能走向宪政民主。

民国初年，改革者重组政党，筹建议会、宪法、总统、内阁等在内的一整套西方式现代政治制度，宪政民主建设可谓蓄势待发，似乎近在咫尺而唾手可得。然而，从袁党的刺杀宋教仁到国民党的"二次革命"，直至袁世凯的独裁称帝，未满四年就宣告了民主试验的流产，民初宪政深陷危机之中。民国宪政危机是国民党与袁氏所代表的新旧两派激烈对抗的结果。这与英美的妥协恰恰相反，二者宪政失败与成功的结局亦适成相反。西方的成功经验与民初的失败教训都说明妥协是通向宪政民主殿堂大门的钥匙，妥协是民主转型的必要条件。可以说，没有妥协就没有宪政。难能可贵的是，民初已有思想家认识到妥协之于宪政的价值。章士钊、梁启超、杜亚泉等一批知识分子纷纷在政治改革上呼吁调和，形成了一股政治调和思潮。此"调和"对应的英文当为"Compromise"，今译"妥协"。②

---

① 〔英〕阿诺德·汤因比：《历史研究》（上），曹未风等译，上海：上海人民出版社，1986，第 300 页。

② 章士钊称"英之大家莫烈，且专著一书，名曰《调和》。十七世纪以还，欧洲所有政治运动，殆可以此二字尽之"，章在注释中注明 Jhon Viscount Morley 所著曰 On Compromise。参见章士钊《政力向背论》（1914 年 8 月 10 日），《章士钊全集》第三卷，上海：文汇出版社，2000，第 206 页。另外章在引用严复译的斯宾塞《群学肄言》中一段话作为"调和精要"时，曾注释说，斯宾塞书的原文中"本明著调和字样，严译以他字 （转下页注）

　　调和思想可谓民初知识分子对自 1895 年以来面对政治社会危机、文化危机所作回应的延续。不仅如此，这还是在宪政危机中出现的一种更为深刻复杂的反思性回应。为了与文化上的调和相区分，本书以"政治调和"概念特指政治上的调和思想。民初政治调和派诸公结合中西经验对民初如何实现民主转型问题的不懈求索，深刻表达了以妥协实现民主转型的政治智慧，是民初极其珍贵的思想资源。政治调和主张在民初思想界一度盛行，蔚为思潮，但最终昙花一现。本书选取民初政治调和思潮作为研究对象，旨在总结民初宪政民主转型的历史经验和思想遗产。

二　论域选择

　　史华慈先生曾提出思想史的研究一是要有"关切"，即问题意识，二是要有"议题"，即由问题所引发的焦点争论。如果光有关切而无议题，不过是"倾诉"；相反光有议题而无关切，则不过是"戏论"。[①] 本书在如何实现民初宪政民主转型的问题意识下，认为妥协是民主转型的必要条件而将民初政治调和思潮作为研究对象，接着需要交代围绕此而展开的议题，即有关论域的选择。本书具体研究聚焦为三个方面的议题：一、民初调和派诸公是在怎样的时代背景下提出他们的政治调和思想的？即当时的宪政民主转型处于何种状况？本书以为时处宪政危机之中。这一时代背景的分析也进一步证明了政治调和之于民主转型的价值。二、民初调和派诸公如何阐发其政治调和思想？他们如何理解调和（妥协），如何探讨通过妥协实现民主转型的问题？他们关注了哪些方面，提出了哪些见解？这就需要对民初政治调和思潮本身的思想内涵进行梳理，亦是对民初先贤所阐

（接上页注②）代之"，此处所谓"调和字样"，即"Compromise"。这段英文是：It cannot be too emphatically asserted that this policy of **compromise**, alike in institutions, in actions and in beliefs, which especially characterizes English life, is a policy essential to society going through the transitions caused by continued growth and development。严译的他字是"得半"。参见章士钊《调和立国论上》（1914 年 11 月 10 日），《章士钊全集》第三卷，上海：文汇出版社，2000，第 276 页。根据朗文字典的解释，Compromise 的意思是：to settle an argument of differences of opinion by taking a middle course acceptable to all sides。即采取一个为各方接受的中间路线以解决意见不合和争论。通过章的调和引文的中英文对照及对比英文 Compromise 的含义，可确定民初 Compromise 的中译"调和"，即今天翻译的"妥协"。

① 许纪霖、宋宏编《史华慈论中国》，北京：新星出版社，2006，第 258 页。

发的调和政治智慧的整理与发掘。三、为什么民初政治调和思潮最终衰落而成为一个被历史放弃的选择？这需要探寻政治调和思潮衰落的历史原因。本书将从问题意识出发，围绕这三个议题展开分析。

具体而言，第一，对作为政治调和思潮时代背景的民初宪政逐渐陷入危机的历史过程进行分析，说明民初宪政陷入危机主要由袁氏与民党间的三次重大不妥协而造成：民初"宋案"与"二次革命"是第一次重大不妥协；民初第一次制宪失败是第二次重大不妥协；袁氏称帝是第三次彻底不妥协的结果，由此助长了激进主义兴起并表征着宪政试验的失败。其间本书选择美国费城制宪会议与民国首次制宪会议的经历进行比较，指出妥协与否是其成败与否的关键。

第二，对民初政治调和思潮的思想内涵作一梳理，并选取章士钊、杜亚泉、梁启超、张东荪、李大钊、李剑农六位人物作为民初政治调和思潮的思想代表，对他们各自的政治调和思想分别作一详细解析。这是本书的大部，主要以调和派诸公关于民初何以通过妥协实现宪政民主的问题为主轴，以其相关"文本"为着力点，展开分析梳理。

出于研究的需要，在此必须先交代清楚研究时间段的问题。书中涉及的六位代表人物的政治调和思想，并非其思想的全貌，而是抽取民初其思想中关于政治调和的部分，这一"民初"时间段大体上被限定于1911～1920年之间，即以民元为起始点，以五四运动后调和思潮衰微为终点。总共大约是民国的最初九年。在这九年中，政治调和思潮由盛而衰，也是六位思潮代表人物政治调和思想主张最为活跃的时期。之所以选择这六位作为研究的对象，除了在民初他们大力主张政治调和，以温和渐进的改革实现中国的宪政民主之外，还在于他们在当时都是积极参与杂志的创办和撰稿并活跃于思想界的重要人物。梁启超创办《庸言》并任主编①，后创办《大中华》杂志。章士钊是《民立报》主笔，创办《独立周报》、《甲寅》月刊、《甲寅》日刊。杜亚泉自1911年任《东方杂志》主编，在此杂志上发表大量文章。张东荪参与创办《正谊》和《中华杂志》，不仅是《庸言》主要撰稿人之一，也是《甲寅》的重要撰稿人，1917年主笔《时事

---

① 《庸言》（半月刊）初由梁启超主编，后由吴贯因接任。

新报》并创副刊《学灯》，1919 年又创办《解放与改造》杂志。李大钊编辑《言治》月刊以及《言治》季刊，主编《民彝》和《晨钟报》，创办《宪法公言》，同时是《甲寅》的主笔，也在《太平洋》杂志上发表文章。李剑农在 1916 年担任《中华新报》编辑，之后创办《太平洋》杂志，也曾在《甲寅》上发表文章。① 他们的政治调和思想较为典型，对其展开研究可以揭示出政治调和思潮所蕴涵的政治智慧。这六位还有一个特点，大多可归于甲寅派，章士钊、李大钊、张东荪、李剑农都曾是《甲寅》的撰稿人，且后三位深受章士钊《甲寅》杂志为重镇的政治调和思想的影响。杜亚泉主编的《东方杂志》和梁启超创办的《庸言》，对于政治调和思潮的兴盛亦举足轻重。

第三，调和思想之于宪政民主的价值此等重要，但令人遗憾的是，它却遭遇了被历史放弃的命运。为什么民初政治调和思潮由盛而衰？为什么民初最终没有采取政治调和而走向宪政民主道路？为什么民初的知识分子最终放弃了政治调和思想？为什么民初的政要没有选择走妥协调和的道路？其背后的原因是什么？找寻这一系列问题的答案，在失败中总结历史经验，是中国现代政治思想史研究的重大课题。本书将简要梳理政治调和思潮在民初由盛而衰的过程，并重点探寻思潮衰落的历史原因。本书尝试鉴取邹谠先生提出的作为 20 世纪中国政治特征的"全赢博弈"模式（简称为"全赢博弈"）概念作为分析的视角与工具，通过对"全赢博弈"与政治调和思潮之激进与温和的特质比较，以及适宜前者生长而拒斥后者移植的历史土壤的分析，以探寻民初政治调和思潮衰落的历史原因。

三　研究意义

余英时曾将近现代中国思想史描绘为一个"激进化"（radicalization）

① 以下是 1912～1919 年间为调和派诸公主撰的主要杂志及其创办时间：《庸言》（半月刊 1912.12～1914.6），《大中华》杂志（1915.1～1916.12），《民立报》（1912.1～1912.8），《独立周报》（1912.8～1913.2），《甲寅》月刊（1914.5～1915.10），《甲寅》日刊（1917.1～1917.9），《正谊》（1914.1～1915.6），《中华杂志》（1914.4～1915.1），《解放与改造》（1919），《言治》月刊（1913.3），《言治》季刊（1917.4～1918.7），《民彝》（1915.12），《晨钟报》（1916.8），《宪法公言》（1916.10），《太平洋》杂志（1917.3）。

的过程，费正清则称之为一个不断"革命"的过程。① 一般认为，1895 年以后，中国社会开始受到空前的政治社会危机和文化危机，而且随着多次改革的失败，通过革命"彻底解决"中国一揽子问题的激进思想愈演愈烈。因为正如王元化先生指出的，似乎每次失败都是由于改革的不彻底②，从而导致近现代中国的"激进主义一路高扬"。③ 根据张灏的分析，1895 年之前至 19 世纪中叶只有改革与保守的争论，之后改革的阵营逐渐分化为改革与革命两股思潮，清末两者一度呈现双流并进的局面，至民初革命派很快取得了压倒性优势，进入 20 世纪 20 年代，中国思想界的激化现象相当普遍，革命思潮成了主流④，使得整个中国近现代的思想史几乎成了革命历史的书写。

其实，在主流的激进革命思想之外还有其他思想类型，尤其是其反面的温和渐进的改革思想，它们共同组成了中国近现代一幅完整的思想史图景。⑤ 美国汉学家墨子刻曾提出"调适"（accommodative approach）与"转化"（transformative approach）的分析构架，强调渐进改良与激烈革命的区别。台湾学者黄克武进一步对之做了阐释，提出辛亥革命前后知识分子对现代化与文化修改的辩论，形成了一个复杂的思想光谱，这光谱的两端分别强调激烈变革与渐进革新，正好对应转化与调适的不同思想类型。⑥ "转化类型"主张以一套高远的理想彻底改造现实世界，以达到拔本塞源的目的；"调适类型"则以为不可只看理想而不顾现实，主张小规模的局部调整或阶段性的渐进改革，并反对不切实际的全面变革。⑦ 调适与转化两股思潮在民初一度此消彼长，但由于近现代中国思想史上"革命范式"的影响使

---

① 参考黄克武《一个被放弃的选择——梁启超调适思想之研究》，北京：新星出版社，2006，第 7 页。

② 王元化：《杜亚泉与东西文化问题论战》，《杜亚泉文存》序。参见许纪霖、田建业编《杜亚泉文存》，上海：上海世纪出版集团、上海教育出版社，2003，第 5 页。

③ 高瑞泉主编《中国近代社会思潮》，上海：上海人民出版社，2007，第 13 页。

④ 张灏：《张灏自选集》，上海：上海教育出版社，2002，第 292～293 页。

⑤ 高瑞泉指出近代中国形成了多种思潮，哲学上有非理性主义与实证主义，人本主义与科学主义；政治上有民族主义（国家主义）、无政府主义和社会主义；文化上有激进主义、保守主义和自由主义。参见高瑞泉主编《中国近代社会思潮》，第 11 页。

⑥ 黄克武：《一个被放弃的选择——梁启超调适思想之研究》，第 1～2 页。

⑦ 高力克：《调适的智慧——杜亚泉思想研究》，杭州：浙江人民出版社，1998，第 1 页。

得调适思想被边缘化而成为主流思想史之外被遮蔽的思想。正是在这样的思想史背景下，深入研究和重新定位主张走温和渐进的改良之路，以妥协的路径实现宪政民主转型的政治调和思潮，是一项意义深远的课题。

同时，将政治调和作为近代一个政治思潮来研究，也凸显其思想史中思潮研究意义。在华东师范大学近现代思想史研究室研究方向的介绍中，有一段关于思潮研究意义的话，可引以为证："思潮的研究对于深入地把握一定时期社会的特征和社会意识形态的特点，理解思想的变动和社会的变动之间的复杂关系，以及从宏观上把握近现代中国的思想文化变革，都具有重要的意义。"① 尤其在五四时期，经古今中西碰撞之后各种思潮应运而生，思想界呈现出百家争鸣之丰富局面，整理当时的思潮即是鉴取历史的思想遗产。另外，本文选取的六位思想代表中，关于李剑农的政治调和思想的研究属于填补空白，据笔者掌握的文献还尚未有人对此进行研究。

民主是中国现代化中极其重要之内容，如何实现民主转型尤为重要。不仅作为宪政母国与宪政典型的英美是通过妥协而走向宪政民主，20 世纪下半叶西班牙宪政民主转型成功的关键亦是妥协。在毫无妥协的西班牙内战和佛朗哥独裁统治结束之后，后佛朗哥时代一个很重要的变化就是：西班牙的左右两派互相趋近，终于走向温和的妥协，从而成功踏入宪政民主正轨。② 这亦被亨廷顿称为是政府和反对派搞了一场"妥协的政治"。③ 亨廷顿在考察 20 世纪后期的第三波民主化时指出："妥协、选举、非暴力是第三波民主化的共同特征。"④ 不管是内生性的英美宪政民主，还是外源性的包括西班牙在内的第三波民主转型都表明妥协/调和是宪政民主转型的必要条件。意即政治调和作为一种妥协宽容的政治智慧，是宪政民主的精神理念，更是确立与实行宪政民主的最佳方式和现实途径。

20 世纪 80 年代以后，中国以前所未有的主动姿态积极迎接外来挑战，

---

① 华东师范大学近现代思想史研究室研究方向的介绍。http：//www. ecnu. edu. cn/HSD/hsd100. htm.

② 参见林达《西班牙旅行笔记》，北京：三联书店，2007。

③ 〔美〕亨廷顿：《第三波——20 世纪后期民主化浪潮》，刘军宁译，上海：三联书店，1998，第 204 页。

④ 〔美〕亨廷顿：《第三波——20 世纪后期民主化浪潮》，第 203 页。

实行"改革开放"，改革不利于现代化发展的政治经济多方面因素，以更好地融入现代化的世界大潮，建设民主富强的社会主义国家。一方面是以市场为导向的经济体制改革，另一方面是以民主政治建设为方向的政治体制改革，这是又一次历史巨变，加之改革以来出现的矛盾和困境，引发了思想界对中国发展方式、发展途径的深层思考。选取民初的这个时间段，正是张灏所谓的"转型时代初期"（1895～1920）的后半段，作为中国宪政民主的创始阶段，它既是一个富有活力的政治试验时代，又是一个民主流产的"共和幻象"时代，中国民主政治进程之各种艰难曲折的原初经验都蕴涵其中。妥协，作为一种基本的政治现象，更是各国现代化的必经之路，正如布莱克所言："历史的本质是变迁，各种争辩、斗争和妥协构成了现代化的特征。"① 所以，笔者对政治调和思潮的研究更是出于对当下中国问题的关注。政治调和具有的恒久思想价值不容忽视，尤其在我国改革开放、迎接现代化与全球化双重挑战的今天，以妥协的温和渐进改革达致民主，重新被认可。回顾民初宪政危机中的政治调和思潮，以调和的视角重新解读民初那段历史，不仅有助于我们吸取历史的经验教训，更有助于我们理解"调和"这种政治智慧，把握民主的精神内核，也为中国现代进行中的民主转型提供一种可资借鉴的思路。

第二节　文献综述

政治调和思想作为一种思潮，研究较少，据现有的文献搜索，只有高力克先生写过《民初调和思潮述论》。高将调和的政治与文化两个方面合一而为"调和论"进行研究。高指出"调和论"是清末民初调适性现代化思潮的基本理论。民初调和思潮以杜亚泉、章士钊、李大钊、蔡元培等为思想代表，其思想熔儒家中庸思想与英伦自由主义于一炉，在现代化与文化革新问题上，主张融合中西新旧与温和渐进改革。章、李侧重政治，倡有容之德与调和之道，旨在求政力之对抗而平衡的自由主义宪政规范；杜、蔡则更重思想，意在调和中西新旧而熔铸中国现代文化。高极具洞见

---

① 〔美〕布莱克：《现代化的动力》，段晓光译，杭州：浙江人民出版社，1989，第52页。

地指出，调和思潮有别于激进主义与保守主义之最深刻的特质，在于其理性而多元的中庸精神，它超越了欧化与国粹的对立，以其兼容新旧的中和性与循序渐进的稳健性，成为启蒙时代另一种独具价值的思想传统。① 高关于民初调和论这一研究成果，尽管只是个"述论"，但深刻挖掘了民初调和论的本质与启蒙价值，发人深省，是笔者关于民初宪政危机中的政治调和思潮研究的重要思想资源与理论基础。

自 20 世纪 90 年代起反思革命以来，调适思想、政治妥协思想开始受到学界越来越多的关注。尤其是政治妥协思想，近年来一些学者开始为"政治妥协"一词正名。万斌与学生罗维以解决政治冲突的视角出发对政治妥协的含义和意义做了一番考察，提出政治妥协"是指在特定的社会共同体中，政治利益冲突的双方或各方，以社会共同体为念，以相互宽容为怀，依据共同认可的规则，通过彼此间利益的让渡来解决或暂时解决政治冲突的一种社会调节机制"。而且他们指出政治妥协是人类理性自觉的产物，是人类政治智慧的结晶，其中蕴涵着工具理性与价值理性的统一，体现着大原则的坚定性与具体策略设定的灵活性的统一，政治妥协甚至成为化解冲突的普适性的机制，提升政治系统的现代性资质。当政治妥协成为一种普世性的价值选择时，社会稳定、人类和平的梦想才能真正实现。② 龙太江对政治妥协做了以价值为中心的分析，肯定政治妥协是一种普适性价值。他提出政治妥协是西方政治制度内生的、必然的政治现象，是该制度下自然生长而成的一种政治精神，并且提出以一种不带偏见的平常心认识和对待政治妥协，是民主社会的内在要求。③ 在上述学者努力的基础上，政治妥协的概念和价值在学界得以基本确立。就调适思想而言，前文已有论及，自墨子刻在近现代思想史范围内提出关于现代化与文化修改之模式的调适与转化分析架构之后，其学生黄克武，在90 年代初深入研究和充分肯定了梁启超的调适思想。在此之后，大陆学者中以高力克、王元化为代表的杜亚泉思想研究者，深刻挖掘了杜氏这位曾被忽视的思想大家的调适思想，揭示了这种基于自由多元的渐进改良思维

---

① 高力克：《民初调和思潮述论》，《教学与研究》1998 年第 5 期。
② 万斌、罗维：《论政治妥协》，《浙江学刊》2005 年第 1 期。
③ 龙太江：《论政治妥协——以价值为中心的分析》，武昌：华中科技大学出版社，2004。

的恒久思想价值，并称之为"调适的智慧"。① 这些关于政治妥协与调适思想的研究，虽然不以思潮的形式展开，但其就政治调和思想的基本概念和基本含义的研究同样为笔者展开政治调和思潮的研究提供了丰富的思想资源和理论基础。

虽然政治调和思潮的研究比较缺失，但相对而言，学界对于六位思想代表的研究中屡有涉及其调和思想之处，甚至还有针对思想家个人的调和思想展开的专题研究。由于六位思想代表的相关研究情况稍显因人而异，故下文以其研究程度的不同，分而论之。

其一，梁启超、杜亚泉和章士钊的政治调和思想分别已有相关重要的研究。

黄克武对梁启超清末的调和思想进行了专门研究。黄出版了《一个被放弃的选择——梁启超调适思想之研究》一书，此书主要基于 1903 年的《新民说》对梁的调适思想进行论述，重点是总结梁调适思想三个方面的渊源与特色：第一，梁具有相当强的幽暗意识；第二，梁对个人自由与尊严有根本的尊重，就此而言，梁的思想类似于穆勒主义；第三，他的观念一方面固然受到西方思想的影响，但另一方面与中国传统有密切不可分的关系，是他将此源于传统的观点与西方自由主义结合为一的结果。黄称梁启超是"以调适之人而处于转化盛行之世"；换言之，在 20 世纪初年，中国的知识界虽有多种走向，但大致正处于抉择关头，当时人们主要面临着转化与调适的两种选择，最后较多数的人选择了前者而放弃了后者。② 高力克也指出：梁氏的启蒙名著《新民说》可谓 20 世纪初崇英思潮的代表作，其一以贯之的中心思想即调和论，即梁氏的新民之道，力倡英国式的进步而兼能保守的调和精神。③ 另外，郭世佑和闾小波指出了梁启超的思想既非激进亦非守旧的调和性质。④

① 高力克：《调适的智慧——杜亚泉思想研究》，杭州：浙江人民出版社，1998，第 183 ~ 190 页。王元化：《杜亚泉与东西文化问题论战》，《杜亚泉文存》序，载许纪霖、田建业编《杜亚泉文存》，上海：上海世纪出版集团、上海教育出版社，2003。
② 黄克武：《一个被放弃的选择——梁启超调适思想之研究》，北京：新星出版社，2006。
③ 高力克：《调适的智慧——杜亚泉思想研究》，第 185 页。
④ 郭世佑：《梁启超："激进—保守"模式的盲区》，《文史哲》2004 年 04 期。闾小波：《柏克与梁启超：革命年代的智者》，《江海学刊》2006 年第 4 期。

　　高力克全面系统地剖析了杜亚泉的调适思想，提出了杜的调适思想是以接续主义、减政主义为主的渐进主义民主论，其温和的改革思想立基于渐进的社会演化论，杜氏深谙盎格鲁自由主义传统，大力倡导社会改革，提出以个人之改革与阶级之改造为主要内容的社会改革。高也指出了杜氏政治调适思想的局限性，即从长计议的治本之策无以回应切近的现实政治问题而难免其空疏性。①王元化对杜亚泉的调适思想倍加推崇，视之为 20 世纪末反思激进的思想资源。②其他如钟华、刘黎红、伏炎安、滕峰丽等人的研究，大多只涉及杜氏的文化新旧调和论。③

　　邹小站在《章士钊社会政治思想研究（1903–1927）》一书中探讨了 1910～1917 年章士钊作为一个温和的自由主义政论家的政治思想，指出章民初的政治思想受到了英国自由主义的影响，希望中国能够以和平有序的进化方式实现政治体制的转型；阐述了章的调和立国论，肯定了章对有容的倡导，对妥协、调和的强调，是很有价值和远见的。④郭华清在《宽容与妥协——章士钊的调和论研究》一书中，主要讨论了章的调和论的涵义与中西文化对其调和论的影响，论述了章的调和立国论和新旧调和论，并运用马克思主义唯物辩证法和系统论的观点加以分析，认为辩证法对斗争与和谐关系的理解比章的调和论更全面、更辩证、更符合实际。郭华清还将章士钊与李大钊、李剑农、高一涵、张东荪、蔡元培、严复、梁启超，以及东方文化学派诸君的和谐思想进行了简单的比较。⑤高力克指出章是甲寅派调和论代表，并对其进行了简要分析，指出章氏以超党派的自由知

---

①　高力克：《调适的智慧——杜亚泉思想研究》，杭州：浙江人民出版社，1998。

②　王元化：《杜亚泉与东西文化问题论战》，《杜亚泉文存》序，许纪霖、田建业编《杜亚泉文存》，上海：上海世纪出版集团、上海教育出版社，2003。

③　钟华：《杜亚泉文化思想初探——兼论五四新文化运动的论争》，《史学月刊》1994 年第 4 期。刘黎红：《"调和折衷"在杜亚泉思想中的方法论意义》，《聊城师范学院学报》（哲社版）2001 年第 6 期。伏炎安：《重评杜亚泉的东西文化调和观》，《吉首大学学报》（社会科学版）第 26 卷第 2 期，2005 年 4 月。滕峰丽：《章士钊、杜亚泉"新旧调和论"之比较》，《中州学刊》2006 年 3 月第 3 期（总第 153 期）。刘黎红：《天演的法则：章士钊、杜亚泉论"新旧调和"》，《锦州师范学院学报》2002 年 7 月第 24 卷第 4 期。

④　邹小站：《章士钊社会政治思想研究（1903–1927）》，长沙：湖南教育出版社，2001。

⑤　郭华清：《宽容与妥协——章士钊的调和论研究》，天津：天津古籍出版社，2004。

识分子立场，力倡英国式的宪政规范与调和精神。① 李华兴、浮新才等人的研究涉及章的新旧调和论，并认为其偏于旧和激进。②

其二，李大钊、张东荪和李剑农的调和思想在学界的研究中都略有涉及。

李大钊被高力克视为《甲寅》诸贤中又一信奉调和论的自由主义者，于民国政治改良和文化建设问题上力倡新旧调和之道。③ 郭华清指出李大钊的调和思想受到了章士钊的影响，其理论来源基本上也是英国的自由主义，提出李着重批判进步党——研究系的"间接之调和"，分辨出真伪调和，是对章士钊调和论的发展。④ 此外，王敏与张继良也指出，李大钊早期宪政思想中带有明显的调和主义色彩⑤，张宝明、王国宝和张敏都有指出李早期的调和之美，以及中西文化观上的调和。⑥

张东荪的调和思想在郭华清讨论章士钊的调和论时简要提及，郭认为张东荪的调和思想主要内容是，达到调和必先培养正当而健全的对抗力。⑦ 左玉河于哲学的角度谈到了张东荪的多元知识论。⑧ 吴炳守和栾亚丽、宋严，以及周石峰分别点到了张东荪基于社会调和的宪政模式和渐进的民主主义及调和中西文化的思想。⑨

李剑农的调和思想在郭华清讨论章士钊的调和论时被简单论及。郭华

---

① 高力克：《调适的智慧——杜亚泉思想研究》，杭州：浙江人民出版社，1998，第 187 页。
② 李华兴：《从传播欧洲思想到回归传统文化——〈甲寅〉时期章士钊思想研究》，《史林》1996 年第 1 期。浮新才：《章士钊〈甲寅〉（月刊）时期政论研究——以调和论为中心》，载《清华大学学报》（哲社版）1999 年第 14 卷第 3 期。
③ 高力克：《调适的智慧——杜亚泉思想研究》，第 188 页。
④ 郭华清：《宽容与妥协——章士钊的调和论研究》，第335～341 页。
⑤ 王敏、张继良：《李大钊早期宪政思想探析》，《河北师范大学学报》（哲社版）第 26 卷第 1 期，2003 年 1 月。
⑥ 张宝明：《"调和"与"独行"：李大钊从保守到激进的逻辑依据（1914－1921）》，载《史学月刊》2004 年第 1 期。王国宝、张敏：《试论李大钊的中西文化观》，载《兰台世界》2007 年第 3 期。
⑦ 郭华清：《宽容与妥协——章士钊的调和论研究》，第345～347 页。
⑧ 左玉河：《张东荪文化思想研究》，中国社会科学出版社，1998。
⑨ 〔韩〕吴炳守：《民初张东荪国家建设构想的形成》，载复旦大学历史系编《近代中国的国家形象与国家认同》，上海：上海古籍出版社，2003，第 88 页。栾亚丽、宋严：《张东荪民主思想探微》，《中共天津市委党校学报》2006 年第 1 期。周石峰：《趋同与离异：张东荪与文化激进主义和文化保守主义》，《青岛大学师范学院学报》第 21 卷第 3 期，2004 年 9 月。

清指出李剑农的调和思想实是受了章士钊的影响，理论来源基本上也是英国的自由主义。[①] 邓丽兰、王红霞谈到了李剑农主张渐进有序地推进宪政建设，萧致治提及李剑农是基于国家统一而鼓吹调和互让。[②]

以上关于六位代表人物调和思想研究的诸观点，虽然笔者并不一概认同，而且这些研究也并未将政治调和思想以一个思潮的形式进行分析讨论，但大部分研究与分析不乏真知灼见，对进一步展开政治调和思潮的研究有借鉴和启发意义。

第三节　研究方法与内容结构

一　研究方法

在研究方法上，首先，以本书选取的六位人物的全集、文集或民初杂志上的相关文章为主要研读文本，即用文献研究的方法整理政治调和思想的含义及内容。其次，运用政治学的相关理论，尤其是宪政民主、自由、市民社会等理论分析工具，探讨政治调和思潮的内涵与价值。再次，以比较研究的方法，包括民初首次制宪会议与美国费城制宪会议的比较，政治调和思潮内部不同人物思想，政治调和思潮与当时激进的"全赢博弈"的比较，以及中西宪政民主转型中是否采取妥协调和的不同历史土壤的比较，从而试图揭示民初政治调和思潮的特质，探寻其被历史放弃的原因。此外，还将政治学的理论分析工具与历史学的研究方法相结合，个人思想研究与思潮研究相结合，思想史与社会史研究相结合，尝试在学术视野与研究方法上有所创新。总体而言，在研究方法上的思路是：以问题意识为导向，以文本为切入点，综合运用以上多种具体研究方法。

需要说明的是：在分析问题的理论工具上，文章所用的民主、宪政、

---

① 郭华清：《宽容与妥协——章士钊的调和论研究》，天津：天津古籍出版社，2004，第340~341页。

② 邓丽兰、王红霞：《法政学者的宪政诉求——略论〈太平洋〉派学人的宪政思想（1917-1925）》，《福建论坛》（人文社科版）2006年第3期。萧致治：《李剑农：世界级大史学家——纪念李剑农逝世40周年》，《武汉大学学报》（人文社科版）第56卷第1期，2003年1月。

自由、市民社会等都是西方的舶来品。西方尤其是英美在宪政民主发展过程中积累的经验，从发生学上说，的确可能在世界其他国家很难复制。尤其在中国，很多问题有自己的特性，西方的理论未见得能将民初政治中相关问题——说清楚、说完备。但是有两点不可否认：第一，西方与中国同样都追求自由、宪政民主等普适性价值，在这一过程中，不同国家所选择的道路是多样的，即有所谓的多元的现代性。虽然多元的现代性没有解决现代性的普遍性与特殊性，或曰普遍性知识与地方性知识之间的紧张，但我们可以借鉴哲学上"家族类似"理论来缓解此种紧张，即总存在一些最基本的特征能为家族大部分成员所共同拥有，即使没有一个共同的特征是能为家族所有成员所共享的。① 就此意义而言，西方的概念可以价值必有其普适性的一面而在中国有一定的适用性。第二，以西方的理论工具对这些问题进行分析论述，至少给出了一种解释。而且从解释的维度来看，在西方理论话语强势主导而中国国内并没有完全建立起自己的完备理论分析工具的现实前提下，这样的解释是一种非常重要的解释，可以为我们认清民初以至中国当今的政治问题提供一种重要的必不可少的理论参考和借鉴。

二 内容结构

本书分为三大部分。第一部分是绪论和第一、二章，交代选题缘起，提出选取民初政治调和思潮作为研究对象，伸张其通过政治调和实现民主转型的观点；并交代民初宪政危机这一政治调和思潮的时代背景。第二部分是第三章至第八章，着重于民初政治调和思潮的内涵分析，综合分析民初政治调和思潮之要旨，并分别对六位思想代表人物的政治调和理论展开研究。第三部分是第九章和结语，探寻政治调和思潮被放弃的历史原因，总结历史经验，提出妥协是民主的必由之路。

绪论交代本书的选题缘起与意义。首先，着重介绍本书以如何实现近现代中国民主转型为问题意识，提出了通过政治妥协/调和实现民主转型。

---

① 现代性上的"家族类似"观点，参考许纪霖、陈达凯主编《中国现代化史 1800～1949》第一卷，序言，上海：学林出版社，2006，第5页。

并选择民初的政治调和思潮为研究对象，交代思潮的时代背景，梳理其理论内涵，分析其被历史放弃的原因。另介绍本书研究的意义。其次，对已有的相关研究进行整理。最后是对研究方法与内容结构的交代。

第一章民初宪政危机——政治调和思潮的时代背景，分析由于国民党与袁党之间一次次的不妥协使民初宪政曙光转瞬即逝。正是在这个过程中，政治调和思潮兴起并盛行，直至衰落。本书主要就这一过程中袁党与民党间的三次重大不妥协展开分析："宋案"与"二次革命"是民初第一次重大不妥协，使宪政危机初露端倪；民初第一次制宪中的不妥协，是民初宪政出现深刻危机之征兆，本书主要通过对美国费城制宪会议与民初第一次制宪会议中会议代表的妥协倾向，会议组织的妥协氛围，以及所制宪法本身的妥协性进行分析比较，论证袁氏与民党间的不妥协导致首次制宪失败；袁氏称帝是第三次彻底不妥协的结果，由此助长激进主义兴起，表征着民初宪政深陷危机。

第二章民初政治调和思潮之要旨。民初政治调和派诸公往往以政治对抗力或离心力、向心力的原理作为政治调和含义的核心概念；力主从宪法、权力分立、两党政治与议会政治等方面创设宪政制度，以橄榄型社会结构与市民社会培育发展为社会基础，进而从事政治社会的渐进改革；并且在其后作为精神支撑的是他们笃信而力倡的宽容品格，调和渐进的进化观以及英美传统的自由观等价值理念。这一系列价值理念、制度架构及社会基础，是民初政治调和派诸公对如何通过政治调和走向宪政民主所需的观念、制度、社会诸多方面条件的分析阐述，是民初政治调和思潮之要旨所在。

第三章至第八章，分别对章士钊、杜亚泉、梁启超、张东荪、李大钊、李剑农的政治调和思想进行个别研究。第三章梳理章士钊的政治调和思想。章倡导宽容的政治调和品格，即"有容"、不好同恶异；力主"政力向背"论，即以向心力与离心力的衡平原理制定调和宪法，确立现代政党政治，使国家走出治乱循环的暴力革命，走向和平改革的宪政民主道路；提出"调和立国"论，以相抵相让实现政治调和，并针对民初现实而为政治调和之养成作出努力，从而为实现宪政民主奠定基础。第四章分析杜亚泉的政治调和思想。杜以接续主义与调节之道阐释其政治调和思想，基于接续与调节理论而主张以保守与进步两党推动政治调和的进行；指出欧洲所具有的国家与社会的分殊对抗，中产阶级占大多数的橄榄型社会结构及其背后思想多元调和的精神理念，是政治调和与实现宪政民主必不可少的社会结构基础与社会心理基础，独创性地分析了中国中间阶级因异化而形成"游民阶级"与"游民文化"；反对以武力去除假共和，建立真共和，力倡以和平稳健的渐进改革之路建立宪政民主。第五章梳理梁启超的政治调和思想。梁以"政治上之对抗力"理论为核心，主张通过培养壮大"政治上之对抗力"，以实现政治由专制向宪政的演进；深刻探讨了民初政体改革上之调和，解析调和之宪法与调和之国会，使国会与政府形成对抗调和之势；并深刻地指出"革命复产革命"，力倡在保持社会秩序稳定的基础上进行温和稳健的渐进改革，包括发展教育和实业，提高国民的宽容精神、法治与自治精神等。第六章分析张东荪的政治调和思想。张借鉴了梁启超与章士钊的政治调和理论，从政治对抗力（向心力与离心力）的角度来阐释其政治调和之义，区分调和类型；指出政治对抗力赖以形成的一般原则主要是非暴力革命的长期渐进改革，以及通过法治尤其是宪法以限制政府权力；不仅极有先见地提出了国家社会二分，以促使社会自由竞争发展，而且主张自治与具有自治精神之联邦，为政治调和提供所必需之社会基础。第七章梳理李大钊的政治调和思想。李大钊的政治调和思想不仅在于对"政治对抗力""离心力与向心力"的阐释，以及提出调和之美、空间调和等扩充调和含义，更在于对"调和法则"与"伪调和"的深入解析；极具洞见地指出两让两存、直接之调和才是真调和，自毁、间接之调和是伪调和，同时对当时缓进派的伪调和进行剖析批判；与两让两存的政治调和含义相对应，倡导调和的宪法与调和的政党，以有助于创建现代宪政。第八章梳理李剑农的政治调和思想。李剑农认为调和之本义为新旧蜕嬗、群体进化之象，亦即所谓合理之调和；指出民初缓急二派之新者互不相让反而使旧者得渔翁之利，实非调和本义；提出以宪法形式范围并容纳各势力使各得其所，主要包括以健全之政党政治与议会政治保障实现的"真立宪"，与减少国家干涉、削弱中央集权以给予国民个体及地方自然发展之"真秩序"，并且"真秩序"与"真立宪"由调和相贯通，都必经历一个长期渐进之过程始能为功。

　　第九章一个被历史放弃的选择——以"全赢博弈"审视民初政治调和思潮。第一节论述民初政治调和思潮由盛而衰的过程，盛行主要表现于相关杂志上的热议；言论阵地的丧失与思潮内部成员思想的分化表征着思潮的衰微。二三两节着重探析思潮被放弃的历史原因。本书援用邹谠先生提出的 20 世纪中国政治特征"全赢博弈"模式作为参照系展开分析。邹谠说："中国精英之间不断出现的权力斗争，无论涉及最高权力或次一级权力，总是与一方全赢而/或一方全输相联系。这不仅是中共党内精英政治的特征，也是整个二十世纪中国政治的特征。"① 本书以此模式审视民初政治调和思潮，分析其衰落的历史原因。一方面，相对"全赢博弈"而言，政治调和思潮具有多元中庸的温和特质而相当于某种"妥协博弈"。"妥协博弈"之温和不敌"全赢博弈"之激进，政治调和思潮遂被愈趋激进化的时代弃之一旁。其表征是中国现代化过程由渐进改革而为激进革命，自由主义发生由英美传统而法俄传统的转向。另一方面，政治激进主义的时代潮流——"全赢博弈"——有其生发的历史土壤。正是这一历史土壤拒斥了政治调和。比较而言，英美由妥协而成功完成民主转型有其特殊的历史土壤。英国有封建多元的政治社会结构与传统，相应的有着有限王权、多元秩序与法治的传统。美国亦继承了英国的权力有限多元与法治的政治传统。而民初的历史土壤遗存了中国大一统帝制结构的政治传统，表现为专制、强王权、一元秩序等特征，以及相应的一元论思想与人治传统。同时，英美中产阶级与市场经济的发展形成了相对独立自由的市民社会。而民初的东方农民社会是一个"国家强于社会"的模式，广受国家干涉且以农民与小农经济为主。英美的这一系列社会历史条件不仅孕育出妥协精神，而且易于形成政治均势以促成妥协。民初具有的与英美适成相反的历史土壤孕育的却是激进的"全赢博弈"而拒斥妥协。

　　结语"妥协是民主的必由之路"。本书肯定民初政治调和的重要价值，并提出唯有通过妥协才能跳出民初的"全赢博弈"模式，实现民主的成功转型。

---

　　① 邹谠：《中国革命再阐释》，香港：牛津大学出版社，2002，第 5 章第 167 页。

第一章
民初宪政危机

——政治调和思潮的时代背景

袁（至少是袁党）之杀宋，是一错；而国民党之以暴易暴，兴兵倒袁，则是再错。历史不是数学，两负不能变成一正。一错、再错之后，此例一开，接着三错、四错随之而来，就变成武力至上、军阀混战了。

——唐德刚

自从 1840 年古老中国被迫打开国门以后到全新的中华民国初建，逐渐受到来自西方的几乎全方位的冲击，由起先"师夷长技以制夷"的对西方器具技艺的学习，发展到以民主政治为主的制度层面，以致文化精神层面的由表层而至深层的不断对照与学习，是众所周知的。尤其到了民初，经过清末的预备立宪，各政治势力之间在须建立宪政民主这一点上没有疑义，民初的宪政建设似乎已然有箭在弦上不得不发之势。而且由于西方势力的逐步侵入与威胁，中国步入宪政民主亦迫在眉睫。第一次制宪国会召开在即，一切似乎都是千载难逢的建立宪政的绝佳时机。但是由于"宋案"（宋教仁被刺杀）的发生，使得中国宪政之路出现了不祥的转机，预示了宪政危机的出现。之后孙中山发动的"二次革命"与国民党主导的国会第一次制宪，则兆示了民初深刻的宪政危机。而之后袁世凯称帝与激进主义的兴起则正式宣告了民初宪政的失败。所以，正如绪论中所提到的，政治调和思潮不仅是中国知识分子对自 1895 年以来面对政治社会危机、文化危机以及两种危机互动所作的回应的延续，更是一种在民初宪政试验出现危机以至终为败局之后的反思性回应。

固然政治调和思潮兴起的时代背景，大而言之，有当时宪政民主成功经验与失败教训的国际背景影响的因素；小而言之，有当时个别知识分子对西方自由主义宪政民主理解与阐扬的作用。但思潮与民初政治现实的互动是其中最为紧要的，而民初政治现实就是宪政民主实验出现了重大危机。故而本书以民初宪政危机初现到深陷作为政治调和思潮的时代背景展开讨论。同样民初宪政危机的生发固然是多方面原因之共同作用造成，但在笔者看来，根本上是由于国民党与袁党的互不妥协所致，所以把论述的视角置于二者间不妥协的事实之上。辛亥革命后南京国民政府总统孙中山让位于袁世凯，可谓一政治妥协之举，之后国民党又转而企图利用其主导的议会制宪，以一部宪法来约束袁氏，这似乎是国民党人的一次不可错失的反击机会。加之"宋案"直接导致的国民党对袁氏的不信任和仇视，于是激起孙中山领导国民党进行反袁的"二次革命"，以武力与袁氏对抗，结局却是失败。民初第一次制宪中，国民党以不再向袁氏妥协的强硬姿态来完成，结果成就的还是失败。而议会至上的宪法是袁氏断不能接受的，国民党的行为传达之不妥协信号，激起了袁氏动用武力压制国民党与解散议会的不妥协的政治举措，哪怕袁氏本是个重实利而不至于决不妥协的人。袁氏所为又由一不妥协而再不妥协，直到最后称帝。激进主义也应运而生，将民国初建时较为兴盛的妥协调和呼声渐渐压住。民初政局中此关键二派，皆不懂妥协，不可避免地阻挡了中国迈向宪政之路，并将之推入危机之中。政治调和思潮在此过程中逐渐走向盛行（尤其以章士钊在1914年完整地提出的政治调和思想为标志），但不久又急转直下。一次又一次的不妥协致使民初宪政陷入危机，这既是民初政治调和思潮的时代背景，又是通过政治调和实现宪政民主转型的反面证明。

民初政治调和思潮的这一本有调和余地却一步步走向不妥协的时代背景，简言之，国民党与袁党之间的"宋案"与"二次革命"是第一次重大不妥协，使宪政危机初露端倪；第一次制宪会议失败是第二次重大不妥协，是民初宪政出现深刻危机之征兆；袁氏称帝是彻底不妥协的结果，由此助长了激进主义兴起，是民初宪政失败之表征。故而下文主要从这三个方面展开，讨论作为民初政治调和思潮兴起的时代背景。

第一节 "宋案"与"二次革命"

诚如唐德刚所言，民国二年（1913）所发生的刺杀宋教仁案（"宋案"）和随之俱来的由国民党所发动的反袁内战（"二次革命"），实在是中国近代史上不应该发生的两项偶然事件。然而不幸的是，历史上的偶然事件，往往会导致必然的结果。在民国史上政争不遵循法律途径而用枪杆，这是第一次。"袁（至少是袁党）之杀宋，是一错；而国民党之以暴易暴，兴兵倒袁，则是再错。唐打趣道：历史不是数学，两负不能变成一正。一错、再错之后，此例一开，接着三错、四错随之而来，就变成武力至上、军阀混战了。"①

一 "宋案"：暗地的不妥协

"宋案"是袁党对民党的一次似乎暗地里实际上明目张胆的不妥协。宋教仁与黄兴于1913年3月20日晚到上海火车站乘车赴北京，在车站宋被人连放三枪且击中要害，至22日凌晨绝命。这就是当时轰动全国的宋教仁被刺杀一案，史称"宋案"。"宋案"的发生是袁党与民党相互不妥协的结果，在此有必要先交代一下"宋案"发生之原委。② 袁世凯当上临时大总统，迫使临时政府北迁，并令唐绍仪内阁更迭至陆徵祥内阁转而赵秉钧内阁，从而对约法与议会势力进行限制与玩弄。国民党欲图采取内阁制与

---

① 唐德刚：《袁氏当国》，桂林：广西师范大学出版社，2004，第65页。
② 李剑农认为"宋案"的发生主要在于国民党自身。新的化合后的国民党，有三种不同的所谓"新旧合作精神"（孙中山的新旧合作是朝野合作；宋教仁的新旧合作是总统与政党内阁的合作；黄兴则希望北洋军阀官僚与国民党同化的合作），李剑农指出国民党的弱点便伏在此处，宋教仁的生命也便丧在此处，因为他的"新旧合作"只肯把正式总统让给代表旧势力的袁世凯，而内阁必操诸代表新势力的政党。到国民党在国会议员选举战胜后，轰动一时的宋案因以发生。参见李剑农《中国近百年政治史（1840～1926）》，武汉大学出版社，2006，第291～292页。

国会制宪，限制袁的势力。新成立的中华民国在民国元年底至次年初举行了第一次国会选举，此时的国民党经改组而成了两院中第一大党。同时，宋教仁其人也极不简单，国民党改组后虽仍然尊孙文、黄兴为领袖，但实际工作由宋主持。与同盟会一样，国民党也有不同的派系，宋显然是有重大影响的一派领袖，并且显示出团结全党的潜力。宋以各处宣讲的方式批评指责袁氏政府，令袁颇为顾忌。唐德刚称宋教仁是个"搞行动的理论家和有野心也有理论基础的组织家，少年气盛，不忍不让。所以袁之怕宋，实远甚于怕孙"①。宋还曾拒做袁氏的干儿子，拒绝袁世凯的收买。宋毫不妥协地极力主张总理内阁制，希冀将袁氏的总统权力虚置。袁氏及其党徒都深知宋的威胁之大，对宋下手，亦是袁党的一种对民党的暴力方式的抗议表达。

二 妥协抑或革命

"宋案"发生之后，接下来袁党与民党是否能相互妥协则极为关键。一方面，"宋案"发生后，袁世凯并没有立马撕破脸皮。尽管面对这一突发事件，袁的应对很狡猾。李剑农称袁在"宋案"发生后积极备战，"一点不游移，一点不放让，什么法律、国会，一切不放在眼中"②。然而，为了换取朝野政治势力对自己的支持，袁提出了自己的要求，严泉认为其"要求的自由任命国务总理权与不受限制解散国会权，正好符合英国式内阁制度的相关规定"③。袁伟时认为，"袁世凯蓄意实行总统制，也没有逸出民主共和的范围"④，而是向国民党做了让步。袁曾公开表示只要宪法对于总统权力"无牵制过甚之弊"，那么无论是总统制，还是内阁制，他"均无所容心于其间"。可见虽然袁当时主张国权主义，目的在于扩大总统权力，但是袁在维护自己政治利益的同时，对民权主义

---

① 唐德刚：《袁氏当国》，桂林：广西师范大学出版社，2004，第57页。
② 李剑农：《中国近百年政治史（1840～1926）》，武汉：武汉大学出版社，2006，第299页。
③ 严泉：《失败的遗产——中华首届国会制宪1913～1923》，桂林：广西师范大学出版社，2007，第204页。
④ 袁伟时：《辛亥革命的是是非非》，《二十一世纪》2001年12月号。

的主张也作出了一定的妥协与让步。① 哪怕直到国民党发动了"二次革命",袁在镇压的同时还并未因此而破坏国会制宪,可以说他还没有完全放弃以非武力的合法方式与国民党及其主导的国会进行协商以争取他的总统权力。

另一方面,在国民党方面,形势却异常混沌,党内存在着法律解决和武力解决两种意见的分歧。黄兴一派主张法律解决,而孙中山动员起兵讨袁。事实上法律派与武力派手段相异,而限制袁世凯之目的相同,法律派主张以法律限制袁,武力派则主张以武力倒袁。正如李剑农所说:"国民党中无论法律派与非法律派,其目的专在排袁,特其手段稍异。"② 那么在当时该采取哪种手段呢? 答案理应是前者。因为当时民国初建,出现了20 世纪中国罕见的一个政务比较公开、司法相对独立的年代。"宋案"发生后第四天,先后在上海公共租界捕获凶手应桂馨、武士英,搜获并以"通电"的形式向海内外公布应桂馨与国务总理赵秉钧、内务部秘书洪述祖来往密电和函件一大批。上海地方检察厅公开传讯在位的国务总理赵秉钧。虽赵拒绝到上海应讯,但一个地方法院传讯总理和地方官员公布政府最高官员与杀人罪犯密切来往的证据,实不愧为20 世纪中国司法史上空前绝后的大事。由于时人普遍认为是袁"杀以灭宋案之人证者",袁在社会舆论的强大压力下被迫批准赵辞去总理,由段祺瑞代理,赵后被毒死在总督衙门。袁多少表示了对法律与舆论的尊重,尤其社会舆论对法律解决"宋案"存有期待,如以法律解决,不仅是将国民党与袁政府规约于法律范围从事合法斗争的有益尝试,而且定有益于民初的法治观念的普及。

三 "二次革命":公开的不妥协

然而令人遗憾的是,在这样的情况下,最终孙中山断然采取激烈的对袁不妥协的武力解决方式,发动了"二次革命"。"二次革命"即是孙中山

---

① 严泉:《失败的遗产——中华首届国会制宪 1913～1923》,桂林:广西师范大学出版社,2007,第 204 页。
② 李剑农:《中国近百年政治史 (1840～1926)》,武汉:武汉大学出版社,2006,第 300 页。

等中国革命党人于 1913 年"宋案"发生后发动的讨伐袁世凯的战争,又称"癸丑之役""赣宁之役"。在孙的动员下,李烈钧于 7 月 8 日回江西湖口,成立讨袁军,宣布江西独立,向进驻九江的北洋第六师发动进攻,拉开了"二次革命"的战幕。随后江苏、安徽、上海、广东、福建、湖南,以及重庆等地也相继加入讨袁行列。但是,袁世凯与五国银行团达成善后借款,遂有军费发动内战,以消灭南方革命力量。而讨袁军仓促上阵,孤立无援,事实上国民党的多数议员都还在北京留恋议席,可见讨袁不见得如孙中山料想的得人心,因此这场革命很快就遭到挫败。9 月 1 日南京失守,孙中山倡导的"二次革命"随即宣告失败。这是历史记载的"二次革命"的简单经过。

从上述"二次革命"发动的初期党内分歧,以及发动具体过程中的细节来看,孙中山及其追随者发动的所谓"二次革命",首先,从法理上说,无疑是非法的。其次,从力量对比上看,这是一次绝望的反抗。再次,"二次革命"失败的最重要原因是,尽管国民党人喜欢把这一次军事冒险称为"二次革命",其实当时人心思定,并不存在爆发革命的客观形势。① 复次,从历史发展的全局看,在政治舞台上,不计成败利钝,不考虑国家和社会发展的前途,以"宋案"为由称兵进行所谓"革命",是民国史上的一个不明智和非常不幸的开端。袁伟时认为由于孙中山进退失据、处理不当,没有选择依法解决的途径,而是附和武装反抗的主张,反而使支持民主的势力遭到毁灭性的打击,造成了意想不到的损失。② 宋教仁之死无疑是对国民党的一大打击,但如处理得当,未尝不是揭露袁世凯及其追随者的罪恶,从而推进民主、法治建设的一大机会。不幸的是,孙中山及其追随者在法律解决的空间依然存在,国会运作尚未停止的情况下,选择了以刀枪分是非的道路,于是,接踵而来的一系列不堪回首的记录就无法避免了。应了梁启超那句话:"种瓜得瓜,种豆得豆。"

民初的政治难题是如何驯化袁世凯集团,驯化权力,将老虎狮子关进

---

① 朱宗震、杨光辉编《民初政争与二次革命》(上编),上海:上海人民出版社,1983,第 333 页。

② 袁伟时:《政治策略与民初宪政的历史经验》,《战略与管理》2000 年第 6 期。

笼子，从而使中国政治走上民主正轨。以袁氏为首的北洋集团是当时最有实力的政治集团，其主要实力在于武力上，虽然袁氏本人有一定的合法性。以宋孙等为首的由同盟会改组而成的国民党，其优势在于民主政治的合法性。所以，以袁氏和国民党为首的两股对立政治势力之间，原本可以形象地说是"一杆枪和一张票"的关系。然而，事实上，袁党与国民党都缺乏妥协调和的智慧，根本无从调和起，自然结局只有调和未遂。尤其就国民党而言，心理上无让德，实力上无抵抗能力，仅有的法理上的力量也未善加利用。换言之，国民党在处理"宋案"的方式上，并没有利用自己的优势与袁氏集团对抗，反而以己方为弱势的武力对抗袁氏占绝对优势的武力，无异于以卵击石：一方面是武力上的必败，使得自己势力被削弱；另一方面更为严重的是，毁坏了民国初兴的法制，打击了屡弱的法律传统，无异于腰斩了始开的民主局面。宋的悲剧和反袁内战的悲剧，都是中国宪政民主的悲剧。当时是中国有望接近宪政的历史瞬间，然而正是"宋案"与"二次革命"的不妥协，致使难得的宪政契机昙花一现，民初宪政初涉危机。

第二节　中美比较视野中的民初第一次制宪失败

民国初建，各方都响应使专制中国向宪政民主转型的要求，迫切需要制定一部宪法。但民初首次制宪却不幸流产，成为共和幻象。关于制宪失败的原因，学界已有了多种分析。① 下文从妥协的视角将民初首次制宪会议与美国费城制宪会议进行比较，论证民初第一次制宪的失败，主要在于其制宪过程中缺乏妥协精神，不走妥协之道所致。

民国首次制宪与美国费城制宪都面临着建国之初类似的急需解决的

---

① 对民初制宪失败的原因的反思大致有七种。传统的看法不外乎三种：一是经济基础论，中国没有发生过产业革命的缘故；二是封建阻力论，没有彻底摧毁封建制度的缘故；三是阶级斗争论，一面是革命党人放弃了武力，一面是袁世凯为首的旧势力对民主政治的破坏所致。其他不同看法认为主要原因在于：一是缺乏与民主宪政相应的社会基础；二是没有相应的政治文化支持；三是新式宪政分权与传统政治模式不相容；四是缺乏一个有力量的与开明的中产阶级。参见严泉《失败的遗产——中华首届国会制宪1913～1923》前言，桂林：广西师范大学出版社，2007，第8～12页。

问题。转型中的民国初年，新生临时政府所面对的是社会动荡、财政窘迫、行政混乱、蒙藏独立等严重问题，尤其财政极端困难已经到了使中央政府难以维持的地步。① 而且当时政治权威缺乏，国人大都希望早日完成宪法，确立民主政治，选举正式总统，确立中央政府的合法性，协调中央与地方，从而改善政局和社会状况，以求民国获得国际上的承认。在费城制宪之前，美国财源过分拮据，各州内部及债权人与债务人之间的经济争执日趋紧张，贸易需要各州合作和联邦条款的制定。② 而且战争结束使促成各州联合的紧迫感减退，各州间冲突频频发生，外国威胁时时存在。③ 另外，当时 13 个联合州认为英国管理不善而拒绝对英国效忠，但他们自己似乎也不能管理自己。为了在全世界及自己面前证明美国人民的"自然法则以及上帝颁赐给他们平等自立于世界强国之列"的权利，一个有效率的联邦必不可少。④ 中美两国在特定的历史时刻都需要建立宪法以确立民主宪政制度，都需要创建合法的强有力的中央政府处理好中央与地方的关系，以因应严峻的政治经济危机，维持社会的稳定，确保宪政民主政体的生存。

民初制宪会议正式会议从民国二年七月二十一日开始，至十月三十一日会议结束宪法草案的三读，共开会 33 次，历时近三个半月⑤，与 1787 年美国制宪会议的时间相仿。⑥ 美国制宪者们在最主要的三个重大问题上

---

① 1912 年初，南京临时政府遗留库存仅有 3 万元，北京临时政府只是这一数字的一倍。参见 1912 年 5 月 27 日《民立报》。一年半之后，进步党人熊希龄就任国务总理时，财政状况更加恶化。"除海关税实收可稽外，余皆性质不明，或各地方税收本自减少，或虽不减少而不能听国家之指拨。"中央政府只能以借外债度日。参见严泉《失败的遗产——中华首届国会制宪 1913～1923》，桂林：广西师范大学出版社，2007，第 204 页。〔美〕费正清编《剑桥中华民国史》上，杨品泉等译，北京：中国社会科学出版社，1993，第二章。

② 〔美〕马克斯·法仑德：《设计宪法》，董成美译，上海：上海三联书店，2006，第 2～5 页。

③ 〔美〕詹姆斯·M. 伯恩斯等：《美国式民主》，谭君久等译，北京：中国社会科学出版社，1993，第 16 页。

④ 〔美〕马克斯·法仑德：《设计宪法》，第 2～5 页。

⑤ 严泉：《失败的遗产——中华首届国会制宪 1913～1923》，第 53 页。

⑥ 美国的制宪会议从 1787 年 5 月 29 日开始，至 9 月 17 日结束，历时近 4 个月。参见〔美〕马克斯·法仑德：《设计宪法》，第 50 页。

有严重分歧：宪法应建立民主共和国还是贵族共和国；如何划分联邦和州的权力范围；如何对待奴隶制问题。① 让人钦佩的是，经过艰苦的谈判，他们在这些问题上达成了众多历史性的妥协。甚至可以说"在每一个问题上，妥协都成了必要的"。② 为解决大小州在联邦国会中代表权问题争议的"康涅狄格妥协案"，被后人尊称为"大妥协"。关于众议院席位分配的妥协，即所谓"五分之三条款"，更是一项妥协的力作，它是南北双方在奴隶制问题上达成的第一个重要妥协。正是"五分之三条款"的妥协，奠定了其他后来妥协的基础。③ 所以美国的制宪过程是一个讨价还价的妥协的过程，由此确立了一个强大的现代宪政民主国家，美国学者房龙在介绍美国制宪会议时甚至称"妥协拯救了一个民族并建立了一个帝国"。④

民初制宪时，以袁世凯为首的北洋集团是最有军事实力的政治集团。由同盟会改组而成的国民党的优势在于民主政治的合法性。这两股对立势力的关系如前文所提到的，基本上是"一杆枪和一张票"的关系，原是可以本着各自的优势相互抗衡，相互妥协。但是在民初的制宪过程中，双方并没有如美国制宪中那般在制宪会议中将分歧化成共同的议题，并通过妥协达成共识，从而无助于建立起一个真正的民主宪政国家。两种制宪由于妥协与否造成截然不同的结局：一成一败。

一　会议代表：妥协倾向比较

就制宪会议的代表而言，两种会议代表之间至少由于两方面的不同，使得一则颇具政治妥协的特质与条件，一则几乎全无。

首先，美国的制宪议员从政经历丰富，具有相当的政治实践经验，这使得他们更务实，在制宪中更倾向于以妥协的方式达到自己的目的。他们

---

① 李道揆：《美国政府和美国政治》，北京：商务印书馆，1999，第 19~27 页。
② 〔美〕马克斯·法仑德：《设计宪法》，董成美译，上海：上海三联书店，2006，第 170 页。
③ 季卫东博士曾将宪法上的妥协分类为三种方式：形式上的妥协、实质上的妥协与制度上的妥协。这在美国的制宪史上同样有生动而有趣的体现。参见季卫东《宪政新论——全球化时代的法与社会变迁》，北京：北京大学出版社，2003，第 161 页。
④ 〔美〕亨德里克·威廉·房龙：《美国的故事》，刘北城等译，北京：社会科学文献出版社，1999，第 154 页。

是来自各州的代表，在某些方面是了不起的人，绝大多数都在悲壮的独立战争中起了重要作用，其中接近 3/4 的人在联邦议会中当过议员。而且实际上他们全体在各自的州中都是名人，都担任过政府中的要职。杰斐逊说美国制宪会议是"一批受崇拜的人物的会议"。① 这样的会议代表，显然都是熟悉政治妥协之道，且易于做出妥协的人物。而民初的国会制宪中虽然有不少议员具备一定的现代政治、法律知识，但更重要的是，一半议员不具有任何实际政治经验。至于那些有从政经验的，不是担任议员的时间太短，就是曾在前清政府任职，那些任职于南京临时政府的官员的"从政"经历则更加短暂和不完整。多数议员是社会阅历也比较简单的从事反清革命斗争的革命党人，他们的特点是抗争性强，不易妥协。② 需要指出的是，在这个议员群体中，有一个特殊的群体——学生，它占了议员总数的 1/3。学生中的多数是在日本参加过同盟会进行的反清斗争的留学生，"是制宪议员中最没有政治经验的"。③ 学生议员的从政能力更是无法与美国制宪议员相提并论。相对而言，他们对政治实践比较无知，处理政务的实际能力非常欠缺，举措失当也是司空见惯。民初制宪的议员们与托克维尔批评的法国大革命时期文人政治家一样，大都缺乏实际政治经验。④ 民初的制宪议员在制宪过程中，基本上偏于理论上的夸夸其谈而不具有从政人员的务实妥协头脑和策略，其政治实践经验的明显不足是重要原因。

其次，美国制宪议员平均年龄为 42～43 岁⑤，行事稳健，倾向于以

---

① 〔美〕马克斯·法仑德：《设计宪法》，董成美译，上海：上海三联书店，2006，第 33 页。

② 参考严泉《失败的遗产——中华首届国会制宪 1913～1923》，桂林：广西师范大学出版社，2007，第 264 页。

③ 严泉：《失败的遗产——中华首届国会制宪 1913～1923》，第 248 页。亨廷顿对此从另一视角得出不同结论：学生群体参与首次国会制宪说明"中国城市的中产阶级力量已经充分发展，足以支持自 19 世纪 90 年代以来的民族主义运动。学生和知识分子在中国政治中起着关键的作用"。参见〔美〕亨廷顿著《变化社会中的政治秩序》，王冠华译，北京：三联书店，1992，第 246 页。

④ 托克维尔认为法国革命失败的重要原因之一是当时文人政治家缺乏政治经验的"文学政治"，这些文人政治家不具备参与国家政治生活的经验。参见〔法〕托克维尔著《旧制度与大革命》，冯棠译，北京：商务印书馆，1997，第 177、199 页。〔美〕苏珊·邓恩著《姊妹革命：美国革命与法国革命启示录》，杨小刚译，上海：上海文艺出版社，2003，第 32 页。

⑤ 〔美〕马克斯·法仑德：《宪法设计》，第 33 页。

妥协的方式实现相互的政治利益。会议中有多种矛盾，但由于"争论的双方都表现出冷静理智的态度，居中调解的一方又能提出合理的建议，制宪会议才渡过了一次又一次难关，最后达成协议"。① 而参加民初制宪的 71 位议员的平均年龄与美国制宪议员平均年龄相差近十岁，为 33.5 岁，而且其中年龄最大的也不过是 45 岁，而年龄最轻的只有 25 岁。民初制宪会议中，多数制宪议员的年龄过于年轻，在处理错综复杂的政情时往往表现出经验不足、意气用事、立场偏激，容易走向极端②，几乎无妥协之举可言。

二 会议组织：妥协氛围比较

就制宪会议的组织情况而言，组成美国制宪会议的议员代表了新独立的 13 个州的不同利益，且各州代表之间有为了各州的共同利益加强联邦力量的共识，会议的总体气氛倾向于商谈妥协。而组成民初制宪国会的议员所代表的利益是单一和排他性的，没有妥协的氛围，甚至几近"不屈不挠"的顽固。

首先，参加美国制宪的 55 名制宪代表全是沿海地区的有产者，他们十分清楚自己所代表的集团的利益。制宪会议中至少存在着联邦派和州权派、大州和小州、南部和北部、动产集团和不动产集团等几大阵线分明的利益集团的矛盾和对立。美国历史学家比尔德的研究表明，宪法的批准，也得益于地方动产利益集团强有力的支持。③ 也有人认为，制宪会议实质上是一种中央与地方各种政治利益集团参与制定宪法的政治会议，因为"合适的权力分立需要某种制度化的制约与平衡"。④ 由于议员利益代表的多样化，没有哪一个利益集团能将自己的意志强加于其他集团，立宪的过

---

① 易中天：《费城风云》，桂林：广西师范大学出版社，2008，引言。

② 年龄段以 30~34 岁的人最多，共有 33 人，将近总数的一半。其次是 35~39 岁的议员共有 19 人，约占总数的 26.8%，20~29 岁的年龄段的议员共有 15 人，40 岁以上的人最少，仅有 4 人。这样 35 岁以下的议员人数高达 48 人，超过总人数的 2/3。这一年龄特征与两院议员年龄结构也几乎相同。参见严泉《失败的遗产——中华首届国会制宪 1913~1923》，桂林：广西师范大学出版社，2007，第 243 页。

③ 〔美〕比尔德：《美国宪法的经济观》，何希齐译，北京：商务印书馆，1984，第 203 页。

④ Alfred I-I. Kelly, Winfred A. Harbison, and Herman Belz, *The American Constitution: Its Origins and Development*, New York: W. W. Norton&Company, Inc, 1991, pp. 73-74.

程必然是一个讨价还价和妥协的过程，由此而产生的宪法也必然是一个多元利益相互妥协的产物。

民初制宪会议代表的利益是单一化的。作为会议代表的国会议员主要由同盟会—国民党成员组成，而以袁世凯为首的北洋集团虽掌握国家大部分的军政实权，但在议会内势力较弱。值得一提的是，宪法是否由国民党势力占优势的国会制定这一问题，早在制宪会议召开之前就浮出水面并被大加讨论。① 袁政府、进步党等国会外的政治势力欲图参与宪法制定，后者曾主张宪法由国会外专设宪法起草机关进行制定，国会不直接制宪而只是批准宪法是否有效。但国会外势力担心由袁世凯操作起来，有可能完全背离他们的主观设计，宪法起草之事遂由国会进行，复又向国会一面倒。制宪会议只允许国会两院议员旁听，其他外人、政府代表都曾被拒之门外。② 所以在民初的第一次制宪会议中，议员中既无人代表当时袁世凯为首的北洋集团的利益，也几乎无人代表地方各省的利益。由于制宪议员利益代表的单一特点，使其在制宪过程中不可能照顾其他政治集团利益的实现，亦不可能有与其他利益间的妥协。

其次，美国的制宪会议各州代表之间有一个妥协的基础，即为了美国的生存，为了巩固发展资本主义，必须修改原先的邦联条款，制定宪法以建立一个强有力的中央政府和民主制度。因为有这个共识，所以会议的总体气氛是妥协的。可以说，美国制宪会议的整个组织是置于州代表的基础之上③，各州之间虽然有各自的利益，但有其共同利益，所以妥协主要发生在大小州之间，因为小州自然而然地害怕丧失它们的影响。④ 根据大小比例而派代表的问题触动小州最深，而且在小州投票失败时，会议濒临破裂，古维纳·莫里斯事后说："美国的命运此刻吊在一根头发丝上。"⑤ 尽管如此，美国制宪会议中的妥协氛围十分强烈。比如平克尼将军建议每州

---

① 对应这一问题的争论，可参见邹小站的讨论。邹小站：《民初宪法争衡中的几个问题》，中国社会科学院近代史研究所青年学术论坛 2004 年卷。
② 严泉：《失败的遗产——中华首届国会制宪 1913～1923》，桂林：广西师范大学出版社，2007，第 54 页。
③ 〔美〕马克斯·法仑德：《设计宪法》，董成美译，上海：上海三联书店，2006，第 50 页。
④ 〔美〕马克斯·法仑德：《设计宪法》，第 71 页。
⑤ 〔美〕马克斯·法仑德：《设计宪法》，第 84～85 页。

出一个人组成专门的"妥协委员会",最后实现"伟大妥协"。① 法仑德称,此后妥协的精神变得更强烈了。②

民初制宪会议将袁政府与国民党的原本可以有的妥协基础,即民国的生存与发展,但此"共识"被虚置了。由于会议只允许国会两院议员旁听,其他外人,包括政府代表都曾被拒之门外,使得真正的利益代表者之间本应该有共同利益被悬置了。事实上,共同利益在制宪会议中是不存在的,所以会议几乎没有妥协的共识。国会先后拒绝了临时大总统袁世凯与地方军绅的制宪要求,简直是力排众议,仅依据北京临时参议院制定的《国会组织法》,独自开始了制宪工作。当时北洋派与地方都督提出的美国模式被国民党、临时参议院与国会坚决拒绝。③ 国民党强调"制定宪法为议院唯一之权,无论何人不得干预"。④ 有激烈言论甚至称:"敢强夺国会制宪权者,请齿吾刃。"⑤ "是民国宪法之起草权议决权纯粹的属于国会,已为天经地义,无可改移。"⑥ 袁氏由于对《临时约法》的束缚极感痛苦,而"亟思于宪法上有所补救",所以在1913年的大多数时间里,袁氏极力想通过合法的政治手段——而不是非法的武力手段——介入制宪活动,以达到在民国实现增强总统权力的政治目的,但都没有机会表达和实现其利益要求。此外,工商资产阶级在国会中也几乎没有本集团的利益代言人,他们也几乎被排除在制宪会议之外。⑦ 在民初这样组织起来的制宪国会,形成的是一个封闭的制宪模式,完全排斥了其他政治利益集团参与制宪的可能性,即国会被单一政治集团控制,以致丧失了与其他政治利益集团以

① 〔美〕马克斯·法仑德:《设计宪法》,董成美译,上海:上海三联书店,2006,第87~88页。

② 〔美〕马克斯·法仑德:《设计宪法》,第89页。

③ 严泉:《失败的遗产——中华首届国会制宪1913~1923》,桂林:广西师范大学出版社,2007,第82页。

④ 寿朋:《咄!咄!!咄!!!民国之钦定宪法》,《国民杂志》第1号。转引自严泉《失败的遗产——中华首届国会制宪1913~1923》,第208页。

⑤ 《誓自拥护制宪权》,1913年4月23日《中华民报》。转引自严泉《失败的遗产——中华首届国会制宪1913~1923》,第208页。

⑥ 心鼓:《国会职权泛论》,《国会丛报》第一期,1913年6月。转引自严泉《失败的遗产——中华首届国会制宪1913~1923》,第208页。

⑦ 张朋园的统计,出身工商界的议员在国会中只有三人。转引自严泉《失败的遗产——中华首届国会制宪1913~1923》,第262页。

妥协的方式制成宪法的可能性。

此外，保证代表们不受指责，使他们的讨论不受舆论压力的干扰，是美国制宪会议很重要的一个特点。不仅"保密的命令执行得极其严格"①，而且在会议的辩论过程中就突出显示了言论自由②，还有制宪代表间的会外社交促进了会议的妥协氛围。法仑德称："尤其是在让步和妥协的事项上，会外之会无疑起了显著的作用。"③ 而民初制宪会议并没有完全采用秘密的方式，内容也没有对外界保密。新闻界常常跟踪报道会议进行情况，包括每次会议讨论的基本内容。国会制宪期间的"二次革命"，使得外界的舆论趋向激进，这种氛围直接影响了制宪议员对袁政府的不妥协精神，甚至不屈不挠坚决不向袁政府让步的行为成了气节的表现，这不可避免地加深了制宪会议的不妥协性。

三　所制宪法：妥协性质比较

两种制宪会议所制定出的宪法也截然不同，美国宪法本身就是一个妥协的机制，而民初《天坛宪法草案》设计的却是一个权力失衡的政体。

美国宪法本身是一个以法律制度的形式所规定的妥协的机制。1787年的美国宪法由序言和七条正文组成，美国人自称它"简单明了又富有弹性"。比如在联邦与州的关系上，问题的实质就是联邦与州的分权。在众多联邦主义者的协调下，最终同意建立由最高立法、行政、司法部门组成的联邦政府，增加了联邦政府的权力。麦迪逊认为："总体政府侵蚀各邦政府权力的危险，小于各邦政府侵蚀总体政府权力的危险；总体政府侵蚀各邦政府的权力，不会致命，各邦政府侵蚀总体政府的权力，可能致命。"④ 联邦制解决的是联邦和州两极政府间的纵向分权。比如在一级政府内部的权力上，宪法则采用了分权与制衡。即政府的立法、行政、司法三种权力彼此分立，且三者必须是互相分立又互相渗透、互相牵制，

---

① 〔美〕马克斯·法仑德：《设计宪法》，董成美译，上海：上海三联书店，2006，第51页。
② 〔美〕马克斯·法仑德：《设计宪法》，第67~68页。
③ 〔美〕马克斯·法仑德：《设计宪法》，第53页。
④ 〔美〕詹姆斯·麦迪逊：《辩论：美国制宪会议记录》，尹宣译，沈阳：辽宁教育出版社，2003，第178页。

以达到相互之间的平衡。王希强调谈判和妥协是美国宪政的中心内容，并用"原则与妥协"来概括美国宪法的精神与实践。[①] 李道揆也认为："制宪者们在宪法中为美国政治制度和联邦制度制定的基本原则，如联邦制、三权分立相互制衡、代议制、总统制等等，都体现了这些矛盾的斗争和妥协。"[②]

民初《天坛宪法草案》所设计的政体制度，其行政权与立法权严重失衡。草案对总统弹劾权的出席人数与表决人数，也比《临时约法》中"得以总员五分四以上出席，出席员三分二以上之可决弹劾之"的标准放宽。对国务院的弹劾条件更是如此，它扩充了弹劾权可适用的范围，即国务院的一切违法行为。[③] 具体而言，一方面是弱势总统权力的制度设计，意味着袁政府及北洋集团的政治权力在未来制度实施后将进一步丧失，其既得政治利益会受到重大损害。所以袁世凯认为天坛宪草是"消灭行政独立之权，比较临时约法，弊害尤甚"，其削弱总统与政府威信的做法，"使对内对外均无以保其独立之精神，而为国会之役使"，这样的宪法当然是袁氏断然不能接受的。制宪会议制定的宪法制度并不是一个利益妥协的结果，它没有顾及北洋派当时的政治利益需求。"天坛宪草"的制度设计使袁氏对总统权力的目标基本落空，这种毫不妥协的姿态，势必激起袁氏的强烈反弹，不肯承认此宪草。

另一方面是立法至上的"超议会制"设计，当时就有制宪议员认为是一种"极端议会政治"[④]，其目的就是要让袁世凯成为虚君。而如唐德刚所言，"虚君这个制度，原来是以同盟会为主的革命派所精心设计的一套纸质枷锁，来锁住袁世凯这个实力派的大猴王。如今大猴王一使劲，把这些纸枷锁撕得粉碎，你说孙悟空违法，岂非不切实际的书呆子之见哉？"[⑤] 因为"超议会制"既没有充分承认当时左右中国政坛的袁政府即北洋集团的

---

① 参见王希《原则与妥协：美国宪法的精神与实践》，北京：北京大学出版社，2000。

② 李道揆：《美国政府和美国政治》，北京：商务印书馆，1999，第18页。

③ 夏新华、胡旭晟：《近代中国宪政历程：史料荟萃》，北京：中国政法大学出版社，2004，第443～446页。

④ 王印川：《致汤议长论宪法》，转引自胡春惠编《民国宪政运动》，台北：正中书局，1978，第194～195页。

⑤ 唐德刚：《袁氏当国》，桂林：广西师范大学出版社，2004，第53页。

政治利益，也没有从制度创新方面实现北洋集团提出的正当权力目标，从而失去了袁政府对宪法设计的政治制度的支持，也消解了袁氏原本可能做出的妥协。当时北洋派的地方都督与拥袁势力，除一部分恶意攻击国会与国民党以外，也有相当多的人在制度层面表达对宪法条文的不满；许多意见是反对议会专制，支持总统有权解散议会。① 但制宪会议对此一意孤行。事实上，宪法设计的政体是不可行的，因为议会权力过大，也会如行政机关的擅权一样走向专制。② 正如《新编剑桥世界近代史》中对民初政治的评论："中国有了一个新政权，但是它依然缺少一个可行的政体。"③ 这样的宪法，实质上确立的是缺乏政治妥协的制度设计，这造成了其自身的致命缺陷——不具有变迁的动力，进而使得1913年宪政制度的变革以失败告终也是在所难免。

综上所述，民初第一次国会制宪的失败，是国民党与袁政府没有有效的妥协所致。而美国的制宪会议获得成功，的确得益于许多代表过人的政治智慧、高超的政治谋略和务实的政治经验④，其实就是妥协的精神。民初国会制宪代表中有不少人的特点是抗争性强，不易妥协。对立的政治势力之间没有互动妥协导致了制宪的失败，一如严泉所指出的："事实表明，1913年制宪活动的结局是国会制宪会议与北洋政治集团一次策略互动的失败。"⑤ 尽管袁在使用非法手段破坏制宪之前，多少采用了合法的政治协商手段影响制宪的进程，但是，参与制宪的各政党太重党派利益，缺乏有效的协调⑥，几无妥协的精神。国民党一方面势力的不妥协的制宪行为，使最有实力的袁氏北洋集团的政治利益无法在宪法中得到真实体现。宪法草

---

① 张玉法的统计。张玉法：《民初对制宪问题的政论》，《中央研究院近代史研究所集刊》（台北）第 12 期。转自严泉《失败的遗产——中华首届国会制宪 1913～1923》，桂林：广西师范大学出版社，2007，第 101 页。

② 〔美〕汉密尔顿、杰伊、麦迪逊：《联邦党人文集》，程逢如等译，北京：商务印书馆，1980，第 252～253 页。

③ 莫瓦特编《新编剑桥世界近代史》第 12 卷，中国社会科学院世界历史研究所组译，北京：中国社会科学出版社，1987，第 451 页。

④ 〔美〕马克斯·法仑德：《设计宪法》，董成美译，上海：上海三联书店，2006，第 33～34 页。

⑤ 严泉：《失败的遗产——中华首届国会制宪 1913～1923》，第 216 页。

⑥ 张玉法：《民国初年的政党》，长沙：岳麓书社，2004，第 451 页。

案不妥协的"超议会制"激发了北洋集团的强烈反弹，决定了宪法最后的流产命运。① 由此民初宪政开始陷入危机。也正是在 1913 年间的这一时期，政治调和派诸公开始大谈政治调和。民初宪政转型中极为重要的民国首次制宪与有着类似历史使命的美国费城制宪，两个一正一反鲜明的例子证明了妥协是民主转型的必要条件。

第三节　袁世凯称帝与宪政失败

在以上的"二次革命"与制宪失败的分析中，主要是检讨国民党的不妥协精神与行为，接下来要批评的则是袁世凯的不妥协乃至复辟帝制的极端行为。

袁氏行为由略具妥协性到不妥协，在其先后对国会的不同态度中可窥一斑。事实上，民初 1913 年制宪会议（国会宪法起草委员会）的制宪环境绝非恶劣。尽管 7 月爆发了国民党人反袁的"二次革命"，袁政府也以镇压乱党之名，先后逮捕了五名制宪议员，但是袁氏基本还维持制宪继续进行的秩序。在"二次革命"以后的历次会议，并没有因为袁氏的反对而中断。制宪议员能够独立完成宪法草案是对制宪环境的最好的说明。在三个半月的制宪会议期间没有发生军人团体滋事等恶性事件。地方都督、军人干宪风潮是发生在 10 月 25 日宪法草案基本完成之后。制宪所需的制宪经费也一直是北京政府财政部通过国会参议院提供。所以，由于整个制宪工作基本上还是在比较和平与稳定的环境中进行的。② 但是之后的 11 月份，袁下令取缔 28 名国民党议员资格，国会两院议员共438 人被取消议员资格，剩余议员也不足法定人数，制宪会议遂停止工作。不仅如此，袁氏还下令解散国民党，取消国会，甚至各地方的自治会和省议会随即通令取消。至此国会制宪活动完全失败，民国初年第一次宪政转型进程被迫中断。③ 袁氏宣布解散国民党和取消国民党议员身份，阻挠国

---

① 严泉：《失败的遗产——中华首届国会制宪 1913～1923》，桂林：广西师范大学出版社，2007，第 85 页。
② 严泉：《失败的遗产——中华首届国会制宪 1913～1923》，第 83～84 页。
③ 严泉：《失败的遗产——中华首届国会制宪 1913～1923》，第 56～57 页。

会继续开会，为解散国会制造借口等一系列行为，说明袁氏无疑走向了不妥协。

之后，袁世凯的不妥协愈演愈烈，终于走向极端，由"超总统制"走向帝制。在解散国民党，取消国会后，袁氏迫使熊内阁辞职，并于民国三年3月成立约法会议，炮制《中华民国约法》，即"袁记约法"（5月1日正式公布），把总统权力扩大到跟专制皇帝相似的程度。[1] 新约法中，立法机关不仅不再是"国会至上"，而且一些正常的权力也被剥夺，独立性被严重削弱。毫无疑问，此新约法之唯一目的，在于增加总统的权力，减削议会的牵掣，与"天坛宪草"的精神完全相反，事实上确立的是一种"超总统制"政体。[2] 总统权力极大，立法权与司法权相当弱小，严重违反权力分立与制衡原则。显然，"袁记约法"是从国民党总统权力虚置的"超议会制"的极端走向了立法权力弱化的"超总统制"的另一个极端。

当然，袁的不妥协在一定程度上是国民党的不妥协激之而成。即宪法草案内容与国会的不妥协立场，确实触发袁党的强烈不满。尤其在"天坛宪法草案"即将完成阶段，制宪会议先后拒绝了总统袁世凯提出的增修《临时约法》部分条文，政府派员列席制宪会议等要求。因此，袁世凯坚决反对第一次制宪会议制定的宪法草案。"袁记约法"中对立法权力的过度削弱，正是对"超议会制"最好的回应，但却同样走了不妥协的极端。最后，袁世凯实行了时人所谓的"一人政治"主义，将民国总统变为世袭皇帝。[3] 在民国四年10月，袁世凯召集"国民代表大会"来"决定国体"，进行所谓国体投票，推戴袁氏为皇帝。12月，袁世凯当上中华帝国皇帝，改年号为"洪宪"。袁氏称帝，正式宣告了民国新建以来宪政民主试验的重大失败。

之后，由于一再的不妥协，宪政民主转型一蹶不振，始终深陷危机而无法摆脱。袁氏称帝之后，导致反袁斗争四起，虽然袁氏被迫取消帝制且不久便去世，黎元洪继任民国总统，第一届国会复会，再次启动三年前被

① 夏新华、胡旭晟：《近代中国宪政历程：史料荟萃》，北京：中国政法大学出版社，2004，第472页。
② 严泉：《失败的遗产——中华首届国会制宪1913~1923》，第102页。
③ 夏新华、胡旭晟：《近代中国宪政历程：史料荟萃》，第476~477页。

迫中断的制宪工作。① 但是，原本预计年底宪法修订成功，最后却因各方争执不已，不肯相互妥协，国会再次被迫解散。② 而遭二次解散后的国会，随孙中山南下广州组织的护法政府，以不到法定的人数而成立"非常会议"，于 1918～1920 年进行护法国会的制宪，但是护法国会因为处于派系倾轧支配之下，所以在激烈的制宪斗争中耗尽了自身的活力，也不得不以失败而告终。③

从 1912 年开始努力尝试的宪政民主试验，到袁世凯称帝以至军阀割据，使国人对之由希望转为失望。尤其是袁氏独裁、称帝之后，政治危机、经济危机、社会危机、意义危机都已一一出现并空前严重。所以从 1915 年始，思想上激进泛起，陈独秀创办《青年杂志》，并在创刊号上发表《敬告青年》，提出民主和科学的口号，掀起新文化运动。1917 年俄国十月革命胜利，不久李大钊发表《庶民的胜利》和《布尔什维克主义的胜利》，热情歌颂十月社会主义革命。1919 年 5 月 4 日，五四运动爆发，激进革命的转化思想占据了历史的舞台。黄克武指出，从中国近代史的经验来看，民国初年以来革命派所代表的激进思想，就一直居于思想上与政治上的优势地位。辛亥革命前后，主张改革的立宪派受挫于革命党，而革命党演变为国民党之后，再受挫于比它更激烈也更强调彻底转化的共产党。④可以说，民初不妥协的精神愈来愈加深，导致了政治宪政民主试验一而再，再而三的失败。

总而言之，民初宪政危机主要是民党与袁党之间的互不妥协所致。易言之，民党与袁党的妥协精神的缺失，甚至互走极端，使得民初初露的让人们充满憧憬的宪政曙光，转瞬即逝。在民国元年二年，民党与袁党之间因是"一张票"对抗"一杆枪"的关系而有妥协的可能，是中国历史上难得的可能促成宪政民主的历史时机。此时，调和思想还"一度趋于活

---

① 严泉：《失败的遗产——中华首届国会制宪 1913～1923》，桂林：广西师范大学出版社，2007，第 57 页。
② 严泉：《失败的遗产——中华首届国会制宪 1913～1923》，第 75～76 页。
③ 严泉：《失败的遗产——中华首届国会制宪 1913～1923》，第 75～76 页。
④ 黄克武：《一个被放弃的选择——梁启超调适思想之研究》，北京：新星出版社，2006，第 6～7 页。

跃"。① 但之后双方的不妥协，典型的如上文交代的"宋案"与"二次革命"，国会首次制宪，以及"袁记约法"的颁布与袁氏称帝等，造成宪政契机的错失，致使民初宪政失败。在这段时间内，知识界由于对和平实现民主转型尚存希望，政治调和思想得以盛行。然而，转眼政治调和思潮由盛而衰。宪政危机后民国内战开了头，政局动荡，军阀割据，激进革命的思想逐步兴起，到了1919年占据了思想界的主流。正是在这样的历史情境下，政治调和思想日渐式微，逐渐被边缘化，但仍有一部分知识分子主张政治调和，使主张渐进改革的声音不绝如缕，并未被时代的潮水完全淹没。

---

① 高力克：《调适的智慧——杜亚泉思想研究》，杭州：浙江人民出版社，1998，第4页。

第二章
民初政治调和思潮之要旨

政治调和思潮倡导在保守中求进步，即以温和稳健的渐进改革实现民主转型。政治调和的实践是一个需要在朝的温和派与在野的温和派相互妥协的过程。尽管下述章士钊、杜亚泉、梁启超、张东荪、李大钊、李剑农六位民初政治调和的思想代表人物在具体主张上有不尽相同之处，但他们共享了政治调和的某些基本议题与基本观点。在民初政治调和派诸公看来，以政治调和实现民初民主转型，必要求在朝与在野的政治行为者具有政治调和的价值理念，同时，须有相应的政治制度和社会基础作为政治调和实行之保障。为便于展开下一步分析，本书尝试做如下概括：民初政治调和派诸公往往以政治对抗力或离心/向心力原理作为政治调和含义的核心概念；力主从宪法、权力分立、两党政治与议会政治等方面创设宪政制度；以橄榄型社会结构与市民社会培育发展为社会基础，进而从事政治社会的渐进改革；并且在其后作为精神支撑的是他们笃信而力倡的多元妥协的宽容品格，调和渐进的进化观以及英美传统的自由观等价值理念。这一系列价值理念、制度架构及社会基础，是民初政治调和派诸公对如何通过政治调和走向宪政民主所需的观念、制度、社会等多方面条件的分析阐述，是民初政治调和思潮之要旨所在。

第一节　民初政治调和思潮的精神理念

民初政治调和思潮的精神理念主要在于调和的宽容品格，调和渐进的进化观，以及英美传统的自由理念。

一 宽容

宽容在中国传统文化中有其本土资源，比如耳熟能详的有所谓"己所不欲，勿施于人""有容乃大"。中文"宽"字有器量宏大之意，"容"字则是基于尊重的包容。中国传统中的"和而不同"的"中和""中庸"精神，与西方的宽容可共通，但并不相同，尤其"中庸"往往被用在为人处世而非政治权力的较量上。在这里讨论的是西方语境中的宽容（tolerance），或者说是现代政治意义上的宽容。在西方，宽容最初是指教会对异己信仰的容忍，之后伏尔泰讨论了宽容，指出宽容对于某种自己不赞成的事物，出于宽厚、忍耐而表示容许、容忍，并不加以禁止、阻碍或苛求；或指容许、容忍他人与自己不同的感情、思想、习惯、行为等的内心情绪。① 这已显示出宽容对多元价值的认可。最终宽容与自由及自由主义紧密联系。自 1789 年法国《人权宣言》对公民意见发表，以及言论、著述和出版自由确认后，"宽容就从容忍宗教异端的狭义词汇，发展到权力不能任意干预自由的广义概念"②。由此宽容最终植根于更广泛的自由理念的土壤上，成为现代自由主义理论和实践的中心，甚至是"自由主义真正的心脏"。③ 罗素（Bertrand Russell，1872–1920）亦言："自由主义的主旨就是宽容。"④ 宽容的定义按照《布莱克维尔政治学百科全书》的解释是："指一个人虽然具有必要的权力和知识，但是对自己不赞成的行为也不进行阻止、妨碍或干涉的审慎选择。"⑤ 在民初政治调和思潮中，宽容是调和的重要内涵，基于宽容才有所谓对抗调和。民初政治调和派诸公对宽容的理解与西方意义上的宽容含义有类似之处，他们

---

① 〔法〕伏尔泰：《论宽容》，蔡鸿宾译，广州：花城出版社，2007，第 4 页。

② 张凤阳等：《政治哲学关键词》，南京：江苏人民出版社，2006，第 271 页。

③ Jean Hampton, *Should Politic philosophy be done without metaphysics*, Ethics99, 1989, p. 802. 转引自张凤阳等著《政治哲学关键词》，第 271 页。

④ 〔英〕罗素：《西方的智慧》，马家驹、贺霖译，北京：世界知识出版社，1992，第 282 页。

⑤ 〔英〕戴维·米勒、韦农·波格丹诺主编《布莱克维尔政治学百科全书》，邓正来主译，北京：中国政法大学出版社，2002，第 820 页。

从宽容异己，容忍对立势力，以及承认思想多元与不走极端等方面进行阐述与倡导宽容。他们十分强调与珍视宽容，将宽容作为调和必具之重要品格。

第一，政治调和讲求政治上之对抗力间的对抗平衡，宽容对立势力可谓其基本底线，没有宽容就没有对抗力，没有对抗力就没有调和。因而宽容是政治调和思潮的应有且必具之意，主张政治调和势必主张宽容。

相互宽容而成的政治对抗力是政治调和含义的核心概念。民初政治调和派诸公往往立基于被视为公理的向心力与离心力对抗平衡而维持世界进化之理论展开对政治调和含义的阐发。章士钊极为推崇蒲徕士（James Bryce，现译蒲莱士），正是蒲氏将奈端（Sir Isaac Newton，1643－1727，现译牛顿）向心力与离心力的二力之说引入政治领域，提出由无数人及团体组织而成的社会乃由于向心力而共同维系，由于离心力而瓦解，进而倡导"作政当保两力平衡之道"。[①] 张东荪亦深信并援引牛顿与蒲莱士关于离心力与向心力对抗之二力引拒说，"一力吸星于日，一力聚而散之，其在政治亦然。有一力焉，吸引诸人，或诸团体，而为一有机之社会，则此力名曰向心力。有一力焉，使之分散，则名曰离心力"[②]。张关于物理界生物界之对抗观念主要来自社会学家拉称赫夫（Ratzenhofen），认为"自哲学为起点，其以为宇宙之森罗万象乃由一原始力分化而成，而原始力分化之现象遂成此对抗之局，盖舍对抗末由维持分化而成差别世界也"[③]。张还鉴取了"艮波罗维企"（Gumplowicz）关于人文界也存在对抗原理之观点，认为"国家之成立以二相异之人群征服而成，则国家为对抗之产物也"[④]。张东荪进而指出："国家社会之所以成立者，不尽恃一种势力，尤必各种势力相调和相分配而后国家社会始得巩固，而免于战乱。"[⑤] 杜亚泉亦肯认"地球之存在，由离心力与向心力对抗调和之故；社会之成立，由利己心

---

① 章士钊：《政力向背论》（1914 年 8 月 10 日），《章士钊全集》第三卷，上海：文汇出版社，2000，第 188 页。
② 圣心：《联邦立国论》，《新中华杂志》第一卷第一号，1915 年 10 月 1 日，第 6 页。
③ 张东荪：《对抗力之价值》，《庸言》第一卷第二十四号，1913 年 11 月 16 日，第 2～6 页。
④ 张东荪：《对抗力之价值》，《庸言》第一卷第二十四号，1913 年 11 月 16 日，第 8 页。
⑤ 张东荪：《法治国论》，《庸言》第一卷第二十四号，1913 年 11 月 16 日，第 5 页。

与利他心对抗调和之故"①。梁启超以为，对抗之两力相反又相互作用的原则并非独存于物理，人道亦是如此。梁将对抗之两力分别称为"对抗力"与"发动力"以示区别。在一般情况下，发动力是指政府或国家拥有之势力，对抗力是指人民相对于政府国家所具有之势力。"对抗力"不能独存，而是相对于"发动力"才得名的。②

民初政治调和派诸公的逻辑很明显，既然宇宙社会中对抗力或他种势力的存在是不可更改的客观事实，那么，明智之举是宽容和承认社会政治中的各种异己势力。这意味着，他们是从思想多元化的角度出发，事实上他们往往将宽容视为对于多元现象之承认。比如章士钊体认到"有容"也是一种多元共存的状态，是承认差异而不是抹杀对立面，他说："愚之所谓有容，乃在使异者各守其异之域，而不以力干涉之，非欲诱致异者使同于我也。"③ 张东荪亦肯认思想多元而视"反对之种子不能绝对灭尽"为"自然之理"，进而主张容忍反对势力之存在，并留其一部分之利益，则不至为极端不正之冲突，从而使相互竞争于轨道上，才能有所谓调和。④ 杜亚泉更是对思想多元有坚定的信念和主张：一种主义不能包含万理，而矛盾决非不可调和。所以杜力倡"对于相反之主义，不特不宜排斥，更当以宁静之态度，研究其异同"⑤，进而力主"勿极端主张自己之思想"⑥。

从事政治者应怀有宽容品格，以宽容的胸怀促成对抗调和。政治调和派诸公在对抗力与向心/离心二力引据说基础上，各有所发挥，进一步认为不仅当承认政治上之对抗，且亦当促成此种对抗。章士钊提出其"政力向背"之原则，就是使政治上向心与离心两力相剂而范成一定之轨道，同

---

① 杜亚泉：《论思想战》（1915 年 3 月），《杜亚泉文存》，上海：上海世纪出版集团、上海教育出版社，2003，第 60 页。

② 梁启超：《政治上之对抗力》（1913 年），《梁启超全集》第五册，北京：北京出版社，1999，第 2595 页。

③ 章士钊：《论政本——答李北村君》（1914 年 6 月 10 日），《章士钊全集》第三卷，第 147 页。

④ 张东荪：《昵敌与第三者之责任》，《中华杂志》第一卷第八号，1914 年 8 月 1 日，第 3 页。

⑤ 杜亚泉：《矛盾之调和》（1918 年 2 月），《杜亚泉文存》，第 32 页。

⑥ 杜亚泉：《论思想战》（1915 年 3 月），《杜亚泉文存》，第 60 页。

趋共守而不至横决。① 李大钊坚信调和与政治本身是紧密不可分的，他说："抑知政治不可一日无对抗，即亦不可一日无调和。"② 且在他看来，对抗力间的平衡是政治问题中的最要部，力倡以宽容促调和当为政治家自觉努力的方向。他说："政治界无上之大义，在权衡政治势力之轻重，畸于何方，然后以自挟之势力，称之剂之，以保厥衡平"，而政治家之自觉道义就是"径本政理，以为向背"。③ 杜亚泉主张国家权力宽容人民自由强健的活动能力，使得二力"相当"以收"调节"之效，实现国家强盛与政治修明。④ 而且杜相信："吾知将来之真共和，必由忍与让而后成者也。"因为"有一能让能忍者，真共和之精神及胚胎于此"⑤。梁启超以为好比知晓电之不能有正线而无负线，轮之有发机而不能无制机一样，不同政治势力时而自处于正线或发机，时而自处于负线或制机。⑥ 梁同样是要求从政者之间的相互宽容，使得政治上之对抗力得以形成并相互作用，杜绝革命而实现民主转型。

不宽容就是专制。在政治调和派诸公看来，宽容的行为表征着政治由专制向宪政民主的迈进，因为正是由于宽容而得对抗调和，进而得宪政民主。梁启超认为政治上由宽容促成之对抗力是政治由专制向宪政演进的原动力，他说："人类之所以能建设政治，政治之所以能由专制进为立宪，皆恃此也。"梁指出凡言对抗力，则其力必为相对的；而无对抗力，则其力必为绝对的，故力之间必应相互容忍。而政治上之力，一旦成为绝对的，则"其政象未有不归于专制"。百年以前各国政治都是专制，现今变为君主立宪或民主立宪，"皆发动力与对抗力相持之结果也"。⑦ 张东荪也认为，现今政治由专制而改为君主立宪或民主立宪，"皆为政治上之对抗力之结果"，并一针见血地指出，"苟一国而无强健实在之对抗力以行乎政

① 章士钊：《政力向背论》（1914 年 8 月 10 日），《章士钊全集》第三卷，第 196 页。

② 李大钊：《辟伪调和》（1917 年 8 月 15 日），《李大钊全集》第二卷，北京：人民出版社，2006，第 155 页。

③ 李大钊：《政治对抗力之养成》（1914 年 11 月 1 日），《李大钊全集》第一卷，北京：人民出版社，2006，第 100 页。

④ 杜亚泉：《力之调节》（1916 年 6 月），《杜亚泉文存》，第 171 页。

⑤ 杜亚泉：《真共和不能以武力求之论》（1917 年 9 月），《杜亚泉文存》，第 164 页。

⑥ 梁启超：《政治上之对抗力》（1913 年），《梁启超全集》第五册，第 2596 页。

⑦ 梁启超：《政治上之对抗力》（1913 年），《梁启超全集》第五册，第 2595 页。

治之间，则虽有宪法而不为用，但见专制之现象而已"。① 李大钊则已洞见到离心主义是世界趋势与时代潮流②，指出政治上从专制主义到民主主义决非压制离心力，而是宽容离心力，是"离心力与向心力相搏战而生之结果"③，故力主宽容离心力使之壮大，以使其与向心力抗衡，从而由专制转向民主。

需要指出的是，李剑农稍显独异。在他的概念里，抵衡或曰由宽容而得之对抗平衡只是调和之一阶段，且为缺乏灵活的较低的阶段，自然应当由此"机械之抵衡主义"进为互相融会之"机体之灵活主义"。④ 而且他认为英国议会与行政之间，由第一期的抵衡精神发展到第二期的抵衡渐减，进而达于第三期的立法与行政之融会。⑤ 但不可否认的是，他显然承认基于宽容而得之抵衡是基础阶段，只是在肯定宽容的抵衡精神的基础上，将立意置于对抵衡的改进与超越。

第二，宽容的关键是要容忍异己。在政治调和派诸公看来，宽容最主要的是容忍对立势力。就此而言，他们可谓深谙西方宽容含义之精髓。章士钊力倡之"有容""不好同恶异"实为宽容。章以为，宽容尤其需要使得政治上的用人原则是容忍异己而不好同恶异，从而使人才各得其所，最大限度地发挥各种及各等人才之能力。并且章抱持调和成于相抵相让的观念，认为"无抵力不足以言调和，无让德不足以言调和"⑥。章所谓异己势力间的"两让""让德"及其力主的各政治势力当具备的"有容尚异"之精神，都是宽容异己之意。张东荪同样主张宽容异己。张东荪认为"章君（士钊）之所谓不好同恶异与有容，正吾之所谓保持对抗也"⑦。与章士钊不好同恶异之"有容"说一脉相承，张提出了"让步"精神。⑧ "让步"

① 张东荪：《正谊解》，《正谊》第一卷第一号，1914 年 1 月 15 日，第 6 页。
② 李大钊：《政治之离心力与向心力》（1917 年 4 月 29 日），《李大钊全集》第二卷，第 142~143 页。
③ 李大钊：《政治之离心力与向心力》（1917 年 4 月 29 日），《李大钊全集》第二卷，第 141 页。
④ 剑农：《地方制之终极目的》，《太平洋》杂志第一卷第二号，1917 年 4 月 1 日，第 12 页。
⑤ 剑农：《宪法与政习》，《太平洋》杂志第一卷第一号，1917 年 3 月 1 日，第 4~5 页。
⑥ 章士钊：《调和立国论上》（1914 年 11 月 10 日），《章士钊全集》第三卷，第 253 页。
⑦ 张东荪：《读章秋桐政本论》，《正谊》第一卷第四号，1914 年 4 月 15 日，第 2 页。
⑧ 张东荪：《美国宪法会议之大教训》，《中华杂志》第一卷第六号，1914 年 7 月 1 日，第 19 页。

的反面是张所极力反对的"昵敌",即对反对势力采取极端冲突与不相容的态度。① 李大钊极为敏锐地揭示出调和本身必然要求宽容异己。调和是两让两存之事,对立面必须相互容忍,才有调和。他说:"调和之机,虽肇于两让,而调和之境,则保于两存也。"他强调调和之目的在于自我保存而不在于献媚他人,在于容忍他人而不在自我损毁。② 所以在李大钊看来,倡言调和者,必须清楚各势力中的各分子应当"尽备调和之德",而"尽备调和之德"最重要的就是"有容有抗"。他尤其重视"有容",要求政治势力中的个人主动发扬其"有容之性、节制之德,不专己以排人,不挟同以强异"。③ 梁启超十分赞同"凡政治之作用,当许容异种之势力同时并存,且使各得相当合法之发展机会,此不磨之原则也"。如果强迫违反此原则而使一种政治势力伸张过度,异己之政治势力深感压迫而生恐慌;甚至是过度强大的一方势力,滥用其势力而企图消灭异己之势力,则其结果必定是反动而自招毁灭。④ 梁由此力倡:"无论何国,无论何时代,必当有种种势力并峙互角于国中,此种势力者,只宜利导,不容压制,愈遏制则愈以助长。"⑤ 所以,容忍异己就是要求从政者,在野时,应常对抗在朝者而为不屈;在朝时,亦不能滥施强权以使与我对抗之人屈服。⑥ 李剑农针对章士钊所提出的"调和者两让之谓也",更为深刻而独见地指出了调和之两让,不仅存于新旧之间,更存于新与新之间。⑦ 并且,李剑农要求民初各派之人士能彼此容忍,而不视异派之人如仇敌⑧。杜亚泉极力主张"勿轻易排斥异己之思想",认为"世界事理,如环无端,东行之极,则至于西;西行之极,亦至于东",所以"倘若入主出奴,恶闻异议,则其思

---

①　张东荪:《昵敌与第三者之责任》,《中华杂志》第一卷第八号,1914 年 8 月 1 日,第 3 页。

②　李大钊:《调和之法则》(1917 年春),《李大钊全集》第二卷,第 27 页。

③　李大钊:《调和之法则》(1917 年春),《李大钊全集》第二卷,第 29 ~ 30 页。

④　梁启超:《与报馆记者谈话一》(1916 年 8 月 10 日),《梁启超全集》第五册,第 2924 页。

⑤　梁启超:《袁政府伪造民意密电书后》(1916 年),《梁启超全集》第五册,第 2908 页。

⑥　梁启超:《政治上之对抗力》(1913 年),《梁启超全集》第五册,第 2596 页。

⑦　剑农:《调和之本义》,《太平洋》杂志第一卷第一号,1917 年 3 月 1 日,第 3 页。

⑧　剑农:《呜呼中华民国之国宪》,《太平洋》杂志第一卷第五号(1917 年 7 月 15 日),第 10 页。

想之浅率可知"。①

第三，宽容尤其需要体现于政党政治与议会政治之中。其中的反对合法原则是宽容的重要体现，亦为宽容的重要原则。民初政治调和派诸公常喜以英国的政党政治与议会政治（内阁政治）中的宽容理念为模范，肯认宽容是政治调和的内在精神；并将中西比照，以针砭严重匮缺宽容的民初政局，从而进一步凸显在通过调和走向民主转型的过程中，宽容精神所扮演的无可替代的重要角色。

章士钊认为现代政党政治形成之精神理念，就是政治调和之反对合法的有容原则。在章看来，英国立宪的历史和英国的政党制度皆成于反对合法的原则。他特别称赞英国人"在世界民族中，诚不愧为先觉"，是世界民族中最懂调和之道者，为政擅用调和，宽容而非好同恶异。如英国的政府党和在野党分别被称为"王之仆"和"王之反对党"，相叛相存。② 章指出不仅政党政治的唯一条件就是梅伊（T. E. May）所言"听反对党意见之流行"，且英伦议会政治的成功也在于有"王之反对党"的概念。③ 意即英人的内阁政治也是成于有容，所谓先容有反对党发生，而后有内阁政治。章认为反对合法的"有容"精神成就了英国的政治大观。英国的枢密院演变为内阁、等级会议，进而演变成议会，其精要实不外创设反对之一原则。④ 故而章极力强调政党要有党德，承认反对党合法，容许反对党发表异见。章说："党德云者即认明他党为合法团体，而听其充分活动于政治范围以内，以期相与确守政争之公平律。"⑤ 章认为合议机关也是靠反对合法得以发展。总之，政党内阁或者说代议制的发展与完善有赖宽容精神。⑥ 英国不同政党之间相互宽容，即少数党与多数党之间，一面努力伸张己党主张，一面相互尊重，使梁启超十分敬佩而大赞"英国宪政所以日进无疆，都是为此"⑦。在李剑农看来，

① 杜亚泉：《论思想战》（1915 年 3 月），《杜亚泉文存》，第 60 页。
② 章士钊：《政本》（1914 年 5 月 10 日），《章士钊全集》第三卷，第 9 页。
③ 章士钊：《政党政治之唯一条件》（1912 年 7 月 1 日），《章士钊全集》第二卷，第 389 页。
④ 章士钊：《政治与社会》（1915 年 6 月 10 日），《章士钊全集》第三卷，第 449 页。
⑤ 章士钊：《政党内阁谈》（1912 年 7 月 7 日），《章士钊全集》第二卷，第 404 页
⑥ 章士钊：《政治与社会》（1915 年 6 月 10 日），《章士钊全集》第三卷，第 449 页。
⑦ 梁启超：《欧游中之一般观察及一般感想》（1918 年），《梁启超全集》第五册，第 2979 页。

真正之议会政治当以英国为典范，议会必有分野，容许在野党与执政党共聚议会之席位相互辩论商讨。李剑农深刻体认到，政党应"明张旗鼓、各展其策"，吸取国民同情以得政权。即要求政党在宽容异己的基础上，参与政事，而不成为两不相容之势。① 李大钊也十分钦佩和艳羡英国的执政党与在野党能相互宽容共存，特别是其谓在野党为"爱国之政府反对党（Patriotic Opposition）"或"陛下之反对党"（His Majesty's Opposition）。② 李大钊特别强调政府应具宽容品格，有容许反对党存在的职责，指出"必有爱国之政府，而后有爱国之反对党之可言"。③ 换言之，政府党不能一闻反对之声就以为失当，而要宽容并尊重反对党的意思，遇枢要问题需征集各方主张进行折中。反对合法的原则尤其需要政府或执政党的宽容来实现。

政治调和派诸公在民初向政界呼吁，应秉持反对合法的宽容原则构建真正的两党政治或议会政治。毫无疑义，唯具有调和之宽容精神，才是真正之政党。梁启超指出，真正明了政党的意义就需要"一面既爱护己党，一面仍尊重敌党"④。就敌对的两大政党而言，梁主张应相互承认对方，容忍对方；反对甲党必是、乙党必非的极端观点。一国之中有两大政党共存对峙是合理而必要的。⑤ 且在梁看来，政党是以国家利益为本位，而国家利益常为相对的，反对党尽管与我党所谓的利益相冲突，但其未必与国家利益相冲突，所以政党一面虽力持己党所主张，一面仍有容他党别持主张之余地。⑥ 杜亚泉也主张相互宽容的两党政治，并预言民国将来应有的政党是两个对立而能调和的政党，"立宪国之政治，常赖两大政党之对峙，以收调节之效"。杜认为两党对峙不过是其政见不同，根本上初无大异，并非是极端矛盾的。显然两党各应宽容对方以共存。⑦ 张东荪认为"代议

---

① 剑农：《读甲寅日刊之舆论一束》，《太平洋》杂志第一卷第二号，1917 年 4 月 1 日，第 5 页。
② 李大钊：《爱国之反对党》（1917 年 3 月 7 日），《李大钊全集》第一卷，第 310 页。
③ 李大钊：《爱国之反对党》（1917 年 3 月 7 日），《李大钊全集》第一卷，第 312 页。
④ 梁启超：《敬告政党及政党员》（1913 年），《梁启超全集》第五册，第 2637 页。
⑤ 梁启超：《敬告政党及政党员》（1913 年），《梁启超全集》第五册，第 2636 页。
⑥ 梁启超：《敬告政党及政党员》（1913 年），《梁启超全集》第五册，第 2640 页。
⑦ 杜亚泉：《矛盾之调和》（1918 年 2 月），《杜亚泉文存》，第 28 页。

制度"（议会政治）可调和国内不同利益，其机关就在于各派代表互为容忍，相感相召相磋相切，以使我国中各意见各势力各阶级各职业，皆有其代表于议会，为其讨议。[1]

然而，民初的政治现实中宽容却是缺席的，各政治派别之间无宽容可谈。比如李剑农颇为清醒地指出当时国内的情势是：不但国会与政府间无所谓相互宽容可谈；而且代表各派势力之首领人物亦未必具有相互容忍之德以相聚于一堂。李剑农睿智地道出，唯有各派相互宽容，中国问题的解决才有可能。[2] 在李大钊看来，革命暴乱等古今中外惨痛历史教训，皆是"由于一势力崛兴，不容他势力平和活动之余地，终至溃决狂奔，演成怵目惊心之惨剧"。辛亥革命后袁政府与国民党之间相互倾轧，互不宽容，尤其民初以袁世凯为首的政府滥用其力，不容许异己之力量与其对抗，是为不容对抗，匮缺宽容之调和品格。[3] 李剑农针对民初议会，入木三分地指出，"今日之事不外两端互求相胜，其势未有不至于相倾"。[4] 故而民初制宪会议的失败乃是没有真正之议会，而不能有真正之议会政治乃是缺乏对应之政党政治，即不知议会之分野，缺乏宽容而不容许反对党群之参政议政。

二 进化

"进化论是近代中国新思潮的总枢纽，清末以降大凡重要的新思潮，无不以其为思想基石。"[5] 进化论思潮是一幅由改良派、革命派、无政府主义者、社会主义者、自由主义者和新儒家所组成的复杂的思想图景。[6] 比如自由主义者是以进化论为理论基础构建其社会改革方案的一贯精神，"就是以渐进的方式推进社会改革"，这包含两层含义：其一是肯定社会历史是不断向前发展的过程；其二是认为社会历史的发展是逐渐积累的过

---

① 东荪：《制治根本论》，《甲寅》第一卷第五号，1915 年 5 月 10 日，第 12 页。
② 剑农：《呜呼中华民国之国宪》，《太平洋》杂志第一卷第五号，1917 年 7 月 15 日，第 15 页。
③ 李大钊：《政治对抗力之养成》（1914 年 11 月 1 日），《李大钊全集》第一卷，第 98 页。
④ 剑农：《时局罪言》，《太平洋》杂志第一卷第四号，1917 年 6 月 1 日，第 2 页。
⑤ 高力克：《调适的智慧——杜亚泉思想研究》，杭州：浙江人民出版社，1998，第 66 页。
⑥ 高力克：《调适的智慧——杜亚泉思想研究》，第 84 页。

程。"这两层含义，恰恰首先是由进化论的历史观传递的。"① 政治调和派诸公同样深受进化论的影响，他们一致肯定进化的作用，毫不含糊地主张进步，但反对通过暴力革命等激进手段达到进化，倡导温和渐进的演化，此一进化过程，兼顾秩序与进步，采取不彻底推翻旧秩序以使新旧调和的和平方式。曾有学者将中国"五四"时期的进化观分为"激进主义进化观""改良主义进化观""调和主义进化观"，认为后者与前两者的不同之处，在于前二者"都主张全变，只在转变的速度和手段上意见不同"，后者"不主张全变，它是主张新旧调和的"。② 以此为标准，政治调和派诸公所持有的进化观与所谓"改良主义进化观"及"调和主义进化观"有共通之处。

中国近代的进化论主要由严复译介给国人，严复的渐变进化论被政治调和派诸公继承，而被激进主义者推衍为社会激变论。民初政治调和派诸公的进化观，实承严复之余绪，可被称为"调和渐进的进化观"。其以进化论尤其是由严复阐发的斯宾塞（Herbert Spencer）的社会进化论作为政治调和正当合理的重要价值与理论依据，甚至将是否符合进化视作调和是否合理的标准。他们都主张进步，认为从专制政治到宪政民主是社会政治演进的方向，或曰由专制政治到立宪政治是社会政治进步。而这一政治进化的过程并非激变而是渐变，实现这一政治进化过程需要和平渐进的方式，决非暴力革命等激进的方式。

第一，进化论是民初政治调和派诸公阐释调和的重要价值理念。

章士钊、李剑农和李大钊都相信自然与社会进化之理相通，不仅立基于进化来谈调和，而且以进化作为政治调和正当合理的判据。他们援引严复翻译之斯宾塞（Herbert Spencer，1820－1903）《群学肄言》中的大段原文来阐释调和，比如"调和者新旧蜕嬗、群体进化之象，非新旧相与腐化、群体衰败之象也"。"常沿常革，方死方生，孰知此杂而不

---

① 高瑞泉主编《中国近代社会思潮》，上海：上海人民出版社，2007，第69页。
② 吴丕：《进化论与中国激进主义1859－1924》，北京：北京大学出版社，2005，第158页。吴丕指出，改良主义进化观承认社会是进步的，但在新与旧的关系上，主张由旧向新是一条平和的缓慢改变的过程；而激进主义进化观，主张以激进的革命手段实现以新代旧。参见此书第133～174页。

纯，抵牾冲突者，乃为天演之行之真相欤？"① 章士钊认为这正是"调和之精要"，故而调和正是符合社会演化之规律，所谓"调和者进化自然之境也"。② 李剑农当时就指出，从进化的角度谈调和已获得中外多位学者的认可，比如斯宾塞、章士钊、莫烈（John Viscount Morley），等等。③ 李大钊同样认为政治之理与物通，与宇宙同，"新旧代谢、蜕嬗以至于无穷，而天地之大化成矣"，相应的"政治上调和之旨的，即在解决此蜕演不断之新旧问题"。④ 毫无疑问，民初政治调和派诸公几乎对社会政治进化的客观与正当确信不移，而社会政治演化过程中新旧混杂、新孕于旧而不可离旧而生的调和现象，就是无法超脱、无法更改的演化趋势。调和正是对这一演化本身的恰当描述，政治调和于是有了不容争辩的正当性。如此一来，调和与社会政治进化间被画上了等号。而且，由专制政治进为立宪政治就被认为是政治进化。张东荪就曾多次提到调和能促进政治进化，认为"近世国家之发达，政治之进步，全赖二种对抗之势力"，"非对抗不足以促进治道也"，甚至认为"对抗为政治进化之唯一要素"⑤，显然在张看来，唯有政治上之对抗调和，才能促进人类政治社会的进步。而且此进步具体表现为代议政治、三权分立等宪政民主政治的确立。张东荪肯认近世政治之进步就在于"以议为政"且大赞"三权分立，实近代政治之进化，其一切优良之政治现象，即由此而发生"。⑥ 可见，按照政治调和派诸公将调和等同于进化，以及进化就是变专制为宪政的逻辑，可得结论为：追求调和就是追求进步，追求调和就是追求宪政，这亦有力证明政治调和之旨的就是脱离专制政治步入立宪政治的民主转型。

此外，调和被区分为合理与非理之调和两大类，其分类标准即为：是否符合进化。李大钊与李剑农都鉴取了莫烈（John Viscount Morley）关于合理

① 章士钊：《调和立国论上》（1914年11月10日），《章士钊全集》第三卷，第276页。
② 章士钊：《进化与调和》（1918年12月28日），《章士钊全集》第四卷，第105页。
③ 剑农：《调和之本义》，《太平洋》杂志第一卷第一号，1917年3月1日，第1～2页。
④ 李大钊：《辟伪调和》（1917年8月15日），《李大钊全集》第二卷，第157页。
⑤ 张东荪：《对抗力之价值》，《庸言》第一卷第二十四号，1913年11月16日，第10、2、11页。
⑥ 张东荪：《国会性质之疑问》，《庸言》第一卷第六号，1913年2月16日，第9～10页。

与非理的调和类型之区分，意即依社会演进之理论，调和可为二种：其一合理的，其他则否。换言之，同样称谓的调和，有的含有阻碍进步的意味；有的等待机会以伺机行动；有的只求"安常蹈故之俗癖"因而故意摧毁打击新思想。① 李大钊指出，阻碍进步之调和是非理之调和，即是伪调；促进进步之调和则为合理之调和，即为真调和。前者延引固陋之局，"捉进步之潮而使之逆流"；后者则竭其智力所能达以短缩固陋之局，"捉进步之潮而速之，循其驰驱而范围之"。② 民初的政局在李剑农看来，虽然据表面观之，似以调和二字为维系之中坚，但实际上因其不合由专制进为立宪的政治进化而显然为"非理之调和"。③

第二，民初政治调和派诸公信奉的是调和渐进的进化观，故力倡以温和渐进的调和方式实现政治社会的进化。

民初政治调和派诸公主张调和渐进的进化观，表现在其关于政治社会改革的渐进道路的选择上。事实上，他们的调和渐进的进化观，与其对渐进改革的调和之道的倡导，逻辑一致而相互吻合。一方面，他们揭示了政治社会渐进调和进化的现实，比如政治上新旧的更替转变是渐进而来的。政治上的新旧为"量"之差异，而非"质"之区别，新旧之转变是一个渐变的过程；而且在政治社会的新旧渐变中，必须做到进步与秩序安固的兼顾，才能保证政治社会在和平中逐步进化。李大钊将新旧视为"量之殊"，而非"质之异"，如若必以新者为善、旧者为恶，或进步为褒、保守为贬，则是不懂进化之理。进化是由新与旧、进步与保守之间的相互作用共同推动的，他说"盖进化之道，非纯恃保守，亦非纯恃进步；非专赖乎新，亦非专赖乎旧"。④ 同样李剑农眼中的新者、旧者是变动不居的动态概念。依据天演进化之规律，旧者不会真正全被覆灭，而是以一个渐趋变化的过程实现新旧的转换。换言之，后起之新者，又渐进于今日新者得半之位；而今日之新者，又渐为余半之旧者，"以次迁演，斯为进化"。⑤ 李大钊在追

---

① 李大钊：《辟伪调和》，《李大钊全集》第二卷，第 157~158 页。剑农：《调和之本义》，《太平洋》杂志第一卷第一号，1917 年 3 月 1 日，第 4 页。
② 李大钊：《辟伪调和》（1917 年 8 月 15 日），《李大钊全集》第二卷，第 157 页。
③ 剑农：《调和之本义》，《太平洋》杂志第一卷第一号，1917 年 3 月 1 日，第 5 页。
④ 李大钊：《辟伪调和》，《李大钊全集》第二卷，第 159 页。
⑤ 剑农：《调和之本义》，《太平洋》杂志第一卷第一号，1917 年 3 月 1 日，第 2 页。

求社会进步与秩序安固的问题上赞同穆勒（John Stuart Mill，1806–1873）的观点：凡在政治或社会中，我们所企望的不会单单是秩序，也不会单单是进步，"欲举其一，二者必当并举"；进步、秩序与安固之所需，其性质相同，只是进步所需量较多而已。① 他们进化观中关于新旧基于量之异的动态转换性，社会进步与秩序安固的兼顾性，也表征着社会进步是个一步步发生和平渐变的过程。

　　另一方面，民初调和派诸公基于调和渐进的进化观，倡导民初的政治社会改革必走长期渐进之路。梁启超提倡政治上实行渐进改革，"谋自立以渐进于富强也"②，而且他认为"国性"（即"国之所以与立者"，国必有国性，如人之有人性）具有长期积累的连续性，只可渐进。③ 意即，国家富强与国民智识水平的提高，都需要一个长期的渐进的过程。尤其是对于一般国民的教育，包括其宽容精神、法治精神及自治精神的教育培养，决不可能一蹴而就。章士钊的"调和立国论"也强调"我国社会要归于调和之域才能有进步发展"。④ 这意味着，将来不论什么样的政治势力掌握中国政权，要想使中国走上平稳有序的政治进化之路，必须遵循和平渐进的政治调和之道。杜亚泉则认为"民主国家，于新旧交递之间，当以稳静持重为主"。⑤ 我国宪政民主建设有其长期性和渐进性，"急求社会之改良"乃"不可旦夕致也"，应走温和稳健的渐进改革之路。⑥ 比如改革"人心"问题之障碍，只能是一个长期的渐进的过程，所谓"人心之改革，须由渐渍"。而且杜预示了民国从假共和到真共和过渡的渐进过程，唯有经过发展教育与实业，或曰国内农工商业之发达与国民教育之普及，以逐步去除社会霉菌，国家才能渐入宪政民主之正轨。⑦ 李剑农也深刻感知国民个体之发展与其自治能力之提高决非短时所能实现，我国建立真秩序，进为立宪国，非需"准备渐进之功"不可。故而李剑农主张弹性宪法，以期日

---

① 李大钊：《调和之法则》（1917 年春），《李大钊全集》第二卷，第 28 ~ 29 页。
② 梁启超：《政府大政方针宣言书》（1913 年），《梁启超全集》第五册，第 2574 页。
③ 梁启超：《国性篇》（1912 年），《梁启超全集》第五册，第 2554 ~ 2555 页。
④ 章士钊：《调和立国论上》（1914 年 11 月 10 日），《章士钊全集》第三卷，第 254 页。
⑤ 杜亚泉：《接续主义》（1914 年 7 月），《杜亚泉文存》，第 14 页。
⑥ 杜亚泉：《今后时局之觉悟》（1917 年 8 月），《杜亚泉文存》，第 202 页。
⑦ 杜亚泉：《真共和不能以武力求之论》（1917 年 9 月），《杜亚泉文存》，第 163 ~ 164 页。

后逐步完善发展，比如他提出"地方制之要点，务使其为软性，多留异日发展改进之机"。① 张东荪睿智地指出政治进步非一旦而成者，"不可操切，操切必败"②，良善之政治"在渐进而不在暴变，在希望与容忍而不在感情与强力"。③ 张东荪还曾将中国改革过程分成三期：第一期，纯为去不良之消极设施。第二期，为积极建设活动期间。至第三期，结果乃得，即完成期。④ 所以张说："政治之改革，在先筑改革之基础，由此基础而渐进焉，则必日形完善，可断言也。"⑤

第三，由于信奉调和渐进的进化观，政治调和派诸公大都反对以暴力革命等激进的方式实现社会政治的进步。

杜亚泉极力反对民初在朝在野两派以"武力"的方式，尤其是争夺统治权的革命的方式来号称实现中国社会的民主转型。⑥ 而且杜认为"真共和不能以武力求之"⑦，杜一再告诫国人，"要求真共和之目的，吾人当锲而不舍，惟所用之手段，决不能以武力操切求之中所能成就。若以武力横加障碍，则必欲速不达，求近而反远矣"。⑧ 在张东荪看来，革命不能免无可奈何，但能免则免。张认为昔之以为能救国的革命，"抑且反耗国家之元气"。⑨ 梁启超在 1903 年游美归来后就彻底改变之前赞扬破坏的态度，转而坚决反对国体变更之革命，深刻指出"革命复产革命"。⑩ 变更政体是进化之现象，而变更国体则是革命之现象，"进化之轨道恒继之以进化，而革命之轨道恒继之以革命"。⑪ 暴力革命除了破坏社会政治秩序之外，并不能得宪政，梁进而力倡维持社会秩序基础上进行温和渐进的宪政改革。

---

① 剑农：《地方制之终极目的》，《太平洋》杂志第一卷第二号，1917 年 4 月 1 日，第 9 页。
② 张东荪：《正谊解》，《正谊》第一卷第一号，1914 年 1 月 15 日，第 10 页。
③ 圣心：《国本》，《新中华杂志》第一卷第四号，1916 年 1 月 6 日，第 1 页。
④ 张东荪：《根本救国论》，《正谊》第一卷第七号，1915 年 2 月 15 日，第 4~5 页。
⑤ 东荪：《制治根本论》，《甲寅》第一卷第五号，1915 年 5 月 10 日，第 16 页。
⑥ 杜亚泉：《革命战争》（1911 年 11 月），《杜亚泉文存》，第 145 页。
⑦ 杜亚泉：《真共和不能以武力求之论》（1917 年 9 月），《杜亚泉文存》，第 162 页。
⑧ 杜亚泉：《真共和不能以武力求之论》（1917 年 9 月），《杜亚泉文存》，第 164 页。
⑨ 张东荪：《政治革命与社会革命》，《正谊》第一卷第四号，1914 年 4 月 15 日，第 1 页。
⑩ 梁启超：《革命相续之原理及其恶果》（1913 年），《梁启超全集》第五册，第 2609 页。
⑪ 梁启超：《异哉所谓国体问题者》（1916 年），《梁启超全集》第五册，第 2906 页。

在反对革命的问题上，章士钊和李大钊有点特殊，他们将治乱循环的革命与由一次革命而告别专制的革命区别对待。章士钊极力反对我国的治乱循环的革命，而对美国那样的革命则不反对，即通过一次革命的代价导国家于宪政轨道，从此告别革命而走渐进改革之路。但需要指出的是，在章的概念里，实现政治进步的方式"或者诉之于武力而出革命，或者诉之政治而由于进化"①，他将革命与进化互置于对立面，革命能免则免。李大钊尽管在十月革命后，与章士钊类似，对于那种经过一次革命而解决所有危机以确立民主基础的革命，抱有好感和幻想。但李大钊在之前提倡政治调和时，是极力反对以暴力革命作为政治对抗力之间的竞争方式的，曾明确指出"善良之政治，非可以暴力求也"。②

三 自由

同民主一样，自由也是一个"本质上有争议的概念"。③ 而作为西方主流政治哲学和意识形态的自由主义由启蒙运动塑形，因启蒙运动至少有英国、法国以及德国与意大利的不同，所以自由主义不可避免的有其"地域或国别的差异"。④ 拉吉罗（Guido de Ruggiero）描绘欧洲自由主义史时就注意到了"自由主义的两种典型形式——法国式和英国式"。⑤ 前者将自由视为抽象之物，并超出所有历史与经验和偶然性之上；后者将自由视为特殊权利与豁免权的结合，并独立于概念性论述之外。⑥ 这与哈耶克（Friedrich August Von Hayek，1899–1992）关于自由有法国传统与英国传统之别的见解异曲同工，前者是"思辨的及唯理主义的自由理论传统"，后者是"经验的非系统的自由理论传统"，并且哈氏相信"只是英国人认识并懂得了自由，而法国则否"。⑦ 需要指出的是，在哈氏的划分中，并不

① 章士钊：《调和立国论上》（1914年11月10日），《章士钊全集》第三卷，第277页。
② 李大钊：《政治对抗力之养成》（1914年11月1日），《李大钊全集》第一卷，第101页。
③ 〔英〕米勒、波格丹诺主编《布莱克维尔政治学百科全书》，邓正来译，北京：中国政法大学出版社，2002，第288页。
④ 江宜桦：《自由民主的理路》，北京：新星出版社，2006，第11页。
⑤ 〔意〕拉吉罗：《欧洲自由主义史》，杨军译，长春：吉林人民出版社，2001，第325页。
⑥ 〔意〕拉吉罗：《欧洲自由主义史》，杨军译，第326页。
⑦ 〔英〕哈耶克：《自由秩序原理》（上），邓正来译，北京：三联书店，1997，第61页。

完全以国界为标准，除了英国的休谟（David Hume，1711–1776）、亚当·斯密（Adam Smith，1723–1790）、爱德蒙·伯克（Edmund Burke，1729–1797）等，法国人孟德斯鸠（Montesquieu，1689–1775）、贡斯当（Benjamin Constant，1767–1830）和托克维尔（Alexis de Tocqueville，1805–1859）都被划入"英国传统"。① 比如孟德斯鸠关于三权分立的学说和法律下自由的主张，贡斯当关于"古代人的自由"与"现代人的自由"的区分，以及托克维尔对美国民主自由自治的赞赏，都是对英国传统的自由的肯定。可以说，作为主流的近代西方自由主义是英国式的，它更倾向于贡斯当提出的"现代人的自由"，以及将贡之理论传承的柏林（Isaiah Berlin，1909–1997）所谓的"消极自由"。相对而言，这种自由更为关注的，是与公共领域相对的私人领域。这种自由的起源与1688年英国的"光荣革命"相联系②，是英国经过一系列的社会政治经济的改革发展之后，发展出成熟的法治、政党与议会政治，成就了英国古典自由主义。其后被传入大洋彼岸的美国，经美国的立国制宪运动得以传承发扬，由此英美自由在一个传统序列上发展。哈耶克称美国的联邦政府很明确即是一有限政府，《美国联邦宪法》的一个重要特征是其保障个人权利的规定。③ 它"是一部保障自由的宪法（a constitution of liberty），亦即一部能够保护个人以反对一切专断性强制的宪法"。④ 概括而言，这种英美传统的自由因基于个人主义而宣扬个人自由，主张限制政府权力，相信法律下的自由，等等。就民初的政治调和思潮而言，首先政治调和派诸公虽然强调政府需强健，但是在政治权力应当有限制的问题上毫不含糊，相信无限制的权力必然导致专制，故而主张限制政府权力；他们力主建立宪法，以法治代替人治，以期用法律的形式保障个人的自由权利；并且提出以自治或联邦的形式更加切实地保障个人自由。在此意义上，政治调和思潮中渗透着英美传统的自由理念。

第一，民初政治调和派诸公主张有限政府，以保障个人自由。比如他

① 〔英〕哈耶克：《自由秩序原理》（上），邓正来译，第63页。
② 〔英〕米勒、波格丹诺主编《布莱维尔政治学百科全书》，邓正来译，第477页。
③ 〔英〕哈耶克：《自由秩序原理》（上），邓正来译，第233页。
④ 〔英〕哈耶克：《自由秩序原理》（上），邓正来译，第228页。

们倡导减少政府对个人与社会干涉，或者强调限制政府权力的社会基础，以相对独立的市民社会的发展来防止政府权力的过大，而且他们考虑到以权力分立的方式制限政府权力，等等。

张东荪、李剑农和杜亚泉都坚决主张减少政府干涉。张东荪认为国家干涉是害多而利少①，近世文明国家的立国之道，"端在尽其所能（即英语as possible as）"，不必干涉者，国家决不予干涉。② 而中国的政府，不分前清与民国，素以干涉为主义，致使"中国社会上一切生机均为我政府遏制尽矣"。③ 故张东荪主张，凡经济、教化、道德、地方事务、学术、技艺、信仰等，均画出政府管辖之外，政府绝对不与闻、不干涉，而听人民自由处理之。④ 李剑农认为"兽性与权势善为姻缘"⑤，要特别注意对权力的防范与限制，以断绝政府与兽性相联结，如失其相当之限制，则将沦为"最恶国之政府"。⑥ 而且从国民个体之发育来看，国家必不宜有过多干涉，所谓"欲图国民个体之发育者，首当慎国家干涉之度"。⑦ 杜亚泉极力反对政府"包举一切"而主张"减政主义"，"凡以立宪的精神为基础之政府，于可以减轻之事务，当努力减轻之，苟非政府本来之事务，悉当省略"。⑧ 在杜看来，民国数年来施行宪政不成功的一个重要原因就是政府"包举一切"，而减政主义是"减并官厅，减少官吏，减省政务，即减缩政治范围之谓也"。⑨ 可见杜理想中的政府是类似于英美国家的"小政府"，他希望限制政府权力和职能范围，建立有限政府。

同时，政府干涉减少，才有可能给予社会与个人自我发展的相对独立

---

① 东荪：《制治根本论》，《甲寅》第一卷第五号，1915 年 5 月 10 日，第 6 页。
② 张东荪：《中国之将来与近世文明国立国之原则》，《正谊》第一卷第七号，1915 年 2 月 15 日，第 6～7 页。
③ 张东荪：《中国之将来与近世文明国立国之原则》，《正谊》第一卷第七号，1915 年 2 月 15 日，第 8～9 页。
④ 张东荪：《中国之将来与近世文明国立国之原则》，《正谊》第一卷第七号，1915 年 2 月 15 日，第 10～12 页。
⑤ 剑农：《猎官与政权》，《甲寅》第一卷第十号，1915 年 10 月 10 日，第 6 页。
⑥ 剑农：《猎官与政权》，《甲寅》第一卷第十号，1915 年 10 月 10 日，第 7 页。
⑦ 剑农：《猎官与政权》，《甲寅》第一卷第十号，1915 年 10 月 10 日，第 1 页。
⑧ 杜亚泉：《论人民重视官吏之害》（1912 年 10 月），《杜亚泉文存》，第 268 页。
⑨ 杜亚泉：《减政主义》（1911 年 3 月），《杜亚泉文存》，第 132 页。

的空间和机会。尤其是相对独立的市民社会的发展，既是与政府权力相抗而限制政府权力过大的重要保障，又是宪政民主政治改革的社会基础。梁启超提出"政治基础在社会"之观点，即社会事业是政治之基础，有良社会然后有良政治，强调稳定的社会对于政治的基础作用。① 杜亚泉亦认为"政府之进步，仰社会之提携"②，并且直指权力不应该大到干涉社会或个人的独立性。因为"社会之事物，有自然之法则管理之，此为政者之所不可不知者也。社会之活力（才力财力之结合作用），有一定之制限，政府决不能制造之"③，意即社会有其自身的活力及自我管理的法则，政府不能取而代之。张东荪同样认为"中国国运之兴也，不在有万能之政府，而在有健全自由之社会"④，进而提出"国家与社会判而为二"⑤，"国家与国民有严格之分界"。⑥ 张也笃信：必政治与社会分离，使政治之干涉范围愈小，社会之活动范围愈大，社会才能得以自由竞争而得自然发展。⑦

权力分立是有效限制政府权力专断的重要方式。政治调和派诸公充分考虑和讨论了权力分立的问题。大致而言，涉及横向的三权分立原则，与纵向的中央与地方的分权。梁启超与张东荪主张以三权分立的原则对政府权力实行一定程度的限制。梁起草了《进步党拟中华民国宪法草案》，贯彻了立法、行政、司法三权分立原则，政府行使行政权，国会是立法机关，司法权归法院，而且尤其强调司法独立原则。⑧ 张东荪称赞"三权分立，实近代政治之进化，其一切优良之政治现象，即由此而发生"⑨，三权分立是使"机关配置得以互相控制与平衡者"，为"良政制也"。⑩ 所以张

---

① 梁启超：《政治之基础与言论家之指针》（1915 年），《梁启超全集》第五册，第 2793 页。
② 杜亚泉：《减政主义》（1911 年 3 月），《杜亚泉文存》，第 134 页。
③ 杜亚泉：《减政主义》（1911 年 3 月），《杜亚泉文存》，第 133 页。
④ 张东荪：《中国之将来与近世文明国立国之原则》，《正谊》第一卷第七号，1915 年 2 月 15 日，第 16 页。
⑤ 张东荪：《根本救国论》，《正谊》第一卷第七号，1915 年 2 月 15 日，第 6 页。
⑥ 东荪：《制治根本论》，《甲寅》第一卷第五号，1915 年 5 月 10 日，第 3 页。
⑦ 张东荪：《中国之将来与近世文明国立国之原则》，《正谊》第一卷第七号，1915 年 2 月 15 日，第 7 页。
⑧ 梁启超：《进步党拟中华民国宪法草案》（1913 年），《梁启超全集》第五册，第 2615 ~ 2625 页。
⑨ 张东荪：《国会性质之疑问》，《庸言》第一卷第六号，1913 年 2 月 16 日，第 9 页。
⑩ 东荪：《政制论 上》，《甲寅》第一卷第七号，1915 年 7 月 10 日，第 7 页。

力主国家机关实行立法行政司法三权分立，且由一国之宪法为之规定。①在纵向的中央与地方分权上，以制限中央政府权力专断而发展地方为目的，在当时掀起了关于联邦与地方自治的讨论。李剑农比较典型地主张地方分权自治，声称："仆之终极目的，在使中央与地方之政治，各有分界。地方政务于其所领有之界域内，不可为中央所动摇；斯中央亦不至为地方政潮所牵动。"②章士钊、张东荪等也主张联邦。且张吸收了章的联邦思想，指出"联邦者……凡关于全民族之事件由中央政府理之，凡事件不为共同利益所存，由各邦政府理之是已"。③

第二，政治调和派诸公肯认法律下的自由，尤其主张以宪法的形式保障个人的自由权利。章士钊就宪法对个人权利的保障极为肯定，不止一次提到"宪法者，质而言之，一权利书也"④，明认宪法为个人权利的规定书。梁启超曾起草宪法，强调国权与民权的调和，同样笃信宪法法律对国民权利的保障作用。张东荪曾在民初大倡法治国，其法治国的第一特征是以法律为限制国权发动之形式，且法律必周密而使行政全束缚于法律之中，以使人民之公权不被官吏蹂躏。法治国的第二特征即为人民之自由皆以法律为范围，而"无法之自由，为法治所不许"。⑤张东荪已然明了真正的自由是法律保障下的自由。

第三，通过自治形式保障个人权利。柏林（Isaiah Berlin，1909–1997）曾认为"大体上说，与别的制度相比，自治更能为公民自由的保存提供保证，也因此受到自由主义者的捍卫"。⑥梁启超认识到了地方自治对于立宪国保障自由的作用，认为立宪国的政治特色，在中央则为国会；在地方则为自治，而自治尤为亲切有味，且指出："地方自治，实人民参政最好之练习场，而宪政基础之第一级也。"⑦李剑农推崇的真秩序的模范——英

---

① 张东荪：《论二院制与一院制》，《庸言》第一卷第二十四号，1913 年 11 月 16 日，第 3 页。
② 剑农：《地方制之终极目的》，《太平洋》杂志第一卷第二号，1917 年 4 月 1 日，第 2～3 页。
③ 圣心：《联邦立国论》，《新中华杂志》第一卷第一号，1915 年 10 月 1 日，第 1 页。
④ 章士钊：《国家与责任》（1914 年 6 月 10 日），《章士钊全集》第三卷，第 126 页。
⑤ 张东荪：《法治国论》，《庸言》第一卷第二十四号，1913 年 11 月 16 日，第 10～11 页。
⑥ 〔英〕以赛亚·柏林：《自由论》，胡传胜译，南京：译林出版社，2003，第 198 页。
⑦ 梁启超：《国民浅训》（1916 年），《梁启超全集》第五册，第 2838 页。

伦，其之所以为模范，"要之，即地方行政皆为自治"，英之立法权集于中央之巴力门，然地方行政皆为自治，中央行政部有监督而无干涉。① 张东荪极力倡导"自治"，通过人民的自亲政事以更好地保障其权利，因其所谓自治者，正英语之 Self-government，"以人民自亲政事，是为自治"。②

第二节　宪政制度

相应的政治制度对于形成并保障政治调和，进而由政治调和实现民主转型，是必不可少的。民初政治调和派诸公设计了包括宪法、政党政治、权力分立等一系列的宪政制度架构。简言之，制定一部成文宪法是从总体上以制度规范各政治势力，以起到调和各势力之利益的作用。政党政治制度是通过建立健全的政党，通过两党政治以议会辩论形式的竞争，实现国内两大政治派别的对抗调和。权力分立制度，包括横向的立法、行政、司法的三权分立，通过调和国家各机关之间的权力利益以及纵向的中央权力与地方权力的分立，实现中央与地方的权力调和平衡。民初政治调和派诸公关于一系列政治调和的制度主张，在西方宪政民主的建立和发展过程中是必不可少的，也是在尚未踏入民主正轨的非西方国家的民主转型过程中可资借鉴的。

一　宪法

简言之，"宪法是国家的结构、权力分配方式，以及公民的权利和义务的基本框架"。③ 民初政治调和派诸公都主张颁布一部对一国政治有统领作用的自由民主的宪法，在他们看来，这样的宪法必定是调和的宪法。他们希冀通过宪法的规定以范围各个不同的政治势力在法律轨道内活动，并以宪法的形式使各不相同的利益得以相应的保障，由此从总体上维持与保障政治势力之间的对抗调和。在宪法中有立法、行政、司法的三权分立，

---

① 剑农:《猎官与政权》,《甲寅》第一卷第十号, 1915 年 10 月 10 日, 第 8 页。

② 东荪:《行政与政治》,《甲寅》第一卷第六号, 1915 年 6 月 10 日, 第 22 页。

③ 〔美〕莱斯利·里普森:《政治学的重大问题》, 刘晓译, 北京: 华夏出版社, 2001, 第200 页。

以及地方自治或联邦制度的相关规定，故宪法是整个政治调和的制度构架之最基础部分。民初政治调和派诸公之所以认为真正的宪法是调和的宪法，不仅在于宪法既规约各政治势力的活动形式与范围，又保障各政治势力的正当利益，以使各势力在宪法下实现对抗平衡，即宪法促使形成政治调和或使已形成的政治调和得以维持；而且在于宪法本身又是各不同势力间妥协的产物。易言之，一方面政治调和的实现需要宪法以制度的形式加以明确和保障，另一方面真正的宪法由政治调和而成，故宪法的调和性质备受强调与关注。

民初政治调和派诸公倡导的宪法具有调和性质，能涵容各政治势力并使之在宪法下进行正当竞争与活动。在章士钊看来，政治调和之所以能协调各方面的意见希望利益情感，就在于让各种意见希望利益情感都在法律规定的范围内有"适当合法"的活动机会，能够"充分发展"。[1] 而且章认为这自然需要宪法对政府权力加以限制，政府只能严格地遵循法律来行使权力，而不能滥用其手中的国家强制力。[2] 李大钊以为宪法之所以能够将各方的势力纳入宪法之中以实现各方政治势力的利益要求，在于宪法的调和性质。宪法是否具备调和性质的判断标准有二：一是"以宪法量之有容与否为断"，二是"以宪法构成之质得其衡平与否为断"。具备"量之有容"与"质之衡平"的宪法就是一部性质为调和的"衡平宪法"。在李大钊看来，所谓宪法量之说，即"宪法之善，在乎广被无偏，勿自限于一时一域，勿自专于一势一体"，保证各派的实际利益被贯彻到宪法之中。[3] 梁启超指出，所谓宪法之精神就是调和，由此，所谓完善之宪法，即是调和之宪法。在梁的宪法设计中，最为首要的是"国权与民权调和""立法权与行政权调和"，以及"中央权与地方权调和"。[4] 张东荪称"盖宪法纯依公理，且亦优容此相异互反之势力，而并包之

---

① 章士钊：《政治与社会》（1915 年 6 月 10 日），《章士钊全集》第三卷，第 434 页。
② 章士钊：《国民本计论——帝政与开明专制》（1915 年 9 月 17 日），《章士钊全集》第三卷，第 598 页。
③ 李大钊：《政治对抗力之养成》（1914 年 11 月 11 日），《李大钊全集》第一卷，第 95~96 页。
④ 梁启超：《宪法之三大精神》（1912 年），《梁启超全集》第五册，第 2561 页。

也"①，所以"宪法者，一国内各分子各势力之调和互让书也"。所谓"互让书"，意即国内必先有肯让之分子，容人之势力，其相互之调和生于对抗，其相互之退让生于容忍，意即必先有对抗之力与容忍之德。但因恐怕其调和退让不能巩固而确定，于是将之规定于法律，实为宪法。② 张东荪认为唯有在宪法以制度确定的范围中才能促进并实现各政治势力间的调和，进而导国家入宪政正轨。在李剑农看来，英伦及其所属各殖民地的宪法及其制定，皆为以宪法假面范围各事实势力而使其调和之典型，"其所以然者，一面认定各种事实上之势力，一面使此种势力仍活动于此假面之下，故不至有横决之虞也"，而且"认定事实势力使活动于宪法假面之下"正是英伦人特有的政治才能。③ 李剑农所谓的宪法假面之价值，即为宪法的调和价值，主要在于承认一国之内事实上所存在的各势力，容许事实势力渗透于宪法中，使其利益能在宪法中得以体现，从而使宪法起到调和各政治势力之效用。出于对宪法调和性质的肯认，李剑农力倡宪法贵有弹性，才能具备长久的调和各政治势力之潜力。所谓宪法之作用"须作者之因时因地以意为润饰"。④ 他对于宪法弹性的肯定与倡导，是出于希冀宪法能范围国内各不同政治势力而调和之的目的，较之刚性宪法，弹性宪法更具调和各政治势力的能力与潜力。

宪法是权利的规定书，能保障各政治势力的权利。此要点同样在制度上表征并保障着宪法的政治调和性质。章士钊说"宪法者，质而言之，一权利书也"。⑤ 张东荪也精辟地指出宪法是各政治势力的权利书："宪法者，一国内各分子各势力之权利书也"，所谓"权利书"，意即国内必先有相异之分子，独立之势力。各分子各势力互相交接，又有界域，由是得以确定其权利与义务，此确定之者，即是宪法。⑥

宪法性质当为调和本源于宪法是调和的产物。宪法起源于政治势力的

① 张东荪：《对抗力之价值》，《庸言》第一卷第二十四号，1913 年 11 月 16 日，第 10 页。
② 东荪：《宪法与政治》，《甲寅》第一卷第九号，1915 年 9 月 10 日，第 4 页。
③ 剑农：《呜呼中华民国之国宪》，《太平洋》杂志第一卷第五号，1917 年 7 月 15 日，第 13 页。
④ 剑农：《宪法与政习》，《太平洋》杂志第一卷第一号，1917 年 3 月 1 日，第 1 页。
⑤ 章士钊：《国家与责任》（1914 年 6 月 10 日），《章士钊全集》第三卷，第 126 页。
⑥ 东荪：《宪法与政治》，《甲寅》第一卷第九号，1915 年 9 月 10 日，第 4 页。

对抗调和，或曰宪法的制定亦是调和的结果。在章士钊的概念里，宪法本身无疑是个调和的产物，所谓"宪法本非一党一派所能包举之物"，宪法的制定需要制宪各派的调和。① 而且章认为，任何法律包括宪法的规定必定是各派互相商量讨论，斤斤计较，"经相剂相质，相和相缓"而确定以为群体共同遵守。② 尤其宪法的"要义"是"公"和"定"，必须"举一国之聪明才力，萃于一隅，而条例其利害，疏通其感情，相剂相质，相和相濯"。③ 张东荪在研究宪法起源后，发现英国宪法本身确是限制王权，调和国王与贵族间权力利益的结果，是国君或政府之单独意思所不能变更或创造的。④ 李大钊认为，首先要求制宪的势力不是单一的，必须有不同意见的派别"并峙相抗"，将各自的实际利益贯彻到宪法之中；其次要求各派势力本身，亦各自知晓尊奉政治调和之理，相互之间"容纳涵蓄"，不敢妄冀专断⑤，由此调和而成的宪法才是调和的宪法。梁启超则认为天下事利与害常常相丽，所以"择善之明，与用中之适圣者以为难"，很多事都需要调和，而立法更是如此，"制宪者能择善而用中，则新宪法其可以有誉于天下矣"⑥。

二　政党政治

第一，政党与反对党。

政党与反对党是共存亡的，有反对党才有真正的政党。意即政党制度的先决条件是要有执政党以外的政府"反对党"。执政党必须要容许反对党的存在是因为有无反对党存在关系到政党能否成其为真正的调和的政党。章士钊指出："政党不单行"⑦，意即政党必将反对党的存在引为自己存在的条件："政党者，以他党之存立为利者也……组织之者不得不留他

① 章士钊：《宪法问题》（1917 年 5 月 26 日），《章士钊全集》第四卷，第 89 页。
② 章士钊：《自觉》（1914 年 8 月 10 日），《章士钊全集》第三卷，第 184 页。
③ 章士钊：《说宪》（1915 年 8 月 10 日），《章士钊全集》第三卷，第 522 页。
④ 因英国无成文宪法，张东荪又将宪法与英国的基本法律统称为根本法。参见张东荪《论宪法之性质及其形式》，《庸言》第一卷第十号，1913 年 4 月 16 日，第 3 页。
⑤ 李大钊：《政治对抗力之养成》（1914 年 11 月 11 日），《李大钊全集》第一卷，第 96 页。
⑥ 梁启超：《宪法之三大精神》（1912 年），《梁启超全集》第五册，第 2561 页。
⑦ 章士钊：《释党争》（1912 年 2 月 12 日），《章士钊全集》第二卷，第 413 页。

党之余地，使他日有党，得就吾党之反对点规定其党纲。"① 政党如果不能听反对党意见之流行，则消灭了其反面；而一旦消灭了反面，也就消灭了正面，即等于消灭了自己。同样在杜亚泉和梁启超的概念中，唯有当有反对党存在时，才有所谓政党。杜亚泉指出，政党之党字，就各国之文字上考之，皆有部分之意义；故政党者，必与其他政党对立而后成。若是一政党并合他党，而无反对党存在时，则全失其政党之性质而消灭。尤其表现在舆论上，政党之所以为党，正是要消除把持舆论之弊，而以政见不同之两团体，互相对立，使舆论有表示之地位。② 梁启超也指出政党是相对结合的团体，英文中的政党 Party 有表示相对之意，故凡是言及政党，言外之意就是有两党以上同时存在，若是滥用权力以蹙害他党使不能自存者，决非政党。③ 政党本身之存立，需要至少两大政党共存，否则不成其为政党，所谓"政党者，以有他党对待而始获名者也，使中国仅有一党，则亦不必复谓之党矣"。④

　　政党容许反对党的存在，才能建立真正的政党制度以起到调和政见敌对的政治势力的效用。李大钊要求政府党（执政党）不能一闻反对之声就以为失当，而要尊重反对党之意思，遇枢要问题需征集各方主张进行折中。⑤ 李大钊所崇尚的英国的反对党，事实上正是现代宪政制度下的两党制度，容许反对党的存在正是给政治调和提供了实际可操作的平台。张东荪则认为政党政治就是所谓的"有形之对抗者"，或名曰"许容的对抗"。简言之，因政见必有正负二面，遂生相反对之政党，此相反对之政党，各标反对之政策以运行，彼此虽为政敌，而必互相尊重而对彼此间的反对竞争互相优容，并将竞争纳于一定之范围内，于一定之轨道上进行。在张东荪看来，近世政治上一切之优良现象，皆恃对抗，而此政党对抗，由彼此明知相反而特优容尊重对方而成。⑥ 容许反对党的存在，被章士钊称为政

---

① 章士钊：《帝国统一党党名质疑》（1911 年 3 月 1～3 日），《章士钊全集》第一卷，第 479 页。
② 杜亚泉：《政党论》（1911 年 3 月），《杜亚泉文存》，第 139 页。
③ 梁启超：《敬告政党及政党员》（1913 年），《梁启超全集》第五册，第 2637 页。
④ 梁启超：《敬告政党及政党员》（1913 年），《梁启超全集》第五册，第 2640 页。
⑤ 李大钊：《爱国之反对党》（1917 年 3 月 7 日），《李大钊全集》第一卷，第 312 页。
⑥ 张东荪：《对抗力之价值》，《庸言》第一卷第二十四号，1913 年 11 月 16 日，第 9～10 页。不过正如本书关于张东荪一章中所指出的，他在民初对政党问题并未有较多论及，当时称"今日为政党之修养时代，断不可操切于进行"，此幼稚之政党不宜骤握政权。

党所必具之"党德"。章极力强调的党德，就是承认反对党合法，容许反对党发表异见。章说："党德云者，即认明他党为合法团体，而听其充分活动于政治范围以内，以期相与确守政争之公平律。"① 这要求政党必须承认反对党之合法地位、听任反对党意见流行。梁启超深刻指出，政治制度中的政党目的是"国利民福"，而国家利益常为相对的，反对之党尽管与我党所谓的利益相冲突，但其未必与国家利益相冲突，所以政党虽力持己党所主张，但仍有容他党别持主张之余地。② 意即真正了解政党的意义，就需要"一面既爱护己党，一面仍尊重敌党"③，这意味着政党与政党之间必须相互宽容，绝不应像朋党那样不许敌党存在。④ 李大钊肯定反对党的作用是站在援助扶持政府的立场上以辅佐政府。反对党如果看到政府也即执政党的主义确实有不当或不符合民意之处，可取而代之，执行自己的主义，这也是在野党责无旁贷的责任。李大钊力倡的"爱国之反对党"概念来自于英国政界，英国历史上在野党自称为"陛下之反对党"（His Majesty's Opposition），或"爱国之政府反对党（Patriotic Opposition）"。⑤ 如无反对党存在，政党也就失去了其调和国内不同利益的作用，既非宪政下之政党，也非促成宪政之政党。显然，政党之所以为政党而能调和各派利益者，必以容有反对党存在为判。

第二，两党政治。

两党政治是民初政治调和派诸公大力倡导的政党政治之核心所在。政党政治要有反对党存立，要能相互对抗竞争以调和各方政治势力之利益，其最常见和稳固的形式是两大政党的对抗衡平，即组织政府的执政党与在野的反对党相互对抗调和，轮流执政的两党政治。调和派诸公或明确主张两党政治，或预言中国将来当实行两党政治，基本上都对两党政治抱持肯定态度，寄希望于两党政治的制度设计来调和不同政治派别的利益以实现宪政民主。

---

① 章士钊：《政党内阁谈》（1912 年 7 月 7 日），《章士钊全集》第二卷，第 404 页。
② 梁启超：《敬告政党及政党员》（1913 年），《梁启超全集》第五册，第 2636 页。
③ 梁启超：《敬告政党及政党员》（1913 年），《梁启超全集》第五册，第 2637 页。
④ 梁启超：《敬告政党及政党员》（1913 年），《梁启超全集》第五册，第 2638 页。
⑤ 李大钊：《爱国之反对党》（1917 年 3 月 7 日），《李大钊全集》第一卷，第 310 ~ 311 页。

　　章士钊、李大钊、梁启超等明确主张中国应实行西方的两党政治。章士钊说："惟记者（章士钊自称——引者）之所信，则凡国家之能获政党之福者，必其国内有两大党，而亦仅有两大党，政纲截然不同，相代用事者也。"① 因为"凡一政策，必有正负两面，政策一经介绍于国中，国民之赞同者有之，反对者亦必有之，政党者即应于此现象而生。一党守其正，一党守其负，谁得国民多数之拥护，即谁胜利。倘两党党纲不异，则又何自代表国民之意见，又宁得谓之为党"。② 所以政党两分有其合理性，与任何事物一样，政纲也有正反两方面，即有赞成者，亦有反对者。既然政纲一正一负，代表政纲而起的政党必定一守其正，一守其反。章相信"政党贵分为二之理"，"一党用事，他一党从而批评其政策相与可否焉，以是更迭之，而国治以进"。③ 由此，两党应运而生、水到渠成。李大钊所谓的爱国的反对党，也就是两党政治中的在野党。他赞赏英伦议院中之"角椅"（Front Bench），即政府党与在野党适相角峙，两大党首领的座位都居首席，而遥遥相望。内阁更迭时，则两党首领相互交换位子。英伦此种相互承认对方进行公平竞争的两党政治，令李大钊大为推崇。④ 梁启超同样认为一国之中有两大政党共存对峙，是合理而必要的。梁称之为甲、乙两党，因两党各执相反之主义，各自谓国利民福，绝不能以甲党所谓国利民福为是为真，则乙党必非必伪。⑤

　　杜亚泉则预言民国将来应有的政党是两个对立而能调和的政党。杜认为政党政治必赖两党制而起调和效用，称："立宪国之政治，常赖两大政党之对峙，以收调节之效。"⑥ 而且杜指出将来的两党政治必是保守、进步两党，之所以如此是因为政党所抱持之主义必有保守、进步之两分。杜坚持政党是以主义结合，而非以情感结合，我国政党的种类也应从不同的主义上去考虑，故得其推测："将来我国之政党，不外通例所有之两种，即

① 章士钊：《论统一党》（1912 年 3 月 4 日），《章士钊全集》第二卷，第 67 页。
② 章士钊：《何谓政党》（1911 年 5 月 30 日），《章士钊全集》第一卷，第 540 页。
③ 章士钊：《政党组织案》（1912 年 7 月 15、16、17、19 日），《章士钊全集》第二卷，第 419 页。
④ 李大钊：《爱国之反对党》（1917 年 3 月 7 日），《李大钊全集》第一卷，第 310 页。
⑤ 梁启超：《敬告政党及政党员》（1913 年），《梁启超全集》第五册，第 2636 页。
⑥ 杜亚泉：《矛盾之调和》（1918 年 2 月），《杜亚泉文存》，第 28 页。

保守党与进步党而已。"在杜看来，进步党之主义，不惜牺牲国民之幸福，努力于政治之改革与国势之振兴；保守党之主义，则惜物力、重习惯，持稳健之方针以改革政治、增进国势。所以此二党正如车之两轮、鸟之两翼，相扶相助而皆不可缺。①

章士钊还欲图通过建立两党政治的制度，谋求中国政治补救之法。他说："使敢致希望于中国政治前途曰，中国只有两大党也，此两大党者，又一在朝，一在野也。"② 即以建立两党政治来改善中国的政局。章所创的"毁党造党"说，就是企图使民国政局造成两党政治。具体而言，就是"毁不纲之党"，"造有纲之党"。解散没有政纲的党派，由原来各派的精英分子组成政治研究会以讨论国家的大政方针，而讨论时必发生政见分歧，便分成对立的两方面，政见相同的分子相聚而结成新党派，由此便产生两个对立的新党。如此新党"纯粹建筑于政纲之上"，并依据各自的政纲相互展开和平竞争：获得国民多数支持的一党，上台组织内阁执政；另一党则在野监督执政党，督促其政策符合国民的利益，并且积极宣传自己的政纲，积蓄力量，寻求国民的支持，争取在下届国会选举中获多数议席而组织内阁，代替前执政党。③ 章大倡"毁党造党"更为深层的用意在于，希望反对现行政府的在野党能代表民意，甚至可以将政府党取而代之，以西方式轮流执政的两党政治谋求中国政治的出路。

政党的活动范围主要是议会，故两党政治与议会政治或政党内阁息息相关。两党的活动方式是本各自党纲或意见在议会中进行辩论，以争取议会多数而组织政府，故其活动方式绝非议会外的暴力，而是以政见受拥护与否而轮流执政。自然政党不仅要容许反对党存在，而且还必须是非暴力的政党，即暴力的党不属于两党政治制度概念中的。章士钊以为所谓政党是存于立宪政体下，以国会为活动场所，争得国会多数以组织政府，从而实施己党政纲的组织。既然主张以国会为政党活动场所，那么章自然反对政党以暴力为手段而酿成政海风波，他认暴力革命的革命党为秘密党而将

---

① 杜亚泉：《革命战争》（1911 年 11 月），《杜亚泉文存》，第 141 页。
② 章士钊：《中国应即组织之政党其性质当如何》（1911 年 3 月 12、13 日），《章士钊全集》第一卷，第 484 页。
③ 章士钊：《毁党造党说》（1912 年 7 月 29 日），《章士钊全集》第二卷，第 446 页。

其排除在政党概念之外，称"革命党乃秘密党，非政党也"。① 章还指出两党进行政治活动的方式，是通过国会中的竞争而轮流执政或在野，即两党同活动于政治范围之内，谁得国民多数之信用，即谁主持国事。且两党在国会所争者是政纲。政纲应是"崭然立异"一党独有的，而政治主眼比如"整理财政"可以和他党同，但达到此主眼之"程叙"即政纲则是不同的。② 梁启超也强调，从事政党者，必期组织政党内阁，而欲在内阁中占优势，则必出于竞争，但这绝非意味着将异己者之势力摧锄，甚至使其灭绝；而是"竞争恒用光明稳健之手段，故用诡道阴谋以求胜敌者，决非政党"。③ 李剑农也大力主张要有健全的政党政治才能使得各派势力悉能代表于议会。他提出并号召议员与政党应从事议会中的"政治行动"，远离议会外的"非政治行动"，使得对立之政党虽有强弱之别但共存于议会，于议会中发表意见实现各党权益。比如，以非暴力之政见辩论伸其主张，安忍待时以言论诉之于国民，以吸收国民之同情等，便是"政治行动"。如果与非法团体势力相结合，甚至不惜将反对党派势力从全局上根本推翻，便是"非政治行动"。④ 因政党有在朝在野，议会必有其分野，健全之议会政治应容许在野党与执政党共聚议会之席位相互辩论商讨，即"各群领袖人物偕其党员共处于一堂，相荡磨相质剂，彼此之意念由是交换"。⑤

三　权力分立制度

在权力分立制度上，民初政治调和派诸公或是主张在横向上的国家机关的三权分立制度，或是提倡横向上中央与地方的权力分立，试图以此种权力分立制衡的制度来达到调和不同政治势力，限制中央集权与专制的目的。

---

① 章士钊：《政党组织案》（1912 年 7 月 15、16、17、19 日），《章士钊全集》第二卷，第418 页。
② 章士钊：《上海何故发生多数之党派乎》（1912 年 2 月 27 日），《章士钊全集》第二卷，第 43 ~ 44 页。
③ 梁启超：《敬告政党及政党员》（1913 年），《梁启超全集》第五册，第 2638 页。
④ 剑农：《时局罪言》，《太平洋》杂志第一卷第四号，1917 年 6 月 1 日，第 7 页。
⑤ 剑农：《读甲寅日刊之舆论一束》，《太平洋》杂志第一卷第二号，1917 年 4 月 1 日，第 5页。

在横向的立法、行政、司法三权分立问题上，梁启超与张东荪的主张相对较为鲜明典型。对于横向的三权分立原则，梁启超不仅肯认，还应用于其起草的宪法中。他在《进步党拟中华民国宪法草案》中贯彻了立法、行政、司法三权分立原则：国会是立法机关；司法权归法院，遵循司法独立原则；政府除了有一般的行政权之外，还特别有编制预算之权，但预算案需提交国会决议。① 调和了国会与政府，自然也就调和了立法权与行政权，再加上司法独立，进而使国权与民权相互调和。张东荪十分推崇三权分立。在他看来，三权分立是使"机关配置得以互相控制与平衡者"。② 其三权分立思想源于孟德斯鸠（Montesquieu）。他曾援引孟德斯鸠关于三权分立的精神，以及"曼冶耳"（Otto Mayer，现译梅耶）所作的解释，盛赞三权分立为颠扑不破之真理，"三权分立，实近代政治之进化，其一切优良之政治现象，即由此而发生。是故言治者无不深致意于此"。③ 而且张对三权分立的倡导与其对法治国的推崇紧密联系，他认为形成三权分立之势是法治之精神。④ 法治国之国权发动形式有二：立法权与执行权。执行权又分为司法权与行政权。此即为立法、行政、司法三权分立。司法者，于随时发生之事件执法以为判断。行政者，于法律指定之下以其所应为者而为之。立法权者，依已立之法而产新法，务使法之周密，则国权行动庶不为法所外。在三权分立制衡中，行政权的严格限制和司法独立问题备受强调。张指出"法治国之精神，独于行政上求之耳"，而"强有力之司法，其足以拘束行政，而驱入正轨，为力亦复至伟"。⑤

需要指出的是，张东荪和李剑农都意识到了三权分立不能绝对化。张东荪主张三权不能相互隔阂，而应在分立的基础上，注意联络。比如内阁制优于总统制正在于其三权不仅有分立，且有总统为之联络而不使有隔阂之弊。⑥ 内阁制之总统能起到联络立法、行政、司法三权的作用，张东荪

---

① 梁启超：《进步党拟中华民国宪法草案》（1913 年），《梁启超全集》第五册，第 2615 ~ 2625 页。

② 东荪：《政制论　上》，《甲寅》第一卷第七号，1915 年 7 月 10 日，第 7 页。

③ 张东荪：《国会性质之疑问》，《庸言》第一卷第六号，1913 年 2 月 16 日，第 9 ~ 10 页。

④ 张东荪：《内阁论续》，《正谊》第一卷第二号，1914 年 2 月 15 日，第 15 页。

⑤ 张东荪：《内阁论》，《正谊》第一卷第一号，1914 年 1 月 15 日，第 4 页。

⑥ 张东荪：《论统治权总揽者之有无》，《庸言》第一卷第十一号，1913 年 5 月 1 日，第 17 页。

称之为"宪法上之补充行为",此作用并非高出三权之外驾乎三权之间,而是各属于分立的三权而为其副部。① 李剑农在对三权的融合主张上更甚于张东荪。他也承认三权分立的合理性,但认为三权分立只是阶段性的而非终极性的,主张三权既有分立又有融合。李剑农认为英制发达可分为三期,分别为分权抵衡期,立法行政之接近期,立法行政融成一片期,且自第二期抵衡之精神渐减而进于议会行政之融会的第三期。② 在李剑农的概念里,三权分立或曰抵衡只是政治调和之一阶段,在三权分立之后还需要以三权融和的补充。

在纵向的权力分立上,中央与地方的分权制衡备受推崇。比如李剑农与张东荪希冀以地方自治或联邦制限制中央政府权力,防止中央集权,从而调和中央与地方的权力和利益。

李剑农与张东荪都极力主张地方自治与联邦制度以调和中央与地方之权力。李剑农主张地方分权自治,认为地方制之终极目的就在于地方分权自治,以分配并调和中央与地方的权力。他说:"仆之终极目的,在使中央与地方之政治,各有分界。地方政务于其所领有之界域内,不可为中央所动摇;斯中央亦不至为地方政潮所牵动。"③ 正是基于对地方制终极目的之认识,李剑农不反对联邦,且认联邦与地方制有其异曲同工之处,"改组联邦,则中央与地方同受宪法之宰制,地方不能侵中央之权,中央亦不能自由削地方之权"。④ 张东荪则着眼于离心力与向心力的调和原理,提倡以地方自治或联邦培养国民的自治精神,形成地方离心力与中央向心力之间的对抗调和。张指出就行政层面而言,"自治之原理,即本于行政分权,诚以地域广阔之国家,断无由一机关而得处理一切之具体事务"。⑤ 张东荪以为联邦的精神即为"自治"。他所追求的就是"自治"这一联邦精神,并非联邦之名。⑥ 自治之所以能使中央与地方间权力分立制

---

① 张东荪:《内阁论续》,《正谊》第一卷第二号,1914年2月15日,第16页。
② 剑农:《宪法与政习》,《太平洋》杂志第一卷第一号,1917年3月1日,第4~5页。
③ 剑农:《地方制之终极目的》,《太平洋》杂志第一卷第二号,1917年4月1日,第2~3页。
④ 剑农:《民国统一问题》《太平洋》杂志第一卷第八号,1917年11月15日,第12页。
⑤ 东荪:《行政与政治》,《甲寅》第一卷第六号,1915年6月10日,第10页。
⑥ 张东荪:《地方制之终极观》,《中华杂志》第一卷第七号,1914年7月16日,第12~13页。

衡以实现二者的调和，在于他相信减去过多的地方离心力之方法，莫如许地方以自治。意即容纳合理的地方离心力以减去多余离心力，其最根本的方式莫过于许以诸势力诸团体以自治。或曰许地方以自治，抑或实行联邦制度。①

　　章士钊在讨论宪法弹性时，指出自治的地方与中央要调和平衡。章认为一国若明分为若干部，各部都欲求自治，则需以法律加以规定，而且要防止大部侵小部或压全体，使各部与全体相互调和。章指出凡是离心力过强而各部决不能统于一尊的国家，应实行有限制的联合，如美国的联邦宪法是最适宜的。相反，假如宪法是向心力强而偏于集权的国家，则设制宪法时要预想到必需的向心力，防止向心力崩坏而不可收拾。② 章以美国之例得出的结论是："集权者不当以集权求之，而当以分权求之"。③ 意即一味中央集权只能政局崩坏，唯有分权才能保持中央集权与地方分权的对抗平衡，实现二者权力的调和。李大钊主张中央统一与地方分权的分立平衡。他从倡导相互对抗的二政治势力（包括中央与地方）的空间上的调和，而非一胜一败的时间上的调和出发，呼吁"在谋统一之日，应许有人主张联邦；而建联邦之日，也许持统一之论"。④ 联邦所侧重的地方权力与统一所侧重的中央权力应相互分立制衡。梁启超本着宪法的精神是调和，曾特别提出"中央权与地方权调和"，虽没有对此具体展开论述⑤，但足见其对中央与地方权力的分立制衡问题有重视。杜亚泉虽未有明确主张地方权力分立，但他大倡减政主义，限制政府权力，实际上也意味着削弱中央集权，显然意在不使中央过于侵及地方权力。

第三节　市民社会

　　政治调和需要有相应的社会基础才能成立并发挥其效用，民初政治调

① 圣心：《联邦立国论》，《新中华杂志》第一卷第一号，1915 年 10 月 1 日，第 7 页。

② 章士钊：《政力向背论》（1914 年 8 月 10 日），《章士钊全集》第三卷，第 189~190 页。

③ 章士钊：《政力向背论》（1914 年 8 月 10 日），《章士钊全集》第三卷，第 196~198 页。

④ 李大钊：《调和剩言》（1918 年 7 月 1 日），《李大钊全集》第二卷，第 209 页。

⑤ 梁启超：《宪法之三大精神》（1912 年），《梁启超全集》第五册，第 2561 页。

和派诸公也都注意到这一点，分别从不同角度阐述了政治调和所需的社会基础。"社会"同样是西方的舶来品，中国知识分子在 20 世纪初由日语引进"社会"一词，"社会"逐渐代替中国传统中的"群"而成为新的流行观念。① 相对而言，与"群"不同的是，清末民初的社会观念显然开始产生与传统的家族、国家组织的分离。这一分离的观念极为重要，现代西方的宪政民主正是以政治国家与市民社会的分殊为基础的，或者说，由社会与国家分殊以形成的社会经济基础与多元的社会结构，是英美宪政民主产生的前提条件之一。而中国传统中自秦统一以至民初的中国社会受到了中央集权的大一统的专制政治几近全面的统制，社会生机弱化。民初政界和思想界对于国家与社会的关系并未有足够的重视。② 民初政治调和派诸公关于社会的概念虽然并非清晰详尽，尤其还尚未运用西方市民社会的概念，但是他们或者强调社会对于政治改革的基础作用，主张发展社会经济，以社会的发展促进政治的进步；或者提倡减少国家干涉，主张促成社会与国家的二分，以保障个人的自由发展；或者倡导要有一个中间阶级（中产阶级）占主导地位的橄榄型社会结构。事实上他们讨论了政治调和需以西方式的市民社会作为社会基础。

一　社会是政治改革的基础

梁启超、张东荪、杜亚泉等都强调政治改革的基础在社会，相信能以社会自身的发展促进政治上的宪政民主改革。尤其梁启超还主张以社会经济的发展为政治改革提供社会基础。

梁启超对于一个促使政治调和发挥作用的可供徐徐改革的较为稳定的

---

① 关于从群到社会的观念的变迁，金观涛、刘青峰与王汎森分别作了详细的研究，参见金观涛、刘青峰《从"群"到"社会"、"社会主义"》，金观涛、刘青峰：《观念史研究：中国现代重要政治术语的形成》，《香港中文大学中国文化研究所当代中国文化研究中心专刊》（九），香港出版，2008，第 175～220 页；王汎森：《傅斯年早期的"造社会"论》，《中国文化》（北京）1997 年第 14 期。转引自许纪霖《在现代性与民族性之间——现代中国的自由民族主义思想（一）》，http://www.douban.com/group/topic/4534212/。

② 高力克认为虽然 20 世纪初严复对此问题已有深见睿识。民初孙梁二派的"民权"与"国权"之争，皆轻忽社会方维，而专在政治层面用力。所以可以认为此问题在民初政界和思想界并未受到重视。参见高力克《调适的智慧——杜亚泉思想研究》，杭州：浙江人民出版社，1998，第 20 页。

社会秩序尤为看重。梁深感秩序稳定的社会基础对于政治改革的重要性，比如可以减少政治改革的代价，减少旧势力对改革的阻力。所以梁提出"政治基础在社会"的观点，强调社会事业是政治之基础，有良社会然后有良政治。① 在梁眼里，民初社会堕落腐败，在此等社会上谋政治建设，无益于致治；而且举国聪明才智之士悉集于政界，"而社会方面，空无人焉"，所以他呼吁政论家与政治家对健全稳定的社会基础应加以重视。梁说："吾以二十年来几度之阅历，吾深觉政治之基础恒在社会，欲用健全之政论，则于论前更当有事焉。而不然者，则其政论徒供刺激感情之用，或为剽窃干禄之资，无论在政治方面，在社会方面，皆可以生意外之恶影响。"② 同时，梁指出"实行之政治家亦当有然"，常在现行国体基础之上谋政体政象之改进，是政治家唯一之天职。③ 梁在当时就能意识到政治问题不单单求诸政治本身，还求诸社会，体认到社会作为政治调和之基础的至关重要实为难能可贵。

值得一提的是，梁启超深刻指出实业相当程度的发展是养成政治调和的社会经济基础。梁认为实业交通二政是富国之本，主张以保护主义与开放主义相剂调和以发展社会经济。因民初我国产业幼稚，资本缺乏，故应斟酌保护主义与开放主义的程度，"宜以各种产业之性质为衡"。梁不仅讨论了实业中的工商，包括棉铁丝茶糖，普通矿业，以及外资与官营事业，而且强调财政基础稍定后，要发展农业。而交通机关，路航邮电四政，实政治之命脉，当训练人才以逐步发展，从而使社会渐进于富强。④ 梁重视社会经济发展对于政治改革的基础作用，且主渐进的社会经济发展方式，实是意识到了宪政民主转型所需的社会经济基础。

张东荪主张以社会的对抗发展"引为"政治上的对抗发展。他提出"有活气之社会"，自由竞争发展之社会，是政治进步的"先导"与"后盾"。清末之际，有人曾揭一问题："曰以社会之力发展国家？抑或以国家之力发展社会？"张认为是以社会之发展促进政治之发展，先使社会上有

① 梁启超：《政治之基础与言论家之指针》（1915 年），《梁启超全集》第五册，第 2793 页。
② 梁启超：《吾今后所以报国者》（1915 年），《梁启超全集》第五册，第 2806 页。
③ 梁启超：《异哉所谓国体问题者》（1916 年），《梁启超全集》第五册，第 2900 页。
④ 梁启超：《政府大政方针宣言书》（1913 年），《梁启超全集》第五册，第 2573 ~ 2574 页。

充足之生气，然后以社会活动之地盘引为政治上之对抗与调和。① 张说：
"不佞今颇醒悟，知泛言对抗与调和，而不从社会活气着想，终为无济
耳。"张将对抗调和主要视为社会上政治作用的理法，进而主张以社会对
抗与调和"引为"政治上之对抗与调和。② 政治与社会相表里，"如社会程
度未齐，乃欲施以理想之政治，鲜有不败者，犹如小儿不能走路而即欲奔
跑"。③ 显然，张已检审到社会之于国家的必不可少的基础作用，并指出社
会改革是政治改革之基础。

张东荪讨论了如何以社会之发展促进政治改革，独创性地提出所谓以
社会之力"威迫"政府的"威迫之道"："其道即国民之政治上自由是
也。"比如，国民有出版之自由，则政府有失职者，得以言论纠责之；国
民有集会之自由，则政府有违法者，得合群力以抵抗之。④ 通过以社会之
活力威迫与限制政府，使社会与政府为对抗调和之势，即以政治调和的方
式促进政治上的宪政民主的转型。

杜亚泉也十分肯定社会对于政治改革的基础作用，他说："若谓社
会之进步，必仰政府之提携，不如反而言之，谓政府之进步，仰社会
之提携，较为确当"，他认为成功宪政的施行，都需社会鼓吹之力以
助之。⑤

二 社会与国家二分

杜亚泉、张东荪、李剑农都因注重政治调和所需的社会基础而主张减
少国家/政府的干涉，提倡国家与社会的二分。杜亚泉曾力倡减政主义，
呼吁社会与国家的分殊对抗。减政主义意在限制政府权力，使社会摆脱政
府权力的笼罩，即使社会与国家相对分离而得以自由发展。一方面，杜认
为"政治者，社会上一种之事务也。政府者，社会上之政治机关"而已。

---

① 张东荪：《中国之将来与近世文明国立国之原则》，《正谊》第一卷第七号，1915 年 2 月
15 日，第 7 页。
② 张东荪：《中国之将来与近世文明国立国之原则》，《正谊》第一卷第七号，1915 年 2 月
15 日，第 10 页。
③ 张东荪：《中国之社会问题》，《庸言》第一卷第十六号，1913 年 7 月 16 日，第 1 页。
④ 东荪：《制治根本论》，《甲寅》第一卷第五号，1915 年 5 月 10 日，第 7 页。
⑤ 杜亚泉：《减政主义》（1911 年 3 月），《杜亚泉文存》，第 134 页。

当时因"政府无不可为之，亦无不能为之"造成政权日重、政费日繁，如此强大的政治机关，着实威胁到社会的独立性。另一方面更为重要的是，杜认为社会有其自身的活力及自我管理的法则，政府不能取而代之。即"社会之事物，有自然之法则管理之"。比如知能之竞争烈，则发展于教育；物质之需要增，则发展于实业。而发展教育或殖产，政府不必自为教育家或自营农工商业，只要通过政务把关就行。因国家教育之兴，并非等于政府多颁学堂章程或多编教科书籍；国民实业之盛也并不等于政府多营官有事业或多定检查方法。所以全能式的政府向社会领域扩张权力，不仅难以促社会之进步，反而会消解社会之活力，造成将来之"实祸"。① 显见，杜理想中的政府是类似于英美国家的"小政府"，理想中的社会是能相对独立于国家而自由发展的。而中国这般"大政府、小社会"的社会结构根本无法生发出基于政治调和而获致的宪政民主。

张东荪曾极力主张国家与社会二分。其思想源于摩尔（Mohl）关于现代国家与古代国家，即现代人与古代人的自由差异的认识。张肯认摩尔于此问题上有"最为透宗"之观点：在于古代唯争参与政治之自由，而近代乃谋国家不加干涉之自由；古代国家一切道德教化经济之权皆操于国家之手，而现代国家不然，此等事物非国权所能启发，必须社会上个人能力自然开发始可。② 进而张提出："国家与社会判而为二。"在他看来这也意味着"国家与国民有严格之分界"。因为近世国家成立之目的是国利民福，而为全国人民谋个别之幸福，必分"公善"与"私善"为二。公善之事国家掌之，私善之事听国民自为之，不为越俎代庖，即国民之私善往往通过政府之外的社会得以实现，其中最重要的陶养国民人格必要求"国家与社会判而为二"。③ 在张看来，中国尤其需要国家与社会的二分。因中国之政府不分前清民国，素以干涉为主义，可谓"中国社会上一切生机均为我政府遏制尽矣"。④ 张认为民初社会由勃发而至于静止，国民

---

① 杜亚泉：《减政主义》（1911 年 3 月），《杜亚泉文存》，第 132～133 页。

② 张东荪：《中国之将来与近世文明国立国之原则》，《正谊》第一卷第七号，1915 年 2 月 15 日，第 7 页。

③ 东荪：《制治根本论》，《甲寅》第一卷第五号，1915 年 5 月 10 日，第 3～4 页。

④ 张东荪：《中国之将来与近世文明国立国之原则》，《正谊》第一卷第七号，1915 年 2 月 15 日，第 8 页。

无识、"人格薄脆"①，而"救济之道，在先使政治与社会分其作用"。因为张相信："必政治与社会分离，使政治之干涉范围愈小，则社会之活动范围愈大，于是社会以自由竞争而得自然发展也。"②张力主划定国家与社会之分界，减少国家之干涉，防止国家侵及社会，从而以社会陶养人格为政治调和奠定国民性基础。即非主张国家社会二分不可。不仅如此，张东荪还尝试着探讨了何者为社会自由竞争发展的范围而政府不得干涉，即何者是所谓社会活动。凡经济、教化、道德、地方事务、学术、技艺、信仰等，均划出政府管辖之外，政府绝对不与闻、不干涉，而听人民自由处理之。即政府不能过多干涉，尤其不能扑灭民间各种事业，造成人民对政府之依赖，而应当给予社会以相当自由，使社会得以自由竞争而自由发展。③

李剑农虽然并未明确指出国家与社会二分，但极力反对国家对社会的过度干涉。在他看来，国家过度干涉之秩序，即为伪秩序，根本无法为政治调和提供相应的社会基础。一方面，社会是善，政府是恶。现代政府之责任亦要求国家减少干涉。所以"政府之形式，必保其与吾人所损最少而蒙福最大"，即虽赋国家以权势，但限制其兽性。④另一方面，国民个体之发育需国家减少干涉⑤，而且唯有减少国家干涉，限制其权力，才能遏制国民猎官之象，使国民个体得以有发育之机。⑥故李剑农反对由专制所得之社会因广受国家干涉不能发展而静止不前的"伪秩序"，提倡减少国家干涉而使国民与社会得以自由发展的调和的"真秩序"。

三 中产阶级社会

由中产阶级占大多数的橄榄型社会结构易于形成政治调和。关于这

---

① 张东荪：《中国之将来与近世文明国立国之原则》，《正谊》第一卷第七号，1915 年 2 月 15 日，第 5 页。

② 张东荪：《中国之将来与近世文明国立国之原则》，《正谊》第一卷第七号，1915 年 2 月 15 日，第 7 页。

③ 张东荪：《中国之将来与近世文明国立国之原则》，《正谊》第一卷第七号，1915 年 2 月 15 日，第 12 页。

④ 剑农：《猎官与政权》，《甲寅》第一卷第十号，1915 年 10 月 10 日，第 6~7 页。

⑤ 剑农：《猎官与政权》，《甲寅》第一卷第十号，1915 年 10 月 10 日，第 1 页。

⑥ 剑农：《猎官与政权》，《甲寅》第一卷第十号，1915 年 10 月 10 日，第 6 页。

一点杜亚泉的见解较为详尽独到。杜认为，西方是劳动阶级的势力与知识结合，形成了广大的资产阶级，使得其社会结构成为以中产阶级为大多数的橄榄型社会。这样的社会结构的特点是，相对稳定且易于调和，从而能为政治调和提供一个适宜的社会结构。杜说："现今文明诸国，莫不以中等阶级为势力之中心，我国将来，亦不能出此例外，此则吾人之所深信者也。"① 但令杜遗憾的是，中国社会根本没有类似欧洲的中产阶级，与欧洲的阶级状况相比，中国只是一个游民阶级的社会。因为杜认为中产阶级是由财产的势力与知识结合而成的。根据不同势力分别与知识的结合，杜将人类文明划分为顺序的三期：一是贵族阶级的文化，由武力的势力与知识相结合而成；二是资产阶级的文化，由财产的势力与知识结合而产生；三是未来的劳动阶级的文化，由劳动的势力与知识相结合而能成就。② 在杜眼里，欧洲近代是第二期文化的典范，完成了知识阶级的财产化，与财产阶级的知识化，"主张人权，表扬民治"，从而形成了中产阶级。此财产阶级的文化，带有财产的色彩，以自由平等、尊权利、重科学，为其标征。③ 欧洲社会以如此的阶级组合而形成了中产阶级占社会大多数的橄榄型社会结构。这一社会结构加上与之相伴随的中产阶级的文化，或曰公民文化，成为政治调和所必需的社会结构基础及社会文化基础，从而促成宪政民主的生成与发展。反观中国，在第一期文化后，没能出现欧洲那样多数之知识阶级的财产化和财产阶级的知识化。一方面，中国的知识阶级反而"与财产阶级、劳动阶级均格格不入，此为过剩的知识阶级"。而劳动阶级中出现了无劳动之地位或为不正则之劳动的劳动者，包括士兵以及地棍流氓盗贼乞丐之类，"此等过剩的劳动阶级，即游民阶级"。正是由游民阶级与过剩的知识结合产生了"游民阶级的文化"。是第一期文化的病变。另一方面，中国之财产阶级太过羸弱，无法使财产之势力与知识相结合，大都不解宪政民主为何物。即我国的知识阶

---

① 杜亚泉：《中国之新生命》（1918 年 7 月），《杜亚泉文存》，第 215 页。

② 杜亚泉：《中国政治革命不成就及社会革命不发生之原因》（1919 年 4 月），《杜亚泉文存》，第 180 ~ 181 页。

③ 杜亚泉：《中国政治革命不成就及社会革命不发生之原因》（1919 年 4 月），《杜亚泉文存》，第 180 页。

级"达则与贵族为伍,穷则与游民为伍",兼具贵族与游民两种之性质而与财产阶级、劳动阶级难容。① 杜的认识不可谓不深刻,他从中西方社会内在差异的精当比较中,找出了易于促成政治调和的社会结构基础。杜认识到中国财产阶级的羸弱,学理性地指出知识阶级与劳动阶级的变异与病变的组合,根本无由生出欧洲般平等自由民主的公民文化,无由生发欧洲那种具有宪政民主理念的中产阶级,进而无法形成易于调和的中产阶级占大多数的橄榄型社会结构。

李大钊也论及社会结构中大多数民众觉悟的重要性。李大钊基于肯定民众思想、民众意志对社会变革的重大影响,提出了以民众建立社会中枢,使得社会中的大多数人成为有觉悟的类似中产阶级的分子。李大钊引用法儒社会学者鲁彭氏之语,称当时曰"群众时代",不仅号召我们每个人既然生在群众时代,身为群众之分子,应当自觉其权威②,而且告诫一般"士夫"重视群众分子固有的权威。李大钊殷切希望凡是活动在社会中的个人,"自觉其固有之势力,自宅于独立之地位,自营不羁之生活",这样有觉悟的人在社会中逐渐多起来,其势力相应集合,社会中枢也可得以逐步确立。③ 李大钊虽没有直接讲到"中产阶级",但实际上他所谓的具有此种政治势力与自觉性的人群,是具有一定知识和经济基础的人,与中产阶级性质相类。这样的社会的大多数人就构成了易于调和的橄榄型社会结构。

梁启超、张东荪和李剑农都对国民知识能力的提高做了强调,虽然他们并未确切指出中产阶级发展壮大的重要性,但是无疑他们意识到大多数国民对政治调和与宪政民主的肯认是至关重要的,而且他们所强调的政治调和的国民性基础,事实上能使一般国民在未来发展成具有中产阶级属性,即具有相当的知识与财产从而能维护自己权利,懂得并争取宪政民主的社会的大多数。如此一来,中产阶级占大多数的橄榄型社会结构自然也

---

① 杜亚泉:《中国政治革命不成就及社会革命不发生之原因》(1919年4月),《杜亚泉文存》,第182~184页。

② 李大钊:《政治对抗力之养成》(1914年11月1日),《李大钊全集》第一卷,第104~105页。

③ 李大钊:《政治对抗力之养成》(1914年11月1日),《李大钊全集》第一卷,第105~106页。

就形成了。

民初政治调和派诸公注重政治调和形成并发挥作用以实现民初民主转型的社会基础，而且在探讨这一重要问题时，流露出其关于社会方面的主张已经触及与西方市民社会相联系的关心或论题。比如，社会相对独立于国家，中产阶级的发展壮大，橄榄型的相对稳定的社会结构，社会经济的发展，等等。可以说，民初政治调和派诸公所论及的养成政治调和所需的社会基础，相当于一个相对成熟且健康发展的西方市民社会。

赘语：虽然民初政治调和思潮本身极为复杂，简单的分析结构可能有掩盖其复杂性的危险，但是为了更为清晰地梳理并呈现出思潮的相对完整的面貌，本书尝试把章士钊等政治调和派诸公在政治调和问题上的主张，从概括性的价值理念、宪政制度与社会基础三大方面展开综合分析。事实上这三个方面的内容正是政治调和思潮的要旨，且可被视为两个层次：第一，在民初的政治调和派诸公看来，调和中必然包含宽容的品格，调和渐进的进化观与英美自由理念等价值观念；创建宪法、确立健全的政党政治与国家权力的分立制度等宪政制度架构。此外，政治调和的形成与维持还需要以市民社会作为社会基础，包括社会自身有一定程度的发展，中产阶级及文化的发展，以及中产阶级占大多数的相对稳定的橄榄型社会结构。第二，这三方面的主张其实也是他们对于政治调和得以成立与有效的多种条件的分析，意即这些价值理念，政治制度架构，市民社会是由政治调和实现民初民主成功转型的各个要件。因为政治调和同样是西方的舶来品，它能否成功移植到民初并促使民主成功转型，需要考察中国的土壤是不是与之适宜。至少在他们看来，唯有培育了相关的价值理念，创建了相应政治制度，形成了市民社会，才表明中国具备了孕育调和土壤，进而能以调和实现民主转型。

第三章
章士钊： 调和立国论

为政有本，本何在？曰有容。何谓有容？曰不好同恶异。

调和者，立国之大经也。

——章士钊

章士钊（1881～1973），幼名永焘，字行严，别号孤桐①，湖南省善化县（今长沙县）东乡和佳冲人。幼年入私塾学习，后就读于两湖书院与南京陆师学堂。曾流亡日本，入东京正则学校专攻英语。②留学英国五年，曾入苏格兰大学和阿伯丁大学攻读逻辑学与经济学。③曾先后主笔《苏报》《民立报》《新闻报》《申报》等，并先后创办《国民日日报》《独立周报》及东京《甲寅》月刊、北京《甲寅》（先日刊后改为周刊）。著有《中等国文典》《逻辑指要》《柳文指要》等。④章士钊既是学者、律师，又积极参与政事。清末民初参与创办"华兴会"，组织"爱国协会"，发起"国事维持会"。辛亥革命后，先后参与"二次革命"、护国运动。1920年代

---

① 章士钊曾署名孤桐子、青桐子、烂柯山樵、烂柯山人、章邱生、青桐、秋桐、无卯、皇帝子孙之嫡派黄中黄、支那汉族黄中黄、黄中黄、韩天民、汉种之中—汉种、爱读革命军者、民质、渐生等。袁景华：《章士钊先生年谱》，长春：吉林人民出版社，2001，第3页。

② 白吉庵：《章士钊传》，附录：章士钊年表，北京：作家出版社，2004，第425页。

③ 邹小站：《章士钊社会政治思想研究（1903–1927）》，长沙：湖南教育出版社，2001，第27页。

④ 白吉庵：《章士钊传》，附录：章士钊年表，引言。

曾参加军阀"南北和谈"，捐巨款送学生出国，后投向北洋军阀。曾是著名律师，先后为陈独秀、周佛海等辩护。新中国成立后参与"国共和谈"，晚年积极和台湾接触，为和平统一而努力工作。[①]

章士钊曾留学英国五年，英伦自由主义思想是其民初政治思想的思想底色。章民初政治思想的主轴就是政治调和思想，其核心内容：一是倡导宽容的政治调和品格，即"有容"、不好同恶异；二是力主"政力向背"论，即以向心力与离心力的平衡原理制定调和宪法，确立现代政党政治，使国家走出治乱循环的暴力革命，走向和平改革的宪政民主道路；三是提出"调和立国"论，以相抵相让实现政治调和，并针对民初现实而为政治调和之养成作出努力，从而为实现宪政民主转型奠定基础。

第一节　为政之本："有容"

"有容"是章士钊政治调和思想的核心概念之一，所谓"有容"乃是为政之本，即不好同恶异。"有容"才能形成宪政民主所需的自由健康的政治空气。章认为民初政局不稳、民生凋敝的原因在于好同恶异。使不好同恶异，必须采取的办法就是"有容"，即"政本"。章说："为政有本，本何在？曰有容。何谓有容？曰不好同恶异。"[②]

一　好同恶异："有容"的反面

政治调和的精神理念是宽容，与好同恶异截然相反。好同恶异及与之相依存的专制都是章士钊极力反对和深恶痛绝的。好同恶异导致专制，专制加剧好同恶异，两者相合变本加厉。所以好同恶异和专制是章政治调和思想的对立面，亦是其批判现实的出发点，恰好从反面揭示出其政治调和的涵义与重要意义。好同恶异是促使章士钊提出其政治调和思想的重要原因，其政治调和理论首要的就是不好同恶异。

在对民初社会政治停滞不前，甚至倒退的原因分析中，章士钊发现好

---

① 参考白吉庵《章士钊传》，附录：章士钊年表，北京：作家出版社，2004，第 425～438 页。

② 章士钊：《政本》（1914 年 5 月 10 日），《章士钊全集》第三卷，第 1 页。

同恶异是其根本原因。章所面对的民国初年，"时局不安、人心惶惑、外力深入、财力困乏"，人民生命财产面临危险，行政不能统一，革命人士不解政治，以致社会经济问题及政党问题等较之清末都"有加无已也"。①为何民国建立后，很多方面尤其是政治上还不及清末？章并不以此疑问而否认民国，他主张"君子之观国也，不于其治而于其意"。② 章的回答是，中国出现如此"亡征"，不是走民主之路不妥，而是好同恶异所致，好同恶异是中国最大的病灶。

第一，好同恶异与专制。

章士钊追根溯源深入剖析和批判好同恶异，深刻指出政治上的好同恶异就是专制，并揭露好同恶异不足为治。章认为好同恶异源于人类本性中的"兽性"：生物争存的规律是同化，比如生物由鸿荒至今，物种减少；如我国此前的张勋纵兵南京，如千年前欧洲异族相残，之所以如此，"无他，好同恶异也"。所以"好同恶异者，披其根而寻之，兽性也"。现在社会之人"恶"他人的财产身份不同于己，便设法使"尽同于己而后快"。可见，人的好同恶异的野性至今未被除去，"显之则用于兵戈，隐之则施之政治学术"，以致中国数千年至今治乱循环，社会机能不能如今日欧美般发达，正是好同恶异使得中国在学术上和政治上都不如西方。章认为，其一，对比中西学术，西方"不视异者为洪水猛兽"；而我国学术盛于周末，"诸子以后，迫人尊孔，苟简之思、单一之性牢不可破"。之所以如此，"无他，好同恶异之野性也"。其二，好同恶异在政治上更为严重，是专制的"罪魁祸首"。章指出"专制者何？强人之同于己也"。③ 好同恶异形成了专制。强天下人都同于己的专制，其根本特征就是好同恶异，即要求高度一致和严格统一，消灭差异，尤其是对立面。进而章揭露出专制政治的特点：大权集于一人。专制统治者独揽生杀刑赏之权；人民没有参与政治的机会，没有正常的渠道表达自己的意志，对于专制君主及其心腹官僚无法表达其"怒"，也无正常的"默"与"罚"之道。④ 这意味着，专

---

① 章士钊：《政本》（1914 年 5 月 10 日），《章士钊全集》第三卷，第 2 ~ 3 页。
② 章士钊：《政本》（1914 年 5 月 10 日），《章士钊全集》第三卷，第 1 页。
③ 章士钊：《政本》（1914 年 5 月 10 日），《章士钊全集》第三卷，第 6 ~ 7 页。
④ 章士钊：《调和立国论上》（1914 年 11 月 10 日），《章士钊全集》第三卷，第 268 ~ 271 页。

制者把自己的利益、思想、情感强加于人民的利益、思想、情感之上，要求人民完全服从专制者。所以章指出，专制乃兽欲也，为害人群①，故"同之不足为治"。②

专制政治的必然归宿是死亡。章士钊认为古今中外的历史反复证明"专制者死体也"③，英国的克伦威尔，法国的路易十六、拿破仑一世和拿破仑三世等身败名裂的史实告诉人们，只要统治者"不解调和之道"而肆行专制都必招灭亡。④ 在中国历史上出现过文景之治、贞观之治等专制而治的假象，曾被主张专制的人所津津乐道。章对此大加批评澄清：一是所谓汉唐盛世是汉文帝、唐太宗其人成就，根本不是专制制度本身。专制而天下大治，那只是"赌而偶赢"，并不是真正意义上的"治"，与近世行民主政治造成天下大治而后不复乱，根本不可同日而语。二是汉唐盛世的本质是，"经大乱之后，人心思安，人口锐减，豪猾被扫荡殆尽"，人民有一个比较好的生存环境，这时专制统治者只要无所作为，就可天下大治。以后经二三百年生聚，人口膨胀，人民求食困难，就铤而走险，于是天下又大乱。中国数千年的历史就是在这种治乱循环中兴替更迭的。因此专制统治下的所谓太平之世不过是"民出粟米麻丝，野无揭竿斩木"，纯粹是消极的"治"，与人民之真正自由权利幸福毫不相干。故今日中国立国决不能满足于此。⑤ 同时，章指出袁记《中华民国约法》完全是基于"朕即国家"制定出来的，它所规定的政制实际就是大总统一人独揽大权且一人"负责"的专制制度。⑥ 可见专制制度本身有不可克服的弊端，用这种政制去救国，去谋求长治久安，只能是缘木求鱼。

第二，好同恶异与暴力革命。

好同恶异即为专制，而专制导致暴力革命。章士钊指出专制必然会产

---

① 章士钊：《政本》（1914 年 5 月 10 日），《章士钊全集》第三卷，第 7 页。
② 章士钊：《政本》（1914 年 5 月 10 日），《章士钊全集》第三卷，第 12 页。
③ 章士钊：《国家与责任》（1914 年 6 月 10 日），《章士钊全集》第三卷，第 120 页。
④ 章士钊：《调和立国论上》（1914 年 11 月 10 日），《章士钊全集》第三卷，第 264～266 页。
⑤ 章士钊：《国家与责任》（1914 年 6 月 10 日），《章士钊全集》第三卷，第 118～119 页。
⑥ 章士钊：《国家与责任》（1914 年 6 月 10 日），《章士钊全集》第三卷，第 114 页。

生暴力革命。他说："革命者专制之产物也。"① 中国数千年的历史，就处在专制与革命的不断循环之中，如果没有制度更新，中国就永远不可能跳出这一循环。在专制政治下，既然人民的"意见、希望、利益、情感"没有正常渠道得以表达，那么，积之既久而达于一定程度，必然会导致暴力革命，所以暴力革命是专制不可避免的产物。所以"专制之效，首在民怨，民怨既众，乱象四萌"，而且一旦人民起义则专制统治者一人孤立于上，原本聚集于君主周围邀宠谋利的臣僚会作鸟兽散，所谓"土崩瓦解，理有固然"。②

第三，好同恶异与人治。

好同恶异往往是人治而非法治。章士钊指出"倡为同者，本不喜法度，则为之子者，宜恶法度也尤甚"，所以定会"暴戾恣睢，坏法乱纪而以其为同也"。而且"凡为同者，所用之人才，必是君子少而小人多"。君子以道而同，以同而异。小人以利而同，以异而同，相贼相害，一如古时有指鹿为马之事。③ 章认为好同恶异的专制是人治而非法治。专制国所谓的法不过是统治者的意志，统治者一人的意志就是法。而非如文明国的法那样"其性公，其质固"，审判有定员，解释有定义，根据的是法而不是人，能行之无弊。而专制国即使有法律，其法律实际也不起作用。④ 章所以认为专制与法治是"性不两容"。⑤ 专制统治者一人掌握生杀刑赏之权，"令之所在，或为成规"，旁人只有揣摩透了人主的真正好恶并且善于逢迎，才能得到好处。然而人主个人的意志往往变化无常，就必然使国家的纲纪法令形同虚设。由于国家纲纪法令的失效，最高统治者又不是全知全能的神，加之人民无法对政治事务发表意见，无法监督官僚，所以必然会出现整个官僚体系的腐败。为了"固宠安位"，臣僚必然会不服从国家法令，而专门刺探、逢迎人主之意，必然报喜不报忧，遇事不敢任怨，互相推诿；同僚之间则钩心斗角、互相排挤，乃至结党营私，甚至侵夺人主的

---

① 章士钊：《国家与责任》（1914 年 6 月 10 日），《章士钊全集》第三卷，第 114 页。
② 章士钊：《调和立国论上》（1914 年 11 月 10 日），《章士钊全集》第三卷，第 273 页。
③ 章士钊：《政本》（1914 年 5 月 10 日），《章士钊全集》第三卷，第 12～13 页。
④ 章士钊：《调和立国论上》（1914 年 11 月 10 日），《章士钊全集》第三卷，第 269 页。
⑤ 章士钊：《民国本计论——帝政与开明专制》（1915 年 9 月 17 日），《章士钊全集》第三卷，第 598 页。

生杀刑赏之权。由此，臣僚又必然敢于歪曲人主之意和国家政策法令，违法乱纪，上则蒙蔽君主，下则伪称圣意。总之，在章看来，专制国家的法律体现的是统治者一人的意志，是统治者强加给人民的，人民既不愿意也没有义务服从这样的法律，维持法律的不是人民的同意，而是专制统治者的"力"。然而一旦强力被削弱，专制统治就崩溃。[①] 可见，政治上的好同恶异与专制因其与法治不相容而不可能求得国利民安，更不可能挽救民族危机、振兴国家。

综上所述，在章士钊看来，好同恶异之所以"不足为治"，一则好同恶异既然是专制，那就是"死体"；二则好同恶异既然是专制，必导致暴力革命；三则好同恶异是人治，而非民主政治所必需的法治。所以好同恶异实与政治调和背道而驰，它只能走向专制，走向暴力革命，与法治绝缘，从而不可避免地走向宪政民主的反面。

第四，民初政局中的好同恶异。

章士钊十分惋惜我国革命党人和袁政府都无有宽容而好为同，使国家民众遭受苦痛与灾难。"反满"革命时，章曾提醒革命者注意要不怀极端之见，假如只要是前清的政质不顾好坏全毁掉，前清所看重的人物一概排斥，就会产生反面影响，产生政变。但是此意见在当时没有产生足够影响。革命党人未能注意到利益的不同点并极力为之调融，反而是"挟其成见，强人同己，使天下人才尽出己党而后快"。其中有所谓"暴烈分子者，肆口谩骂，用力排击异己，形同无赖"，所以革命党人败北。而败之者袁政府又循革命党人前例，而且更甚。比如宋教仁在南中演说批评中央失政，在欧洲这是再平常不过的事，但宋却被指奸国而遭刺杀。如此这般国家自然变乱。此外，议会中反对借款与质问俄约之事，本是议政却声罪至讨。袁政府的好同恶异愈演愈烈，对思想言论的专制也是旷古未有。新闻中只谈游观玩好无关宏旨之事，禁锢记者，等等。这都是欧洲中古所无，也是满洲亲贵所惮发。章不禁感叹"自古为同，斯诚观止"。[②] 从人心看，为同之弊很严重；就外交而言，正当有力的公论是国际谈判时的国内后

---

① 章士钊：《调和立国论上》（1914 年 11 月 10 日），《章士钊全集》第三卷，第 271 页。

② 章士钊：《政本》（1914 年 5 月 10 日），《章士钊全集》第三卷，第 11 页。

援，而政府只知日日抑制相关言论，无非是政治自杀。显然好同恶异不足
为治。① 章对民初国民党与袁政府皆为好同恶异的分析，实际上揭示出二
者的相互不宽容、不妥协。正是妥协宽容的缺席导致了民初政局的动荡与
宪政民主的流产。

第五，好同恶异是立宪的思想障碍。

在批判好同恶异的基础上，章士钊指出如果一国政治文化为同而无调
和，有国会，有约法，都无用，都不足为治。换言之，如存有好同恶异而
无调和思想，那么纵有国会、约法，立宪是不可能的，限制专制也不可
能。② 可见章在使用"专制"一词时，在绝大多数的情形下，指的是一种
与调和相对立的政治精神③，即使实行共和制，也有可能是专制政治。在
这个意义上，专制与政治调和是完全对立的，不实行政治调和即是专制。
只有认识到这一层，不仅从制度上而且从观念上剔除专制统治的影响，才
能祛除好同恶异，才能算是真正祛除了专制。这就需要以政治调和的思想
来清洗专制的遗留。好同恶异与专制政治侵害了人民的自由权利，造成革
命和社会动荡，损害人民幸福与国家利益，与近世国家的目的相违背，与
政治调和的旨趣背道而驰。换言之，中国由同孕育的专制传统是其步入现
代民主政治社会的巨大阻碍，唯有以政治调和跨越此阻碍才能步入宪政
正轨。

章士钊从好同恶异的角度分析中国的政治得失，在中国的政治文化根
源上找到了国势衰败的原因是好同恶异与专制，即匮缺具有英伦自由主义
的宽容品格的政治调和。章清醒地认识到，好同恶异与专制作为一种思想
观念深入中国历史，并与传统伦理道德结合，积淀而渗入中国的传统政治
文化，只有培育政治调和的宽容精神，才能实现不好同恶异及祛除专制。
传统中国所谓"公而忘私"的伦理要求，起初是统治者以武力强迫人民为
之，后慢慢归入儒家伦理要求之中，成了"举世习焉不敢以为非"的统治

---

① 章士钊：《政本》（1914 年 5 月 10 日），《章士钊全集》第三卷，第 14～15 页。

② 章士钊：《政本》（1914 年 5 月 10 日），《章士钊全集》第三卷，第 16 页。

③ 偶尔他也用专制表示没有宪法的制度，只要立宪，不管是共和制还是君主制都不属专制，
而是立宪政体。他曾说："今日之中国，无政府国家也。何谓无政府？无法律也。"参见
章士钊《说宪》（1915 年 8 月 10 日），《章士钊全集》第三卷，第 521 页。

人民思想的力量。① 这要求其实是违背人们真实心理的，这是奇特的伦理政治化和政治伦理化，是专制统治者维系专制好同统治、侵夺人民自由权利的心理方式。

二　"有容"的内涵

第一，对人才的"有容"。

执政者往往不太能容忍异己者，包括异己的思想及拥有此思想的异己之人。尤其是后者，在专制时代总有一个最残忍而立竿见影的做法就是将异己之人从肉体上消灭。因而章士钊政治调和主张的一个重要方面就是对异己的各种人才的宽容。即用人上的"有容"。

章士钊认为，既然"为政在人"，那么政治上人才的得失最为紧要。故而为政"有容"的重点在于人才的调和。为政之人应使人才"得其所，尽其用"，才能实现政治的良善。人才调和上最大的弊病同样是好同恶异，要做到为政之人的调和就需要"有容"、不好同恶异。章指出"为政在人，人存而政即举，政治之得失，无不视人才之得失为比例差。故政治为枝叶，而人才为根本。今日为政未得其方，亦以用才未得其方一语概之足矣"。章所谓的"用才"，是充分利用天下人才，发挥偏正高下不同人才的力量贡献于国家，而不是独夫居高临下的统治。章引用穆勒（John Stuart Mill，现译密尔，1806–1873）的货栈比喻："必使一国之才，尽趋于栈，则栈力厚，否则贫"。当时的民国，"权奸当国而群贤退"，也就是章所谓的"人才不得所"。② 国内先是排挤革命党，使国中一部分聪明才智随革命党而出吾栈；排去革命党后，大敌去，转而私斗自己，"互相排斥之局立成"，导致数月以来"政情纷扰"。在章看来，如此辗转相排，常排去的是"新进孤立者、洁廉自好者、为政有方者"；而常留的反倒是"窃用威福者、顽钝无耻者、黩货乱政者"；再相排下去，最后留下的是后三种人中更甚之人。而国政出于这等人，必不能创建出良善政治。③ 因此章提倡"有容"，要"集天下之聪明才力，共谋以救弊补偏"，使"天下之智勇辩

---

① 章士钊：《政本》（1914 年 5 月 10 日），《章士钊全集》第三卷，第 16 页。
② 章士钊：《政本》（1914 年 5 月 10 日），《章士钊全集》第三卷，第 5 页。
③ 章士钊：《政本》（1914 年 5 月 10 日），《章士钊全集》第三卷，第 15 页。

力，各得其所"①，他相信这样就能达到"外人加敬，权利可复，民间知义，国债可募，工商知勤，实业可兴，生徒知奋，教育可期"。② 章夙愿中的中华民国，无非就是辛亥革命后国人能"共矢其天良，同排其客气，无新无旧，无高无下，无老无壮，无贤无不肖，悉出其聪明才智之量"，如密尔所说的那样投之总货栈，以使国家安定，以使法律制定③，即人人不好同恶异，处处"有容"的宪政民主社会。

第二，反对合法："有容"的原则。

章士钊深刻指出了"有容"的一大原则——反对合法，这亦是其政治调和的一大原则。章力倡的"有容"是一种多元共存的状态，是承认差异而不是抹杀对立面。章说："愚之所谓有容，乃在使异者各守其异之域，而不以力干涉之，非欲诱致异者使同于我也。"④

章士钊大倡"有容"的反对合法原则。他认为反对合法，尤其是对政府的反对合法，足以促进政治进步。他说："反对之权乃国民所共有"，如果不至于危及国家，"有真宜反对之政府，可得十分反对之"，"纵令政府所事，举国风从，而吾见为不安，且可本一人之意见，以发言抗论"。⑤ 章引用美国自由主义思想家黎白（F. Lieber, 1798–1872）所著《政治伦理手册》中的一长段话进一步论证反对合法："反对者适法者也。"所以反对不可无。反对以不至变为徒党阴谋为限。在此限内，皆为有益。……"适当合法而诚实之反对一失，政治上自由之担保即与之俱失。国无适当之反对，欲使自由与平和及秩序并行不悖，殆不可能"。⑥ 章指出正是"有容"的反对合法原则成就了英国的"政治大观"。⑦ 他解释了英国的枢密院如何演变为内阁、等级会议，进而如何演变成议会，并认为英之能为此变，"其精要实不外创设反对之一原则"。对国王的反对，在其他国是"阴谋"，

---

① 章士钊：《政本》（1914 年 5 月 10 日），《章士钊全集》第三卷，第 17 页。

② 章士钊：《政本》（1914 年 5 月 10 日），《章士钊全集》第三卷，第 18 页。

③ 章士钊：《政本》（1914 年 5 月 10 日），《章士钊全集》第三卷，第 15 页。

④ 章士钊：《论政本——答李北村君》（1914 年 6 月 10 日），《章士钊全集》第三卷，第 147 页。

⑤ 章士钊：《政治与社会》（1914 年 6 月 10 日），《章士钊全集》第三卷，第 435 页。

⑥ 章士钊：《政治与社会》（1915 年 6 月 10 日），《章士钊全集》第三卷，第 434 页。

⑦ 章士钊：《政本》（1914 年 5 月 10 日），《章士钊全集》第三卷，第 10 页。

而在英国为"公议"；在其他国为"革命"，而此为"议程"。① 相反，假如不承认反对党为合法团体，则其争执"必走于偏私，或流于暴举"。所以章认为"欲谋政治上和平之改革，两党相代以用事，非认反对党之所为为有益于国万万不可"。②

政治调和之反对合法的原则，正是现代政党政治形成之精神理念。在章看来，不仅政党政治之唯一条件就是梅依（T. E. May，1815–1886）所言"听反对党意见之流行"是也，而且英伦政治之进步也在"王之反对党"一语发现以后。③ 章赞赏英国立宪的历史和英国的政党制度皆成于"有容"。在章看来，英伦 1250 年之大宪章，1689 年之《人权宣言》，都是"君与民约，不得强吾同尔"的结果。章特别称赞英国人是世界民族中最懂调和之道者，实不愧为先觉。其一，英人一方面，明认王权不当绝对，所以创根本大法，使贤者能据此法自由发表意见，以遏制王权；另一方面，由于英人养成于君政之下，防止了极端的民政。英国的立宪政治是其他共和国所不能企及的。章认为这绝非偶然，乃是英人擅用调和，不使好同恶异的缘故。其二，英人的内阁政治也是成于有容。先容有反对党发生，而后有内阁政治。英伦政治的成功无疑在反对者得力，政府党和在野党分别被称为"王之仆"和"王之反对党"，两者都以君主不能为恶为原则，相叛相存。章指出，正如穆勒（John Stuart Mill，现译密尔，1806–1873）所言"一国之政论，必待异党相督，而后有折中之美"，"二党之为用也，其一之所以宜存，即以其一有所不及。而其所以利国，即在此相攻而不相得，乃有以制用事者之威力，使之常循理而惺惺也"。所以政党内阁或代议制的发展与完善也必须通过反对合法的"有容"原则来促进。在章看来，合议机关就是以反对原则而获得发展的。凡国中容认合法之反对，其合议机关才能发挥调和政力平衡的效力。④

第三，"有容"是宪政的精神理念。

---

① 章士钊：《政治与社会》（1915 年 6 月 10 日），《章士钊全集》第三卷，第 449 页。
② 章士钊：《政党政治之唯一条件》（1912 年 7 月 1 日），《章士钊全集》第二卷，第 389 页。
③ 章士钊：《政党政治之唯一条件》，《章士钊全集》第二卷，第 389 页。
④ 章士钊：《政本》（1914 年 5 月 10 日），《章士钊全集》第三卷，第 9 页。

　　章士钊笃信"有容"作为政治调和的宽容品格，是立宪政治的精神理念与祛除专制的根本途径。章洞见到，似乎民以革命，以立宪，或以谏诤限制君主是"同势"，其实不然。大凡共和初成，都由于革命；而革命胜利后，新旧利益方方冲突，而大权却握于少数人手中。此时应本着"有容"的精神，"急以调和情感为务"，否则"遇反动而取灭亡，又与革命前同，如是辗转，如环无端"。不光法国革命史，中国数千年的政争都不过是"成王败寇"，而那些"心乎政治者"没有余地在国法范围内得以"从容出其所见，各各相衡，各各相抵"，从而也不可能发挥其才能以助国泰民安。① 专制之下不具备"有容"精神；相反是丧失"有容"，甚而革命，而革命复产革命，使得"人民不堪其扰，国家不胜疲惫"。章忧虑这样甚至会使人们对民初"所号称之共和"慢慢变得害怕起来。② 可见有容与否，影响共和成败，影响民主的成功转型。

　　章士钊的"有容"思想，事实上是立基于其对人性的清醒认识。章对人性并不乐观，甚至认为人性不足正是促使人"欲行专制"的重要因素。如在评论克伦威尔专制时，认为其所以然，乃"人性不全一语，可以蔽之"。章也认同笛卡尔（DesCartes Rene，1596－1650）的观点，认为人类是"生而不全者"，并指出全者是不可思议的，人的秉赋虽有差等而相去不太远，但要十全十美是几乎不可能的。③ 章也信服穆勒的相关说法：人不能无过，所得真理往往偏而不全。所以要让反对党的意见尽量流行，往复比较，从而折中意见之统一。④ 这是自由主义式的人性观和认识论，能看到价值的多元共存。章正是基于此而生发出对"有容尚异"的调和精神的崇尚和提倡。

　　大体而言，章士钊所谓的"有容"是针对掌有权力而能对政治施加影响的政府和统治者而言说的，亦是对政府和统治者所提出的政治调和要求与建议，既然他坚信"有容"的宽容品格是做到不好同恶异和祛除专制的必要条件和途径。"有容"思想是章士钊政治调和思想的重要内容，体现

---

① 章士钊：《政本》（1914年5月10日），《章士钊全集》第三卷，第8页。
② 章士钊：《政本》（1914年5月10日），《章士钊全集》第三卷，第10页。
③ 章士钊：《调和立国论上》（1914年11月10日），《章士钊全集》第三卷，第268页。
④ 章士钊：《调和立国论上》（1914年11月10日），《章士钊全集》第三卷，第265页。

了"有容尚异"的宽容的政治调和精神理念，也突出了政治调和之于民主的内在精神价值。[①]

第二节　调和之法："政力向背"

章士钊的"政力向背"理论倡导政治上向心与离心二力的调和平衡。他指出："两力相排，大乱之道；两力相守，治平之原。"[②] 此理论来源于英儒奈端（Sir Isaac Newton，现译牛顿，1643－1727）和蒲徕士（James Bryce，蒲来士）的向心力与离心力之说。奈端在天文学中提出向心与离心二力概念，太阳系中有两力以保持运行，太阳作为太阳系的中心，一力吸引行星向己，一力曳行星离己，即所谓向心力与离心力。之后蒲徕士将奈端的二力之说引入政治领域，提倡"作政当保两力平衡之道"。章认为此说"名言精义，旷世寡寿"，并且借鉴此说，将它阐发为"政力向背"理论。社会是由无数人及团体组织而成，社会团体能共同维系是由于向心力，而其瓦解是由于离心力。正如太阳系要正常存在，必须保持向心力与离心力的平衡一样；一个社会要正常存在，也必须保持向心力与离心力的平衡。向心力出现，社会日强；离心力出现，社会必裂。社会都是由向心力主宰的，离心力虽可以免除，但不能免除尽净至于完美。因为小团体中的个人各有其中心，与其他团体和大团体难免离立，而且社会过大则"人人之意见、希望、利益、情感，断无全归于一致之理"。比如一国宪法是集若干法之大成，它规定了一社会如何宰制与统合，这正是向心离心二力的作用表现。所以，人类如有社会，如有宪法，都不外是二力争衡的结果，即"其一集之，其一散之，其一合之，其一分之"。[③]

"政力向背"是章士钊继"有容"之后提出的另一个政治调和的核心概念。章以调和政治中的向心力与离心力及政党政治为主要内容，解释了

---

① 邹小站认为"章士钊一直在倡导一种有容的大国民风范"。这点笔者不敢苟同。参见邹小站《章士钊社会政治思想研究（1903－1927）》，长沙：湖南教育出版社，2001，第141页。

② 章士钊：《政力相背论》（1914年8月10日），《章士钊全集》第三卷，第189页。

③ 章士钊：《政力相背论》（1914年8月10日），《章士钊全集》第三卷，第188～189页。

如何通过将政力平衡于宪法之中以有效遏制暴力革命，实际上从另一角度阐明了为政有容的必要性和政治实践中政治宽容的途径。相对于"有容"在政治调和中偏于精神层面，政力向背则偏于政治实践层面。

一 政力向背与暴力革命

章士钊关于革命的观点，正是基于其对社会离心力与向心力的考量。首先，章认为一个群体离心力大过向心力，就会群体裂而导致革命之祸。他说："夫所谓群体裂者何？即革命之祸所由始也"。因为既然组成复杂社会的各个人与团体，其意见希望利益情感断无一致，"彼之所以为康乐，此或以为怨苦；彼受如斯待遇而已足，此或受之而不能平"，那么，现存的秩序、制度、政策总会背离社会中一部分人的意愿，使他们对现存的秩序、制度、政策产生不满，这种不满就构成了社会的离心力。如果人们的不满没有正常表达实现的渠道，那么"缓则别求处理，急且决欲舍去"，久而久之，离心力就会成为社会的"中坚"，于是"所有忧伤疾苦，环趋迸发"，社会就会破裂。这就是所谓的革命之祸。① 可见革命往往是在有悖于政力向背的情况下发生，即向背二政力失衡导致革命发生。其次，章以为要使革命之祸不起，唯有保持离心力与向心力的平衡，使离心力在团体内有合理的限度与活动余地，绝不是排斥离心力而促使其分裂群体。如果一味排斥离心力的话，由于力量的盛衰无定数，反而有可能造成离心力与向心力的互排之局，从而辗转相排而相乱，以致人民受苦国家迸裂。所以，欲防止革命，就要保持向背二力之平衡，否则二力失衡则革命必起。

需要指出的是，尽管革命意味着离心力所作的抗争已越出二力平衡轨道之外，章士钊并未绝对反对一切革命。一方面，章士钊厌恶革命，声称"革命者，危道也"。② 他想避免革命但又清醒地认识到在不得已时革命是无可回避的，所谓"革命既为所深恶痛绝，而又灼然见其无可倖免"。③ 另一方面，章强调我国的革命和欧洲的革命有所不同。他反对中国的治乱循环的革命，对于欧洲的革命则持保留态度。在章看来，欧洲人卢梭之流曾

---

① 章士钊：《政力相背论》（1914 年 8 月 10 日），《章士钊全集》第三卷，第 189 页。
② 章士钊：《政治与社会》（1915 年 6 月 10 日），《章士钊全集》第三卷，第 433 页。
③ 章士钊：《政力相背论》（1914 年 8 月 10 日），《章士钊全集》第三卷，第 187 页。

经信奉"革命一度则人民之政治力必增一度"。如果通过一次革命的代价就能导国家于宪政的轨道，从此告别革命，走渐进改革之路，那么，这样的革命章是不反对的。所以在他论及实现政治进步的方式时表示："或者诉之于武力而出于革命，或者诉之于政治而由于进化，此别一问题，非本篇所能为抉择，斯乃愚之深望读者留意及之者也。"① 而对于我国的革命，章明确持否定态度。我国历史上的革命并非是"创一主义而行之"，仅仅是"被暴政所驱，被饥寒所迫"，有时甚至是被阴谋者诱惑而揭竿而起，不过是成就他人的称王称帝。革命后则又进入新的专制。而且由于革命导致杀戮，受苦甚至比前的专制更甚。② 由此可见，在章士钊看来，一则，革命确实客观存在，有时可能无法幸免；二则，革命假如能一革而不再革，且提高民智进而导国家进入现代宪政的，比如美国独立革命，则不予反对；但中国帝王式革命属于章坚决反对之列。这也意味着，章将宪政民主视为遵循政力向背之理而可防止革命的社会。

事实上，章士钊是想找出避免暴力革命的方式。易言之，他更关注的不是革命到底会不会起，也无暇推究革命起后会是什么现象，而是为什么我国有革命之恐慌，他国没有？③ 当袁世凯的顾问古德诺提出我国革命不足虑的观点后，黄远庸曾批驳古德诺"等于谓吾中国人在天演上当永劫为奴"。章认同黄的观点，并指出我们如想不"永劫为奴"，而为政治生活，那么决不能"外于他国所经之常轨而别有所趋"，他国真有好的方式使国内不含革命分子，人民安居乐业，社会和平进步，我们可以作为借鉴。④对于怎样才能防止革命的问题，章的回答是"两力相排，大乱之道；两力相守，治平之原"的"政力向背"理论。

二 政力向背与宪法之性

那么政治上如何依照"政力向背"论，使向背二政力相守以防止革命呢？章士钊从蒲徕士（James Bryce）受到启发而提出以具有足够弹性的宪

---

① 章士钊：《调和立国论上》（1914 年 11 月 10 日），《章士钊全集》第三卷，第 277 页。
② 章士钊：《政本》（1914 年 5 月 10 日），《章士钊全集》第三卷，第 8 页。
③ 章士钊：《政力相背论》（1914 年 8 月 10 日），《章士钊全集》第三卷，第 187 页。
④ 章士钊：《政力相背论》（1914 年 8 月 10 日），《章士钊全集》第三卷，第 188 页。

法来规范政治势力使其符合政力向背原理。蒲徕士认为"国宪者……所以构成一社会而宰制之统合之者也"。章进而认为，一国宪法确能左右其政治组织是否安稳，或是否会引发暴力革命。宪法可以规定二政力相守的方式与范围，为政力向背提供制度保障。所以宪法对于一国内向心力与离心力的调和具有举足轻重的作用。而且章认为这种作用尤其体现在宪法的软硬性质上。① 因而他着重于探讨宪法的软性、硬性对政力向背的影响，进而指出需要根据向背二政力的现实格局来决定宪法该采或软或硬的形式，以有效防止革命的发生。

第一，宪法之性的软硬程度要以一国内的向背二力的对比情况来决定。在章士钊看来，宪法之性或软或硬，其要在于符合政力向背理论以使二力相守。所谓硬性宪法是认宪法为根本大法，几乎一成不变，要变则其程序异常繁重；软性宪法则是指根本法与普通法一样随时可以变易。章曾援引蒲徕士的观点说明宪法之性取决于向背二力的实质：从宪政上观察一国家，看其适合软性宪法还是硬性宪法，要详较向背二力的实质，这是开宗最重要的事。如果一国向心力较强，那么或软或硬都可以，具体选何者可以参考其他问题来决定。如果一国的离心力滋长未艾，那么建立一硬性宪法诚为要图。②

章士钊特别强调以建立硬性宪法约束较大的离心力，实践起来很难，尤其要注意。其一，假如宪法是偏于集权的，设制时要预想到必需的向心力，因向心力定会突破原有的量。但预想的向心力不能太过，否则严重的话会使社会崩坏而不可收拾。其二，硬性宪法所代表的主要是过去的利益，而政事日变以致国中分子的利益随时势发生离析，甚至在宪法没有预先想到之处任由施展，那么此硬性宪法已敝而不适于继续施行。另外，一国若明分为若干部分，且各部分都要求自治，那么应谋以法律给予承认，同时要防止大部侵小部或压全体。如果在这样的情况下要创硬性宪法，那么要对此作出一一规定才是理想的，如美国的联邦宪法就是一个典型。③

第二，现实中政力向背的格局反过来受宪法之性或软或硬的影响。章

---

① 章士钊：《政力相背论》（1914 年 8 月 10 日），《章士钊全集》第三卷，第 189 页。
② 章士钊：《政力相背论》（1914 年 8 月 10 日），《章士钊全集》第三卷，第 189 页。
③ 章士钊：《政力相背论》（1914 年 8 月 10 日），《章士钊全集》第三卷，第 189～190 页。

士钊认为这种"影响如斯之巨"①，甚至或可导致革命。比如"在硬性宪法之下，温和渐进之改革，有所难行。惟其如是，一为事势所迫，革命之祸不能免，此可断言者也"。② 章在《政力向背论》中用了最浓重的笔墨来阐明不同性质的宪法对政力的不同作用，以致导致暴力革命的可能性的大小，并由此分析总结出政力向背的原则。可见在其政力向背理论中，宪法对于实现政力平衡有着至关重要的作用。所以，宪法之性对于政力的影响是章探讨的重点。

章士钊先从理论上区分宪法逻辑上的"性之所之"和事实上的"性之所由赋"对宪法之性影响政力平衡的作用加以分析，并深刻地提出关键要根据事实上"性之所由赋"或曰"硬性之所赋"的软性以调和政力，然后以各国实例加以证明。

"性之所之"是纯在宪法逻辑上的作用而言的，章士钊提出硬性宪法较难使二力相守，较易导致暴力革命。章认为对于这一点戴雪（Albert Venn Dicey，1835-1922）说得最明了，"戴氏于硬性宪法所以惹起革命之故，可谓言之有物矣"。因为软硬两种宪法相比较而言，硬性宪法未必能历久不敝，使所谓国家大法不生变动。尽管比利时宪法和美国宪法分别有50年和100年没变了，但长期不变的硬性宪法如果失去圆融的能力，使得关乎国家根本大计的无形渐进的改革都因而受阻，那么必有可能因为此宪法之性过硬而激起革命风潮。比如法兰西号称不变的宪法，反而平均每次不足十年就受暴力影响而有变动。③

如此看来，是否制定软性宪法为好呢？其实不然。章士钊认为英伦的不成文宪法是几乎无法学的，而一旦创立宪法，如法如美都是硬性。可是硬性又正好可成为革命的媒介，那么难道宪法就不可立了？立宪法，革命就不可避免了？章认为，回答这问题，需要先划分不文宪法与软性宪法的界线，他于《民立报》时就论及了这一点。章指出软性宪法与不文宪法不一定是同一物，英宪之不文，是不要而已，英宪之精神仍为软性。将所有宪法上的规定汇为一册曰宪法，未尝不可。然而宪法之成文与软性同时并

① 章士钊：《政力相背论》（1914 年 8 月 10 日），《章士钊全集》第三卷，第 190 页。
② 章士钊：《政力相背论》（1914 年 8 月 10 日），《章士钊全集》第三卷，第 192 页。
③ 章士钊：《政力相背论》（1914 年 8 月 10 日），《章士钊全集》第三卷，第 190～191 页。

具，尽管世上无实例但在政治逻辑上实为理想中"无上之结构"。软性宪法变易较易，可避免激急的冲突。如果法国人不以其宪法为奇货，使人民的意思能随时与宪法相调和，那么革命惨剧的程度和数量可能都会略减。有人质疑说，软性宪法是可以的，但法国的硬性宪法虽然以前多次被颠覆又为何1875年以来的硬性宪法至今非不久，而革命不再现？美利坚的宪法成于1789年为何也无革命？在章看来，因为上两种宪法虽然在逻辑上是硬性宪法，即其"性之所由之"是硬性，但事实上却是含有软性之意，即"其性之所由赋"是含软性成分，因而能为离心力留有充分的余地，使二力共同活动相守于宪法之下而不致失衡。① 换言之，创立成文宪法而于事实上赋予其软性成分，即是从成文宪法的"性之所由赋"这一层面下工夫，从而调和向背二政力使之能在宪法规定下相守，使革命不致发生。

所以，对于前面的创立宪法是否革命终不可避免的问题，章士钊认为这不仅仅取决于"硬性之所之"，而当详质"硬性之所赋"。章指出法兰西1875宪法之所谓硬性，不能与美利坚者相提并论。一则，后者的更正须创设宪法会议，手续异常繁重；而前者只需两院合议行之。同一硬性，而此中差别不可以道里计。二则，后者是为庄严灿烂之文；前者则成于因陋就简之意。章士钊援引美儒罗伟（Abbott Lawrence Lowell，1856~1943）的观点，指出法兰西1875宪法之所以如此简陋，是因为当时控制议会多数的是君政党，因创设君政无望而与少数党联合共议共和，虽然采用共和之名，但远不是一理想中的共和组织。然而章认为法国革命不再出现，实际上深得其宪法简陋所赐，正因为其简陋才能"于政力向背之间，能保其平衡也"。这意味着，简陋之宪法本身是政力调和之产物，且具有更多的弹性，从而反过来更能有助于政力之调和。法国此大法没有创"高贵无伦之制"，各党都不以它为最后的"大定之文"。君政党、共和党和国会都出于迁就一时，所以造此简陋宪法与简单圆活的政府正符合当时实际需要。② 法国1875年宪法制定得匆忙粗糙但属政治调和的产物，其"硬性之所赋"是软性而具调和功能。所以此宪法虽不理想却使向背政力平衡于政府之中

---

① 章士钊：《政力相背论》（1914年8月10日），《章士钊全集》第三卷，第192~193页。
② 章士钊：《政力相背论》（1914年8月10日），《章士钊全集》第三卷，第193~195页。

而能防止革命。章由此得出结论：政力的一向一背有其自然，不能拘于成法或冀幸强制，要循其自然而采用合适的方式调和之。① 总之，章以为形式上的硬性宪法较之软性宪法，更易发生暴力革命；而硬性宪法中"性之所由赋"偏于硬性的较之那些性质上偏于软性的，更易发生暴力革命。

为了说明如何在成文宪法的"性之所由赋"上对宪法的性质施加软性影响，章士钊分别对美英法三国的宪法做了研究和论述，以实例来阐释如何以宪法促成政力平衡来有效克止激进革命。第一例，美宪成功之处在于其宪法充分发挥了对向背二力的调和作用。对此章援引蒲徕士（James Bryce）关于美宪的两个要点予以说明：其一，美国制宪时，对社会中所存在的向背二力都加以衡量，而且坦白承认离心力的存在且任由发展。在制定宪法规则时，也以不引起分崩的反动为限。其二，宪法中规定中央政府权力的语言极富弹性，广义狭义都可以解释，开始几年州权声高，宪法规定的所谓范围守其最小限度；之后州权之论大挫于南北战争，行政范围日渐恢廓，这跟宪法文字并不冲突，只是根据当时思想情势变迁程度加以新的诠释而已。事实上正是美宪先为州权论者留有余地，使得离心力转而日减，向心力转而日增。戴雪（Alert Venn Dicey，1835－1922）也指出美国宪法给离心力留的活动余地甚宽，使情感利害不同之人都"游其藩而无所于碍"，所以其尊重法律的天性能寄于实施。章进而认为，美国的政力平衡问题说明了：向心力先驰而得张，离心力欲取而先兴，亦即集权者不当以集权求之，而当以分权求之。② 第二例，章士钊认为英人免于革命的原因实际上是由于1832年以来的各个遵循政力向背之理的改革案。这些法案着眼点都在于扩充选举资格，调和贵族与平民间的利益。章认为如果议会为宪法所阻无力通过这些法案的话，革命必起；而对于贵族而言，革命之妨害远大于法案通过之妨害，所以贵族坦然扩大选举权。在章看来，英国之所以能事实上赋予法案以调融之性，一方面在于英国国民本性偏于保守，历史上的政治中心人物的身

---

① 章士钊：《政力相背论》（1914年8月10日），《章士钊全集》第三卷，第199页。
② 章士钊：《政力相背论》（1914年8月10日），《章士钊全集》第三卷，第196～198页。

份、才华、学问、经验受尊重。另一方面在于英国国民所信平等自由诸说都求诸实际，而不像法兰西人只是狂热的空想。① 英国的宪政是由于英国人擅于调和政力而成。第三例，法兰西 1875 年前不断革命是因为"昧于政力向背之道，掌力者惟司向以摧背，罔识其他"。之后未尝有革命，因为二党相互容忍，"乃明于政力向背之道，掌力者惟使两力相待，各守其藩"，从而赋予宪法调和之效能。章指出法美两国的宪法疏密张弛各不同，内容大殊，而成功则一。这个成功的原则"即政力向背之道也"。② 并且章总结出美英法三国宪法的共同之点，"政力向背，本无定形，而无论何种国家，两力又必同时共具，则欲保持向心力，使之足敷巩固国家之用，惟有详审当时所有离心力之量，挽而入法律范围之中，以尽其相当应得之分而已。此外无他道也，他道者皆政治自杀之愚计也"。所以调和之宪法就是使"两力相剂，范成一定之轨道，同趋共守，而不至横决而已"。③ 在章看来，这正是政力向背的一大原则。

三　政力向背与政党政治

章士钊关于政党和政党政治的观点，是将政治调和的核心概念"有容"与"政力向背论"运用到实际政治过程中，是更为具体的操作层面的政治调和。不仅政党的概念和特征与"有容""政力向背"息息相关，且两党政治更需遵循"政力向背"之理。

第一，政力向背与政党含义。

章士钊认为所谓政党最重要的是要有党纲和党德，不然不成其为政党。党纲即政党之政纲，章将其视为政党的必具属性，他说："政党者，以实行政纲而得名者也。"④ 章其实是接受了英国政治家柏克（Edmund Burke, 1729–1797）对政党下的定义："政党者，乃团体之以国民福利相集合，其福利基之于特异之政纲，为本党全体所赞同，而谋一致之行动促

---

① 章士钊：《政力相背论》（1914 年 8 月 10 日），《章士钊全集》第三卷，第 199～201 页。
② 章士钊：《政力相背论》（1914 年 8 月 10 日），《章士钊全集》第三卷，第 196 页。
③ 章士钊：《政力相背论》（1914 年 8 月 10 日），《章士钊全集》第三卷，第 203 页。
④ 章士钊：《上海何故发生多数之党派乎》（1912 年 2 月 27 日），《章士钊全集》第二卷，第 43 页。

进之者也。"而且"当知政纲必异之理"。① 章在此基础上提出了政纲与政治主眼一组概念以进一步阐明政党的含义。章说："政纲者，必其嵚然立异，使人得就于相对之点别制一政纲者也。而政治主眼则不必然。政治主眼者乃政党所射之鹄，此鹄容或为各党所同射也。"政纲是一党所独有的，因为政治主眼比如"整理财政"可以和他党同，而达到此主眼的"程叙"是不同的，这一不同的"程叙"正是政纲。② 所以政纲是政党的生命，"盖政党而无政纲，是直无党"。③ 章士钊极力强调的党德是政党必具之宽容品格，即承认反对党合法，容许反对党发表异见。他说："党德云者即认明他党为合法团体，而听其充分活动于政治范围以内，以期相与确守政争之公平律。所谓认明为合法团体者，又即认明其党纲或政见为有益于国家也。"④ 这就要求政党必须容认反对党之合法地位、听任反对党意见流行。故而"文明国之党争，将不尽恃多数专制之力"；⑤ 非但如此，还要将反对党的存在引为自己存在的条件，互补互利。他说："政党者，以他党之存立为利者也……组织之者不得不留他党之余地，使他日有党，得就吾党之反对点规定其党纲。"⑥ 否则，政党如果不能听反对党意见流行，则等于消灭了其反面；而一旦消灭了反面，也就等于消灭了自己。所以章指出"政党不单行"⑦，凡一党欲保自身势力之常新，断不能消灭或削弱他党，一旦"失其对待者，已将无党之可言"，"他党力衰，而己党亦必至虫生而物腐也"。⑧ 可见在章看来，政党独有的政纲要能表达并调和群体的意见情感利害，则必然充分考虑国内的向心力与离心力的平衡。宽容他党的党德是政

---

① 章士钊：《政党组织案》（1912年7月15、16、17、19日），《章士钊全集》第二卷，第416~417页。

② 章士钊：《上海何故发生多数之党派乎》（1912年2月27日），《章士钊全集》第二卷，第43~44页。

③ 章士钊：《论政纲与运动选举之关系》（1912年7月8日），《章士钊全集》第二卷，第406页。

④ 章士钊：《政党内阁谈》（1912年7月7日），《章士钊全集》第二卷，第404页。

⑤ 章士钊：《调和立国论上》（1914年11月10日），《章士钊全集》第三卷，第252页。

⑥ 章士钊：《帝国统一党党名质疑》（1911年3月2日），《章士钊全集》第一卷，第479页。

⑦ 章士钊：《释党争》（1912年7月12日），《章士钊全集》第二卷，第413页。

⑧ 章士钊：《政党政治之唯一条件》（1912年7月1日），《章士钊全集》第二卷，第389页。

党的必具之性，及政党本身的存立需要他党存在，意味着必须充分遵循政力向背之理。

章士钊心目中的政党特征，可以从他对政党与非政党，即徒党（朋党）和普通政治结社的区分中体现出来。在章看来，政党与徒党的不同是：徒党为私，政党为公；徒党不惜牺牲国家以拥护个人，而政党则不重人而重政策；徒党会置反对者于死地，政党则听异己者意见流行。徒党是国家隐患，而政党则能造福国家。① 政党与普通政治结社最大的区别在于：政党活动于国会之内，普通政治结社则活动于国会之外。普通政治结社的行动可能偏激，甚至"诉之暴动"，而政党则"步伐贵乎整齐，态度贵乎稳健"。普通政治结社欲达目的，必倚赖其他政治机关，其手段或出于请愿，政党则"自策自用，其政权唯一源，则选民也"。② 可见章理想中的政党是出于公利，以政见而与反对党在国会中和平竞争。必须要着重指出的是，章认为主张暴力革命的革命党为秘密党，将革命党排除在其政党概念之外。他明确表示，政党当以在现实政治范围以内所能活动者为标准，即"政党者不容变更国家根本之组织者也""革命党乃秘密党，非政党也"。③ 这充分显示出其政党概念的非暴力特征。章进而指出政党存于立宪政体下，是以国会为活动场所，争得国会多数以组织政府，从而实施己党政纲的组织。

概括而言，章所谓的政党应该是为公、有容，在现有体制内通过制定政策而非暴力革命方式，达到富国利民。章特别强调党争中各党应该注重党德，不当庆幸他党"有灾"，在利益上亦不当视他党"或弱"，而应于国会中在政见上和平竞争，以此达到政力平衡。④

第二，政力向背与两党政治。

章士钊明确主张中国应实行遵循政力向背之理的两党政治。他说：

---

① 章士钊：《政党组织案》（1912 年 7 月 15、16、17、19 日），《章士钊全集》第二卷，第 414~415 页。
② 章士钊：《政党组织案》（1912 年 7 月 15、16、17、19 日），《章士钊全集》第二卷，第 415~416 页。
③ 章士钊：《政党组织案》（1912 年 7 月 15、16、17、19 日），《章士钊全集》第二卷，第 418 页。
④ 章士钊：《释党争》（1912 年 7 月 12 日），《章士钊全集》第二卷，第 413 页。

"使敢致希望于中国政治前途曰，中国只有两大党也，此两大党者，又一在朝，一在野也。"① 他深信"凡国家之能获政党之福者，必其国内有两大党，而亦仅有两大党，政纲截然不同，相代用事者也"。② 首先，章认为政党两分有其合理性。与任何事物一样，政纲也有正反两方面，即有赞成者，亦有反对者。他说："凡一政策，必有正负两面，政策一经介绍于国中，国民之赞同者有之，反对者亦必有之，政党者即应于此现象而生。一党守其正，一党守其负，谁得国民多数之拥护，即谁胜利。倘两党党纲不异，则又何自代表国民之意见，又宁得谓之为党。"③ 既然政纲一正一负，代表政纲而起的政党必定一守其正，一守其反。由此，两党应运而生、水到渠成。其次，两党进行政治活动的方式是轮流执政。两党同活动于政治范围之内，谁得国民多数之信用，即谁主持国事。章认为"一党用事，他一党从而批评其政策相与可否焉，以是更迭之，而国治以进"，且政党一分为二"乃内阁政治经常之结果也"。④ 意即失势者下野而监督执政党，并准备完整而随时可以上台执政。同时，两党政治中政党自明其地位，一旦失去国民拥护，则"飘然下野"，不用"踌躇或惭阻"，所应持的态度一如前之反对党。章指出两党"如是互相更迭，而国政即其道而进步"，不然，不足以治国，且徒扰乱国家秩序。⑤

章士钊进而提出其独特的"毁党造党"说。因痛感全国聪明才力"悉量耗于意见之相轧，内而朝堂，外而报纸，皆是如此，长此以往则民国岂能不亡"，章深感应学习英美的两党政治。在虽对中国政党政治失望而又对政党政治本身怀有坚定信念的矛盾心理下，章提出了"毁党造党"说。即所谓"毁不纲之党""造有纲之党"。他提议将当前没有政纲的党派统统解散，由原来各派的精英分子组成政治研究会以讨论国家的大政方针。而

① 章士钊：《中国应即组织之政党其性质当如何》（1911 年 3 月 12、13 日），《章士钊全集》第一卷，第 484 页。

② 章士钊：《论统一党》（1912 年 3 月 4 日），《章士钊全集》第二卷，第 67 页。

③ 章士钊：《何谓政党》（1911 年 5 月 30 日），《章士钊全集》第一卷，第 540 页。

④ 章士钊：《政党组织案》（1912 年 7 月 15、16、17、19 日），《章士钊全集》第二卷，第 419 页。

⑤ 章士钊：《政党政治之唯一条件》，（1912 年 7 月 1 日），《章士钊全集》第二卷，第 390 页。

讨论时必发生政见分歧，分成对立的两方面，政见相同的分子相聚而结成新党派，由此便产生两个对立的新党。新党"纯粹建筑于政纲之上"，并且依据各自的政纲相互展开和平竞争。获得国民多数支持的一党，上台组织内阁执政；另一党则在野实施监督，督促执政党政策应符合国民利益，并且积极宣传自己的政纲，积蓄力量，以寻求国民的支持，争取在下届国会选举中获多数议席而组织内阁，代替前执政党。① 章大倡"毁党造党"说的主要意图是通过解散原有政党，再依据各党在重大问题上的不同意见进行重新组党，相当于在政党建设上来次重新洗牌，以建立英美式稳定的政党政治制度。之所以如此主张，更为深层的原因在于章认为中国政府处于贿赂、昏聩、敷衍、颟顸、植党营私之中，只有出现以反对现行政府的在野党，代表民意，并谋求取而代之，或许是中国政治的出路所在。其关键则是以符合政力向背理论的两党政治来实现。

第三节　调和之旨："调和立国"

调和立国是遵循"有容"与"政力向背"的原理，以全体相感相召相磋相切之精神，调和各方的情感利害，充分发挥全国人之聪明才力，并将此写入宪法加以保障实行，进而"演为国俗"深入人民观念。章是将"有容"与"政力向背"论相结合而阐发为"调和立国"论，主张通过政治调和以建立起一个现代的宪政国家。这亦是其政治调和的旨的所在。

章士钊之所以提出"调和立国"论，是因注意到如果党派问题以力争之，必会酿成严重的不满不安之象。我们共同生活于其中的种种共同利益有其本基，远在党派回旋以外，所以要收各派的聪明才力冶于一炉，使所作的决定是由于各方同意，不然不足以"安国本、善国俗"。章指出文明国的党争不全"恃多数之力"，因为一国之内情感利害"杂然并陈"，如果不使之"一一自安"，群体将进裂不可收拾，所以"全体相感相召相磋相切"的精神由此产生。这种精神是一国长治的基础。进而章认为立国就应当"觅一机关，使全国人民之聪明才力，得以迸发，情感利害，得以融

---

① 章士钊：《毁党造党说》（1912 年 7 月 29 日），《章士钊全集》第二卷，第 445～446 页。

和，因范为国宪，演为国俗，共通趋奉，一无作虞，无可疑也"，否则"不足以言治国之长图也"。① 此所谓"机关"，就是政治调和。章认为西方人无不知社会之中与接为构，无不有调和之意行于其中。而团体越大，调和之意尤其切要。② 章因而大赞："调和者，立国之大经也"，是"政制传之永久所必具之性"。③

一　"相抵相让"以成政治调和

以"让德"和"抵力"形成调和是章士钊"调和立国"理论的核心内容。章抱持调和成于相抵相让的观念。他说："调和生于相抵，成于相让。无抵力不足以言调和，无让德不足以言调和。"④

第一，抵力与让德。

相抵相让与章士钊政治调和的两个核心概念"政力向背论"与"有容"大致对应，是政治调和得以成就的两个必备要件。

在章士钊看来，调和本身要求政治势力之间必须有抵力，有让德。因调和本身是一种自然状态，更是万事万物演化的规律，故相抵相让是顺应自然演化的必然选择。章以斯宾塞（Herbert Spencer, 1820-1903）的一段话来概括"调和之精要"："盖蜕嬗之群，无往而非得半者也。其法制则良窳杂陈，其事功则仁暴相半，其宗教则真妄并行，此杂而不纯者，吾英之所有，正如是也。……特世变矣，而新者未立，旧者仍行，则时行杲兀，设图新而尽去其旧，又若运会未至而难调，此所以常沿常革，方死方生，孰知此杂而不纯，抵牾冲突者，乃为天演之行之真欤？"⑤ 章士钊此处所说的"调和精要"，把新旧两方势力视作向背二政力，着重指出社会演化过程中新旧混杂、新孕于旧而不可离旧而生的调和现象，这又是新旧两大势力无法超脱、无法更改的演化趋势，顺着这种趋势实行调和，方可"两利"。这是从社会演化的角度给政治调和增加了一个依据。

---

① 章士钊：《调和立国论上》（1914 年 11 月 10 日），《章士钊全集》第三卷，第 251～252 页。
② 章士钊：《政力向背论》（1914 年 8 月 10 日），《章士钊全集》第三卷，第 206 页。
③ 章士钊：《调和立国论上》（1914 年 11 月 10 日），《章士钊全集》第三卷，第 253 页。
④ 章士钊：《调和立国论上》（1914 年 11 月 10 日），《章士钊全集》第三卷，第 253 页。
⑤ 章士钊：《调和立国论上》（1914 年 11 月 10 日），《章士钊全集》第三卷，第 276 页。

于是在章士钊这里，须具有"抵力"与"让德"的政治势力，除了之前强调政党之外，又多了一个新的分析维度——新旧势力之间。而且按照章的逻辑可推断，在健全的政党政治发生之前，新旧势力通过相抵相让应能达致章理想中的政党间的相抵相让；政党政治兴起后，新旧势力与政党势力掺杂相存，二者不再判然分明了。所以在当时"前政党政治"的中国语境中，章言新旧势力的政治调和具有重大现实意义。新旧势力首先要本着政治调和的精神成为真正意义上的政党，也就是要具备政纲与让德，进而遵循政治调和的原则，相抵相让，才能实现由专制而宪政的政治进步。

为进一步说明真正的"抵力"与"让德"，章士钊批驳了当时的"爱国说"及政府党与革命党的"似是而非说"。章指出前一说无抵力，后一说无让德，都非真正的政治调和。首先，欧战严重影响我国的经济与社会稳定，此时爱国说者称"外患方深而内讧宜解"。但章怀疑"其名托调和，而实与调和之真性相去万里"，因那些持爱国说者所采取的方法，诸如"政府听从民意，于政治施其相当改革"等，其问题是民意以何种形式发表，以何方式能使政府听从，改革有何者为相当。章认为他们做的只是"质言之为告哀，文言之为请愿而已。调和云云，又谁欺哉"。而且他们一方面"自力不生，不足言抵"；一方面"己之权利，剥蚀净尽，本无所有，更胡言让"。章感慨无抵力实不足以言调和。① 其次，章士钊驳斥了当时政府党与革命党的两种"似是而非说"。政府党认为民国初建，最大的失误是"优容"。比如容忍"敷衍放辟邪侈之元勋"，"暴厉恣睢之都督"等，造成袁总统为政期年却一事莫举。而革命党则认为他们的第一个失误就是与袁世凯言和，第二个失误是在南京政府中使用旧官僚。所以今后他们如能成功，非将所有旧势力廓清使"无余孽不可，不然不足以自保"。章指出这二说其实都与调和之义不相容，要先使这两派人"明其妄"而"心存让德"，调和之说才有可能存在。② 可见，爱国说是势力太弱而无"抵力"，政府党与国民党的似是而非说则是不容异己而无"让德"，其既不能相抵，

---

① 章士钊：《调和立国论上》（1914 年 11 月 10 日），《章士钊全集》第三卷，第 253 页。
② 章士钊：《调和立国论上》（1914 年 11 月 10 日），《章士钊全集》第三卷，第 254～255 页。

又能不相让，根本无由调和立国。

第二，如何促成相抵相让？

首先，"相抵"即要拥有"抵力"，主要针对的是没有执政的新势力或在野党。章士钊认为对于那些还没有执掌政权的新势力来说，要设法壮大自己的政治力量而造成"抵势"，达到在某种程度上能够与掌权者的势力相抗衡。章认为"抵力无定式"，有时候也会"异军苍头特起"。① 所以没有掌权而没有足够抵力的"弱势力"要自振自强，以增加力量形成抵力与掌权者抗衡。章赞同梁启超所谓的对抗力之所以渐次消减以至消失，由于"弱者之不能自振，十之二三，由于强者之横事摧锄，十之七八"。章倡导我辈弱者相互勉励，那如果没那七八，则我们所信真理可得到服从，政治可以如民主常轨，流血革命可以避免，外交上的对抗力也可得保持。② 对于执掌政权的政治势力而言，权力要有所限制。意即能给予新势力形成抵力的真实权力空间，不可大权独揽以成专制。章批驳大权独揽容不得有任何机关"分其权能、限其作用"者，与近世民主政治冰炭不容。③

其次，"相让"即要具备"让德"，主要针对的是执政势力。章士钊指出对于代表旧势力，想维持其"固有尊严"的执政势力来说，不能抹杀生机而一意复旧，不能顽固地执行旧政策。倘若"固执己之所信"而必欲施行，势必扫除一切障碍而断绝新势力的根本，那定会出现"无可收拾"的"大祸"。④ 对代表新势力，想促进新生事物发展的执政势力来说，不能完全秉持理想主义的政治理想，不顾现实条件，完全不顾旧势力的反对，执意实行极端的新政。而应"就于迂回宛转之途"，以此实现自己的目的。章称调和有时候是一种迂回之道，或谓之"曲线救国"也可以，有时要被灭要退让，但不是真灭而退，其实是迂回宛转，是为了生与进。⑤ 所以章提出："调和者，实际家之言也，首忌牢不可破之原则，先入以为之主。"⑥ 实行调和就要求掌握政治权力的人破除先入为主的主观成见。这也意味着

① 章士钊：《调和立国论上》（1914 年 11 月 10 日），《章士钊全集》第三卷，第 277 页。
② 章士钊：《共和评议》（1915 年 6 月 22 日），《章士钊全集》第三卷，第 468 页。
③ 章士钊：《调和立国论上》，（1914 年 11 月 10 日），《章士钊全集》第三卷，第 255 页。
④ 章士钊：《政治与社会》（1915 年 6 月 10 日），《章士钊全集》第三卷，第 450 页。
⑤ 章士钊：《调和立国论上》（1914 年 11 月 10 日），《章士钊全集》第三卷，第 275 页。
⑥ 章士钊：《调和立国论上》（1914 年 11 月 10 日），《章士钊全集》第三卷，第 255 页。

执政势力应当适时适量进行政治革新，既不能过于保守，也不能过于激进。对新旧双方来说，调和是"两利之术"，但这要通过"两让"即双方都具备有容尚异的精神而能让步才可以实现。

再次，章士钊特别强调执掌政权的势力要掌握调和时机，即认识和掌握相抵相让的最佳时机。在章看来适时地进行政治调和不仅是使"让德"起效用，且更是一种处理政治问题的"通识"。他说"调和云者，贵有公心，尤贵通识"，所以执掌政权的势力应详察政治向心力与离心力的消长情况，及时变更政策，"当割之利，不割不可也，当低之求，不低不可也。当其可而割之，应于时而低之，是谓调和"。否则"当割而不割而卒割，当低而不低而卒低，其割其低，必非寻常应与之量所能餍敌之意"，结果往往是"身为刑戮"。①

章士钊以法国、满洲政府和英国的政治调和成败的例子，说明政治势力只有看准相抵相让的最佳时机，并进行适时适量的调和，再利用宪法加以规范巩固，才可实现真正的调和立国。在他看来，法王路易十六不懂政治调和的相抵相让，没识别和抓住调和之机，更没有促成真正宪法，所以法国大革命发生在法国绝非偶然。② 满洲信条的精神堪比法兰西1791年的宪法，如果施行有效的话，我国就可与英国"齐观"了。章以为其结果不同的主要原因在于错过调和的时机，即这信条"不许于和平竞争之际，而是誓于暴动四起之秋"，同一物而时势不同，则神圣化为豺狼。③ 章对英国的政治调和的成功大加赞赏。他援引边沁（Jeremy Bentham，1748–1832）的话说明英国宪法是聚君主、贵族、平民三质而成，相剂相调，且极其合度。章指出边沁的这一观点意在说明君主的一切法权由于坦然与他质相投重组而自保。④ 显然章深

---

① 章士钊：《调和立国论上》（1914年11月10日），《章士钊全集》第三卷，第262～263页。
② 章士钊指出，米拉波崇尚英伦宪法，称英是自由祖国，对于法国的政事一贯主张以温和调节随机应变之道处理；拉飞咽现译拉法耶特，笃信自由，其自由主义，主张有容，不走极端也不空想，主张政治建设必须以合理调和为鹄。参见章士钊《调和立国论上》（1914年11月10日），《章士钊全集》第三卷，第262页。
③ 章士钊：《调和立国论上》（1914年11月10日），《章士钊全集》第三卷，第263页。
④ 章士钊：《调和立国论上》（1914年11月10日），《章士钊全集》第三卷，第257页。

刻认识到英国的这一成功正是以妥协调和的方式得以成就宪政的过程。

章士钊概念中的政治调和，需要对立的政治势力双方相抵相让。其最关键在于执政势力，即通过执政势力本着让德主动并适时地去宽容离心力/反对势力，才能促成政治调和的成功。

第三，相抵相让而成的调和立国，还需要宪法的制度保障。

在"政力向背"理论中章士钊对宪法制定时及运用时的"性之所赋"的软硬不同对政力平衡的影响已有详细讨论。关于宪法的概念，章说："宪法者，质而言之，一权利书也。"① 宪法即权利的规定书。这些规定必定是互相商量讨论，斤斤计较，"经相剂相质，相和相缓"，从而确定下来并为一群体共同遵守。② 因为"宪法本非一党一派所能包举之物，吾犹将稍稍牺牲所见，以屈从之"。而且宪法的"要义"是"公"和"定"，"非举一国之聪明才力，萃于一隅，而条例其利害，疏通其感情，相质相剂，相和相调，不得谓之公也"。③ 所以宪法的制定需要制宪各派的调和。正如章所言："若而法者，国命之所托也，国中所有意见、希望、利益、情感，皆当于此表之。由是硬性、软性之分，政权、人权之界，当经极严整之论战，极审慎之调和，而后其法可与人共守。"④

毋庸置疑，在章士钊的概念里宪法本身是一个调和的产物。而且宪法因其是权利书而具有调和各方利益的功能，反过来调和又需要宪法佐以实现，即政治调和中的政力平衡，需要宪法对政府权力加以限制。章认为政府只能严格地遵循法律来行使权力，不能滥用其手中的国家强制力。一个破坏法律、蔑视民意的执政者实际上侵夺了人民的主权、消灭了立法机关。如果法律不能用事，简直相当于无政府了。⑤ 总之，章十分强调，要将政治调和范为法律或宪法以保障各分子的利益，尤其使全国人才恢复情形活泼之力，有一分之才务尽一分之用，有一类之才务尽一类之用，于是

① 章士钊：《国家与责任》（1914年6月10日），《章士钊全集》第三卷，第126页。
② 章士钊：《自觉》（1914年8月10日），《章士钊全集》第三卷，第184页。
③ 章士钊：《说宪》（1915年8月10日），《章士钊全集》第三卷，第522页。
④ 章士钊：《政力向背论》（1914年8月10日），《章士钊全集》第三卷，第208页。
⑤ 章士钊：《民国本计论——帝政与开明专制》（1915年9月17日），《章士钊全集》第三卷，第598页。

调和就会因此而实现。① 换言之，政治调和意味着协调各方面的意见希望利益情感，使之"差足自安"以防革命之祸，协调的办法之一就是，让各种意见希望利益情感都在法律范围内，尤其是宪法范围内，有"适当合法"的活动机会，能够相抵相让而"充分发展"，从而实现调和立国。②

二　针对民初现实的"调和立国"

第一，在章士钊看来，民初的现实距"调和立国"之境尚远。

首先，就民初的宪法而言，章士钊认为民初的几部约法并没有像他国宪法那样能把向心力和离心力都范于正轨。南京政府时代所创约法，成于革命派之手，北京政府时代所造约法，成于官僚派之手。两约法由起草至通过，都未闻有"意见之相轧，利益之莫容"。就前者而言，假如"天下之力"有存于国民党一派以外者就不会二年而毁。就后者而言，假如"天下之力"有存于官僚一派以外者则会若干年后才毁。章指出这是离心力起作用的缘故，没有宽容异己势力，或曰给离心力力预留发展余地而极端排斥离心力反而激之造成社会分裂。③ 章指出我国第二次制宪，同样有悖于政力平衡之道，"宪法盖既垂成矣"，但毁于国民、进步两系之争衡而不知调和。④ 研究会是进步系的优秀代表，而与之相对者是国民系，后者没有尊重采纳前者的意见，导致前者愤而离去。少数服从多数固然为政治常轨，但多数容纳少数意见亦为应有的政治道德。⑤ 研究会虽是少数但应得到尊重，这是政力向背中对少数尊重的含义，如此才能导少数派的离心力于正轨。所以章感叹："政府所以成，其精要在于调和。调和者固政制成于仓卒，而又传之永久所必具之性也。"⑥ 然而民初宪法及制定过程都缺乏调和。

其次，就民初的政党而言，与政力向背原理相去甚远。章士钊指出丁佛言所谓国民党与袁政府分别代表新理想与旧经验虽不尽然，但两者确实

---

① 章士钊：《政治与社会》（1915 年 6 月 10 日），《章士钊全集》第三卷，第 443 页。
② 章士钊：《政治与社会》（1915 年 6 月 10 日），《章士钊全集》第三卷，第 434 页。
③ 章士钊：《政力向背论》（1914 年 8 月 10 日），《章士钊全集》第三卷，第 208 页。
④ 章士钊：《宪法问题》（1917 年 5 月 26 日），《章士钊全集》第四卷，第 88 页。
⑤ 章士钊：《宪法问题》（1917 年 5 月 26 日），《章士钊全集》第四卷，第 90 页。
⑥ 章士钊：《政力向背论》（1914 年 8 月 10 日），《章士钊全集》第三卷，第 193 页。

都不解政力向背之道。一方面国民党不循政力向背之理。中国以数千年古国一旦号共和，旧势力必然不能尽倒，而国民党必以尽倒为期盼是其根本大误。国民党所为都背于反敌为友之方，国民党亡正是由于离心力失其轨道。而离心力失其轨道并非离心力之咎，而是迫使离心力失轨的国民党之咎，章认为此为"至理"。然而另一方面，比起国民党来，章认为今政府所为更令人心灰意绝。政府利用国民党穷追离心力之势，但同时未曾给不可收归的离心力以"审筹相当之地"而使其能运行于法制内。章甚至认为"二次革命"是政府党逼迫而成，其实并不见得是国民党的本意。总之，在章看来，无论从法律伦理何方立论，革命党之咎自无可逃，而当事者（袁政府）酿成此局，其咎又何等？实际上国民党和袁政府都怀有以力消灭敌党的本意，其实是不认政治上有合法的抵抗力，不容合理的离心力与己并存而在轨道内运行。① 在章眼里，民初的国民党和袁政府都只想着你死我活，全然不懂政治调和。

第二，针对民初距"调和立国"之境尚远的现实，章士钊颇为清醒，认为中国当时虽尚未有所谓的调和之机，但仍要大力鼓吹政治调和思想。

即使知道自己的理论暂时没有实行的可能性，章士钊还要坚持鼓吹政治调和思想的理由有二。其一，提倡调和与实行调和实是两回事。章认为自己有鼓吹调和的责任。章笃信将来必要调和立国，他说，"我国社会要归于调和之域才能有进步发展"，即将来不论什么样的政治势力掌握中国政权，要想使中国走上平稳有序的政治进化之路，必须遵循政治调和之道。而且章指出按照英儒莫烈（John Viscount Morley）的观点，进步不是自动形成的，世界日趋于良，必是人类求其良，且多方促其良而成的。由此我们观察国家，如果看到没有调和的必要就算了，否则，就要大声疾呼调和，这是责无旁贷之事。章认为莫烈是言调和最知名者，按莫氏这个观点，显然实行调和与提倡调和自然是两回事。所以他说："此而不谬，可见实行调和，是为一事，提倡调和，又为一事。"其二，实行调和在当时中国虽没有时机，但倡言调和却"息息为之皆是时机"。在章看来，虽然无从知道自己倡导的政治调和之说何时实施，但举国之人现在当将这一说

① 章士钊：《政力向背论》（1914 年 8 月 10 日），《章士钊全集》第三卷，第 205 ~ 207 页。

"深深印入脑际"则是毫无疑问的。章称正如莫氏所说，所谓实行时机不成熟并不是指世间一切"制度文为"没有都立即随我们的理想而一一变迁，而是仅仅指发抒新想，创设舆论，以声相求、以气相感，增加志同道合者，着实改革，但成功之期并不一定就加速。概言之，章士钊坚信：一方面倡言调和与实行调和，不得并为一谈；另一方面倡言调和"息息为之皆是时机，决无所谓熟不熟也"。① 由此可推断，章当时大倡政治调和思想的动机，相对于提出解决现实问题的方案，其着眼点更在于进行政治调和思想的启蒙。

有意思的是，章士钊是向那些他所谓的"中流人士"和"中坚人物"倡导政治调和思想，即这些人是其政治调和思想启蒙的对象。章认为"无论哪个国家，大抵中才之人多，两极端之人少"②，中流人士是一国中人数最多的部分，其品性和才智几乎决定了一国人民的程度。但相对而言章更注重那些中坚人物，或曰"上流社会""优秀分子"。章也很重视对青年大学生的政治调和思想的启蒙，认为大学生以后就是国家宪政民主转型中的中坚人物。在章看来，我国的所谓程度不足，其实是在于上流社会，因为今之占中坚地位者，"卑污下贱，无所不为"。③ 所以他坦白承认"愚理想中之立宪政治，初不以普通民智为之基，而即在此一部优秀分子之中，创为组织，使之相观、相摩、相质、相剂"，至于普通人民，"其智不足以言政"。也就是说，章认为普通人民并不在一开始的政制设计之中。④ 但这并不表明章没有把一般的国民作为启蒙的对象⑤，只是在章看来一国的政治制度最初的设计主要是依靠一部分优秀分子来成就的，或者说是政党政治中的从政的对政治有直接影响力的党派人士而已。相反章也将每一个人作为他的政治调和思想的启蒙对象，尤其是占社会大多数的"中流人士"。

---

① 章士钊：《调和立国论上》（1914 年 11 月 10 日），《章士钊全集》第三卷，第 254 页。
② 章士钊：《共和评议》（1915 年 6 月 22 日），《章士钊全集》第三卷，第 466 页。
③ 章士钊：《共和评议》（1915 年 6 月 22 日），《章士钊全集》第三卷，第 465 页。
④ 章士钊：《共和评议》（1915 年 6 月 22 日），《章士钊全集》第三卷，第 460 页。
⑤ 邹小站称章士钊没有将启蒙的对象定为一般的国民，与五四民主主义者是有明显差距的。参见邹小站《章士钊社会政治思想研究（1903-1927）》，长沙：湖南教育出版社，2001，第 150 页。

章认为"人类者，政治动物也"，人直接间接都受到政治影响。① 章希望国家中的每一个人都能在宪法制度下各得其所，各展所长，且每一个人都能参与政治，人民只有在政治参与中才能习得民主的原则，进而演为"国俗"。

此外，章士钊对其所论的政治调和本身亦有着极为清醒的认识，他深知调和并非一种理想状态。章认为其调和所尊崇的改革本来就是渐进、缓慢的，绝非立马奏效、骤见光明之事，而且"舍尊今别无良法"。② 调和性质温和，"其鲜明之色，蓬勃之气，足以自激激人者，均去原义甚远"。③ 所以章指出："调和者非理想也。以理想诂调和，斯诚大谬。"④ 进而章教导人不要悲观或空想，而要脚踏实地，从所踏处做去，那我们国家就有希望。⑤ 比如制宪，章提出虽说是百年大计，但不能从明年算起，要算入今年。今年虽只是百分之一，但是"当时情感利害之亟求表现于宪法者"较之将来的情感利害，决非一比九十九，或许过半都不止。⑥ 章深明调和与理想之间的差距和矛盾。调和的面孔是平和朴实的，不是最理想的，却是最现实的。民初的现实虽甚不乐观，但他同样要求人们本着脚踏实地的精神在妥协让步中一步步实现调和立国。

---

① 章士钊：《自觉》（1914 年 8 月 10 日），《章士钊全集》第三卷，第 179 页。
② 章士钊：《发端》（1917 年 1 月 28、29 日），《章士钊全集》第四卷，第 4 页。
③ 章士钊：《国教问题》（1917 年 2 月 5 日），《章士钊全集》第四卷，第 13 页。
④ 章士钊：《国教问题》（1917 年 2 月 5 日），《章士钊全集》第四卷，第 14 页。
⑤ 章士钊：《发端》（1917 年 1 月 28、29 日），《章士钊全集》第四卷，第 5 页。
⑥ 章士钊：《国教问题》（1917 年 2 月 5 日），《章士钊全集》第四卷，第 14 页。

第四章
杜亚泉： 接续主义与力之调节

> 地球之存在，由离心力与向心力对抗调和之故；社会之成立，由利己心与利他心对抗调和之故。故不明对抗调和之理，而欲乘一时之机会，极端发表其思想者，皆所以召反对而速祸乱者也。
>
> ——杜亚泉

杜亚泉（1873～1934），原名炜孙，字秋帆，又署伧父、杜亚泉，浙江绍兴（今上虞）人。少习经史训诂学，参加过科举。甲午战争后幡然改志，开始研习科学。后担任过算学教员，出任过校长、上海商务印书馆编辑，办过杂志，办过学校，还曾东游日本考察教育。五四时期，参与东西文化问题论战。杜曾负责编辑教科书百余种，创办的《亚泉杂志》提倡科学，是我国最早的科学期刊。其主编商务印书馆的《东方杂志》，为当时具有重大影响的学术杂志，其与章士钊主编的《甲寅》杂志在思想取向上，同属主张温和渐进改革的调和传统。①

对于调和思想，杜亚泉终其一生而一以贯之，无论时局如何变换，从未有所动摇。杜的调和思想主要表现在中西文化调和与政治调和两个方面。在文化上杜主张会通中西、融合新旧的文化调和思想；在政治上，主张以温和稳健的渐进改革实现宪政民主转型的政治调和思想。本文阐释的

---

① 参考高力克《调适的智慧——杜亚泉思想研究》，杭州：浙江人民出版社，1998，第 8～14、203～258 页。

对象是后者。概言之，杜以接续主义与调节之道阐释其政治调和思想，当然也赞同并引用章士钊的政治对抗论来加以说明。杜主张的调和之政党，正是立基于接续与调节的理论，以保守与进步两党推动政治调和的进行。通过对欧洲与中国社会结构的对比考察，杜指出欧洲所具有的国家与社会的分殊对抗，一个由中产阶级占社会大多数的稳定的橄榄型社会结构及其背后思想多元调和的精神理念，是政治调和与实现宪政民主必不可少的社会结构基础与社会心理基础。并且他独创性地分析了中国中间阶级因异化而形成不易调和的"游民阶级"与"游民文化"。杜坚信去除假共和，建立真共和，决非武力或短期可得，因而力倡温和稳健的渐进改革之路，强调宪政民主的建立只有以政治调和的方式，经过一个长期的渐进的过程才能达致。

第一节 接续与调节

杜亚泉的政治调和思想的核心概念是"接续"。"接续主义"贯穿杜的政治思想始终。杜以西方现代化经验为历史借镜，鉴取德国学者佛郎都（Gustav Adolph Constantin Frantz，1817–1891）的国家"接续主义"，力倡进步与保守相调和的政治接续主义。"如果说接续主义之要义在于进取与保守的平衡互动，那么其关键则在于调节之道。"① 其调和的政党思想正是在接续与调节的理论基础上提出的。

一 接续主义：在保守中求进步②

杜亚泉的政治接续主义理论是其政治调和思想的核心内容。在杜看来，一国的进步发展不仅需要国家自身的接续，也需要国民个人的接续。故需从国家之接续主义与个人之接续主义两个方面着力，以使在保守中求进步。

其一，国家之接续主义。杜亚泉倡导的国家接续主义的主旨是：调和

---

① 高力克：《调适的智慧——杜亚泉思想研究》，杭州：浙江人民出版社，1998，第18页。
② 高力克的说法。参见高力克《调适的智慧——杜亚泉思想研究》，第15页。

保守与进步，在保守中求进步。杜指出"国家之接续主义，一方面含有开进之意味，一方面又含有保守之意味。盖接续云者，以旧业与新业相接续之谓。有保守而无开进，则拘墟旧业，仅可谓之顽固而已。反之，有开进而无保守，使新旧间之接续，截然中断，则国家之基础，必为之动摇"。故"欲谋开进者，不可不善于接续"。杜认为近世国家中"开进而兼能保守者"，以能用"三岛之土地威加海陆"的英国为第一。北美合众国政治因基本传承于英国亦做到"开进而兼能保守"。① 这显示出杜对盎格鲁自由主义的赞赏。国家的接续主义是杜的政治接续主义的重点，其实质是政治调和，即调和开进与保守，调和新业与旧业，平稳实现国家的民主转型。

使国家的接续主义能得保障，除了法律，杜亚泉强调的还有国民道德，尤其是那些公仆，即从事政治的国民的道德。他说："欲保持国家之接续主义，使不致破裂，此非国法之所能限制也，要恃国民之道德以救济之。"所谓国民政治上的道德，在杜看来就是指舍个人目的以服从国家之目的。从事政治的国民就是公仆，就是无自己目的而受国家役使。如果从事政治的国民无此道德，则国家的接续主义随人员更换而中断。更甚的是，当今从事政治之人往往个人的接续主义也"破弃无余"。既然连其人寿几何的个人接续主义都无法相始终，则根本无法对国家之政治的接续主义有所助益。所以杜认为国民无道德，则政治失接续，政治失接续，则国民道德愈堕落，两者是因生果，果生因的关系。②

杜亚泉还告诫世人，民主政治国家的接续主义，实较君主政治国家的更为重要。因为君主国家的接续主义常与君主个人的接续主义相关联，且又可赖君主家族上的接续以为维系。所以君主国家难在开进，只要有开进之机，其接续就不至中断。而民主国家，无论总统制或内阁制，都有交迭的时期和党派间关系，如果不重视国家的接续主义而限制了政治上的自由，则政权代谢党派消长之间，小则足以引起政治的纷更，大则也足以酿国家的扰乱。所以杜认为"民主国家，于新旧交递之间，当以稳静持重为主"。一旦接续主义一破，其恶影响可遗留数世，这是民国国民应当"慎

---

① 杜亚泉：《接续主义》（1914 年 7 月），《杜亚泉文存》，第 13 页。
② 杜亚泉：《接续主义》（1914 年 7 月），《杜亚泉文存》，第 14～15 页。

之于始者也"。①

其二，国民之接续主义。在杜亚泉看来，国民有义务和责任完成国家之接续。杜认为国家和个人都是历史的概念。他认同佛郎都的观点，国家如一大家产，是祖宗传下来的，我应当加以经营增值以传给我的子孙。只有这样能完成国家之接续的国民，才称得上是"真正的政治上之国民"。而且杜概念中的国民有广狭两义，"其狭义为现代之人民综合而成；求其广义，则前有古人，后有来者，与现代之人民，相接续而不能分离者也"。② 国民本身是一个前后代代传承更新的历史概念。

至于国民如何进行国家之接续，杜亚泉倡导运用国民政治上的自由以完成国家之接续，即"国民对于国家，改革其政务，更变其宪典"。凡是主权在民之国都有此权利，也称为政治上之自由。杜十分欣赏英人那种"议会除不能变男为女外，他无不能"的广大政治自由权。但杜也认为，这一广大权力应有所限制，即有其道德上的义务，包括对从前的国民和今后的国民所应承担的义务。这样做，对于从前的国民使之善为接续，对于今后的国民使其可以接续。③

虽然有国家之接续主义与国民之接续主义的不同称谓，但事实上紧密联系。国民的接续主义其意义就在于促进及完成国家的接续主义，二者并非截然二分，只是称谓的主体有所不同而已，也可以说，广义的国家之接续主义本来就包括了国民之接续主义。杜亚泉的倾向很明显，旨在推进国家的接续主义。

杜亚泉特别强调对于传统的尊重，但保守不是复古。在国家政治上持接续主义显然要求在开进之中不可不注意保守，"然所谓保守者，在不事纷更，而非力求复古也"，保守不等于复古，更不是泥古。如国家扰乱后，一部分旧时法制已破坏，倘若其接续尚未全断，只要稍为护持不加摧折，则"疮痍"也能自然愈合。如国家的法制破坏严重，以致接续全断，就只有根据现在的状况加以修饰、整理，为"不接续之接续"。相反，如果非

---

① 杜亚泉：《接续主义》（1914 年 7 月），《杜亚泉文存》，第 14 页。

② 杜亚泉：《接续主义》（1914 年 7 月），《杜亚泉文存》，第 12 页。

③ 杜亚泉：《接续主义》（1914 年 7 月），《杜亚泉文存》，第 12 页。

得复兴旧制、摧折新机，那就是对破坏后的二重破坏，必定"国本愈摇"。①

杜亚泉以乔木和水的特性为喻来诠释接续主义所具有的于新旧平衡中求进步的特性。他说："孟子曰：'吾闻出于幽谷，迁于乔木，未闻下乔木而入于幽谷者。'接续主义者，乃出谷迁乔之谓，非下乔入谷之谓也。水之流也，往者过，来者续，接续者如斯而已；若必激东流之水，返之在山，是岂水之性也哉！"② 这足以显示，政治接续主义的要义在于开进与保守的平衡互动。③ 王元化先生也称，杜亚泉是从历史发展的继承性使用保守一词的。④ 质言之，在杜那里，"保守"的意义与其说是泥古守旧，毋宁说是推陈出新的渐进改革。其接续主义，通过进取与保守的调和与平衡互动，以求在此种调和中实现进步。同时强调这种进步的条件是对传统的尊重，使得新与旧顺利平稳的接洽转换，其最终的目的是实现一种不彻底破坏原有秩序的继往开来的进步。

二 力之调节：政治力的对抗调和

第一，政治力调节之必要。

相对于国家权力，杜亚泉强调人民在国家政治上不可不有自由活动的能力。而且这种能力即政治力，必是强健之力，又必是有调节之力。他认为宇宙社会种种现象无不有力的存在，而且不仅有形物质变动离合受到力的支配，而且无形事功成败举废，也无不有力的作用。进而杜认为"政治隆替，国家兴亡，悉缘于此"。所以国家权力与人民自由强健的活动能力之间应两力"相当"以收调节之效，才能实现国家之强盛与政治之修明。故而杜提出："人民之政治力，第一当求其健强，第二当求其调节。"⑤ 此处杜所谓的"人民之政治力"，正如高力克所指出的，即是现代国家公民

---

① 杜亚泉：《接续主义》（1914 年 7 月），《杜亚泉文存》，第 13～14 页。
② 杜亚泉：《接续主义》（1914 年 7 月），《杜亚泉文存》，第 14 页。
③ 高力克：《调适的智慧——杜亚泉思想研究》，杭州：浙江人民出版社，1998，第 17 页。
④ 王元化：《杜亚泉与东西文化问题论战》，《杜亚泉文存》序，许纪霖、田建业编《杜亚泉文存》，第 6 页。
⑤ 杜亚泉：《力之调节》（1916 年 6 月），《杜亚泉文存》，第 171 页。

之政治力，"调节"正是现代公民所应具备的宪政民主的基本精神。①

杜亚泉虽然指出人民政治力之"强健"与"调节"二者实不能强分先后，而当相丽而存、相剂为用。但事实上，相对于强健而言，人民政治力的调节无疑是杜更为强调的。因为即使人民政治力强健，但如果此力"庞然杂出"或者"极度无序"，而且用力的方法不同且又没有"致力之鹄的"，相互之间无"协互之功能"，就会此起彼灭，甲拒乙迎，于是力虽强健但终难以发挥实效。而且在这样的情况下，如果人民政治力愈是强健，则"其愈自相牵掣自相冲突亦愈甚"，"此盖未尝调节之故也"。② 所以要使政治力得以"善为使用"，就要懂力之调节。杜还指出政治力的培养非常不易，必经"内部之蕴蓄与外部之刺戟，而始得发见"。如果不知力之调节而轻易尝试，极可能"挫折摧残失其半，颓废消沉失其半"，那么此力也所剩无几了。③ 所以人民政治力是"能节斯健，惟调乃强"，杜甚至认为不调节之健强，败事有余，成事不足。④

中国政治一向治乱循环，虽经过辛亥革命建立民国但不能真正实现宪政民主。按照杜亚泉的理解，主要是因为不懂政治力的"调节之道"所致。在杜看来，我国承数千年之专制，民力至为薄弱，政治上之势力殆全属于施治方面。虽然有因为不胜政治之逼压起来的反抗，即为了推翻政府而结成一种强力，然而事成之后，就取政府而代言之，而且将以往受到的来自政府的种种压迫，又重新施于民。所以中国历史上这样的人民政治力，不过是被用来取得政权的器械，一旦政权取得之后，就消灭无形。只有任人民在政治生活中充分使用其应有权利，才能使其政治力永久保存。但我国历史上却几乎从来没有过。杜承认自欧美学说输入以来，民力始稍稍发展，"未几而立宪，又未几而革命"，于是人民的政治力得以公然使用于民间。使得人民各个都能贡献其意志，拓展其能力，以参与国家大事，本可以群策群力，然而效果却适得其反。对于其中缘由论者纷纷，或谓历史习惯不宜，或谓人民程度未至，又有谓久受压制的国民一旦予以参政权

---

① 高力克：《调适的智慧——杜亚泉思想研究》，杭州：浙江人民出版社，1998，第18页。
② 杜亚泉：《力之调节》（1916年6月），《杜亚泉文存》，第171页。
③ 杜亚泉：《力之调节》（1916年6月），《杜亚泉文存》，第174页。
④ 杜亚泉：《力之调节》（1916年6月），《杜亚泉文存》，第171页。

利，必不能善为使用。对杜而言，这些均非中肯之断语，他认为"究其弊之所在，则亦未知调节之道而已"。①

杜亚泉不仅以我国历史事实说明力之调节的必要性，而且因其所具有的理工科背景而以机械之理加以说明。他认为机械的运用虽然不要原动力的牵引，但也需要各齿轮、各部件的协调配合，即各个势力各守均衡才能顺利运转。政治也不例外，需要各政治力的调节，主要是政府政治力与人民政治力之间的调节。②

就政府政治力与人民政治力相比较而言，杜亚泉认为力之调节在人民方面尤为重要。因为政府之政治力，因势专而调节较为容易；人民之政治力，则势散而调节较难。杜肯定晚清以至民初的政治实践尤其是宪政民主试验，对于国民于政治力上的警醒，或多或少有所作用。虽然民主实践遭受了失败，但杜相信"国民已稍省悟，惩前毖后，渐知从事于调和"。③此话是说在1916年之时，可见杜对当时的政治调和前景显然还是看好的。

杜亚泉阐述的力之调节的必要性，一言以蔽之，就是政治力以调和的方式活动于政治舞台，由此形成犹如机械般顺利运转的政治力的有序平衡互动，以打破专制之治乱循环的怪圈，导引国家走上宪政民主的正轨。

第二，政治力的调节之道。

然则调节之道当奈何？关于政治力如何调节的问题，杜亚泉的答案是："非从根本纠正不可；若待力之已生抵触，而始张皇而补救，则事倍功半，为效至微。"其所谓"根本"，其一在意思，其二曰地位。④

首先，就意思而言，主要是以教育培养国民的调和宽容精神。杜亚泉认为意思是力的发源地，而意思要通过教育提高。他说："欲得纯粹之势力，不可不有纯粹之意思；而欲得纯粹之意思，则必以国民教育为前提。"这是治本之策，非经数十年之陶铸不为功。目前急则治标，去除至不纯粹的意思，使之稍偏于纯粹而已。教育的重点除了知识之外，是那种注重去

---

① 杜亚泉：《力之调节》（1916年6月），《杜亚泉文存》，第171～172页。
② 杜亚泉：《力之调节》（1916年6月），《杜亚泉文存》，第172页。
③ 杜亚泉：《力之调节》（1916年6月），《杜亚泉文存》，第172页。
④ 杜亚泉：《力之调节》（1916年6月），《杜亚泉文存》，第172～173页。

除感情欲望的理性之教育。在杜看来，大抵意思的驳杂缘于知识经历的差殊或感情欲望的歧异，尤其感情欲望的影响更多。因为知识经历纵有高下深浅的不同，然而"大端决不相戾"，相对尚易融和；而感情欲望，则尽人而异，而且由于欲望感情之故，宗旨可以屡易，事理可以混淆，实难以调和。所以杜倡言："抑除感情，裁制欲望，实吾人所当猛省者矣"，而且强调：虽然不能杜绝感情而不用，但切勿逞意气而走极端；虽然不能遏制欲望使不生，然勿因私利而酿成巨害。① 可见，调节之道中的教育问题，一则是治本之策，是一个漫长渐进的过程，不可操之过急；二则教育的主旨是去除感性欲望，达到以理性的方式从事政治，以宽容的调和方式而非感性的极端方式活动于政治。这充分反映出杜对于理性宽容和渐进改革的推崇。

　　其次，就地位而言，杜亚泉此处所谓的地位，很大程度上指的是处于不同社会地位的人所拥有的特权。正是地位的不同才产生了权利的不同，造成了民初的"言庞事杂阻力横生"。杜指出"地位所在，每足以混乱事实而颠倒是非"，即为了保护和争夺特权，经常违背事实。比如往往出现为了"各私其地位"，昨日所拥护的，今日可以出而阻挠；今日所赞同的，明日可以出而反对的情形。所以其力之所向，又每随地位而转移。针对当时如此现状，杜要求那些欲求地位巩固的人，不可不牺牲其私有之地位，或贬损其一部分，以谋公共安宁。因为大体不存在则小体亦不能存，在公共安宁的前提下才有小己的地位权利的存在，这是各人所应有的觉悟。② 事实上，杜要求不同势力或个人不能光以己之利益为衡，而要将己之利益与他种势力他人利益相调和。

　　值得一提的是，杜亚泉的调节之道与章士钊等人的政治对抗力理论之鹄的，非但不相背，且实是相一致。其一，杜十分赞赏所谓政治进行全赖对抗力之作用的观点。杜认同只要有某种势力，就必有他种势力以相与抗衡；只要有此方主张，须有彼方主张以隐为对待。③ "地球之存在，由离心

① 杜亚泉：《力之调节》（1916 年 6 月），《杜亚泉文存》，第 172～173 页。
② 杜亚泉：《力之调节》（1916 年 6 月），《杜亚泉文存》，第 173 页。
③ 杜亚泉：《力之调节》（1916 年 6 月），《杜亚泉文存》，第 173 页。

力与向心力对抗调和之故；社会之成立，由利己心与利他心对抗调和之故。"① 所以政柄不能轻重失衡，强权者不得滥用其权。同时，杜认为公理也以相持而益显，权力亦以相竞而愈平。欧美政象所以能常保均势，也都是政党对抗的结果。② 其二，杜倡导的政治力之调节为政治力之间的有序对抗提供了前提和保证。既然政治意见不能尽人皆同，那么对抗力的发生就是政局的自然产物；然而如果政见不同之人各树一帜、各自为谋，分为无数团体，从而相互角逐，那就不过是野蛮部落的纷争而已，并非政治文明之对抗。所以杜倡导"必去其小异，以即于大同，绝其歧趋，以纳于统系"，使得多数不轨之涣散力，在一定的共识之下，合而成为有条理的团结力，从而形成"旗鼓相当或功力悉敌之对抗"。调节之效果就在于促成对抗势力。换言之，政治对抗力的作用要在力之调节的前提下才能发挥。杜说："调节之有裨于对抗，一在养成对抗之秩序，一在造成对抗之形式"，而后政党对峙之模型可树，宪政民主政治之基础可立。③ 虽然杜所谓的力之必当调节因其强调"去小异"而"即大同"，似乎有消除对抗而使归于一致之嫌，似乎有悖对抗调和的政治之原理，其实不然。杜尝澄清："调节云者，乃就各方之内部言之也。盖欲对外而行其对抗，必先对内而施其调节"，犹如两军对垒，必步伐整肃，号令严明，然后可以交战。④ 所以，杜所谓的调节的最终目的显然在于"养成有秩序之对抗，使之悉尊正轨，不为无意识之交哄而已"。所以其政治力之调节与政治力之对抗，实为"相因而不相背"。⑤

需要说明的是，杜亚泉的调节之道虽然主要是指对抗的政治势力各自内部的调节，但所谓的内部或外部的能指范围是相对的。为此他特意指明："调节之事，不仅行之于己方之内部而已，又当间接施诸对抗之彼方，以尽调剂协助之用。"杜以国内、国际为例，指出政治为国内之行动而与国际之对外不同："国际上对外之竞争，则但求己方调节之效足以制胜而止，不管彼方之调节与否，非但不管，且愈不调节，愈足为此方之利"；

---

① 杜亚泉：《论思想战》（1915 年 3 月），《杜亚泉文存》，第 60 页。

② 杜亚泉：《力之调节》（1916 年 6 月），《杜亚泉文存》，第 173 页。

③ 杜亚泉：《力之调节》（1916 年 6 月），《杜亚泉文存》，第 174 页。

④ 杜亚泉：《力之调节》（1916 年 6 月），《杜亚泉文存》，第 173 页。

⑤ 杜亚泉：《力之调节》（1916 年 6 月），《杜亚泉文存》，第 174 页。

但若国内之政治对抗则不同，因为国内虽然政见不无抵触，但利害互相关联，假如"彼方抵御之力"与"此方发出之力"不相适应，则此方虽然发力强大但因彼方之力"参差失序"而不能收"平衡对抗之效"，亦"非政治之福"。所以杜所指的国内的广义之调节，不仅是直接内部的调节，而且是间接的与对抗势力的调节，即应当"人己两方，同一注意"。比如遇有他力失其均衡或过强过弱时，则宜限制己力而顾全局以"善为迎受"。不然，"胜则胜之不武；不胜则操戈同室，所伤实多"。譬如政党对峙，固然以扩张党势、排遏异己，实行内部调节为主旨，然而也应注意施间接调节于反对党，即兼顾反对党的情感，缓和反对的意气。杜认为这既是大政治家所必具之手腕，也是政党间实现对抗调和所必需的举措。① 尽管在当时杜的这种想法较为理想化，各政党大凡己之势力增强，就会妄想消灭异己，都不具备如此之高的觉悟，但在力之调节中对他方之力的"注意"，甚至不惜限制己力而顾全局，这是政治调和的宽容品格的体现。

三 调和之政党：接续与调节之政党

辛亥革命后的中国，既然宪法即将颁布，国会即将召开，杜亚泉认为此时的政党理当是与国民休戚利害相关至切的。于是杜发表了《政党论》一文，主要讨论了政党的有无、政党的目的和政党的种类三个问题②，事实上，这三个问题都是在接续主义与力之调节的政治调和理论基础上展开讨论的，可以说，有政党就是有与反对党共存的调和之政党；无调和的政党则不是宪政下的真正意义上的政党，可以说是无政党。真正意义上的政党目的，毫无疑问是实现政治调和，保障立宪政治；政党种类则是进步与保守这两个对立而能调和的政党。

就第一个问题政党的有无而言，杜亚泉首先澄清了政党的含义。在杜的概念中，唯当有反对党存在时，才有所谓政党，这样的政党显然是调和的政党。有观点认为，政党不过是把持舆论、紊乱政治，并非宪政所必须。杜指出这显然是未解政党的意义。政党之党字，就各国文字上考之，

① 杜亚泉：《力之调节》（1916 年 6 月），《杜亚泉文存》，第 174 页。
② 杜亚泉：《政党论》（1911 年 3 月），《杜亚泉文存》，第 138 页。

皆有部分之意义；故"政党者，必与其他政党对立而后成"。若是一政党并合他党，而无反对党存在时，则全失其政党之性质而消灭。所以政党之所以为党，正是要消除把持舆论之弊，而以政见不同的两团体，互相对立，使舆论有表示之地位。政党的消长盛衰即是舆论的标识所在，国民利害的多寡就是由此来辨别的。①

调和的政党无疑是宪政民主所必具的。所以杜亚泉认为，只要是立宪政治②就必有政党。他提出"我国不立宪则已，果其立宪，则不论何国，无不有政党者"。在专制政治下不存在政党，政党是立宪政治下的产物。专制政治下，国民虽然对政治有意见，但不能在政治上产生相应关系，所以不用空费思想，于是往往不过问而听凭"肉食者"谋之。立宪政治下则不同，立宪政治是调和的政治，需要有政党作为平台和媒介以实现政治力之对抗调和。一则，立宪政治下，舆论受重视，国民逐渐自知其与政治的关系，于是"由政治上之关系，而生政治上之研究，由政治上之研究，而生政治上之欲望"。政党使得政治上的欲望得以表达，即"使舆论有表示之地位"。二则，立宪政治下政府施政的方向，往往因计算国家之大利益而伸张某部分的利益，国民分子之间遂蒙利害切己的影响。于是利害相同者，互相结合以求达其目的。结合以后，虽然目的达到，而利害关系决不能断绝，于是其他目的发生，遂成永久的结合而形成政党，"此亦自然之理"。③可见，杜所谓的宪政下的真正的政党，既要使得各党各派不同思想意见得以发表，又要调和它们之间利益得以实现。

杜亚泉进而指出调和的政党是宪政的产物，而调和的政党又反过来是宪政的基础。一方面调和的政党"由宪政之结果而自然发生"。他说："是政党因立宪政治实施之结果而发生，所谓宪政下自然产出之子是矣。故不立宪则已，既立宪而无政党，吾不信也。"另一方面杜十分肯定政党对于宪政的重要作用，直呼："有宪政而无政党，犹之航海者无灯塔无磁针，将不知其所向，而政治且因以紊乱矣。"所以，调和的政党与宪政形影相

---

① 杜亚泉：《政党论》（1911年3月），《杜亚泉文存》，第139页。
② 所谓立宪政治就是宪政，在本文中这两个概念是同一的。称立宪政治还是宪政，全凭原著。
③ 杜亚泉：《政党论》（1911年3月），《杜亚泉文存》，第139页。

随而不可离。①

　　关于第二个问题政党的目的，杜亚泉否定了当时一种关于设立政党是为了与政府抗争的观点。在他看来，此目的最多不过能为一时之目的，若以此为长久目的，则议会与政府将永成冲突之机关，"政府屡屡被弹劾，议会屡屡被解散，甚非国家之福"。议会与政党一味冲突并不能促成调和平衡的宪政。杜也否定了另一种认为政党的目的是实行政党政治，以议会之多数党组织内阁来实施政策的观点。杜认为此观点仅以议会的多数党参与政治，而仅以一机关执行政务，则往往流于专制的危险。尤其以内阁专制加以政党专制，则权力势必被滥用。所以他坚决反对以单一政党组织内阁。② 这表明杜对多数专制的警惕，以及对不同政党组阁以实现对立政党在政府层面的对抗调和的坚持。

　　杜亚泉心目中的政党是"当以调查政务、研究政策、指导国民为目的"。因为在国民方面，国民与国家政治利害关系密切，既不能置若罔闻，又以各有职业之故而势不能以政治为生涯；就政治方面看，政治的状态纷繁、学理深邃，决不能以轻率鲁莽的意见妄谈国是，所以不得不赖热心的政治家考察之、讨论之，而以利害结果指示国民。具体而言，政党应做到：罗列有利政策的利之所在，使国民能明白而赞成；备举有害政策的害之所极，使民能明了而反对；各党各标其帜以定国民趋向，任国民选择。这是政党真正的目的，也是立宪政治所不可或缺的。③ 杜提出的这种政党的目的，在今天看来，是以政党为手段给国民提供政治信息，并作为舆论与参与平台给予国民参政议政的机会，从而使国民以一种主动的姿态限制监督政权以保障宪政的稳定维持。

　　第三个问题，政党的种类。杜亚泉相信民国将来应有的政党是两个对立而能调和的政党。时人有猜测中国将来会按照地域的南北划分而生发出南党与北党，分别以南方诸省谘议局与北方诸省谘议局参与议会论政。对此，杜认为虽不敢保证这样的政党不会形成，但是杜坚持政党是以主义结合，而非以情感结合，所以我国政党的种类也应从不同的主义上去考虑。

---

　　① 杜亚泉：《政党论》（1911 年 3 月），《杜亚泉文存》，第 139 页。

　　② 杜亚泉：《政党论》（1911 年 3 月），《杜亚泉文存》，第 139～140 页。

　　③ 杜亚泉：《政党论》（1911 年 3 月），《杜亚泉文存》，第 140 页。

杜的推测是"将来我国之政党，不外通例所有之两种，即保守党与进步党而已"。在杜看来，进步党之主义，不惜牺牲国民之幸福而努力于政治之改革与国势之振兴；保守党之主义，则惜物力、重习惯，持稳健之方针以改革政治、增进国势。以杜的政治调和的眼光来看，这两主义相互对立又相互补充，"孰优孰劣、孰利孰害，非一时能论定"，所以此二党正如"车之两轮、鸟之两翼，相扶相助而皆不可缺"。正如上述接续主义与调节之道所昭示的，假如进步过骤，则不免流于危险，当以保守主义维持之；假如保守过甚，则不免流于退弱，当以进步主义调和之。因而，若进步与保守两政党能调和不失其平衡，则宪政可成。正是出于对调和的政党之于宪政民主的重要意义的强调，杜对民国将来的政党给予了很大的期望，直呼："政党乎，政党乎，吾当馨香以祝之矣！"①

总而言之，杜亚泉在其关于调和的政党思想中，之所以提出需要有政党以彰显国民政见从而实现不同国民之利益为目的，与其保守中求进步的接续主义一脉相通。政党的利益代表必尽可能多的以个人与国家原有利益之基础为起点进行整合改革，而不可推翻原有秩序进行利益全新分配。而杜主张进步与保守两党对抗平衡的两党政治，正是出于不同政治势力间力之调节的考量，两党对峙亦不过是政见不同，根本上初无大异，并非是极端矛盾的，即所谓"立宪国之政治，通常有赖两大政党之对峙，以收调节之效"。② 政治力的调节，需要两党制。在杜亚泉看来，两党主张之间的差异并非是决然不同，总是有相同的地方，尤其各党主张的目的是有重合之处的。这一点在章士钊那里阐述的更为清楚，各党党纲是不同的，政治主眼是一样的，即各党都应该有自己的党纲，各党的主旨应该是大致一样的，只是具体的策略不一样而已。③ 既然不同主张的政党之间有这些共同之处，那么这些政党就能够共存，不然，两政党之间极端矛盾而毫无共同之处，则极易导致一党存则另一党被消灭的结局。调和之政党，实际上为政治的接续与调节提供了现实的场所与手段，由调和之政党才可能实现调和之政治。

---

① 杜亚泉：《政党论》（1911 年 3 月），《杜亚泉文存》，第 141 页。

② 杜亚泉：《矛盾之调和》（1918 年 2 月），《杜亚泉文存》，第 28 页。

③ 章士钊：《上海何故发生多数之党派乎》（1912 年 2 月 27 日），《章士钊全集》第二卷，第 43 页。

第二节　调和多元的社会结构

杜亚泉是民初不多见的对英美宪政民主国家的社会结构进行观察分析的学者。通过将民初的社会结构与英美的社会结构进行比较，杜颇有洞见地指出，通过政治调和实现宪政民主需要一个多元调和的社会结构。按照英美宪政的经验，社会与国家分殊对抗形成了多元的社会结构，而且社会之阶级通过转变组合造就了一个以中产阶级占大多数的橄榄型社会。由此其社会结构相对稳定，各政治主张不易走极端，有利于通过政治调和而达致或维持宪政民主。基于此，杜亚泉对于实现政治调和的社会结构条件做了详细的论述，他以西方的适于成功调和的社会结构，即以西方分离社会与国家而促成其自主独立性的市民社会生长，进而伸张社会生机活力以与政府相抗，以及由财产阶级与知识阶级相互趋近与结合的阶级结构等，作为其宪政经验而为参照，探讨了我国现有的社会状况，主要包括：分析国家干涉社会的大一统的一元社会结构，设置有限政府以养成社会之活力；剖析病变的阶级状况与将来之应有阶级构成等问题。

一　减政主义：社会与国家的分殊对抗

杜亚泉将减政主义定位为宪政实现的前提。也就是说，杜是从宪政前提这个角度来提出其减政主义的，减政主义是设置有限政府的重要方面。杜认为民国数年来施行宪政不成功的其中一个原因就是"模拟他国之繁复政治，包举一切"，从而形成弊害，以致反对宪政之声一时哄起。所以不如采用"减政主义"以"收束局面"。可见杜讨论减政主义的初衷，一则是重拾时人对宪政的信心；二则，更为重要的是，为了强调减政主义是"实行宪政之前提"，即为宪政转型创造良好的社会基础。①

杜亚泉的减政主义思想来源于欧洲与日本，旨在限制政府权力以使社会保持相对于国家的独立性而得以自由发展，从而可与政府权力相互对抗调和。按照杜的理解，欧洲及日本倡导的减政主义是："减并官厅，减少

---

① 杜亚泉：《减政主义》（1911年3月），《杜亚泉文存》，第137页。

官吏，减省政务，即减缩政治范围之谓也。"① 此即意味着限制政府权力和职能范围，建立有限政府，使得政府（国家）与社会之间形成对抗调和。

　　之所以要减政，杜亚泉认为首先是因为当时的政府行政规模过大，行政权力过广，社会几乎无独立性。政府自制了繁复的官僚政治，视社会上一切事务均可包含于政治之内，以致"政府无不可为之，亦无不能为之"②，还有因官吏太多，彼此以文牍往还，所谓"纸张天下"。③ 这使得国家"政权日重、政费日繁"。如此强大的政治机关，着实威胁到社会的独立性。而杜认为"政治者，社会上一种之事务也。政府者，社会上之政治机关"而已，其规模和权力都不应该大到干涉社会或个人的独立性。其次，杜认为社会有其自身的活力及自我管理的法则，政府不能取而代之。杜说："社会之事物，有自然之法则管理之，此为政者之所不可不知者也。社会之活力（才力财力之结合作用），有一定之制限，政府决不能制造之。有研究学术之活力，则教育自兴，有生产之活力，则实业自盛矣。社会之发展，有一定之秩序，政府亦不能揠助之。"比如知能竞争激烈，则发展教育；物质需要增，则发展实业。而发展教育或殖产，政府不必自为教育家或自营农工商业，只要通过政务把关就行。因为国家教育之兴，并非等于政府多颁学堂章程或多编教科书籍；国民实业之盛也并不等于政府多营官有实业或多定检查方法。④ 而且在杜看来，以减政主义观察当时政治，"其不属于宪政范围以内者，可置勿论"，哪怕就属于宪政范围以内而言，那些"使吾人感其事无益，觉其费之可省"的，也可减去。⑤ 杜还援引法学名家海尔勃斯德的话加以说明："凡以立宪的精神为基础之政府，于可以减轻之事务，当努力减轻之，苟非政府本来之事务，悉当省略。"⑥

　　因而杜亚泉理想中的政府是类似于英美国家的"小政府"，应该是他所说的这样的政府："一国政府之本分，在保全社会之安宁，维持社会之秩序，养其活力之泉源而勿涸竭之，顺其发展之进路而勿障碍之，即使社

---

　　① 杜亚泉：《减政主义》（1911 年 3 月），《杜亚泉文存》，第 132 页。
　　② 杜亚泉：《减政主义》（1911 年 3 月），《杜亚泉文存》，第 132 页。
　　③ 杜亚泉：《减政主义》（1911 年 3 月），《杜亚泉文存》，第 137 页。
　　④ 杜亚泉：《减政主义》（1911 年 3 月），《杜亚泉文存》，第 132～133 页。
　　⑤ 杜亚泉：《减政主义》（1911 年 3 月），《杜亚泉文存》，第 136 页。
　　⑥ 杜亚泉：《论人民重视官吏之害》（1912 年 10 月），《杜亚泉文存》，第 268 页。

会可以自由发展其活力而已。"① 所以政府的职能仅在国防、治安、司法和税务方面而已。他说："吾民之所须于国家者，除对外而求其捍卫国境，对内而求其缉除暴乱，此外……所谓刑名钱谷而已矣。"② 而那种全能式的政府，向社会领域扩张权力，不仅难以促社会之进步，反而会消解社会之活力，造成将来之实祸。③ 中国这般"大政府、小社会"的社会结构根本无法生发出基于调和而获致的宪政民主，反而造成社会发展的重大障碍。大致而言，在杜看来，政府的过多干涉主要在两个方面严重影响社会活力的养成与发展。

一方面，政府干涉过多，会消解民间社会独立之心，养成国民之依赖性进而养成社会之惰性。即"社会之人，或习焉不察，讴歌于政府万能之下，致事事依赖政府而为之。营一业则请国库之补助，举一事则求官厅之保护"。④ 英美为自治最发达国家，其官吏人数也少，而其人民喜自由，不肯受他人之制驭，也不希望制驭他人。进而其人民心理"不信人间职业有贵贱之殊别，惟知其人对于其职业是否勤惰而已"。杜夸赞"此优秀之民，注重人间之独立"。通过比较英美、法国及我国人民对政府的依赖程度，杜指出英美人民"重自立，故主于实利"；而法国人民"重政权，故骛于虚荣"，所以"两国之社会，遂生依赖与自营之差别"。而我国数千年来"伏屈于专制政体之下"，"人民之重视官吏，几成根性"。⑤ 所以杜指出我国"民间独立心之薄弱，实为当局者多年之干涉政略所养成，积之既久，遂不自觉其迷误"。⑥ 民间独立精神的消解，会从根本上破坏社会活力发展所倚赖的心理基础。

杜亚泉进而提出如欲国民自主独立，"其首要之条件，即在拔除人民重视官吏之根性"。⑦ 对此杜强调"去此毒害，首在减官，而减官之要，尤在减政"，并提出了相应的措施。由于我国国民重视官吏的原因在于"震

① 杜亚泉：《减政主义》（1911 年 3 月），《杜亚泉文存》，第 133 页。
② 杜亚泉：《减政主义》（1911 年 3 月），《杜亚泉文存》，第 137 页。
③ 杜亚泉：《减政主义》（1911 年 3 月），《杜亚泉文存》，第 134 页。
④ 杜亚泉：《减政主义》（1911 年 3 月），《杜亚泉文存》，第 132 页。
⑤ 杜亚泉：《论人民重视官吏之害》（1912 年 10 月），《杜亚泉文存》，第 266～268 页。
⑥ 杜亚泉：《减政主义》（1911 年 3 月），《杜亚泉文存》，第 132～133 页。
⑦ 杜亚泉：《论人民重视官吏之害》（1912 年 10 月），《杜亚泉文存》，第 268 页。

其威权与羡其利禄"，所以若减去官吏的威权而与人民平等，减少其利禄而仅足维持中等生活水平，那么人民将会转而从事独立自营的事业；而那些身入政界之人，要么具有贡献于国家的诚意，要么不失为谨身修己之士。杜相信如此一来，人民的依赖性去除而独立性养成，社会的惰性减退而自主独立性便由此渐成，国家社会都有裨益，而且共和政体亦将赖是以实现。①

另一方面，政府干涉过多会殚竭社会之活力，阻遏社会之发展。杜亚泉认为政府"贸贸焉扩张政权，增加政费，国民之受干涉也愈多，国民之增担负也愈速。干涉甚则碍社会之发展，担负重则竭社会之活力，社会衰而政府随之"，总之，"国运之进步，非政府强大之谓"。因而杜一再强调"欲图社会之进步，计政府之安全，非实行减政主义不可"。② 由此可见，显然杜已明确地提出了政府（国家）与社会的分殊化，亦揭示出宪政民主下的政府应服务于社会。

杜亚泉指出减政主义是适合民初的社会情势的。而且在他看来，减政主义是以消极之手段达积极之目的。杜对其减政主义阐述还包括对两种相关观点——减政主义不适合当时的民国与减政主义是消极之主义——的批评解析。一则，当时有人提出民国的社会情势并不适合施行减政主义。杜认为这是"社会悲观论，非真相也"。因为在杜看来，"我国国民独立性质之强，自治基础之固，正有未可自蔑者"，所以"若谓社会之进步，必仰政府之提携，不如反而言之，谓政府之进步，仰社会之提携，较为确当"，而且成功宪政的施行，都需社会鼓吹之力以助之。二则，针对"减政主义者，消极之主义也，退化者也，非进化者也"的观点，杜驳斥这是误解减政主义之真意，进而澄清"减政主义者，即有所不为以期有为之意，乃以消极之手段达积极之目的，似退而实进者也"。相反，如若"今日之政府，以积极面目而行其消极志趣，看似进而实则退"。杜相信通过施行减政主义去除政府旁骛的精神，减少繁杂的费用，"推陷廓清"后，立一定的范围而刻意厉行，定"将以此揭宪政之外幕，以显其光荣，抉官僚之假面，

① 杜亚泉：《论人民重视官吏之害》（1912 年 10 月），《杜亚泉文存》，第 269 页。
② 杜亚泉：《减政主义》（1911 年 3 月），《杜亚泉文存》，第 133 页。

以清神气，一方面使政府有所资以措手，一方面使政府无所借以藏身"。
意即减政主义是"此病之特效药耳"，可以达到"涂泽之政治淘汰无遗，
而真正之政治有发现之日"这一积极目的。杜称这正是"减政主义之
赐"。① 此外，杜也反对无政府主义，认为无政府不但并非社会之真态，而
且适足以扰乱社会而已②，所以虽坚持政府是需要的，但必须是实行减政
主义的有限政府。

现代宪政民主是以政治国家与市民社会的分殊为基础的。此二者分殊
所形成的多元社会结构，是英美宪政民主产生的前提条件。而自秦统一以
至民初的中国社会的最大特征，就是中央集权的大一统专制政治使得国家
职能泛化，以致国家对社会实行了几近全面的统制，从而弱化了社会生
机，极难形成作为宪政基础的市民社会与国家分殊的多元社会结构。在民
初政界和思想界对于国家与社会的关系并未十分重视③，而杜亚泉极具洞
见，揭示了西方市民社会发达的多元社会结构之于宪政民主的重要意义，
以及中国大一统的集权政治对于社会生机活力的摧折。杜的减政主义，力
主通过对全能式政府的官僚政治进行改革，以有限政府提供社会自主发展
之机会，并以社会之发展提携政府之进步。这实际上正是提出了使政府
（国家）与社会分殊，或者说使政治国家与社会相互分离以生成相对独立
的市民社会，且使得二者形成一种对抗平衡相互促进的调和。换言之，杜
倡导减政主义，欲图借助改革民国当时的行政制度以限制政府权力，减弱
政府通过行政手段对社会所加的干涉与限制，从而打破政府大一统的政治
社会一元体制，使社会能相对独立于国家而自由发展，以增强社会之活
力，奠定通过政治调和成功实行宪政民主转型的社会基础。

二　游民阶级：无由构成中产阶级

杜亚泉认为，西方是资产阶级以财产的势力与知识结合，形成了广大

---

① 杜亚泉：《减政主义》（1911 年 3 月），《杜亚泉文存》，第 134～135 页。
② 杜亚泉：《减政主义》（1911 年 3 月），《杜亚泉文存》，第 133 页。
③ 高力克认为虽然 20 世纪初严复对此问题已有深见睿识。民初孙梁二派的"民权"与"国
　权"之争，皆轻忽社会方维，而专在政治层面用力。所以可以认为此问题在民初政界和
　思想界并未受到重视。参见高力克《调适的智慧——杜亚泉思想研究》，杭州：浙江人民
　出版社，1998，第 20 页。

的中产阶级，使得其社会结构成为以中产阶级为大多数的橄榄型社会。这样的社会结构的特点是，相对稳定且易于调和，从而为宪政民主生成与发展提供一个适宜的社会结构基础。

杜亚泉认为势力与知识的结合促成人类文明的发生与成就。他根据贵族、财产、劳动三种不同势力分别与知识的结合，将人类文明划分为三期：古代第一期文化是贵族阶级的文化，即由贵族阶级以武力的势力与知识相结合而成；近代第二期文化是资产阶级的文化，即由资产阶级以财产的势力与知识结合而产生；未来第三期文化是劳动阶级的文化，由劳动阶级以劳动的势力与知识相结合而能成就。① 杜认为就社会进化的大势而言，由第一期文化发展为第二期文化，更发展为第三期文化，是为普通顺序。但因各国社会情状不同，进化方式亦不一。在杜眼里，欧洲近代文明是第二期文化的典范，正是在于财产的势力与知识的结合，并由此促成发生和成就了欧洲政治革命，顺利完成第二期文化。第一期文化始成就时，贵族阶级与知识阶级结合为治者阶级，劳动阶级为被治阶级。而第一期文化成就之后欧洲社会阶级状况和阶级组合出现了新的变化。就其阶级状况而言：一是知识阶级的财产化。这一过程包括知识阶级或专事研究文艺，或创设大学校、学士院，使得科学研究不仅因此发展，而且其成果能应用于社会，以殖产兴业。二是财产阶级的知识化，因营殖财产需要更多的科学知识，故求学者日众，促成财产阶级的知识化。进而财产阶级与知识阶级"二者相结合而主张人权，表扬民治，发生第二期文化，依其财产的势力，在政治上与武力的势力抗争"，从而成就其政治革命。杜认为"经此革命以后，第二期之文化乃成就"，此文化由财产的势力与知识结合而产生，为财产阶级的文化，带有财产的色彩，以自由平等、尊权利、重科学，为其标征。② 欧洲社会结构中的阶级组合与基于此而生发出的文化特征，形成了中产阶级占社会大多数的橄榄型社会结构与易于生发宪政民主的公民文化，由此提供了政治调和的社会结构基础及与之相伴随的社会文化基

---

① 杜亚泉：《中国政治革命不成就及社会革命不发生之原因》（1919 年 4 月），《杜亚泉文存》，第 180～181 页。

② 杜亚泉：《中国政治革命不成就及社会革命不发生之原因》（1919 年 4 月），《杜亚泉文存》，第 180 页。

础，从而促成宪政民主的生成与发展。

进而，杜亚泉深刻指出"现今文明诸国，莫不以中等阶级为势力之中心，我国将来，亦不能出此例外，此则吾人之所深信者也"。① 但令杜遗憾的是，中国没有也无由产生财产阶级与知识阶级相结合的阶级组合，根本没有类似欧洲的中产阶级。杜指出，我国辛亥革命以来，八年的祸乱相寻，"非第二期文化之进行，而为第一期文化之堕落"。② 比照欧洲的阶级状况与中国的阶级状况，杜极具独创性地指出我国社会是一个"游民阶级的社会"（所谓游民阶级就是指过剩的劳动阶级），他判定中国文化并未进入第二期文化，仅为第一期文化之堕落。

第一，中国没有出现欧洲那样的阶级转化和阶级组合，反而生发出阶级之变异与文化之堕落。中国第一期文化的难题同样是知识阶级渐广。多数知识阶级渐失政治生活之希望而不得不降于被统治地位，在中国这一难题更为突出。因朝廷使用了科举等缓和的方法以引诱知识阶级，使其不断绝政治生活之希望，没能出现欧洲那样多数知识阶级的财产化和财产阶级的知识化。一则，中国的知识阶级既为科举引诱，除文字外几乎没有其他技能可以谋生，所以他们既少有或没有财产，又不能承担筋肉之劳动。"故与财产阶级、劳动阶级均格格不入，此为过剩的知识阶级。"二则，中国劳动阶级中出现了无劳动地位或为不正则劳动的劳动者，包括士兵以及地棍流氓盗贼乞丐之类，这是过剩的劳动阶级。杜创造性地提出："此等过剩的劳动阶级，即游民阶级，其势力在我国很大，有时与过剩的知识阶级之一部分结合，与贵族阶级之势力抗争。"进而杜极具深见地指出，秦以后的 20 余朝的革命，大都由过剩的知识阶级与过剩的劳动阶级相结合而发生。但革命以后，二者都发生贵族化，复建设贵族政治，于社会组织无所更变。"故此等革命，非政治革命，亦非社会革命，只可谓之帝王革命而已。"杜认为，正是由游民阶级与知识结合产生了"游民阶级的文化"造成第一期文化的病变。它带有游民的色彩，即有"尚游侠、喜豪放、不受拘束、不治生计、嫉恶官吏、仇视富豪"的特征。同时，杜指出"贵族

① 杜亚泉：《中国之新生命》（1918 年 7 月），《杜亚泉文存》，第 215 页。

② 杜亚泉：《中国政治革命不成就及社会革命不发生之原因》（1919 年 4 月），《杜亚泉文存》，第 181 页。

文化与游民文化，常为矛盾的存在，更迭盛衰"，即"贵族文化过盛时，社会沉滞腐败，则游民文化起而代之；游民文化过剩时，社会骚扰紊乱，则贵族文化起而代之"，此为中国历史上循环之迹。①

第二，中国的财产阶级太过羸弱且有其特殊之处而无法使财产的势力与知识相结合。杜亚泉指出我国财产阶级有三个特点：一则，欧洲的政治革命由财产阶级发生，而我国的财产阶级大都不解宪政民主为何物。二则，我国的财产阶级因其历史上受贵族的剥削与游民的蹂躏太久，对于贵族与游民已经形成要么"畏之若虎狼"，要么"恶之如蛇蝎"的习惯心理。三则，辛亥革命后，虽然欧洲第二期文化传播到我国，但提倡立宪共和者为过剩的知识阶级中的一部分，加入者为过剩的劳动阶级中的士兵。这事实上"与从前之帝王革命无稍异"，并非欧洲那样的政治革命。所以杜认为，我国模拟欧洲之政治革命确未成功，不过是有了中华民国之名称，以及"若存若亡之数章约法"而已。而且革命以后，名义上不能建设贵族政治，但实际上掌握政权的官僚或武人大多并非出自财产阶级，而是"游民首领贵族化"之人。②

第三，杜亚泉指出我国的知识阶级向来生活于贵族文化及游民文化中，故"达则与贵族为伍，穷则与游民为伍"，兼具贵族与游民两种性质，不能如西方知识阶级那般与财产阶级结合。他说："一种为贵族性质，夸大骄慢，凡是皆出以武断，喜压制，好自矜贵，视当世之人皆贱，若不屑与之齿者；一种为游民性质，轻佻浮躁，凡是皆倾于过激，喜破坏，常怀愤恨，视当世人之皆恶，几无一不可杀者。"我国知识阶级"以此性质治财产，必至于失败；以此性质任劳动，必不能忍耐"，而且以此性质欲置身于财产阶级或劳动阶级中是决不能被容的。③

为此，杜亚泉提出了新阶级的构想，预想未来中国新势力的发生。一是寄希望于科学家与财产阶级和劳动阶级的结合，形成新的劳动家。杜指

---

① 杜亚泉：《中国政治革命不成就及社会革命不发生之原因》（1919 年 4 月），《杜亚泉文存》，第 182 页。

② 杜亚泉：《中国政治革命不成就及社会革命不发生之原因》（1919 年 4 月），《杜亚泉文存》，第 182～183 页。

③ 杜亚泉：《中国政治革命不成就及社会革命不发生之原因》（1919 年 4 月），《杜亚泉文存》，第 183～184 页。

出未来之社会经济与技术发展，社会事业"无一不须精密之知识与熟练之技能"，"于是社会中发生一有力之新阶级，即有科学的素养而任劳动之业务者"。杜认为，社会对此等科学的劳动家的需要将日增月盛，以致国家社会间一切机关、职业悉落于劳动家之手，从而使得社会中的大多数人成为"有学识而任业务之人"，构成以他们为主的较为稳定而易于调和的橄榄型社会。但是需要说明的是，杜认为这个时候民众已非以往的朦胧无意识之状态，不仅国家的民主主义可实现，甚至"一变而为世界的社会主义"。此时无所谓军队，亦无所谓政治。这显然过于乐观，但杜毕竟还是严谨之学者，不忘指出究竟为何情状"非吾人所能预料"。不管怎样，若社会中的大多数人成为"有学识而任业务之人"，那么这大多数人必有才而有财，正是杜前所言的如欧洲般的财产阶级与知识阶级的结合。① 二是寄希望于广大青年在社会生活上和个人修养上求其势力，成为自立自治的新青年。杜指出此种新青年一则"储备其知识能力，从事于社会事业，以谋自立的生活"；二则有宽容精神，"其人亦决不欲得有势力以排除他人……斟酌于新道德，以谋个人之自治"。② 构成新势力的新青年以其新知识与新道德，即以调和社会与国家的能力与调和之德，逐渐构成社会中坚，以形成类似于欧洲的中产阶级。

可见，以我国社会如上所述的财产阶级与知识阶级状况，以及知识阶级与劳动阶级的变异与病变的组合来看，根本无由生出欧洲般的中产阶级及市民社会与公民文化。杜称我国的情况为非社会正常之发展，不过为第一期文化的病变，也可称为"病的第一期文化"③，实是一种十分独特的文化变异。中国因而无法形成欧洲那样由财产阶级与知识结合而成的以中产阶级为大多数的社会结构，从而无法生发出作为政治调和之社会基石的橄榄型社会结构，以及与之伴随的平等自由民主的公民文化，以致在中国无法选择政治调和以实现宪政民主。所以，杜希望未来中国能产生新势力，即所谓的新劳动家或新青年构成我国未来社会的中产阶级，重组社会阶级

---

① 杜亚泉：《未来之世局》（1917 年 7 月），《杜亚泉文存》，第 198 页。
② 杜亚泉：《中国之新生命》（1918 年 7 月），《杜亚泉文存》，第 214 页。
③ 杜亚泉：《中国政治革命不成就及社会革命不发生之原因》（1919 年 4 月），《杜亚泉文存》，第 182 页。

结构，以形成具有政治调和性质的公民社会与公民文化，为宪政民主的生发与维持奠定础石。

三 多元宽容：调和的社会结构所需之精神理念

多元思想必生发宽容精神。杜亚泉正是基于其理性多元的思想和怀疑的科学态度而倡导宽容调和的精神。因而他赞赏和向往欧洲的多元的以中产阶级为大多数的社会结构。可以说，杜倡导的多元思想与宽容精神，是其阐发的多元社会结构的精神理念，亦是政治调和的品格，是宪政民主的文化基础与价值理念。

在新文化运动兴起后，杜亚泉由于看到政治思想界出现的新旧各派别激烈的"主义"之争，发表了《矛盾之调和》和《论思想战》，前者以多元论为论旨，阐述了矛盾对立之主义实质上不仅是相对的，而且可以并行不悖、各程其功的政治调和原理。在后者中他对民国思想界各分子提出四点要求，倡导思想多元与宽容精神。

在《矛盾之调和》一文中，杜亚泉对于其所主张的思想多元，提出了三点理由：一是，"天下事理，决非一种主义所能包涵尽净"。如果事实上无至大之冲突或弊害，而且都适合当时的社会现状，则虽然是极不相同的数种主义，也可以同时并存，且能在不知不觉之间，收到交互提携的效果。二是，大凡两种主义，虽然极端隔阂，但是其中总有一部分或宗旨相似，或利害相同，无论其大体上如何矛盾，就单凭此一部分的吸引也可以使二者联袂而进行。如国家主义与社会主义的龛合，即属此理。三是，所谓主义，实际上是人为的规定而非天然的范围。意即不过是人类因为事理的纷纭杂出无可辨识，于是就理性上所认为宗旨相同或统系相属的，名之为某某主义而已。杜也指出，所谓对抗不过是我们理性习惯上所定之名词，如若从本原上推究，则为对抗、为调和，只是相对而言，并没有绝对的意义。[1] 事实上"人事杂糅、道理交错"，决非人为所定的疆域可以强为区分，其中"交互关联、彼此印合之处"，肯定亦不少。[2] 杜的上述三点理

---

[1] 杜亚泉：《矛盾之调和》（1918 年 2 月），《杜亚泉文存》，第 30～32 页。

[2] 杜亚泉：《矛盾之调和》（1918 年 2 月），《杜亚泉文存》，第 31 页。

由，分别从单一思想的意义涵盖的理论局限性，多种思想之间交汇的现实可能性，以及思想或主义在划分上的人为模糊性三个方面解释了思想多元的必然性。

所以杜亚泉笃信：一种主义不能包含万理，而矛盾决非不可调和。他从而力倡"对于相反之主义，不特不宜排斥，更当以宁静之态度，研究其异同"。如此一来，则虽然是极矛盾的两种主义，一旦遇有机会，就未必终无携手之一日，即使永久不能调和，也不至于相倾相轧以致酿成无意识的纷扰。①

在思想多元方面，杜亚泉于《论思想战》中还有四点颇具洞见的重要主张。一是"宜开浚其思想"。就是要承认并研究不同的尤其是反对派的思想主张。即不问何党派之言论，何社会之心理，皆当察其原因，考其理由，以发展自己的思想。二是"宜广博其思想"。指的是既要知道甲说，又不可不知道反对之乙说，尤其不可不知道调和之丙说。因为杜认为近世思想的发达，往往由两种反对之说，各足成立、互相补救而成，若专主一说则思想易陷于谬误。三是"勿轻易排斥异己之思想"。在杜看来，"世界事理，如环无端，东行之极，则至于西；西行之极，亦至于东"，"倘若入主出奴，恶闻异议，则其思想必定浅率"。四是"勿极端主张自己之思想"。②杜认为"主义之兴，往往易走极端，而其势且不能自止"③，但世界事理却与此相反，是"无往不复，寒往则暑来，否极则泰生"。这反映出其反对思想极端的调和主张。依据此论，他指出辛亥革命和帝制复辟正是对两种思想极端的反响的结果，前者是对戊戌以来极端守旧思想的反动；后者即近日之复古则是对辛亥以后极端革新思想的反响。杜笃信调和是宇宙、社会演进的理论。地球之存在，由离心力与向心力对抗调和之故；社会之成立，由利己心与利他心对抗调和之故。所以不明对抗调和之理，而欲乘一时之机会而极端发表思想，结果都是"自召反对而速遭祸乱"。然而国中稍有思想之人，不少是度量狭隘而与上述四者相反。面对这一令杜可惜的民国思想界，杜提倡对新旧各思想宜开阔己之眼界使思想

---

① 杜亚泉：《矛盾之调和》（1918 年 2 月），《杜亚泉文存》，第 32 页。
② 杜亚泉：《论思想战》（1915 年 3 月），《杜亚泉文存》，第 60 页。
③ 杜亚泉：《社会协力主义》（1915 年 1 月），《杜亚泉文存》，第 17 页。

"不限于一隅"。① 杜的关于思想多元这四点主张，实际上是提倡不好同恶异，不走极端的政治调和思想之精髓，毫无疑问是真知灼见。

杜亚泉的思想多元主张与其政治调和理论融会贯通。既然按照进化论的观点，世界进化常赖矛盾的两力对抗进行，那么思想的发展自然也遵循这一对抗调和之理。杜通过对民初的思想现状进行分析，深刻指出我国原本并没有所谓的思想多元，即使自晚清以至民国受西方思想影响而出现多种思想多种所谓的党派，但却不过是"过淮之枳"，并未真正形成思想多元的局面。在杜眼中，我国在闭关时代，社会上的事理至为简单，唯有学说上有分立门户而各持异议的情况；所谓党派，则多是利害之冲突而非理想之差池；所以"因思想歧异而各树一义以相标榜"的事并不多见。自从与西洋交通，复杂事理不断输入，使得社会上、政治上才有各种主义发生。然而，西洋有所谓的不同党派或主义，起初并非是明显相互敌视的，而是含有"分道而驰"与"各程其功"的意思。遗憾的是，我国人不善效法，不但"未收分道程功之效"，反而"先开同室内讧之端"。如果国人早已知道矛盾的协和，知道世界事理决非一种主义所能包含，且知两矛盾常有类似之处，而主义又或随人事时代而转变，那么狭隘褊浅之见定可受到抑制。② 杜可谓一针见血地指出民初思想界的所挟带的非多元的极端性格。正是多元思想与宽容精神缺失导致了调和多元的社会结构无由形成，也正是其政治上对抗调和不能成就，西方宪政民主不能移植成功的思想层面的根本原因。

第三节　渐进改革的政治调和之道

杜亚泉极力反对民初在朝在野两派以"武力"的方式，尤其是争夺统治权的革命的方式来号称实现中国宪政民主的转型。因为，争夺统治权的革命失却宪政民主的方向，武力不能得真共和。以争夺统治权的暴力革命不能走上宪政民主的道路，不过是以暴易暴而已。杜进而指出我国宪政民主建设有其长期性和渐进性，故而提倡走温和稳健的渐进改革之路。概言之，主要是

---

① 杜亚泉：《论思想战》（1915 年 3 月），《杜亚泉文存》，第 60 页。
② 杜亚泉：《矛盾之调和》（1918 年 2 月），《杜亚泉文存》，第 32 页。

以发展教育与实业，逐步去除社会"霉菌"，渐入宪政民主之正轨。

一 反对武力：真共和不能以武力求之

面对民初接二连三的武人争斗的局面，杜亚泉鉴取西方的宪政民主建设经验，省视民初武力泛滥的现状，指出武力将不可避免地破坏原有社会秩序，而武人当道必将使宪政民主的建立受阻。杜特别警示国民对政治革命的防范，防止其由转移统治权的革命蜕变为争夺统治权的革命，否则"惟扰乱秩序外，无他"。进而杜深刻地指出，"真共和不能以武力求之"。所以我国应以温和稳健的渐进改革之路，即以调和的方式，开启我国进入英美式宪政民主殿堂之大门。

第一，反对争夺统治权的革命。

杜亚泉反对武力是出于对秩序的看重。他非常注重秩序对于宪政民主建设的意义，认为秩序能为之提供一个相对稳定的社会基础，是至关重要的。杜指出辛亥革命后，我国的国体改革虽然未满六年，但是事变迭出，凡是法兰西大革命后90年间所经过之事实及其恐怖，我国几乎一一步其后尘。其实从武昌发难之始，杜就担心"兵革已动而决难遽止，以致使时局之安危，常为武力所左右"。而武人因有兵权以自卫，其感受痛苦常较他人为轻，且意识简单而每不甘为法治所拘束。以当时"武力泛滥、法治失实"的状况而论，中国这样的革命决非成功之革命。因而杜同意一位美国人的观点："中国革命，若可谓为成功，则美国共和，将无价值。"① 因为杜相信"如此之武力，徒添社会之混乱，而与宪政民主无虞"。政治革命对社会秩序具有极大的破坏性。民国政治革命犹如对人体新施大手术，而大手术对社会秩序的破坏力可想而知。所以革命之后需着力护持，以促发生机而臻于强健，以为宪政民主建立之准备。②

革命战争是当时武力的主要表现形式之一，其具有转眼间彻底破坏原有社会秩序之迅猛性质。但杜亚泉对革命战争的态度，不是简单的赞同或反对，而是极其谨慎。他赞同的是以转移统治权为目的之政治革命，反对

---

① 杜亚泉：《今后时局之觉悟》（1917年8月），《杜亚泉文存》，第200页。

② 高力克：《调适的智慧——杜亚泉思想研究》，杭州：浙江人民出版社，1998，第27～28页。

的是以争夺统治权为目的之政治革命。杜以一个学者的视角，在将人类战争尤其是革命战争进行学理性的深入剖析和精研之后，得出革命的含义，以及他所赞同抑或反对的革命。首先，杜将人类的战争以原因的不同而分为三种：人种战争、经济战争、政治战争。其中的政治战争分内战与外战，"其纯乎为内战者，即革命战争是也"，所以革命战争的性质"即纯乎为政治上之一种国内战争也"。其次，杜将革命战争又分为：争夺统治权的战争与转移统治权的革命战争。前者包括争夺王位的战争与争夺政权的战争，常起于统治者与候补者之间；后者指一国的统治权，自君主之手移于国民之手而起的战争，常起于统治者之君主与被治者之人民之间。在我国历史上，多为政治战争，且尤其最为常见是革命战争。在此基础上，杜进而指出，以前的革命战争都无非是争夺统治权的战争，而自欧美政治思想输入以来，革命意义大变，"近世以革命二字为 Revolution 之译名，其意义较广，大要以违反国家大法之手段，改革国家之基础，在现在之为政者视之，为叛逆或敌抗之行为。而其原因，则由国民之全部或一部，对于现政，怀激烈之反感，仅以普通之手段，不能遂其改革，乃因此而起战争，即革命战争也"。所以革命"几若专为推翻专制政府改建立宪共和政治之标志"，因而杜认为，今后中国革命战争之兴起，不可不以转移统治权为目的。① 由此可见，杜赞同的革命决非争夺统治权的革命，而是美国式的转移统治权的革命，是推翻专制政府而建立起真正的宪政民主政治的革命。但是，哪怕是转移统治权的革命，也是以非法的暴力的手段达其目的，对于此，杜是十分顾忌的。所以他对待转移政治权的革命战争也是高度警惕的。

杜亚泉特别警示国人，要高度警惕以防止转移统治权的革命战争一变而为争夺统治权的革命战争。因"革命受武力掣肘，一旦战争一起，兵连祸结，其结果往往不可预料"。如果不倚赖国民的精神毅力以贯彻之，那么转移统治权的战争有可能一变而为争夺统治权的战争，诸如觊觎王位，如法国大革命后之拿破仑，或争夺总统之类，又或革命战争转化为独立战争，由独立战争激荡而为霸权战争，甚至以内战而引起外战，都不可不思

---

① 杜亚泉：《革命战争》（1911 年 11 月），《杜亚泉文存》，第 143～144 页。

患而加以预防。若以满族的歧异而酿成人种战争，或因生活的困难而迫为经济战争，都会成为我革命民族的污点。杜呼吁"自今以后，我中国革命战争之兴起，不可不以转移统治权为目的，若又有觊觎王位专窃政权之举，则固为我国民族之所决不能容者也"。① 而且杜指出我们忍受现在的革命暴乱，是为了"准备时间与痛苦，以博日后之福利"。② 在杜的概念中，革命本身既不是目的，也不是天然地具有正当性，革命充其量不过是一个手段，是达到宪政民主的一个或许可行的手段而已，因而此手段也要小心谨慎地用，一旦不可收拾而偏离宪政民主的主旨，则革命就失去了意义和正当性。

第二，真共和不能以武力求之。

杜亚泉深刻地指出："真共和不能以武力求之。"民初的在野者与在朝者，即国民党与袁氏都声称要求真共和，去除假共和。杜揭露其去除之道都一样，即都是主张用武力驱除反对党。前者称国民真正之自由，必出相当之代价购之，认为"除以武力抵抗专制外，无他道矣"。后者声称"吾人之志，犹林肯之志也"，认为"除以武力保持国家统一之外，无他道矣"。此两派明显皆有用武力以驱除反对党之意，虽然二者的目的都是为了共和，但所用手段无异。在杜亚泉看来，以武力为手段实不能达到共和之目的。他说："以真共和为目的，以武力为手段，则此目的果能以此手段达之否乎？质言之，即真共和果能以武力求之否乎？吾敢决言之曰：不能！"而每每有论者谈到法国共和或美国共和，认为二者分别是七月革命、二月革命的结果与独立战争、南北战争的结果，似乎真共和必当以武力求之。对此，杜尖锐地指出"此实误读历史之过也"。③

杜亚泉确信以武力为手段，所能获得的只是假共和。杜认为在野者所提出的以武力去除武人专制，姑且不问能去与否，即使去之，则其重新所设的政府是否能抑制武人势力，是很令人怀疑的。肯定仍有"拥兵自重者"；或"雄踞一方而隐然与政府抗衡者"；或"要结军人以巩固其权位及遂行其政策"的政治家。所以在杜看来"其为假共和犹今日也"。在朝者

① 杜亚泉：《革命战争》（1911 年 11 月），《杜亚泉文存》，第 145～146 页。
② 杜亚泉：《今后时局之觉悟》（1917 年 8 月），《杜亚泉文存》，第 200 页。
③ 杜亚泉：《真共和不能以武力求之论》（1917 年 9 月），《杜亚泉文存》，第 162～163 页。

所谓以武力去除党人专制的主张，同样且不问其能去与否，即使既去，但其重组之国会，果能消灭党派之争竞吗？杜预言："政党之运动选举以制多数，必仍如故也；多数党横暴凌驾少数党，少数党策略诡谲，必仍如故也；而国会议员，纷呶终日，为民众所非议，为强暴所蹂躏，一事无成，也必仍如故也。"① 所以结果是与之前一样，同为假共和。

杜亚泉指出这并非是说我国将永久沉沦于假共和之中而不能自求进步。只是在实业不发达，教育未普及以前，仅仅赖武力以护得者，其结果只能如此。国民、国会、政府都不过如此。杜坦言：在朝在野都是一丘之貉、其臭相类，而其以真共和为标帜，不是迷信之谈，就是欺人之术，哪里会有什么真共和，都只不过将共和拿来作为用武力驱除反对党的假面具而已。② 所以杜认为当时朝野两派"甲欲以武力去乙之假共和，乙欲以武力去甲之假共和。然武力决无可以得真共和之理。所去者，固为假共和；所得者，必仍为假共和；去假得假，以假易假"。③

进而，杜亚泉敏锐而深刻地指出："考之历史，则武力可以倒专制，而不可以得共和。"④ 君主专制政治本以武力为基础，根本上与武人的存在无抵触；民主政治以理论势力为基础而与武人势力显然不相容。⑤ 专制既倒后，尚未有共和之实，所谓共和皆假共和。而共和国的基础，在杜看来，主要在于国民"产业既丰"与"德智既备，能力充足，不至为少数有力者所左右"。世界上确立共和的国家，或以前者为因，或以后者为因，二者必居其一，决非由于武力所致。⑥ 杜倡言，既然已经承认共和，那么必不能安于假共和，应以真共和为目标。六年以来，国民已受不少来自假共和的苦痛。所以"要求真共和之目的，吾人当锲而不舍。惟所用之手段，决不能以武力操切求之"。⑦

第三，真共和需以忍让之心而获得。

---

① 杜亚泉：《真共和不能以武力求之论》（1917 年 9 月），《杜亚泉文存》，第 163 页。
② 杜亚泉：《真共和不能以武力求之论》（1917 年 9 月），《杜亚泉文存》，第 164 页。
③ 杜亚泉：《真共和不能以武力求之论》（1917 年 9 月），《杜亚泉文存》，第 163 页。
④ 杜亚泉：《真共和不能以武力求之论》（1917 年 9 月），《杜亚泉文存》，第 163 页。
⑤ 杜亚泉：《未来之世局》（1917 年 7 月），《杜亚泉文存》，第 196 页。
⑥ 杜亚泉：《真共和不能以武力求之论》（1917 年 9 月），《杜亚泉文存》，第 163 页。
⑦ 杜亚泉：《真共和不能以武力求之论》（1917 年 9 月），《杜亚泉文存》，第 164 页。

杜亚泉指出当时不能得真共和，在于朝野两派不能"彼此相谅，降心以从"，即相互之间无有宽容忍让。甚至在杜看来，"武人干政，党人争权"是假共和时期所不能免的，但如果不至于运动帝制，武人、党人和主张复辟者都应互相让步，互相忍受。杜相信："有一能让能忍者，真共和之精神及胚胎于此。"所以杜声称："吾知将来之真共和，必由忍与让而后成者也。"①

二　调和的道路：温和稳健之渐进改革

鉴于当时中国的现状，杜亚泉深知，改数千年君主专制而为民主共和，非短时日所能告成②，他毫不含糊地指出，我国改革离成功尚远，不能一蹴而就，必定是一个长期的渐进的过程。

第一，假共和之去除是一个长期的渐进的过程。

民国不堪的现状使杜亚泉深感其宪政民主改革有无法回避的障碍，克服这些障碍，需要一个长期的渐进的过程。杜指出"数千年沉淀之渣滓"需要长久的"洗涤"，"洗涤既久，然后矜可平，躁可释，私利可以捐弃，成见可以铲除，而和平方能实现焉"。杜虽深知"惟急求社会之改良"，但又强调"此不可旦夕致也"，尤其是克服他特别强调的所谓"人心"问题的障碍，更是一个长期渐进的过程。杜认为"盖改革云者，不徒改革其国体，且当改革其人心。而人心之改革，须由渐渍，非如国体之易易"。我国"人心之积垢，则与六年前所异无几"。一方面，革命一开始时，"人心不非蒸蒸，亦思铲除成见，捐弃私利"，然而"事平乱定，则惰性又复伸张"，政界、国家机关、社会虚荣心、阶级之见，都"依然如故"。而且在这政局纷纠之际，必有少数之人，因世变而攫得权利，"以如斯之现状，怎可得共和？吾侪谓真正和平，为期尚远，实鉴于此"。另一方面，杜指出中国历代革命，仅革一姓之帝系，而政治信条、社会风教，大多仍为旧制。故拨乱反正，较易为功。而"今变帝制为共和，政府威力，既不如昔日之尊严，典章法度，亦非人民所稔习，而人民所获之参政权，又未必习惯使用"，所以有待于长时日之底定以巩固共和。③

----

① 杜亚泉：《真共和不能以武力求之论》（1917 年 9 月），《杜亚泉文存》，第 164 页。
② 杜亚泉：《今后时局之觉悟》（1917 年 8 月），《杜亚泉文存》，第 200 页。
③ 杜亚泉：《今后时局之觉悟》（1917 年 8 月），《杜亚泉文存》，第 202 页。

从假共和到真共和，真正建立起宪政民主，必经历一个长期的渐进的甚至是艰难的过程。杜亚泉指出，即使当时朝野两派都有要求真共和之热心，也不是短期之内就能建立起真共和。更何况，武人干政、党人争权，为假共和时期所不能免。① 杜进而提出了"共和阶段论"，以中国的现状得到的只是假共和，而假共和到真共和必须经过一个长期的中间阶段。他说："专制之后，必经过假共和，而后由假即真者，犹之专制政府与共和政府之间，必有一临时之假政府，此殆事理上一定之程序也。"② 所以杜声称："须知吾国今日，决无能遽得真共和之理。"③

第二，真共和之成立必是一个长期的过程。

关于真共和的成立，杜亚泉认为其不外两个因素：一是国内农工商业的发达，二是国民教育的普及。因为必须国民产业既丰，智德既备，能力已足，不至为少数有力者所左右的，共和基础才稳。所以必须经过若干时期，而后因实业发达与教育普及，真共和才能渐渐成立。世界各国无不如是。④ "发达实业与普及教育，本非短时间中所能成就"。若以武力横加障碍，则必欲速则不达，求近而反远；其意虽欲短缩假共和的时期，以减少国民的痛苦，其实却恰恰延长假共和时期并增加国民痛苦。杜提出要辨别民初朝野之间，谁为要求真共和之人，可以用简单方法来择别："即孜孜于研究实业，从事教育者，皆要求真共和之仁人志士；而以真共和谓标帜，亟亟焉欲用武力以去假共和者，皆反对真共和之罪魁恶首也。"⑤

就普及教育而言，杜亚泉尤其重视对国民的调和之德——宽容精神的教育。杜自称本以为20世纪民智增高，交通便利，历史上的事迹，我国虽不免重演，然必会缩短其时日而减少其痛苦。直到他受了"种种之刺戟，种种之教训"后，才知前此以为"和平或可早见"的猜测，均属谬误。我们"惟仍有准备时间与痛苦，以为真正和平之代价而已"。因为事实上虽然国民知识增高、交通便利等可以减缩我国获得真共和的时间与痛苦，但

① 杜亚泉：《真共和不能以武力求之论》（1917 年 9 月），《杜亚泉文存》，第 164 页。
② 杜亚泉：《真共和不能以武力求之论》（1917 年 9 月），《杜亚泉文存》，第 163 页。
③ 杜亚泉：《真共和不能以武力求之论》（1917 年 9 月），《杜亚泉文存》，第 164 页。
④ 杜亚泉：《真共和不能以武力求之论》（1917 年 9 月），《杜亚泉文存》，第 163 页。
⑤ 杜亚泉：《真共和不能以武力求之论》（1917 年 9 月），《杜亚泉文存》，第 164 页。

"其减缩与否，仍视人民觉悟与否以为断"。如若人民不自觉悟，则不但不能使之减缩，反而足以使之延长。① 而国民的觉悟应为何？即宽容之德。杜曾劝告党派及国人，如果不至于运动帝制或主张复辟，"皆当互相让步，互相忍受"。作为个人或党派，如若自己能让能忍，则他人亦必感觉到而会相让相忍；即使他人不让不忍，自己终当让之忍之。②

　　杜亚泉甚至认为宽容忍让的调和之德，比起政治上之势力，对于真共和的建立更为重要也更为有益。调和的宽容品格是宪政民主必备之社会心理基础，杜对此极其看重，直言："有一能让能忍者，真共和之精神即胚胎于此。"杜还分析当时诸君之所以不愿让不肯忍的原因，或许是热心政治之故，他进而劝诫此等诸君应相忍相让，而移其热心于实业或教育。实业或教育，绝非有赖于政治上之势力才能为之，但其对于真共和前途之效益，实比政治上之势力更大。③ 杜倡导的这种能忍能让的宽容忍让之德，是民国能通过政治调和而走向宪政的精神保障。对于一个民族，一个国家，此种精神的培育绝非短期可以实现，所谓"十年树木，百年树人"，通过教育，使国民养成宽容精神，必至少经过几代人的共同努力，而后或可收其成效。

---

① 杜亚泉：《今后时局之觉悟》（1917 年 8 月），《杜亚泉文存》，第 201 页。
② 杜亚泉：《真共和不能以武力求之论》（1917 年 9 月），《杜亚泉文存》，第 164 页。
③ 杜亚泉：《真共和不能以武力求之论》（1917 年 9 月），《杜亚泉文存》，第 164～165 页。

第五章
梁启超：政力对抗之调和

> 电有正负，力有吸拒，宇宙乾坤有一张一弛，人道亦是如此，人
> 类之所以能建设政治，政治之所以能由专制进为立宪，皆恃此也。
>
> ——梁启超

梁启超（1873～1929），字卓如，号任公，又号饮冰室主人①，广东新会县人。少习帖括，参加过科举，曾先后入学海堂和万木草堂。梁启超从小养成了"仁、勤、慧"三种可贵的品质②，活跃在历史舞台达 30 年之久，自称是"流质易变"之人，思想历经数变。先主保皇，组织保皇党，成立政闻社，组建共和建设讨论会；继组进步党，积极发表及实践其政党政治思想；后策动蔡锷反袁，成颠覆帝制复辟之元勋；新文化运动兴起之后，渐远政界，专注学术研究，晚年为清华研究院导师。③ 曾先后创办了《万国公报》（即《中外纪闻》）及《时务报》《清议报》《新民丛报》《新小说》《政论》《国风报》《庸言》《大中华》等报章杂志，宣传立宪民主思想，被誉为言论界之骄子。梁是我国近代史上极具影响而又极为复杂之重要人物。

---

① 据统计，梁启超一生曾用过的笔名多达 32 个，其中最主要的有卓如、任公、任甫、任父、哀时客、饮冰子、饮冰室主人、新民子、吉田普等。参考李国俊《梁启超著作系年》，上海：复旦大学出版社，1999，第 20 页。

② 蒋广学、何卫东：《梁启超评传》，南京：南京大学出版社，2005，第 5～14 页。

③ 汤一介、杜维明编《百年中国哲学经典》（清末民初卷），深圳：海天出版社，1998，第107 页。

梁启超的政治调和思想主要以其"政治上之对抗力"理论为核心，主张通过培养壮大"政治上之对抗力"，以实现政治由专制向宪政的演进。梁也深刻探讨了民初政体改革之调和，解析调和之宪法与调和之国会，使国会与政府形成对抗调和之势。梁深刻指出"革命复产革命"，力倡在保持社会秩序稳定的基础上进行温和稳健的渐进改革，提出了发展教育和实业，提高国民的宽容精神、法治与自治精神。总之，梁主张以政治调和的方式实现民初民主的转型。

第一节　政治对抗力

梁启超以政治对抗力来阐释政治调和。政治对抗力是指政府发动力与人民制动力之间的调和平衡，从而使政治实现由专制到宪政的转型。同时，梁强调政治对抗力的形成，必须以调和之宽容品格为精神理念。梁将其政治对抗力理论用于解析政党，政党政治本身也是促成政治对抗力的重要途径。

一　政治对抗力的内涵

梁启超关于政治对抗力之于宪政的重要作用，主要基于结束专制与遏止革命两个方面的功能。既使得人民不受绝强势力的专制压迫，又使得彻底打破社会秩序的暴力革命不得发生，从而使政治如"力之吸拒"一般平衡运转不息。

第一，政治上之对抗力的含义。

梁启超以为，电有正负始能发电；力有吸拒，能使宇宙乾坤有一张一弛而运转不息；机器之运转，也有发动机与制动机的相互作用。对抗之两力相反又相互作用的原则，共存于"物理"与"人道"。政治上之对抗力是政治由专制向宪政演进的原动力，梁称"人类之所以能建设政治，政治之所以能由专制进为立宪，皆恃此也"。①

---

① 梁启超：《政治上之对抗力》（1913 年），《梁启超全集》第五册，北京：北京出版社，1999，第 2595 页。

　　梁启超指出政治对抗力有一重要特点：对抗力为相对，而非绝对。即唯有共存而相互对抗调和的两力，才是政治对抗力。这是政治调和含义中所蕴涵的政力对抗平衡原理。章士钊、李大钊、杜亚泉都认同对抗力由两方面势力相互对抗而存在，一方过于强大压制了另一方，则无所谓对抗。与此三位调和论者稍有不同，梁又将政治上对抗之两力分别称为"对抗力"与"发动力"，以示区别。在一般情况下，发动力是指政府或国家拥有的势力，对抗力是指人民相对于政府国家所具有的势力。即"对抗力"之名对应"发动力"而得。① 既然梁将此二力统称为"政治上之对抗力"，可见，梁重点强调的是人民方面的对抗力。大概因为政府发动力往往强大，而人民的对抗力相对弱小，因而须壮大人民方面的对抗力，以促使二力平衡。

　　对于政治上对抗之两力如何作用，梁启超作了细致分析。政治对抗力既然是相对于政府国家的政治发动力而言的，那么更进一步说，政治上如无对抗力，那就是绝对之力的专制。所以梁说：凡言对抗力，则其力必为相对的；而无对抗力，在其力必为绝对的。而政治上的力，一旦成为绝对的，则其政象未有不归于专制。梁认为，强有力者往往喜欢滥用其力，这是自然之势。力被滥用而有所损，则会迫使强有力者收敛其滥用的一部分，而力会慢慢被轨于正。百年前各国政治都是专制，现今变为君主立宪或民主立宪"皆发动力与对抗力相持之结果也"。②

　　第二，政治对抗力能结束专制、遏止革命。

　　只有政治对抗力才是反抗专制与结束专制的真正有效手段。梁启超认为，即使在立宪国，如无政治对抗力，也有专制复苏，人民重新受专制压迫的可能。比如，立宪国的某些"雄才大略之君相"，或某一"凭权藉势之党派"，很可能怀有专制思想而跃跃欲试，他们之所以不能施行专制，不过是知道人民对抗力不可侮而已。因而，一个国家政治上没有强健之对抗力，那么虽然有宪法也起不了作用。进而梁指出，并非单单君主国有专制，共和国也有。他举例英国克伦威尔、法国拿破仑都在共和政体下实行

① 梁启超：《政治上之对抗力》（1913 年），《梁启超全集》第五册，第 2595 页。
② 梁启超：《政治上之对抗力》（1913 年），《梁启超全集》第五册，第 2595 页。

专制；当时南美诸国亦是如此；法国罗伯斯庇尔时期更是多数之暴民专
制。这些国家都有宪法，且宪法内容良善，但事实上却是专制。梁认为其
原因是政治对抗力过于薄弱。政治是一种活的事实，而法典不过为一种死
条文，运用死条文以演成活事实，关键取决于人，即取决于人民政治对抗
力的程度。① 一国是立宪还是专制，以及有无宪法具文固然重要，但更为
关键的是，政治对抗力的强健与否。显然在梁那里，唯有具备强健的对抗
力才能有政治调和，进而有真正的宪政。

梁启超认为政治对抗力是有效制止革命的唯一手段。他指出凡一国人
民无政治对抗力，或不能明了对抗力之作用，"其国必多革命"。在一般人
看来，革命是对抗力的积极发现，人民如果没有足够的对抗力是不能促成
革命的，所以，以无对抗力为革命的原因似乎很荒诞。而梁认为，其实不
然。梁说："国非专制，则断不至于酿成革命；人民稍有政治上之对抗力，
则政象断不至于流于专制。"② 在梁看来，人民无对抗力是酿成专制进而革
命的原因所在，而对抗力绝不是革命的原因。

首先，政治对抗力很薄弱或不够强健，容易导致革命。梁启超指出在
人民无对抗力的专制国家，革命更易于发生，且规模必大。因为人民平素
没有对抗力，要么忍受专制，要么以极端的革命方式起来反抗。一则，在
专制下，人民中十有八九都因愁苦压迫而人心思乱。二则，人民久已习惯
专制下强权的摆布，而枭雄革命使强权中心转移，人民往往便转而服从于
新的枭雄强权之下。三则，人民对枭雄甚至是"趋而膜拜其后"，人人都
有因利乘便之心而纷纷响应革命。③

专制国家人民的对抗力偏于薄弱，不能遏制专制，使专制发挥到极
致。同时，对抗力薄弱之人民，常常在专制势力正盛时不敢反抗，直到其
衰亡时才敢革命。梁极为深刻地指出故革命发生的时机往往是在专制势力
发挥到极致，以致专制势力本身由强盛而转入衰败的时候。他进而推论，
人民对抗力薄弱的专制国的革命，十有八九是因此而成功的。④ 这就意味

---

① 梁启超：《政治上之对抗力》（1913年），《梁启超全集》第五册，第2595～2596页。
② 梁启超：《政治上之对抗力》（1913年），《梁启超全集》第五册，第2595页。
③ 梁启超：《政治上之对抗力》（1913年），《梁启超全集》第五册，第2596页。
④ 梁启超：《政治上之对抗力》（1913年），《梁启超全集》第五册，第2595页。

着，专制下的人民几无政治对抗力，即使有也极为薄弱，助长专制而更易导致革命。其革命的成功并不证明人民对抗力的强健，相反是薄弱。

其次，唯有人民政治对抗力强健正当，革命才能告终。梁启超指出，革命后所演生的政象如何，关键在于政治对抗力的发达程度。如能在革命前或革命中"酝酿成一种强健正当之对抗力而保持之"，则导致革命结果的专制原因就可以"永绝"，第二次革命就永不发生。相反，如果没有酝酿出强健的对抗力，革命定会一而再、再而三地发生。梁指出其原因在于，一方面，厌苦专制的人，一旦成为革命成功者，还会传袭革命前的专制自恣。梁打了个有趣而易懂的比喻，好似弱媳见凌于恶姑，等自己有了儿媳，又将其所受的凌辱还施于儿媳。另一方面，多数被治之民，革命前在旧朝专制下不敢喘息，革命后换人来实行专制，其不敢喘息依然如故。① 因而革命后能否永绝革命，由政治对抗力的正当强健与否所决定。

所以梁启超坚持认为，如果人民没有形成一种强健正当的对抗力并加以保持，那么革命后，无论仍为君主国体，或变为民主国体，对于政象更新与国运进化，丝毫无益。如仍为君主政体，不过是易姓之君主专制而已；如变为民主国体，不过是少数枭雄专制，或多数暴民专制而已。在梁看来，中国两千年的史迹就是易姓之君主专制；英克伦威尔、南美中美之武人，实行的就是少数枭雄专制；而法兰西大革命后十年间实行的则是多数暴民专制。这三者虽然"其形式不同，而其得专制则同，其酝酿第二次革命则同"。这些国家都经过屡次革命，而终不能养成强健正当之对抗力的国家，使得国家历史不幸与革命相始终。梁指出那些经过一两次革命之后，而逐渐能养成强健正当之对抗力的国家，如英国，既然其对抗力已经养成，革命就随之绝迹。②

梁启超的结论是，政治上强健正当之对抗力终能养成，革命就可遏止；如若不然，则革命之后复产革命，导致革命循环往复的后果。故唯有养成政治上强健正当之对抗力，才能跳出革命复产革命的怪圈。

---

① 梁启超：《政治上之对抗力》(1913年)，《梁启超全集》第五册，第2595～2596页。
② 梁启超：《政治上之对抗力》(1913年)，《梁启超全集》第五册，第2596页。

二 政治对抗力的养成

强健正当之对抗力如何才能发生？最关键的当属宽容。没有宽容，就没有政治上之对抗力。梁启超特别强调宽容之于政治上对抗力养成所具有的决定性作用，并讨论了养成政治上对抗力的依靠力量及如何防止对抗力消亡等问题。

精神理念：宽容

容忍异己而不走极端，思想多元而不迷信权威，是梁启超所倡导的多元宽容的政治调和品格。多元宽容对于形成政治对抗力而言，是其不可或缺的精神理念，甚至是政治对抗力之所以能强健正当，并发挥实效的根本所在。

首先，容忍异己。

梁启超以为，政治对抗力之养成，最为首要的是对立政治势力间的相互宽容。没有相互宽容，各政治力间必缺乏尊重，就无由形成政治对抗力。既然对抗两力相互依存，作为对抗力的一方应知他方的可贵，并尊重他方的对抗力。这就好比知晓电之有"正线"而不能无"负线"，轮之有"发机"而不能无"制机"，能时而自处于正线或发机，时而自处于负线或制机。这种宽容在梁看来，应是各政治力"自觉其有莫大之天职"。故对从政者而言，在野时，应常与在朝者对抗，不为所屈；在朝时，亦不能滥施强权，使对抗之人屈服。倘要对国家有所大贡献的话，就丝毫不能背离这一点。因为只有这样，政治得以"践常轨"，国家不必流血革命，才是"救济之道"。立宪国之所以长治久安，道理就在于此。① 从政者之间的相互宽容，能使政治对抗力得以形成并相互作用，从而杜绝革命，建立宪政，使政治得以长治久安。

民国的政治实践从反面证明了压制异己势力必败。梁启超认为，民初袁世凯固然有势力，但除袁氏外，还有一种绝对不可抗之势力，即民国因外界事变的夹击，唤起了国人内界心灵的反省，并逐渐成为一种潜势力。这一国人反省的潜势力是一种不可忽视的对抗力。为政者若不能认识到此

---

① 梁启超：《政治上之对抗力》（1913 年），《梁启超全集》第五册，第 2596 页。

潜势力的价值而蔑视它，甚或压制它，必遭失败。袁凭其30年的积累而势力雄厚，如果能将其势力"与他种势力相调和骈进以谋国福"，那么，不仅能促进国家实利；且可扩大与维持其自身势力。但袁不尊重国中有他种势力，且蹂躏此最强固之潜势力，以致其原有势力反因此而锐减。梁由此得出一深刻结论："无论何国，无论何时代，必当有种种势力并峙互角于国中，此种势力者，只宜利导，不容压制，愈遏制则愈以助长。"① 政治对抗力存在既然是必然的事实，各势力间必应宽容对待。

进而梁启超大倡宽容政治上的其他势力，使各势力获得发展，如一味压制异己势力，反是自取灭亡。他说："凡政治之作用，当许容异种之势力同时并存，且使各得相当合法之发展机会，此不磨之原则也。"如果强迫违反此原则，一种政治势力伸张过度，异己政治势力受压迫而生恐慌；甚至是过度强大的一方势力，滥用其势力而企图消灭异己势力，则其结果必定是反动而自招毁灭。梁称此种教训，当同盟会全盛时代得以初次领会，当袁世凯全盛时代得以再次领会，以致现在国中凡是与政治有关系的人，都饱受此种教训而悟得这一原则。如果国中各方面能相互常常提醒，限制各自的血气之勇，那么，政治进入轨道当不难了。② 显见，梁通过对民初的宪政民主实验进行经验总结，而更加坚定地认为，政治对抗力必不可少，各政治势力当发扬宽容精神，容许对抗势力的合法存在与发展，在政治势力的对抗调和中才能实现宪政民主。

其次，不走极端。

走极端是宽容的反面，宽容必不能走极端。破坏而走极端，革命而走极端，或在政党政治中与敌党之对立而走极端等都是梁启超所强烈反对的。不走极端，是梁总结政治实践所得的教训。民国建国五年后，梁感言："能使吾侪知凡百公私举措，皆万不可驰于极端。"国民党被解散的结果是其走极端所致；帝制发生是袁氏及旧官僚走极端所得。梁谓此"两造者"皆各有其势力，如各自能善用其势力，二者必能"相均剂相救正"。然而，二者都纯然无视对方势力。不仅无所不及地伸张自己的势力，而且

---

① 梁启超：《袁政府伪造民意密电书后》（1916年），《梁启超全集》第五册，第2908页。
② 梁启超：《与报馆记者谈话一》（1916年8月10日），《梁启超全集》第五册，第2924页。

不容对方势力，走极端而消灭对方势力。民元二年之交，国民党掌握的数
省如此对待异己；三四年以降，袁氏亦如是对待异己。最后结局，不但异
己势力不能尽灭，而且反使国民对己方势力"生愤嫉之心"。总之，梁以
为民国五年来所经历之噩梦是"甲兴于坛，乙则必仆于地；乙兴甲仆，为
状亦同"。① 梁一针见血地点到了民初政乱的主因：走极端而不是宽容妥
协。民初政局中，不是东风压倒西风，就是西风压倒东风，毫无政治调和
可言。此种不宽容而走极端，无异于政治自杀。梁在当时有这样的看法，
不可不谓深邃。

再次，倡导多元。

梁启超极力主张思想多元，反对迷信权威。他在《解放与改造》的
发刊词中，力倡思想多元，提出尊重并认真对待世界上各种不同学说与
观点："同人确信思想统一，为文明停顿之征兆。故对于世界有力之学
说，无论是否为同人所信服，皆采无限制输入主义待国人别择。"② 梁提
倡解放思想，不迷信权威，声称"当运用思想时，绝不许有丝毫先入为
主的意见束缚自己，空洞洞如明镜照物"。③ 倘若拿一个人的思想做金科
玉律，会将别人的创造力抹杀，使社会的进步停止。对于我们学习某人，
梁主张学习此人"用思想的方法"，因为他必是将自己的思想脱掉了古
代思想与同时代思想的束缚，进行独立研究才能立出一家之说。④ 这种
不迷信权威的多元思想，与其政治上的容忍异己与不走极端的主张，实
为融会贯通。多元思想与容忍异己共同构筑了政治对抗力得以形成的精
神基石。

在主张思想多元的基础上，梁启超倡导政治势力的多元化，提出所谓
"势力不灭之原则"。他认为这一原则并非只适用于武力，可推广到各种社
会状态。所以一国之中，虽然有不正当、不善良的势力，但只能设法使之
徐徐蜕变，而万不能猝然消灭之。因为，消灭的举动必然激之使越来越走

① 梁启超：《五年来之教训》（1916 年），《梁启超全集》第五册，第 2931～2932 页。
② 梁启超：《〈解放与改造〉发刊词》（1919 年），《梁启超全集》第五册，第 3050 页。
③ 梁启超：《欧游中之一般观察及一般感想》（1918 年），《梁启超全集》第五册，第 2980
页。
④ 梁启超：《欧游中之一般观察及一般感想》（1918 年），《梁启超全集》第五册，第 2981
页。

于极端，反而催助其不正当、不善良的发展。① 故而梁告诫时人，既然中国已同时存在异性势力两三种以上，不可能以一势力消灭其他势力。②

关于如何防止政治上的走极端，做到多元宽容，梁启超提出了两点建议：第一，凡是有势力者，万不可滥用势力以至过度；承认国中各派势力的竞争，认识到竞争为事势上所不能避免。第二，竞争必须有轨道有范围，一面力求自力伸张，一面仍容许他力存在，如果逾越此竞争原则，则终将"虽强必败"。③ 同时梁洞见到，具有宽容品格的政治调和是"近世立宪政治之作用得以发挥，即之所以能置国家于治安而进于高明的原因所在"。④

依靠力量：由上流人士到一般国民

关于产生政治对抗力的依靠力量，在民初的九年中，梁启超的主张重点有转移：从依靠上流人士，转变到依靠一般国民。梁认为必定国中有一部分"上流人士"，不仅坚持自己所信的真理，不屈服于强者的指使，不受强者的"威劫"与"利诱"。而且他们号召朋辈，联合起来组成中坚力量，并向外界宣传以扩大势力。一旦遇到反对其所信的，他们就起而与之对抗，这样就形成了所谓"政治上之对抗力之雏形"。梁认为各立宪国的健全政党，就是这般成立以至发达的。⑤ 当时在梁看来，一般国民是被治者，往往甘于被凌，希望只能寄托在有先觉的上流人士身上。

欧游归来后，虽然上流人士依旧是梁启超在宪政改革上寄予厚望的力量，但其关注的重点明显转到一般国民身上，将一般国民视为养成政治对抗力的重要力量。梁认为清末民初中国的两派爱国之士，有个共同的谬见，"都是受了旧社会思想的锢蔽"，不知"民主主义的国家，彻头彻尾都是靠大多数国民，不是靠几个豪杰"。从前的立宪党是立他自己的宪，不关国民什么事；革命党也是革他自己的命，不关国民什么事。梁提出甲派应抛弃利用军人、官僚的卑劣手段，乙派也应抛弃运动军人、土匪的卑劣手段，"各人拿自己所信，设法注射在多数市民脑子里头，才是一条荡荡

---

① 梁启超：《政局药言》(1916 年)，《梁启超全集》第五册，第 2956 页。
② 梁启超：《五年来之教训》(1916 年)，《梁启超全集》第五册，第 2932 页。
③ 梁启超：《五年来之教训》(1916 年)，《梁启超全集》第五册，第 2931 页。
④ 梁启超：《五年来之教训》(1916 年)，《梁启超全集》第五册，第 2932 页。
⑤ 梁启超：《政局药言》(1916 年)，《梁启超全集》第五册，第 2956 页。

平平的大路。"质言之，从国民全体下工夫，才是救国的不二法门。①

毋庸置疑，在产生政治对抗力的依靠力量问题上的这一转变，显示梁启超对政治对抗力的更深入的理解。政治对抗力，是人民所具有的对抗政府之力，光靠上流人士远远不够；重点在于一般的国民提高政治认识，争取政治权利，组织自己的势力，才能最终得以形成强健正当之对抗力。

防止对抗力消亡

梁启超特别指出，要警惕与防止已养成的政治对抗力衰弱甚至消亡。关于政治对抗力"萎瘁""销亡"的原因，梁以为"由于弱者之不能自振者什之二三，由于强者之横事摧锄者什而七八"。真正的政治家，不怕有对抗者，他本身也是别人的对抗者，相互对抗是极正常之事。只有那些没信心与人对抗的人，才害怕与人对抗，甚至设法"减削"他人的对抗力。其"减削之法"，一是"摧锄窘戮之"。将他人摒弃于政治活动范围外，即使可以活动也不能立于平等竞争的地位。专制国往往公然直接施行此手段；伪立宪国则往往阴险秘密施行此手段。二是"浸润腐蚀之"。以爵位金钱诱惑对抗者，使其对抗力自然消失。专制国惯用此伎俩；伪立宪国使用也不少。梁声称国民文化幼稚自治力薄弱的国家，党派间的互相对待，更多的是以种种卑劣手段妨害对抗者。② 防止对抗力的消亡必须识破并抵制此种"减削之法"。

梁启超忧虑一旦政治对抗力"销蚀既尽"，全国政治力成为绝对，结果必为专制与革命。如果人民在内政上失去对抗力，在国家外交上又未有能起到自我保护的对抗力，举国都是"柔懦巧媚之民"，便离亡国不远了。故梁号召"爱国之君子"与"有远识之政治家"相互发动，努力养成人民的政治对抗力。③

三　调和的政党

不同政党能代表不同人民的利益及势力，有助于养成并壮大人民的对

---

① 梁启超：《欧游中之一般观察及一般感想》（1918 年），《梁启超全集》第五册，第 2979 页。

② 梁启超：《政治上之对抗力》（1913 年），《梁启超全集》第五册，第 2597 页。

③ 梁启超：《政治上之对抗力》（1913 年），《梁启超全集》第五册，第 2597 页。

抗力。这样的政党是梁启超心仪的调和之政党，是与宪政相辅相成的真正的政党。同时，动机为公，具宽容精神才能成其为调和政党。

调和与政党

调和之政党才是梁启超承认的真正的政党。一方面，政党是由调和不同国民利益的需要而产生，是对抗力调和的产物，往往存在于宪政国家；一方面，调和之政党促进对抗力的养成，是宪政的基础。

梁启超以为，国家之所以有政治，是因为求"国利民福"。然而国利民福，往往是相对的。比如其数量很难判定，涉及的方面也往往相互冲突。所谓"施一政策而使全国无一人不被其泽"，不过是夸夸其谈，不存在"百利无一害之政策"。无论何政策都只能代表国利民福的一部分，不能代表的一部分会不可避免地被牺牲。故政治方针的成果要以其牺牲的大小来衡量。但由于各人见仁见智，且有阶级地位职业之不齐，所以对政策的意见总有不同。梁说："国民之对于政治，缘夫主观之殊异与利益之冲突，而意见总不能一致。"① 正因为如此，民众需要借助有效的途径来发表其意见。在梁的概念里，政党就是这样一种有效途径。

梁启超指出政党只能存在于立宪政体之下，而"专制政体之下，决无容政党发生之余地"。② 因专制国国民虽有意见但无由发表，或虽能发表但并不能产生效果，结果只能"相互隐忍即安"而已。与专制国不同，立宪国国民能发表意见，而且既有发表意见的余地，又有能使其意见发生效力的机关，人人都想通过施政来贯彻自己的意见。梁还指出立宪国民众意见的发表有其过程，一开始一个人或少数人的意见言论不被大多数看重，更不足以左右政治方针。于是生出求友互助的念头，促成政党之形。在梁看来，这是立宪国下的"恒态"。既然只是"略相同、略相接"，那么各人之间并不能全然吻合，只是弃小异而取大同，标"概括之主义"以相互号召，由此会出现无数的小党。但最终会形成两党对峙之形。③ 梁认为宪政与政党的重要关系是：一方面，只要是立宪政体，则不管是共和还是君主立宪，都不得不借助政党才能运转。另一方面，只要是立宪政体，就会自

---

① 梁启超：《敬告政党及政党员》（1913 年），《梁启超全集》第五册，第 2636 页。
② 梁启超：《敬告政党及政党员》（1913 年），《梁启超全集》第五册，第 2635 页。
③ 梁启超：《敬告政党及政党员》（1913 年），《梁启超全集》第五册，第 2636 页。

然演生出政党。即所谓"非真立宪不能有真政党"，同时"非有真政党之国亦不能真立宪"，真立宪与真政党互为因果。① 所以，具有调和一国内不同国民利益的真政党只能存于立宪政体之下，同时，调和的政党又是创立宪政民主体制的重要基础。

如果不是调和之政党，在梁启超看来，不过是徒有政党虚名，甚至是有政党反不如无政党。一旦政党的流弊达到极致，就几近于专制。梁对政党流弊近于专制的情况作出分析：一是"消极的助成专制者"。这是在政党以外发生专制政象，指国家之中除了政党外，还有他种特别势力存在，使得政党不能自立，反受此种特别势力操纵，变成特别势力的"机械而已"。二是"积极的倒行专制者"。这是政党自身发生专制政象，指滥用多数党的权力压制少数党，使少数党不能进行正当的政治活动；甚至是少数党用卑劣手段毁坏国宪，迫使多数党不能自存。若是政党消极地助成专制，则没有不为"鬼蜮专制"的；若是政党积极地助成专制，则没有不为"野蛮专制"的。梁指出"鬼蜮专制与野蛮专制，则惟有酝酿刺激革命"。② 显然，这样的政党不如无政党。所以国家有政党固然是可喜之事，但条件要视其政党是为调和的真政党。③

政党动机为公

政党的动机"为公"，才能起到调和国内不同利益的作用。梁启超指出，政党的作用在于"竞争政权"，竞争政权的动机必须在于为公，即政见以公共利害为基础。凡政党之主张，必须关乎国家全体之利害，假党力以争个人利害或一阶级一地方利害，非政党也。④ 因为，既然无论何党之主义都只不过能代表国民福利部分而非全部，那么不能被代表的那部分必然会被牺牲。因国力有限，政府党既然注意甲部分福利，乙部分利益只能暂时缓置。然而，不能长久牺牲乙部分福利，否则乙部分会失其发展本能，国家发展会出现"偏枯"。所以，在野党应常常与政府党发生党争，

---

① 梁启超：《敬告政党及政党员》（1913 年），《梁启超全集》第五册，第 2635 页。
② 当然梁不忘指出，开明专制，可能适应于时代之要求，使国家得意外之福。参见梁启超《敬告政党及政党员》（1913 年），《梁启超全集》第五册，第 2635 页。
③ 梁启超：《敬告政党及政党员》（1913 年），《梁启超全集》第五册，第 2635 页。
④ 梁启超：《敬告政党及政党员》（1913 年），《梁启超全集》第五册，第 2636 页。

代表不能为政府党所代表的乙部分之福利，并为之诉求。关于如何转向乙部分之福利，梁认为可以诉诸全国舆论，当舆论反应人心倾向转移到乙部分之福利时，则代表甲部分福利的甲党应势而退，乙党在野党则进。所以，梁认为政党争政权是为公，弃政权亦为公。这是政党公而忘私的本质使然。甲党进则甲部分之国利民福兴，甲党退乙党进则乙部分之国利民福兴，梁比喻此犹如左脚右脚"更迭代进，进而不已，乃致千里"。①

梁启超特别指出，若政党目的为私，不过为朋党。他说："政党者，以国家之目的而结合者也。朋党者，以个人之目的而结合者也。"② 我国夙有"植党营私"的成语，实际上在政党政治发达的国家，营私者决不能组党，而党又绝不足以用来供营私。而在"小党林立离合无常之国"，其政党或可成为营私的工具，但这种党派实在不足以称为政党，此种政治也不足以称为政党政治。以此来看民初政党，其与欧美立宪国的政党并非同物，一为朋党，一为政党，其名虽相类，而实绝不相同。无疑，梁心目中的政党目的是为了国利民福，决非营私。而真行政党政治之国，其党都纯粹真实地以国利民福为职志，其党员都纯粹真实地尽瘁于国利民福。③

既然政党是由党员所构成，真政党就须有真党员，真党员动机亦当为公。④ 所以对于民国政党的发展，梁启超十分关切各党以何标准招纳党员，各党员以何动机入党。政党虽然要广纳众流，然而有价值的政党，其收党员决不肯过滥。他说："夫人尽可入之党，必其无主义之党也，尽党可入之人，必其无主义之人也。"⑤ 所以梁认为我国政党的前途唯有政党员自造之。进而他强调政党不能被误用。因"以立宪政治所托命"的政党，万一被误用，其祸烈将如洪水猛兽。⑥ 譬如有政党或党员"身任国事而以个人之利害或一党派之利害为本位，其结果必失败"。⑦

值得一提的是，梁启超特别指出，"组党自由而不受政权干涉"，政党

---

① 梁启超：《敬告政党及政党员》（1913 年），《梁启超全集》第五册，第 2637 页。
② 梁启超：《敬告政党及政党员》（1913 年），《梁启超全集》第五册，第 2638 页。
③ 梁启超：《敬告政党及政党员》（1913 年），《梁启超全集》第五册，第 2636 页。
④ 梁启超：《敬告政党及政党员》（1913 年），《梁启超全集》第五册，第 2635 页。
⑤ 梁启超：《敬告政党及政党员》（1913 年），《梁启超全集》第五册，第 2639 页。
⑥ 梁启超：《敬告政党及政党员》（1913 年），《梁启超全集》第五册，第 2635 页。
⑦ 梁启超：《五年来之教训》（1916 年），《梁启超全集》第五册，第 2932 页。

是有意识之结合的团体，也是任意结合的团体。梁要求入党脱党纯然自由，不受国权制裁，不蒙他力干涉。若是靠威力以强迫人入党，则"非政党也"。① 这就意味着，一方面国家（政府）要开放党禁；另一方面，党组织承认党员个人有其独立之人格，能自由选择入党与否。如若不然，则人民的自由意志将受到压制，不能使政党真正代表国民的利益，不可能成为真正的调和之政党。

政党必有宽容精神

梁启超主张敌对政党应相互承认对方，容忍对方。梁认为一国之中有两大政党共存对峙，是合理而必要的。

政党的为公目的，要求政党必宽容敌党。他反对甲党必是、乙党必非的极端观点。既然政党的职志是国利民福，而国利民福的性质是相对的，甲党主义代表一部分，乙党主义亦代表一部分。所以，甲、乙两党各执相反的主义，各自谓国利民福，绝不能以甲党所谓国利民福为是为真，而乙党必非必伪。② 所以各政党应当"一面既爱护己党，一面仍尊重敌党"。③ 与政党截然不同，朋党以自己利益为本位，不让反对党生存，根本无从调和全国国民的不同利益。政党则因以国家利益为本位，反对党未必与国家利益相冲突，所以政党一面虽力持己党所主张，一面仍有容他党别持主张之余地。④

政党本身的存立，就需要至少有两大政党共存，否则不成其为政党。梁启超指出，"政党者，以有他党对待而始获名者也，使中国仅有一党，则亦不必复谓之党矣"。⑤ 政党是相对结合的团体，英文中的政党 Party 有表示相对之意，故凡是言及政党，言外之意就是有两党以上同时存在，若是滥用权力以使不能自存者，则绝非政党。⑥

政党间必本着宽容精神以正当手段展开竞争。梁启超认为政党之间，因其相互宽容，故绝不像朋党那样以"阴险狠戾"的手段相竞争。政党用

① 梁启超：《敬告政党及政党员》（1913 年）《梁启超全集》第五册，第 2637 页。
② 梁启超：《敬告政党及政党员》（1913 年），《梁启超全集》第五册，第 2636 页。
③ 梁启超：《敬告政党及政党员》（1913 年），《梁启超全集》第五册，第 2637 页。
④ 梁启超：《敬告政党及政党员》（1913 年），《梁启超全集》第五册，第 2640 页。
⑤ 梁启超：《敬告政党及政党员》（1913 年），《梁启超全集》第五册，第 2640 页。
⑥ 梁启超：《敬告政党及政党员》（1913 年），《梁启超全集》第五册，第 2637 页。

正当的手段以求在政界占优势。从事政党者，必期组织政党内阁，而欲在内阁中占优势，则必通过竞争，但这绝非意味着将异己势力灭绝，而是"竞争恒用光明稳健之手段，故用诡道阴谋以求胜敌者，决非政党"。①

而民初的政党，在梁启超看来，"惟以蹩灭他党为惟一之能事，狠鸷卑劣之手段无所不用"。党对党如此，党员对党员亦如此。梁向两派要人苦口忠告，劝其各自觉悟，"勿驰极端以生反动"，但哪怕梁声嘶力尽，毫无效果。结果造成党派两不相容之局。②

英国的不同政党间相互宽容，少数党与多数党之间，一面努力伸张己党主张，一面相互尊重，使梁启超十分敬佩。在欧游之时，梁见识到英国的少数党，明知其主张决无通过的希望，依然是接二连三提出，还演说得淋漓尽致；英国的多数党，明知自己一定得胜，却从没有恃强压制，使敌党不能尽言，而总是要彼此痛痛快快地辩论一番，才给敌党一个否决。梁指出，就中国人的眼光来看，他们真算是"呆子"。分明没有结果的提案，他们却翻来覆去地说。"哪里知道英国宪政所以日进无疆，都是为此。"③ 这更促使梁倡导其调和政党主张，呼吁我国政党应"堂堂正正，自发其所主张，与他党的主张相论战"，求得国民的同情，作为"制胜之具"；对于他党，"无需用嫉妒，无需用妨害"。④ 政党间必当发扬宽容精神，以正当手段相竞争，否则，政党也就失去了其调和国内不同利益的作用。

第二节　政体之调和：宪法与国会

梁启超认为在不同国体下，可以施行不同政体。比如共和制下可以立宪，君主制下也可以立宪。他认为关系"政象治乱"的是政体，所以提倡政体改革，而不主张国体更易。故而，尽管对袁世凯本人有成见，梁还是给予民初新成立的袁政府以承认和支持，并出任政府官员（相继做了袁政

---

① 梁启超：《敬告政党及政党员》（1913 年），《梁启超全集》第五册，第 2638 页。
② 梁启超：《反对复辟电》（1917 年），《梁启超全集》第五册，第 2966 页。
③ 梁启超：《伦敦初旅》（1918 年），《梁启超全集》第五册，第 2998 页。
④ 梁启超：《敬告政党及政党员》（1913 年），《梁启超全集》第五册，第 2640 页。

府的司法总长、币制局总裁）以积极参与袁政府的政体改革。就政体改革而言，梁主要就国家财政、宪法、国会等方面的改革做了相关探讨，其中最切近其政治调和思想的是其于宪法与国会方面的观点和主张。

梁启超认为，宪法条文与政治习惯"定相引而相成"，从而可使"污暴有所闲而不能自恣，贤智有所藉而徐展其长"。而民国既缺乏真正的宪法条文，又几乎没有相应的政治习惯，所以，民国的宪政民主实验成功与否，不仅政治习惯的养成十分重要，而且一部完善之宪法也同样重要。而且完善之宪法有助于政治习惯的养成，从这个意义而言，完善宪法的设计极其重要。何为完善之宪法？梁启超曾撰文论述宪法之精神，其所谓宪法之精神就是调和。完善之宪法即是调和之宪法。①

同时，梁启超以为"天下事利与害常常相丽，欲尽其利，而害随之而来；欲去其害，可能利会由此而不复见"。所以"择善之明，与用中之适圣者以为难"。在梁看来，很多事都需要调和，而立法更是如此。所谓"制宪者能择善而用中，则新宪法其可以有誉于天下矣"。② 故完善之宪法，必定是一部调和之宪法。显然这与梁的政治对抗力主张是一脉相承。

在调和宪法的设计中，梁启超认为最为首要的是，"国权与民权调和"，以及"立法权与行政权调和"；③ 与此相辅相成的是国会的建设，即"国会与政府"之调和。考察梁关于政体改革上之调和思想，可大致以此为三大方面展开讨论。

一 国权与民权的调和

国权与民权的调和，在梁启超看来，这是最重要的，它是国家主义与个人主义之间的调和，亦是干涉政策与放任政策的调和。在欧洲十五六世纪，国家主义滋长，国权兴盛，国家将国民视为无机体构造之原料。于是18 世纪末革命起，国家主义屏息，个人主义代兴，国家建立是以民为目的，甚至国家本身是有害之物，不得已而姑且存之，即国家应为民服务。

---

① 梁启超：《宪法之三大精神》（1912 年），《梁启超全集》第五册，第 2561 页。
② 梁启超：《宪法之三大精神》（1912 年），《梁启超全集》第五册，第 2561 页。
③ 梁启超还提到了"中央权与地方权调和"，但没有展开讨论。参见梁启超《宪法之三大精神》（1912 年），《梁启超全集》第五册，第 2561 页。

此间国权与民权的消长，在政治现象上表现为干涉政策与放任政策之辩争。虽然这并非全部由宪法决定，但宪法所采取的原则对此影响巨大。①梁从普通立法权、公民投票制以及官吏选拔这三个方面，考察了世界各国关于国权民权问题的调和情况，以为民国宪法制定时对国权民权进行调和的参考与指引。

首先，就普通立法权而言，梁启超以为，在有成文宪法之国，普通立法权广，国权容易恢弘，而民权之保障相对较弱；而普通立法权狭，民权易于伸张，而国权的运用较难。普通立法权所具有的广狭，是指宪法保留之外所留余地的广狭。普通立法权广，被视为"消极的限制普通立法权"，常指在特重民权之国，凡是宪法不列举的事项都委诸其他机关。如美合众国之宪法就属此类。普通立法权狭，是"积极的限制普通立法权"，如美国各州之宪法，将普通事项写入宪法中，不允许以寻常立法形式加以变更。梁认为限制普通立法权的本意，实由于人民不信任国家的现设机关，"要而论之，则尊个人权利而已"。在特重国权之国家，尊重个人权利，唯赖立法机关。宪法委任诸国家现设机关对宪法所已赋予的民权实行限制，使人民的各种自由仅能行于法律范围之内，所以对现设机关限制越多，则个人权利越蹙，相反则个人权利越广。我国宪法在此问题上应如何取一折中，确实宜以商榷。②

其次，关于公民投票制的有无及其适用的多寡。凡是立宪国，选举由公民投票，但梁指出，其所谓公民投票制，专门指一种特别制度，只有少数共和国实行，最通行者莫如瑞士。瑞士国会，只有法案起草权，而无完全的立法权，重要法律须经公民投票承认，始生效力。美国在改正宪法与总统选举时，用此公民投票制。法国则只有在变更国体时，用此制。但法国的两拿破仑之变民政为帝政，第三次共和国成立亦皆用此制。所以，全民投票选举，虽然与共和之本义最"近正"，但其利与害，常常足以相抵消。事实上可行与否，要视国情的差别为断，我国宪法是否采用之，也值得商榷。③

---

① 梁启超：《宪法之三大精神》（1912 年），《梁启超全集》第五册，第 2561 页。
② 梁启超：《宪法之三大精神》（1912 年），《梁启超全集》第五册，第 2561～2562 页。
③ 梁启超：《宪法之三大精神》（1912 年），《梁启超全集》第五册，第 2562 页。

再次，有关官吏采民选主义与否。这在特重民权与特重国权的国家很不同。在特重民权之国，凡官吏皆是人民公仆，选官吏权全在主人。梁举美国之例，其官吏都由人民选举，以此保障民权。而在特重国权之国，认为官吏是国家公职，是国家为生存发达而设立的种种机关。且机关与机关之间，有"臂指联属"之关系，故下级机关的官吏应当由上级机关决定进退，不允许其由其他途径单独发生。在梁看来，以上两者都有道理，我国宪法应从何者，也宜商榷之。①

尽管国权民权不可有所"偏畸"，但梁启超认为，包括以上列举的宪法中关于如何调和国权与民权的三大方面，皆因宪法精神有所"特重"而不能无偏畸，其产生的结果也会因此生歧异。一般情况下，各国制宪者，要自审国情，"发挥本能之所长，或者矫正积习之所倚"。要之，"不外以损益之宜，寓调和之意"。②

我国之损益调和，以何为鹄的？梁启超指出，特重民权者与特重国权者对此分别有不同的观点。在特重民权者看来，我国数千年困于专制，人民的天赋权利未尝得到切实保障，所以主张非采取广漠之民权主义，无以新天下之气。而且我国多数国民的政治思想还极为幼稚，多给予直接行使公权的机会，能加快改进，密切其与国家之关系以培养其政治兴味。在特重国权者看来，我国虽然号为专制，然而实际上"以放任为政"，欲使我国民具足今日国民之资格，先要进行整齐严肃之治，而且共和伊始，人民大多未认识到公权可贵，用公权太勤反使人民生厌，甚至弃权者众多。因而他们主张，"不如以广漠之权限，委诸已成之机关，而不必使人民直接躬亲其事"。这两种观点梁都不赞同，尤其反对特重民权者所持的极端之民权说。梁指出，极端民权主义并不适用于政治实际，至少在以下四个方面存在着不完备。一则，持极端民权说者，也知"政治之目的在为国民全体谋乐利，然国民全体一语，名实决无道以相副"，于是渐变其范围，曰政治之目的，在谋最大多数之最大乐利，但如此一来，少数者之利乐便被牺牲。二则，持极端民权者，以为从众必能善治，而事实适得其反。比如

---

① 梁启超：《宪法之三大精神》（1912 年），《梁启超全集》第五册，第 2562 页。
② 梁启超：《宪法之三大精神》（1912 年），《梁启超全集》第五册，第 2562 页。

瑞士的公民投票制，自信自轨于正，而经过数十年试行的结果，其中完美的法律多半被否决。三则，极端民权说者，认为国家主权的总揽者应是国民。梁认为以近世立宪国原则来看，凡总揽主权者，行使此权往往不是直接躬亲。并非如瑞士法律必经公民投票，或如美国之官吏全由民选，才能有所谓共和之实。四则，极端民权说者，认为尊重民权以保护人民，而结果也很可能适得其反。因为无论何国，多数民众往往为少数野心家所利用，而罕能真正自保。美、瑞等国都免不了此弊，更无论程度幼稚之国了。因而梁认为，极端之民权说，不过百年前欧洲学者的一种空想。①

事实上，梁启超较为注重国权。在他看来，既然"政治之目的，其第一义在谋国家自身之生存发达，国家不能离国民而独存，凡国利未有不与民福相丽者也"，所以善谋国者，"惟当汲汲焉求国权当如何巩固，当如何而善其运用，此国权当由何人操之，并认清一国有一国之所适，一时代有一时代之所适"。民国当时俨然共和，民权之论洋洋盈耳，但梁所担忧的是，民权甚嚣尘上会"钝"国权的作用，致使国家不能整齐于内、竞胜于外。所以，基于对民国国情的认识，梁在调和国权与民权的问题上，主张宪法所宜采用之精神是：应稍稍畸重国权主义以济民权主义之穷。② 由此可见，其主张是立基于民初我国现实条件和社会环境的考量以调和民权与国权。

二 立法权与行政权的调和

宪法之美恶将影响将来政治之美恶，且在梁启超看来，此种影响快速而巨大，尤其行政权与立法权不调和好，会对宪政产生诸多障碍。比如日本宪法，行政部之权过重，致使立宪经过 20 年，不能形成健全政党。例如法国宪法，立法部之权过重，致使政府交叠频繁。可见，政治如失于偏宕，结果或许反其所期：一则，比如注重行政部的权力，本欲使政府巩固而避免屡次动摇。然而既然立宪，国会权力无论如何微弱，也不能被蔑视。国会与政府对抗的结果是总有一部分力能造成政府政策

① 梁启超：《宪法之三大精神》(1912 年)，《梁启超全集》第五册，第 2562~2564 页。
② 梁启超：《宪法之三大精神》(1912 年)，《梁启超全集》第五册，第 2564 页。

不得执行。一旦至于极端，政府必将做出违宪的举动才能自卫。倘若如此，政府不能安于其位，立宪之志也被荒弃。然而重立法部之权，本是出于尊重多数民意，欲使政府受监督而兢兢于治，决非迫使政府铤而走险。二则，如果政府行政部中的人员全出自于立法部的多数党，则国会与政府纯为一气，国会的监督也全成虚语。而且如执政党的党德不完善，则又会陷于一党专制之弊。此外，如果政府对于国会，因畏惧而生佞媚，使议员涣散，则国会终将成为政府利用之具。在梁看来，如果没有调和好立法权与行政权，则往往"欲重政府行政之职而适以蔑之，欲重国会之立法权却适以轻之"。①

关于如何调和立法权与行政权，梁指出各个国家调和二者之方法，往往是因国情积累经验以致形成良好习惯。像英国这样无成文宪法的国家自然不用说，即使是在成文宪法国家，亦往往要依靠法律外的精神。尽管如此，梁认为法律条款与法外之习惯精神都不可少，"其所以范者，则固然在法也"。② 梁对宪法条款设计中有关立法权与行政权关系的七个方面进行了分析，指出在此等方面应切实注意调和立法与行政两权。

其一，责任内阁制的有无及其程度强弱。梁启超认为责任内阁制指内阁对于国会负责任的政制，实际上是内阁指导国会，行政之权轻而实重。无责任内阁如美制，政府超然独立于国会外而政府之权重，但实际上执政仅仅奉行国会之决议，政府之权似重而实轻。梁特别指出，即使同为无责任内阁制，但由于各国法律条文与习惯的殊异，也会导致不同程度的轻重。梁认为，其先决者是内阁的"有责无责问题"，此"实政府与国会权限分配之第一要点"。其二，法律发案权的"专属"与"分隶"。梁指出，表面上看，法律发案权由国会专行驶，则国会之权无所分而重；由国会与政府参行之，则国会之权有所分而轻。事实并非如此。国会专行法律发案权，政府对于政策只是奉行而已，有太大的逃责余地。而且国会易受政府操纵，使得反而增益政府权。而此权由二者参行，法案实际上往往由政府或者总统提出，国会否决则表示对总统的不信任，总统尊严必受损。所

① 梁启超：《宪法之三大精神》（1912 年），《梁启超全集》第五册，第 2564 页。
② 梁启超：《宪法之三大精神》（1912 年），《梁启超全集》第五册，第 2564 页。

以，在梁看来，若采取无责任内阁制，则发案权只能专属而不能分隶；若采取责任内阁制，则发案之名义应归政府。其三，法律与命令的界限。有法律外的紧急命令，则政府之权重，无则政府之权轻。虽政府有此命令权，有可能流于专制；但若没有此权，则政府缺乏临时处置的余地，政府在特殊情况面前或许会无能为力。所以梁提醒制宪者，留意二者的界限及其适用的程式。其四，法律不裁可权的有无。梁指出我国宪法必当采效此权。因为，虽然在完全政党国家，政府与国会常为一气，事实上不发生不裁可，此权形同虚设。然而，在无责任内阁制之国，如果无此权，则立法部的专横将无所节制。其五，预算编制权之所在。预算编制权或者在国会，或者在政府。前者如美国，后者如欧洲各国。梁指出此事与法律发案权的专属分隶关系密切。预算案往往与财政法案关联。梁倾向于预算编制权在政府，若此权不在政府，则无由对政府问责。其六，用人权及官制编改权的参与。梁认为，用人上的所谓国会同意权与责任内阁制精神不相容。有无此权并不必然损益国会之权。官制的编订及改正，一方面纯属行政部内部事务，不应劳立法部插手；另一方面官制变更，对影响政治全体巨大，且与政费问题相关，故经立法部参与也非无理，这就要以各种官制的性质而分别看待。其七，国会是否可以自由集会及其会期之长短。国会集会的不自由，广义指必经元首召集或命令，国会才能开闭；狭义指以宪法或法律规定国会开闭。而自由集会则与责任内阁不相容，与解散权相冲突，至于国会会期长短，梁认为与国会权力的轻重无关。①

梁启超还起草了一部宪法，即《进步党拟中华民国宪法草案》，共有法律、司法、会计三章，贯彻了立法、行政、司法三权分立的原则，体现了责任内阁制的精神，国会是立法机关，司法权归法院，强调司法独立原则，政府除了有一般的行政权之外，还特别有编制预算之权，但预算案需提交国会决议。但既定的预算案，除非政府同意，国会不得废减。② 其宪法体现了调和的原则，也特别注意了国会与政府间的调和。宪法之政治调和精神，除了体现于上文的国权与民权之调和，以及立法权与行政权之调

---

① 梁启超：《宪法之三大精神》（1912 年），《梁启超全集》第五册，第 2564～2567 页。
② 梁启超：《进步党拟中华民国宪法草案》（1913 年），《梁启超全集》第五册，第 2615～2626 页。

和，还与国会与政府间的调和息息相关。可以说，调和了国会与政府，自然也就调和了国权与民权，立法权与行政权，前者基本涵盖了后两者。下面就梁关于国会与政府之调和方面的主张展开探讨。

三　国会与政府的调和

在分析了宪法中有关国会立法权与政府行政权之调和的诸端问题之基础上，梁启超就国会的建设问题，尤其是国会与政府的调和作了深刻的分析阐述。

政治调和是梁启超心目中国会的建立原则，所谓"国会之为用，凡以网罗国中各方面政治上之势力，而冶诸一炉。而其用之尤神者，则民选制度也"。国会代表全国人民各方面的势力，故不可不以人民选举为原则；因代表了全国各方面的势力"故国内若有他种特殊势力，亦不可以不网罗之"。这意味着，就国会之构成而言，应囊括国内各地区、各民族、各社会阶层，以及特殊势力代表。国会本身应该是政治调和的产物，而决非某一阶级，更非某几个人的国会，而应是调和全国国民利益与意愿的国会。意即国会本身应具有调和性质。

真正之国会，能与政府之间实现调和衡平，体现宪政的真精神。梁启超指出了国会与政府之间的复杂关系。首先，国会与政府之间不可避免地存在矛盾。要之，政府当局定会猜忌国会，且当人民心醉宪政时必引起国会万能说。其次，国会立法权与政府行政权绝难截然二分。梁以为孟德斯鸠所倡导的"三权鼎立"欲使国会立法权与政府行政权划鸿沟而不相越，不过是空想。国会应有的不只是立法权，立法权又不能专属于国会。[①] 国会与政府的职权相倚相辅，而行职权时又不免相轧相猜。在明确国会与政府的复杂关系之基础上，梁指出了"政府与国会，同为宪法上直接独立之机关，两机关相节制相调剂而不相侵轶，则立宪之真精神出焉"。不调和好国会与政府，极易重蹈专制。如果二者形成隶属关系，则"权出于一尊而无限"，必回到专制。[②] 国家分设国会与政府两机关，原是为了使之互相

---

① 梁启超：《宪法之三大精神》（1912年），《梁启超全集》第五册，第2564页。

② 梁启超：《同意权与解散权》（1913年），《梁启超全集》第五册，第2578页。

限制而各全其用，倘若运用的结果是一机关压制另一机关，显然违背了分设机关的本意。① 由此，梁启超深刻指出，并非单单行政部压倒立法部是专制，立法部压倒行政部也是专制。② 只有调和了国会与政府，才能避免专制并体现立宪之调和精神。

针对民初国会现状，梁启超强调国会限制政府本身只是手段，唯代表民意之国会才是真正国会，并阐述了国会与政府调和的重要性及其前提条件，提出了调和国会与政府的可能途径。

首先，要明确调和国会与政府的旨是宪政，调和二者本身仅仅是手段。梁启超指出，国会是后起的新机关，政府是历史上久已有之，无政府无以成国家。而"国家之所以设国会，实欲假途于此以求得一理想的政府而已"。梁以为所谓"理想的政府"，一是善良，即"常兢兢焉思所以龚行国家之天职"；二是强固，即"其实力足以龚行国家之天职而无所挠败"。人类之通性，必依赖"督责"才易趋于善，国会的本来动机就是"防闲政府"，但能否使政府趋于善良，当视防闲者与被防闲者的性格如何。③ 比如二者互相敌视，遇事牵制而不顾国家大计，国利民福就不能达了。④ 梁还特别指出初设国会时，国民往往过于伸张议会而过度防闲政府。如国民富于自治性格，或许能维系国家；否则，限制太过则强固政府就无由存在。所以，梁倡言："吾愿他日制宪者，当常念国会之设，实藉以为求得善强政府之一手段。"世界上诸立宪国，起初都以防制政府为唯一之职志。而政府与国会一开始通常相互侧目，随着历史的演进，二者必定会渐渐作"协恭和衷之计"，更进而至于"阁会合一"，以致达到"宪政之极轨"。如果政府不能受监察，或者没有足够的自由伸展余地，就不能得善良之立宪政府。⑤ 在宪法设计上，国会与政府间调和，要以宪政为旨归。这实际上也是政治调和的旨归。尽管梁此处强调经验习惯对宪政的重要性，但这并不意味着宪法不重要。

其次，针对民国国会初立的现实，梁启超专提出"要国会恢复价值，

① 梁启超：《宪法之三大精神》（1912 年），《梁启超全集》第五册，第 2564 页。
② 梁启超：《同意权与解散权》（1913 年），《梁启超全集》第五册，第 2578 页。
③ 梁启超：《宪法之三大精神》（1912 年），《梁启超全集》第五册，第 2567 页。
④ 梁启超：《宪法之三大精神》（1912 年），《梁启超全集》第五册，第 2564 页。
⑤ 梁启超：《宪法之三大精神》（1912 年），《梁启超全集》第五册，第 2567～2568 页。

根本就要叫国会代表国民"。① 这无疑是调和国会与政府的基础，如国会不成其国会，调和之事便无从谈起。民初国会由于其自身过失，失去了国民的信任。② 梁颇具创见地提出两点建议：第一，"莫如施行一种职业选举法"，即两院中虽不妨有一院仍采取代表地方主义，必须有一院采取代表职业主义，将国中种种职业团体由国家赋予法人资格，委任办理选举。甚至是选举权、被选举权都以有职业为限。梁笑称自己这种高等游民也只好在被剥夺公权之列，要想恢复自己的公权，除非赶紧自己找个职业。用此办法的好处是：使那些吃政治饭的政客，最少也会去掉十之八九，这无疑替政界求得一张"辟疫符"。使那些对政治不关心不了解的"国之石民"和国家生出密切关系，这样自然能奠定民主政治之基础。将来生产事业发达，资本阶级与劳工阶级都有相当的代表在国家最高机关，可以随时交换意见、交让利益，社会革命的惨剧或许可得避免。第二点建议是，瑞士式的国民投票制是要采取的。梁认为，国民是主人，国会是主人的代表而已，国民并非把国民权卖给了代表，有时代表做不了主的事须主人亲自出马。梁指出："职业选举和国民投票，是我们中华民国宪法的大关目，必要切实办到，政治的大本才能立。"③ 以职业选举和国民投票造就民国一个真正的国会，从而为宪政必不可少的国会与政府之调和提供前提。

再次，就调和国会与政府的可能途径而言，梁启超提出使两机关"各完其分、无所偏压"的两个办法：一则，"使之离立而不相犯"。政府专事行政，国会不得过问；国会专事立法，政府不得过问。如此一来，国会永不弹劾政府，政府亦永不解散国会，从而达到"两机关常相抗衡而权以平"。但梁怀疑事实上并不能完全做到这一点。二则，"使之和合而相节制"。由于国会中的多数组织政府，所以政府务必要求多数于国会，如政府失其多数，意味着不为多数人民代表所信任，就会被弹劾。如政府欲恢复多数，则国会将被解散，因国会反不能代表民意。从而使"两机关伸缩而权其平"。此外，梁还强调了以总统（政府）的解散权来抗衡国会的弹劾权。国家设国会与政

---

① 梁启超：《欧游中之一般观察及一般感受》（1918 年），《梁启超全集》第五册，第 2983 页。

② 梁启超：《国会之自杀》（1913 年），《梁启超全集》第五册，第 2584～2586 页。

③ 梁启超：《欧游中之一般观察及一般感受》（1918 年），《梁启超全集》第五册，第 2983 页。

府两机关，使各率其职，以使国家免于专制。若有一者失去独立，则立宪之志就荒废。① 所以假如我国宪法中只有弹劾权而无解散权，则不仅法理上失去独立机关之性质，而且常使执政者"惴惴不自保"，不敢立宏远计划，只是媚众，不求有功但求无过。这于国命救济无虞。梁指出，不取责任内阁制还好，若取责任内阁制，则毫无疑问须有解散权。② 以此避免国会能压制政府，而政府无由手段对抗国会。这显示出梁对于国会过于打压政府的忧虑。

令梁启超遗憾的是，我国的国会与政府都不知自我反省而势同水火。1916年此二者关系反映在具体问题上是内阁与国会的生命问题，当时国会要内阁倒台，内阁要国会解散。对此梁曾做大胆预言：一方面，如果倒阁实现，则不出一月"大乱立至"。内阁倒台不过是为其所仇视的军人增造势力而已，实是"党人之自杀"。另一方面，如果解散国会实现，则不出半年同样大乱。国会解散的结果，不过为其所仇视之党人增造势力而已，实是"军人之自杀"。③ 显然，国会与内阁如果不能相互妥协调和，结果只能是两败俱伤。

梁启超就民国如何设计一部调和之宪法出言献策，指出国会权力与政府权力之调和的重要性。梁强调在设计宪法时，绝不能以任何一方伸张至极限而压倒另一方。所谓"政府譬则发动机，国会譬则制动机，有发而无制，固不可也，缘制而不能发，尤不可也，调和之妙，存乎其人矣"。④ 国会与政府之间唯有通过调和始能造成政治上之对抗力。

第三节　反对革命之渐进改良

梁启超极力反对国体变更之革命，深刻地指出了"革命复产革命"。暴力革命除了破坏社会政治秩序之外，并不能得宪政。因崇尚英伦之保守，梁强调在保持社会秩序稳定的基础上进行温和渐进的宪政改革。不仅如此，梁指出国家的经济、教育应有相当程度的发达，尤其是通过教育使一般国民程度得到提高等都是宪政成功建立所必须的条件与基础，都需要一个长期渐进

---

① 梁启超：《同意权与解散权》(1913 年)，《梁启超全集》第五册，第 2578 页。
② 梁启超：《同意权与解散权》(1913 年)，《梁启超全集》第五册，第 2579 页。
③ 梁启超：《政局药言》(1916 年)，《梁启超全集》第五册，第 2956 页。
④ 梁启超：《宪法之三大精神》(1912 年)，《梁启超全集》第五册，第 2568 页。

的过程。其中关乎宪政根本的宽容精神、法治精神以及自治精神的培养，尤其需要一个长期的渐进的教育过程，绝非一蹴而就。在民国宪政的转型路径上，梁显然主张非暴力革命之温和稳健的长期渐进的政治调和之路。

一　革命复产革命：反对暴力革命

梁启超对革命破坏的认识与态度，有一个从反对到赞同，再又反对的过程。梁写作《新民说》的时候，就提倡反对破坏，指出：破坏不能得善治。① 但是戊戌政变后，梁在痛定思痛之余，看到伊藤博文（Ito Hirobumi，1841-1909）等崇尚破坏主义而带来明治维新的巨大胜利，便热情歌颂"破坏主义"。② 然而，黄花岗之役后，梁表示不赞成"革命暴动之举"，并想方设法避免革命的总爆发。③ 武昌起义后，梁试图控制革命形势的发展。至1913年游美回来后，梁彻底改变了提倡破坏的观点，发表了《革命相续之原理及其恶果》，明确提出反对暴力革命破坏。这被费正清（John King Fairbank，1907-1991）等学者视为对民国宪政的功绩之一。④

---

① 破坏本身只不过是手段，破坏的目的是建设，或者说是为未来的建设奠定基础。梁启超将破坏行为依据两组标准，划分为三个类型：首先是"无意识之破坏"与"有意识之破坏"；其次"有意识之破坏"又分为"有血的破坏"与"无血的破坏"。所谓"无意识之破坏"，指有破坏而无建设，并陷入恶性循环，结果导致破坏接二连三地发生，以致自身的灭亡。传统中国的叛乱属此类，梁认为此种破坏是最不可取的。所谓"有意识之破坏"，指在破坏之后随即进行建设，故在一次破坏之后可以彻底解决问题，不需要再有破坏，如西方与日本的改革与革命即属此类。而"有意识之破坏"中，依据是否以和平的方式进行破坏，又可细分为"有血的破坏"与"无血的破坏"。前者以和平的方式达到政治权力的改造，如日本的明治维新；后者指以暴力革命的方式建立新的政治体制。在梁看来，只有采行"有意识之破坏"才是真正的"破坏"，但是此时他的态度还有所保留，提出如果在不得已之时，也只有采行"有血的破坏"。参见黄克武《一个被放弃的选择——梁启超调适思想之研究》，第140～141页。
② 梁启超：《破坏主义》（1899年），《梁启超全集》第一册，北京：北京出版社，1999，第349～350页。
③ 梁启超：《粤乱感言》（1911年），《梁启超全集》第四册，北京：北京出版社，1999，第2454页。
④ 美国学者费正清、赖肖尔在论及辛亥革命时，书中有一个瞩目的标题："两位领导者：梁启超和孙中山"，肯定梁启超对宪政的功绩："他对革命并不积极，他于1907年组织的政闻社宣扬在维护秩序的情况下推动政治进程。尽管该社又陷入了以往的两面受敌的境地——受到清政府和反清革命派两方面的抨击，但它对立宪运动产生了巨大的影响。"参见〔美〕费正清、赖肖尔著《中国：传统与变革》，陈仲丹等译，南京：江苏人民出版社，1992，第423页。

并且梁于 1915 年重申，国民由破坏所得终不能善治，"维持焉不能善治，破坏焉亦不能善治，破坏维持，循环数度，终不能善治"，"或维持至数十年，或破坏至数十度，其不能善治如故也"。① 因为暴力革命产生的后果不过是"革命复产革命"，实与善治绝缘。进而梁对此进行了深度反省。

第一，梁启超得出一结论："革命复产革命，殆成为历史上普遍之原则，凡以革命立国者，未或能避也。"这是梁经过对中外革命历史的比较和研究后的所得。在梁看来，历观中外史乘，其国要么自始未尝革命，既经一度革命，则二度、三度之相寻相续。唯有美国似属例外，然而，美国乃独立而非革命。美国独立实际上是其固有自治权的扩充与巩固。我国历代鼎革之交，"群雄扰攘，迭兴迭仆"，往往要经过数十年动乱才安定，然而都专制私天下，非共和之始。法国自大革命以后，革命几乎相随 80 年。即使是"根器"最厚的英国，17 世纪的革命直至克伦威尔去世后才断绝。② 在梁眼中，除美国外，世界各国的革命都导致了多次革命，革命的结果还是革命。

第二，"夫天下事有果必有因，革命何以必复产革命？"梁启超对革命何以必定复产革命的原因进行了入木三分的探究，提出了十点原因。将其归纳起来主要表现在以下四个方面：一、将革命神圣化、极端化，只要是革命，便非理性地赞成并参与。二、革命后所产生的失业者、退伍者、挟功而骄之人，极易成为再次发动革命之人。经一度革命之后，国民生计损失巨大，失业者较之革命前更多，失业者极易啸聚以革命。三、将革命作为谋私利的手段，甚至是一种"职业"，从而使得革命被不断的掀起。即作为逐利、享乐或谋取权力之手段。四、革命后往往因并没有实现良善的社会与政治，导致以再次革命求之。这成为再次革命的借口。然而革命后，民志未定，政治往往不满人意，所谓"革命后骤难改良政治，殆亦成为历史上之一原则"，于是"失政"为煽动再次革命之资。③ 所以，梁启超

① 梁启超：《政治之基础与言论家之指针》（1915 年），《梁启超全集》第五册，第 2796 页。
② 梁启超：《革命相续之原理及其恶果》（1913 年），《梁启超全集》第五册，第 2609 页。
③ 梁启超：《革命相续之原理及其恶果》（1913 年），《梁启超全集》第五册，第 2609～2611 页。为了澄清其并非为当时政府开脱，梁启超附言："吾此文本泛论，常理从历史上归纳而得其共通之原则耳，即如此段绝非为现政府辩护，现政府更不得借吾言以解嘲。盖现政府之成立，本与前代君主力征经营而得之者有异，一年以来实有改良政治之余地，而政府曾不自勉，吾不能一毫为彼宽责备也。"参见《梁启超全集》第五册，第 2610 页。

坚信："革命之必产革命，实事所必至，理有固然。"①

第三，民国革命的状况与国民对于革命的认识，使梁启超尤为担心。民国自建号以来仅十余月，几乎每省都有二次革命，甚至三四次（如湘、如蜀），乃至七八次（如鄂）。② 梁指出当时有两种人不遗余力地推动革命："其一则兴高采烈，以革命为职业者；其他则革命家所指目而思革之者。"正是这两种人，"或左或右，或推或挽，以挟我中国向前横之革命大河而狂走"。梁称其指出的十种革命原因中有三四，就足以祸国，何况我国是十种俱备。所以"循此演递，必将三革、四革之期日，愈拍愈急；大革、小革之范围，愈推愈广"。梁万分感慨："地载中国之土，只以供革命之广场；天生中国之人，只以作革命之器械。"③

倘若民国的一般国民及其倡导革命者能对革命有一个清醒成熟的认识，那么或可杜绝革命，进而使民国建立起宪政民主。然而不幸的是，国民对革命的认识，连起码的常识都没有，这无形中助长了民初革命的频仍。针对一般国人，梁启超痛心地指出国人竟对于二次革命的出现，很是惊诧；对于二次革命或三次革命于国是福是祸，很是疑惑。这实在是国人的可怜之处。而针对那些倡导革命者，梁深为忧虑的是，他们并不关心今兹一革命以后，必可以不复再革。虽然当时初次革命时，所谓一革之后可不再革，但其实不然。革命而不成功就不必论了，假如革命成功，不久必有再次革命的机会发生，而到那时候，那些倡言革命者，"其持之有故、言之成理如今日，号称一革后可无再革也如今日"。④

第四，改良政治必不能走革命道路。梁启超坚信，既然革命只能产出革命，决不能产出良政治，那么欲得良政治，"自有其涂辙"。⑤ 革命是变更国体，"曰谋颠覆现在之国体而别建新国体者，斯谓之革命而已矣"。⑥ 所以，梁提倡变更政体而非国体，提倡政治改良。即"据国家正当之机关，以是消息其权限，使自专者无所得逞"。在梁看来，舍此以外，都不

---

① 梁启超：《革命相续之原理及其恶果》（1913 年），《梁启超全集》第五册，第 2611 页。
② 梁启超：《革命相续之原理及其恶果》（1913 年），《梁启超全集》第五册，第 2609 页。
③ 梁启超：《革命相续之原理及其恶果》（1913 年），《梁启超全集》第五册，第 2611 页。
④ 梁启超：《革命相续之原理及其恶果》（1913 年），《梁启超全集》第五册，第 2611 页。
⑤ 梁启超：《革命相续之原理及其恶果》（1913 年），《梁启超全集》第五册，第 2612 页。
⑥ 梁启超：《西南军事与国际公法》（1916 年），《梁启超全集》第五册，第 2914 页。

能达到改良政治之目的，哪怕遍翻古今中外历史，未曾有一国因革命而产出改良政治之结果。① 比如中国数千年历史与革命相始终，革命无数，却对于政治的改善没有任何作用，"革命百十次，而于政治之改良一无与焉"。② 因为变更政体是进化之象，而变更国体则是革命之现象而非进化之象。"进化之轨道恒继之以进化，而革命之轨道恒继之以革命。"故凡谋国者、政治家都必须"惮言革命"，梁自己声称："鄙人则无论何时皆反对革命"，且反对袁世凯之君主革命论与反对国民党之共和革命论是出于同一"职志"。即反对国体变更之革命破坏而已。③

因而，如果革命者为改良政治而革命，梁启超用谚语以警告他们："种瓜得瓜，种豆得豆。"④ 直到1918年，梁还呼吁："须知革命都是出于不得已，本非吉祥善事，免得掉还是免掉的好哩。"⑤ 梁启超在民初反对暴力革命，是由于其通过英国式经验主义的方式，将中外革命历史经验进行深入比较分析后，认识到了革命背后之深层内容。他揭示出革命在国家政治改良上，并不具有国人所欣然以为的巨大作用，相反会使社会陷入不断革命的混乱境地；而且他也清醒地洞见到，宪政民主唯以政治改良，或曰"政体改良"的途径实现，而决非以暴力革命的急进方式所能为功。

二　稳定的社会秩序是政治改革的基础

梁启超对于一个可供徐徐改革的较为稳定的社会政治秩序尤为看重，认识到社会基础对于政治改革的重要性。既然革命只能复产革命，建立宪政有赖长期渐进改革的调和之路，自然必须要有一个相对稳定的社会基础。社会秩序稳定，是宪政改革的社会基础，可以减少政治改革的代价，减少旧势力对改革的阻力。

---

① 梁启超：《革命相续之原理及其恶果》（1913年），《梁启超全集》第五册，第2612页。
② 梁启超：《欧洲政治革进之原因》（1913年），《梁启超全集》第五册，第2602页。
③ 梁启超：《异哉所谓国体问题者》（1916年），《梁启超全集》第五册，第2906页。
④ 梁启超：《革命相续之原理及其恶果》（1913年），《梁启超全集》第五册，第2611~2612页。
⑤ 梁启超：《欧游中之一般观察及一般感想》（1916年），《梁启超全集》第五册，第2985页。

　　梁启超提出了"政治之基础恒在社会"[①] 的观点，认为社会事业是政治的基础，有良社会然后有良政治。[②] 然而，革命初成后的社会最容易发生动乱，梁深刻体认到革命之后暴民政治最易发生，而暴民政治一发生，则国家元气必大伤而不可恢复，"何况我国今处于列强环伺之冲，苟秩序一破，不可收拾，瓜分之祸即随其后"。[③] 民初社会之堕落腐败，实使人不寒而栗。在此等社会上，谋政治建设，虽然年年变更其国体，日日废置其机关，法令高与山齐，却无益于致治。而且尤其令梁感慨的是，举国聪明才智之士，当时都集于政界，"而社会方面，空无人焉"，他自己希望以言论之力在此方面作点贡献。[④]

　　正因为出于对稳定的社会秩序的考虑，梁启超力倡政体之改良而排拒国体之革命。政体之改良，相当于给新机体穿上旧衣服，显然有助于减少旧势力对于宪政改革的阻力。梁劝告政论家与政治家只问政体，不问国体。"尽国体之为物，既非政论家所当问，尤非政论家之所能问。"国体的变易，"恒存乎政治以外之势力"，要视其时机而定，并非政论家的赞成或反对所能促进或制止。[⑤] 并且政论家发表健全的政论，也要有健全稳定的社会为基础。梁说："吾以二十年来几度之阅历，吾深觉政治之基础恒在社会，欲用健全之政论，则于论前更当有事焉。而不然者，则其政论徒供刺激感情之用，或为飘窃干禄之资，无论在政治方面，在社会方面，皆可以生意外之恶影响。"[⑥] 不仅政论家如此，"实行之政治家亦当有然"，而且常在现行国体基础上谋政体政象的改进，就是政治家唯一之天职。如果在此范围外越雷池一步，就是革命家之所为，而非堂堂正正的政治家所当做。[⑦]

　　梁启超的个人政治行为，也是由于对社会秩序稳定的重视，而做出对政府当局的妥协，以减少宪政改革的阻力与代价。其中最典型的是梁与袁

① 梁启超：《吾今后所以报国者》（1915 年），《梁启超全集》第五册，第 2806 页。
② 梁启超：《政治之基础与言论家之指针》（1915 年），《梁启超全集》第五册，第 2793 页。
③ 梁启超：《共和党之地位与其态度》（1913 年），《梁启超全集》第五册，第 2590 页。
④ 梁启超：《吾今后所以报国者》（1915 年），《梁启超全集》第五册，第 2806 页。
⑤ 梁启超：《异哉所谓国体问题者》（1916 年），《梁启超全集》第五册，第 2900 页。
⑥ 梁启超：《吾今后所以报国者》（1915 年），《梁启超全集》第五册，第 2806 页。
⑦ 梁启超：《异哉所谓国体问题者》（1916 年），《梁启超全集》第五册，第 2900 页。

世凯的妥协，因共和国政体既然建立，需要设法完善之、保卫之，防止新的"国体革命"。袁世凯任临时大总统后，梁致电表示祝贺，并参与国家的政体改革。梁之所以与自己的宿敌袁和解，并非想借此谋得一官半职，而是出于严防发生再次革命，以致社会混乱失序。梁曾自称："启超实国中最爱平和惮破坏之一人也。当元二年之交，国论纷怒启超惧邦本之屡摇，忧民力之徒耗，破思竭其驽骀，翼赞前大总统袁公，亟图建设。以为以袁公之才居其位，风行草偃，势最顺而效最捷。"① 同时，梁指出当时由黎元洪所领导的共和党在民国初建的一年间，常采取维持政府的态度，决非因为以此图利，而是考虑到国家大局决不容再破坏，而暴民政治之祸更甚，不可不思此忧患而预防，所以暂时主张维持政府。共和党的良苦用心是"俾国家犹得存在，以为将来改良政治之地步"。②

梁启超能意识到政治问题不单单求诸政治本身，还须求诸社会，体认到社会作为政治之基础的重要性，是难能可贵的。不仅如此，对于如何改进社会以促进宪政的建立，虽然并没有如杜亚泉那样对民初的社会结构做详细讨论，但梁着眼于社会经济的发展，提出发展实业交通。值得一再肯定的是，宪政改革确实需要一个相对稳定的社会秩序为基础，只有以此调和的渐进之路才能获得真正的宪政。

梁启超注重社会秩序，源于其思想观念上对英国式保守的崇尚。这种保守，并非守旧，而是对旧有社会文化、社会秩序的尊重，在政治上提倡一种调和旧有社会文化、秩序的循序渐进的改革。梁启超对英国国民性中的"爱保守"非常推崇。梁深刻体认到英国的国民性有两种极大极重的要素：一种是"爱自由"，一种是"爱保守"。英国政党政治中对立的两大党，代表了这两种国民性。虽然两党党名改了好多回，两党具体方针更是适应时代要求随时变易，但是，至于其根本精神依旧是百年如一日。③ 好比英国的道路，总是因山林川泽的形势，而且绕避田园庐墓，所以不免弯回曲折。英国人百事都是历史上自然发达，有一种环境起来，便做出一种事实来和这新环境相顺应，好像是"行乎其所不得不行，止乎

① 梁启超：《在军中敬告国人》（1916 年），《梁启超全集》第五册，第 2915 页。
② 梁启超：《共和党之地位与其态度》（1913 年），《梁启超全集》第五册，第 2590 页。
③ 梁启超：《伦敦初旅》（1918 年），《梁启超全集》第五册，第 2994 页。

其所不得不止"。① 梁将中英两国人民在保守方面的特点做了一个比较，精辟而形象地指出：中英两国向来都以保守著名，但我们中国人所保守的，和英国人正相反。中国人最喜欢换招牌，抄几条宪法，便算立宪；改一个年号，便算共和；至于政治社会的内容，连骨带肉，都是前清那个旧躯壳。英国则不一样，他们内部是不断地新陈代谢，外部却仍旧是那古色古香的老招牌，甚至是抵死也不肯换。梁称英国人："时髦是时髦极了，顽固也顽固极了。"② 梁此处的见解，就是汤因比（Arndd Joseph Toynbee，1889–1975）所谓的英国政治是"旧瓶装新酒"，而中国人则相反是"新瓶装旧酒"。显而易见，前者实际上是一种实质性的进步，而后者几乎没有什么实质性进步。

梁启超十分关注政治保守问题，提倡政治上实行渐进改革，其撰写的《国性篇》中，所谓"国性"（即"国之所以与立者"，国必有国性，如人之有人性）就是一种对社会政治文化传统的尊重，强调这种尊重对于一个国家的政治改革的巨大作用。梁指出国性具有长期积累的连续性："国性可助长而不可创造，可改良而不可蔑弃也。"因为，国性需要涵濡数百年，且成于不知不觉之间，要想用一理论创造之，譬犹"贲获"虽勇但不能自举其躯一样，是不可能的。所以，对于国性我们所能做的"惟淬厉其良而助长之已耳"，或者对于腐败者，不适时势者，进行匡救而改良。对此梁格外强调，一则，只能是局部的改良，而非改动根本。二则，常有一公认的原则作为依据，而此原则必须有继续性而未尝中断。国性的改进如人身上所含的诸质，虽然每日都要蜕化其旧，但不会同时全体都蜕，否则人必死，国性必亡。而改良国性的目的是矫正一部分不适合的，以图存图固。③ 可见，梁关于国性改进的这种尊重传统的渐进方式，绝非泥古，而是于保守中求进步，同样是其政治上宪政改革的调和路径的体现。

三 经济发展与国民性的提高需要一个长期渐进的过程

梁启超通过中西方的比较分析，对于通过渐进改革的政治调和方式建

---

① 梁启超：《战地及亚洛二州纪行》（1918 年），《梁启超全集》第五册，第 3021 ~ 3022 页。
② 梁启超：《伦敦初旅》（1918 年），《梁启超全集》第五册，第 2999 页。
③ 梁启超：《国性篇》（1912 年），《梁启超全集》第五册，第 2554 ~ 2555 页。

立宪政所需要的多种条件，进行了较为全面的思考。除了上文的一个相对稳定的社会秩序为基础之外，梁深刻指出，还需要实业相当程度发展的社会经济条件与教育相当程度发展的国民性基础。此等基础条件的具备都需要相当长的时间，需要以渐进改革的方式来达到，所以民主宪政的转型自然是一个长期渐进的过程。

第一，发展实业与教育需要一个长期渐进的过程。

首先，经济发展达到一定水平，是宪政民主得以建立的经济基础。梁启超认为，实业交通二政，为富国之本，主张应以保护主义与开放主义相剂调和。因民初我国产业幼稚，故宜采取保护主义，又因我国资本缺乏，故宜采取开放主义，须斟酌两者，以各种产业性质为衡。他认为棉铁丝茶糖，最宜保护；普通矿业，最宜开放。外资投于境内，我得利六七，他得利三四，政府与国民可以共欢迎。"官营事业，惟择其性质最宜者，乃行开办；其他皆委诸于民，不垄断与争利，但尽其指导奖励之责而已。"工商固然要注重，但梁兼顾农业，提出财政基础稍定后，要发展农业。一面要设法普及农业银行，一面要以国力兴修水利。他认为交通机关是政治命脉，倡导训练人才以逐步推动刚开始萌芽的"路航邮电四政"的发展。这些政策"皆所以谋自立以渐进于富强也"①，即为宪政改革提供经济基础。

其次，对于一般国民的长期教育，梁启超强调着眼于提高国民智识水平，使其习得宪政观念。这正是我国将来宪政成功的根本所在。比如虽然梁对宪法十分强调，但他清醒地知道，光有宪法具文是不行的。他说："调和国会与政府的根基在政治教育，非纸上宪法所能奏功"，也即他所谓的"大抵欲举两机关调和之实，其根本在于养成善良之政治习惯，仅仅恃纸上法理，无当也"。②

梁启超认为一国国民的程度决定其政治的善恶。君主国的政本是独裁政治；贵族国的政本是寡人政治；共和立宪国的政本是多数政治。这三种政治，分别有变坏而让人忧虑的一面，其中多数政治令人忧虑之处是人民代表不能真实表达人民意愿。而代表能否代表人民意思，取决于其国民的

① 梁启超：《政府大政方针宣言书》（1913 年），《梁启超全集》第五册，第 2573 ~ 2574 页。
② 梁启超：《宪法之三大精神》（1912 年），《梁启超全集》第五册，第 2564 页。

程度。① 国民程度即是一国人民的品性，国所以能立于大地而日进无疆，并非恃其国民之智识，而恃其品性。比如英国的"绅士"观念，即守法、忍让，就是使其政治革进成功之品性。在梁看来，国民有一共同信仰，如国民的自由、自觉自立观念，国民的自治习惯，等等，就是一国国民的品性，或者说一国国民之程度。②

　　教育是提高国民程度的重要手段，梁启超主张的国民制宪动议，就是以教育的方式，养成一般国民的宪政观念。宪法观念是共和真理，梁主张国民动议的目的是以教育的方式"将宪法观念——共和真理灌输于多数国民"。梁提出，就制宪而言制宪，要认定三个前提：第一，使国中较多数人确实感觉宪法之必要。第二，使国中较多数人了解宪法中所含之意义及其效用。第三，使国中较多数人与制宪事有关系，必如是然后国民乃始知爱慕宪法、珍护宪法，然后宪法才能发扬其威灵以有益于国民。③ 其国民动议制宪，无异于联合多数人公开一次"宪法大讲习会"，无异于公拟一部"共和国民须知"向大众宣传，实在国民教育上含有绝大意味。④ 梁进而指出："各人拿自己所信，设法注射在多数市民脑子里头，才是一条荡荡平平的大路。"质言之，教育需要从国民全体下工夫。⑤

　　梁启超还特别强调"社会教育"对于国民性形成的重要作用。就教育的效果而言，梁认为"社会之抽象的教育最重，而学校之具体教育次之"。社会教育的改良，是对原有国民性的取长补短，"不外因固有遗传之国民性，而增美释回焉耳"。⑥ 梁在英国看到国民教育不单单靠学校，还靠社会教育，甚至后者从某种意义而言，更为重要。1919 年，梁启超在《欧游心影录》中提及，其游历威斯敏斯特的时候，参观了泰晤士河畔的威斯敏斯特寺（教堂）。在梁看来，此寺由 11 世纪创建以来将近千年，累代皆有增修，奇特的是它将各个时代的款式合冶一炉，然而它却丝毫没有觉得不调

---

① 梁启超：《多数政治之试验》（1913 年），《梁启超全集》第五册，第 2598 ~ 2599 页。

② 梁启超：《欧洲政治革进之原因》（1913 年），《梁启超全集》第五册，第 2601 ~ 2603 页。

③ 梁启超：《主张国民动议制宪之理由》（1920 年），《梁启超全集》第五册，第 3057 页。

④ 梁启超：《主张国民动议制宪之理由》（1920 年），《梁启超全集》第五册，第 3059 页。

⑤ 梁启超：《欧游中之一般观察及一般感想》（1918 年），《梁启超全集》第五册，第 2979 页。

⑥ 梁启超：《政府大政方针宣言书》（1913 年），《梁启超全集》第五册，第 2575 页。

和，依然保持有十分庄严与十分趣味。梁深感这一个寺就可以算得英国国民性的"象征"，他们无论政治上法律上宗教道德上风俗礼节上，都是一部分一部分地蜕变，几百年前和几百年后的东西，常常同时并存，却不感觉有一些些矛盾。梁指出"他们的容纳性调和性，怕很值得我们一学"，尤其威斯敏斯特就是一种极严正的人格教育，就是一种极有活力的国民精神教育。①

对于宪政改革而言，教育的内容是国民程度，或曰国民品性、国民性的提高。从梁启超的论述中，可以发现其对这一问题的更为具体的探讨，主要集中在下文将论述的国民的宽容精神、法治精神及自治精神的教育培养。

第二，宪政建立所需的种种国民素质，需要一个长期渐进的过程。

尊重异己的宽容精神的培养。我国国民只有学会容忍并和平真诚地面对异己，共同参与政治讨论，才能建立起真正的宪政。梁启超的这一观点，来自其对于英国议会的印象的反思。令梁印象最深刻的是英国议员相互之间尊重对方的品质。英国议员在议会中讨论国家大计，就好像家人妇子围在一张桌子上聚谈家务，"真率是真率到十分，肫诚是肫诚到十分"。自己的主张虽是丝毫不肯放让，对于敌党的意见确实诚心诚意地尊重。梁深感，"一个国民，若是未养成这种精神，讲什么立宪共和，岂非南辕北辙！"②

民国议员之所以不具备这种尊重异己的风范，梁以为乃是国民本身不具有这种觉悟所致。我国有这种国民，自然有这种议员，议员换来换去还是一样的。梁进而指出解决的办法是，在议员自身，固然是要梦醒；但根本责任，仍在国民。国民要快些自觉，在相互尊重彼此上下一番苦功。③

法治精神的培养。法治精神是对规条、规则、法律的遵守。梁启超认为西方人的组织能力就是来自他们的"法治精神"，一群人为什么能结合起来，靠的是一种共同生活的"规条"，大众都在这"规条"的范围内分工协力。欧美人的社会，大而国家政治，小而团体游戏，人人心坎中，都

---

① 梁启超：《伦敦初旅》（1918 年），《梁启超全集》第五册，第 2993～2994 页。

② 梁启超：《伦敦初旅》（1918 年），《梁启超全集》第五册，第 2998 页。

③ 梁启超：《伦敦初旅》（1918 年），《梁启超全集》第五册，第 2998 页。

认定若干应行共守的规则，觉得它神圣不可侵犯。这种规则，无论叫做法律、叫做章程、叫做条例、叫做公约，无论成文或不成文，要之，一开始是不肯轻易公认的，而一经公认之后，便不许违反，不许利用。一群人有了这个，便像一副机器有了发动机，个个轮子自然按部就班运行起来。①比如，在英国的"巴力门"（Parliament）里头，最神圣的是"阿达"（Order），泛指规则。梁注意到在议会中，议员的言语行动，若是有些违犯规则，议场四座就会怒鸣"阿达"；若从议长口中说出"阿达"，无论议场若何喧哗都会立刻变得肃静。梁启超指出，"这种琐琐碎碎的情节，就是英国人法治精神的好标本，'英国国旗永远看不见日落'，都是从这'阿达神圣'的观念赢得来哩"。英国人的法律，不制定便罢，一经制定，便神圣不可侵犯，在经一定程序改废之前有绝对效力，无论何人都要服从。所以英国人对于立法事业，丝毫不肯放过，人民有了立法权，就算有了自由。②

我国只是捡来"法治"这个名词来充个门面，至于法治精神却丝毫未领会。比如国会、省议会，天天在议第几条第几项，其实政府就没把它当回事，人民也没有把它当回事，议员自身更没有把它当回事。什么公司、协会的体面的章程，一到实际，也不过是白纸上印了几行黑墨，并未发挥作用。梁为此寻找到的原因是：其一，从前国人过的是单调生活，不是共同生活，自然没有什么合理的公守规条。其二，从前的国家和民族，都是由命令与服从两种关系结构而成。命令的人，权力无上，不容许有公认规则来束缚他；服从的人，只是随时等着命令下来就去照办，也用不着公认的规则。因此"法治"二字，在从前社会，可谓全无意义。③所以"我们中国人最大的缺点，在没有组织能力，在没有法治精神"。④梁语重心长地劝告朋辈："从此洗心革面，自己先要把法治精神培

① 梁启超：《欧游中之一般观察及一般感想》（1918年），《梁启超全集》第五册，第2982页。
② 梁启超：《伦敦初旅》（1918年），《梁启超全集》第五册，第2999页。
③ 梁启超：《欧游中之一般观察及一般感想》（1918年），《梁启超全集》第五册，第2982～2983页。
④ 梁启超：《欧游中之一般观察及一般感想》（1918年），《梁启超全集》第五册，第2982页。

养好了，才配谈政治哩。"①

英国人讲规则，而中国人不大讲规则。梁启超看到了英国宪政成功与民初宪政实验失败的背后，是中英两国人民对于规则的尊重与否。梁以英国人打球与中国人打麻将做比喻：英国人爱政治活动就像爱打球，同是竞技。他们打球也最讲规则，假如你不尊重规则，就再没有人和你玩了。而中国人打牌，就算也有种种规则，但若是打输了，往往就翻桌子。梁极为深刻地指出："我们办了几年共和政治，演的都是翻桌子把戏。"所以他认为"中国人法律神圣的观念，连芽根都还没有"②。可见，中国人要将法治精神培养起来，绝非易事，绝非短时所能实现。

自治精神的培养。梁启超以为，立宪国政治特色在中央则为国会；在地方则为自治，而"自治尤为亲切有味"。他指出："地方自治，实人民参政最好之练习场，而宪政基础之第一级也。"③通过欧游进行实地考察，梁体认到欧洲国家是把"市府"放大而做成的，其国家的基础在于"地方自治"。本来其人民就有参与地方公务之权，渐渐把这权扩充到国家，便变成国家的民主政治。梁观察到他们有个最大的信条："我住在此地，就要管此地的事。为什么呢？因为和我有利害关系。"他们对于地方是如此，对于国家亦是如此，所以他们关于政治上的兴味和责任心是自然发生的。④而且在欧洲，被治者对于治者的压制，常常提出要求以相抵抗，也往往依靠新约来自卫。所以对于他们所想要的政治，既能获得，又不用失去什么；对于他们所厌恶的政治，能去除之而不容许再有。而且不是到了万不得已，他们不轻用武力。这样，他们所得的权利保障，可谓"得寸得尺，常保而不失去"。⑤梁洞见到欧洲诸国市府政治而养成的自治习惯完全成熟，其自治之精神为其将来的宪政树立下不拔之基础。⑥

---

① 梁启超：《伦敦初旅》（1918 年），《梁启超全集》第五册，第 2999 页。

② 梁启超：《伦敦初旅》（1918 年），《梁启超全集》第五册，第 2999~3000 页。

③ 梁启超：《国民浅训》（1916 年），《梁启超全集》第五册，第 2838 页。

④ 梁启超：《欧游中之一般观察及一般感想》（1918 年），《梁启超全集》第五册，第 2984 页。

⑤ 梁启超：《欧洲政治革进之原因》（1913 年），《梁启超全集》第五册，第 2602~2603 页。

⑥ 梁启超：《欧洲政治革进之原因》（1913 年），《梁启超全集》第五册，第 2602 页。

　　而东方人缺乏此种自治精神，在政治上，常依赖在上者施行仁政而已。民国招牌挂了八年多，全国一个市会，一个乡会也没有，自治无从说起。梁感慨："我们国民，若是能够有建设北京市会和丰台村会的能力，自然也会有建设中华民国的能力。"① 梁还号召青年去传播这种自治思想。② 而且梁指出只有名实相副的自治，才是真正的自治。他说"欲办自治，最要是名实相副"，"必须不假官力，纯由人民自动"。他认为自治本出于人性自然，是"不必待教而后能"，也是"我中国所本有，不过须扩充之整齐之而已"。③ 所以国家颁行自治制度，只不过是代为拟一妥善的办事章程而已，至于"应办某事某事，应从某处筹费，此则全由我等人民自行斟酌"。④ 在此过程中，国民逐渐习得自治的各种常识与精神，使其自治能力得到培育与锻炼，而这一过程必然是一个缓慢的过程。

　　梁启超讨论了民初民主转型所需的社会稳定基础，社会经济条件，以及包括教育水平、宽容、自治、法治精神的国民程度的提高。这些基础与条件的具备都需要相当长的时间。所以对于中国的民主转型，梁声称是"着急不得"的。而且由于中国未来的政治改革要交给青年去做，而那些被称为"我们可爱的青年"中的大多数，现在未曾完成磨炼，而且办交代的时候还没有到。目前万不可着急，便是急也急不来；若要急着来，做得好不过是苟且小成，做得不好便要堕落断送了。正因为看透了这一着，梁指出其着手的国民运动，总要打二三十年的主意，其实这二三十年的光阴，在国史教科书上不过占一叶半叶，不算什么。⑤ 他强调"天下事是急不来的，总要把求速效的心事去掉，然后效乃可言"。⑥ 可见梁是以历史发展的眼光，在历史演进的长时段中来看中国政治上的民主转型，深刻认识到这是一个长期渐进的改革过程。

――――――――――――

① 梁启超：《欧游中之一般观察及一般感想》（1918 年），《梁启超全集》第五册，第 2984 页。
② 梁启超：《欧行途中》（1918 年），《梁启超全集》第五册，第 2988 页。
③ 梁启超：《国民浅训》（1916 年），《梁启超全集》第五册，第 2838 页。
④ 梁启超：《国民浅训》（1916 年），《梁启超全集》第五册，第 2839 页。
⑤ 梁启超：《欧游中之一般观察及一般感想》（1918 年），《梁启超全集》第五册，第 2980 页。
⑥ 梁启超：《欧游中之一般观察及一般感想》（1918 年），《梁启超全集》第五册，第 2979 页。

第六章
张东荪：对抗力之调和

> 所谓调和者，非无端退缩，相剂于平，而无上下高低之分，乃是虽自然竞争而各不伤其固有之基础，虽互有进退而不过顺应时代，为隐显之区别。此是一方面，他方面，则固各足相安，初无相杀之事，于是由相安而各得自固，由进退而得应乎时运。
>
> ——张东荪

张东荪（1886～1973），原名张万田，字圣心，自名东荪，浙江钱塘县（今杭州）人。幼习四书五经，受正统儒学训练。少读佛经，迷上佛学，并引发哲学兴味。后入日本东京帝国大学攻读哲学，学习西方哲学与自然科学，其西学背景由此奠基。回国后参加殿试，中进士。民初时，任南京临时政府内务部秘书，积极评议时政，此时主要追随梁启超，倡导调和与宪政，鼓吹法治与联邦。20世纪二三十年代，力倡基尔特社会主义，提出"修正的民主政治"，并与张君劢联合创立国家社会党，抨击国民党专制。1940年代积极参加抗战，倡导中间路线。之后成为民盟左派。曾创办著名的中国公学，先后创办或编辑多种报章杂志：民初主要有《正谊》杂志、《中华杂志》《新中华》《时事新报》及其副刊《学灯》。五四后有《时事新报》副刊《社会主义研究》《哲学评论》《再生》《文哲月刊》《正报》等。民初先后为《东方杂志》《庸言》《甲寅》等重要杂志撰稿。并有10多部哲学文化政治方面之著作。张一生"以哲学兴趣为主，而又不能忘情于政治"，其政治思想在其所处时代确有重要影响。

张东荪借鉴了梁启超与章士钊的调和思想，从政治对抗力或曰向心力与离心力对抗的角度来阐释其政治调和之意，区分了政治对抗力与调和的类型，并见解独到地将政治调和视作国内各种利益之分配。张深入探讨了政治对抗力赖以形成的一般原则，提出非暴力革命的长期渐进改革及通过法治尤其是以宪法限制政府权力。同时，张极有先见地提出了国家社会二分，促使社会自由竞争发展；并主张自治与具有自治精神之联邦，将自治与联邦视为政治调和之根本方式，以为政治调和提供所必需之社会基础。

第一节　政治对抗力之原理

张东荪以政治对抗力原理展开对政治调和的阐释，其调和观念同时受到国内外相关思想理论的影响。国内同时代梁启超的政治上之对抗力理论与章士钊的"有容"与"调和立国"论，以及国外的拉称赫夫（Ratzenhefen）的对抗理论与牛顿（Sir Isaac Newton）及勃兰斯（James Bryce）的二力引拒说，都对其产生了直接而重大的影响。张直接吸取了拉氏与牛氏的理论，并且相对梁章二人而言，张不仅在梁的基础上给予对抗理论更为学理的整理与阐释；而且对章的调和论作了补充与进一步的阐述。

一　政治对抗力之含义

张东荪是自称读拉称赫夫的政治学，曾读到其对抗之理而窃喜，因为此对抗之理是从事政治不可不知的。[1] 他从拉氏的对抗原理（向心力与离心力）的普适性入手，论证政治对抗力之含义。他将物理界、生物界的对抗原理，运用到人文界，尤其是政治领域，以此透析政治对抗力原理。张还发表了极具独创性的见解，不仅强调了政治对抗的"内的"是不好同恶异，"外的"是对抗，而且细致划分了政治对抗力的类别，从而更为深入地阐释政治对抗力的含义。

---

[1] 张东荪：《读章秋桐政本论》，《正谊》第一卷第四号，1914 年 4 月 15 日，第 1 页。

第一，向心力与离心力。

首先，论证对抗力的普适性。张东荪从物理界的对抗原理谈起，直至生物界人文界皆存有对抗原理，以论证政治上的对抗原理。一方面，物理界与生物界存在对抗之原理。张东荪相信，宇宙之所以维系，正是在于吸力与拒力的相互作用，"日吸地而地拒焉，地吸万物而万物拒焉"。不仅天体运行在于对抗二力的调和，万物都是如此。张引用西方学者的观点指出，阴电子绕阳电子而行亦犹如地球等行星绕日而周行不息。阳电子吸阴电子拒形成原子，原子各相互吸拒而形成万物。张进而指出对抗是宇宙万物构成的原理，如果没有对抗，宇宙便不可认知。不仅物理界如此，生物界也存在对抗原理。物竞生存异种相争，亦是对抗现象。张关于物理界生物界之对抗观念，主要来自"社会学家拉称赫夫"，在《对抗力之价值》一文中，他援引了拉氏的四段德文原文，称拉氏已言明物理界生物界存有对抗之现象。"惟拉氏之说成一整齐不紊之系统，自哲学为起点，其以为宇宙之森罗万象乃由一原始力分化而成，而原始力分化之现象遂成此对抗之局，盖舍对抗末由维持分化而成差别世界也。"①

另一方面，人文界也存在对抗原理。张东荪主要吸收了"艮波罗维企"（Gumplowicz）的观点，认为无社会组织即无文化可言，而社会组织的进化端赖社会中相异分子的混合。因为社会形式是由异种混合而成，所以"事实与历史所示吾人者，一不绝之战争耳"，宗族与宗族战，民族与民族战，国家与国家战，国民与国民战。战争结果是新文明、新政权产生。有史以来的异族合化与同族分化是并行不悖的。自国家成立后，分化较著于合化。因国家社会未成以前，社会国家的组织全恃相异的异族进行合化与征服，到社会国家既成之后，国家社会范围内又开始分化，"国家使得而强，社会始得而美"。② 张指出艮氏之说可得一结论："国家之进化不息，亦端赖此要素之互相竞争耳。"进而他深刻地指出："国家为对抗之产物也。"而且"国家既成，因其内分子各异，故竞争为事实之必然，此亦对抗之现象也"。国家有对抗、有竞争才得以进化，所以"近世国家之

---

① 张东荪：《对抗力之价值》，《庸言》第一卷第二十四号，1913 年 11 月 16 日，第 2~6 页。
② 张东荪：《对抗力之价值》，《庸言》第一卷第二十四号，1913 年 11 月 16 日，第 6 页。

组织，皆优容反对之分子，诚以竞争为进化之唯一要道故耳"。① 张东荪确信有对抗才有竞争，有竞争才有进步，所以有无对抗决定有无进步。张不仅肯认对抗现象为普遍存在，在政治上亦是如此；并且着力阐明了国家社会的产生与发展，皆是对抗力相互作用的结果。

其次，强调政治上的"二力引拒"。张东荪援引牛顿（Sir Isacc Newton 1643–1727）与蒲莱士（James Bryce）的二力引拒说，即离心力与向心力的对抗，与章士钊提出的政力向背论有异曲同工之妙。张认为将物理法则与人为界法则进行比较的人众多，但都不如牛顿二力引拒说那样"亲切有味"："有一力焉，吸引诸人，或诸团体，而为一有机之社会，则此力名曰向心力。有一力焉，使之分散，则名曰离心力。"在张看来，凡国宪与社会是由组织社会与统治原则等诸法集合而成，即由此二力作用而成。向心力使团结紧密而社会强固。离心力使团结松散而社会分裂，在大社会中，分子的意见欲求利益情感不能全同，如果不平之情一生便成为社会离散的原因。张还细致探究了向心力与离心力产生的不同原因：一方面，以个人言，团结趋向为多而离散少。即使那些"极端个人主义者"也想他人信从其说，且以同情者组成一团体。另一方面，若以政治社会而言，则有团结又有分散。无论何国之中，有积聚力使人顺助国家，有分离力使小团体增强而有权利，甚至得以独立。张东荪进而指出，信服、情感、利益、性格、观念、习惯、风俗、文化、嗜好等相同，则向心力生；如否，则离心力必借此而现。② 无疑人类社会正是向心与离心二力相互作用的结果，亦即"社会者，各相异之势力，互反之分子，相反相和，以激成之者也"。③

所以，对抗力有二力相对而存在，比如离心力与向心力的二力引拒。张东荪认为："对抗力者，必他方面有一强实之力与之对待，而不为其所曲挠，二力相对，适保持其平衡。"一方面为他方面所抗而不能恣所欲为；他方面又以对抗之故，得维持平均状态。④ 因而"凡一社会一宪法，综其历史，无不为二力作用之争，此聚彼散，一合一分"。张十分赞同勃兰斯

---

① 张东荪：《对抗力之价值》，《庸言》第一卷第二十四号，1913 年 11 月 16 日，第 7～8 页。

② 圣心：《联邦立国论》，《新中华杂志》第一卷第一号，1915 年 10 月 1 日，第 6～7 页。

③ 张东荪：《用人与守法》，《中华杂志》第一卷第六号，1914 年 7 月 1 日，第 2 页。

④ 张东荪：《正谊解》，《正谊》第一卷第一号，1914 年 1 月 15 日，第 7 页。

（James Bryce）所指出的：研究宪法的历史家，以及有制定宪法责任之人，必须注目此吸拒二力。即要注意政治上制限的原则，不仅应承认此二力，而且必设有防范，使二力不致有过激行动。因为"二力足以存废宪法，若承认二力，设以范围，则宪法存"。否则，反对此不可抗拒的潮流，则宪法必被破坏。所以凡一社会皆有向心与离心二力，宪法等社会制度之组织，必量度其势以为分配。①

第二，对抗力之"内的"与"外的"。

张东荪的调和含义中含有章士钊所谓的"有容""不好同恶异"。张极力肯定章的有容与不好同恶异，并提出与之一脉相承的"让步"精神。他认为美国宪法会议中"有一可感佩者，即让步之精神是已"。② 而且他指出"让步"的反面是"昵敌"，指对反对势力采取极端冲突与不相容的态度。张极力反对昵敌，指出反对的种子不能绝对灭尽是自然之理，并进而主张容忍反对势力，并留给其一部分利益，则"不至为极端不正之冲突"，从而使相互竞争于轨道上。③ 张将这一让步精神称为政治对抗势力的"内的"。

肯定"不好同恶异"的同时，张东荪进一步强调光有内在的"不好同恶异"精神不足够；还需要外在的对抗力加以促成"不好同恶异"。张论证了政治对抗力的调和需要"不好同恶异"之"内的"与"势均力敌之对抗"的"外的"共同促成。他说："知好同恶异为恶德，而拼禁之，此内的也，自律的也。必有外的与他律的，同时并臻，然后始得以巩固。所谓外的与他律的，即前言之对抗。夫对抗者，各守其固有之势力与范围，用以抵抗外来之压力之谓也。"因为"人欲我同彼，我必不为之，彼即强迫我，我亦足以相抗，彼我互不相向，其势遂归于平均，由平均而得以自由。相反，我欲人同于我，彼亦抗之如我。于是彼我各知，好同恶异不能行"。所以，"与其劝告人之同于己，则毋宁劝告被人强迫而同于人者，转

---

① 圣心：《联邦立国论》，《新中华杂志》第一卷第一号，1915 年 10 月 1 日，第 6 页。
② 张东荪：《美国宪法会议之大教训》，《中华杂志》第一卷第六号，1914 年 7 月 1 日，第 19 页。
③ 张东荪：《昵敌与第三者之责任》，《中华杂志》第一卷第八号，1914 年 8 月 1 日，第 3 页。

而自振其气以为抵抗。易言以明之，与其希望强有力者无好同恶异之念，则不如期望社会上各分子各要素，各固守其正当之部分，保存固有之势力，维持平均之利益，而不受外力之压迫为愈也"。① 所以他虽然承认"章君之所谓不好同恶异与有容，正吾之所谓保持对抗也"，但认为章士钊提出的不好同恶异，相对而言是"偏于内，而忽于外"。②

而且在张东荪看来，先有"外的"而后有"内的"。因为远自人类在禽兽时代的祖先就有好同恶异之心，人都欲人同于己，但人未肯同之，于是用争，结果不相上下，唯有各行其是而已。所以"有势均力敌之对抗，然后始能有容，有容然后始不好同恶异耳"。③

总之，既然社会之所以成，端赖相异互反之诸要素诸势力诸团体，互相调剂而成。则必使社会上形成势力"平均之局"，才能达致一切利益不致为一势力所并吞，然后诸要素诸势力诸团体始终各得其所而相安。所以，张东荪主张以势均力敌的对抗或曰平均之局造成"不好同恶异"，又以"不好同恶异"要求不得使一势力独大而侵吞其他势力，而应使各势力自固以保持对抗之势。即使一势力虽足以压倒其他势力，也绝不能使其他势力皆归于灭亡。④

第三，调和释义。

在张东荪看来，政治上要有进步，非以调和谋之不可。通过政治上对抗力的调和可以使"相异之意见，应乎时势，互为进退，使政局流动更新"。⑤ 意即唯有调和，才能使国家中各种利益背后的势力团体分子等差足自安。

张东荪认为调和是实现国家公善之道。关于国家自古到今的变化，张很认同康有为的一个观点，即古代国家为私有国家，而近世国家为公有国家。国家要实现公善，而公善无限定内容，随时代变迁而日进无已。故国家职务在追寻此公善的日益演进。但是国家并非自然人，不能自动，一般

---

① 张东荪：《读章秋桐政本论》，《正谊》第一卷第四号，1914 年 4 月 15 日，第 3～4 页。
② 张东荪：《读章秋桐政本论》，《正谊》第一卷第四号，1914 年 4 月 15 日，第 2 页。
③ 张东荪：《读章秋桐政本论》，《正谊》第一卷第四号，1914 年 4 月 15 日，第 3 页。
④ 张东荪：《用人与守法》，《中华杂志》第一卷第六号，1914 年 7 月 1 日，第 2～3 页。
⑤ 东荪：《制治根本论》，《甲寅》第一卷第五号，1915 年 5 月 10 日，第 12 页。

认为实现公善的是政府，政府应常本公善以引导人民。但张认为其实"扑捉公善之职，实不仅在政府，凡人民皆有之"。然而"人人扑捉公善，人人所得各殊"，怎么办？张指出有一途径，即章士钊之调和说，即"一国以内，情感利害，杂然并陈，非一一使之差足自安，群体将至迸裂不可收拾，凡问题及于是焉者，非以全体相感相召相磋相切之精神出之，不足以言治国之长图也"。同时，张东荪认为"公有国家不在革命与德治（言以道德为治如孔子所诠者）矣，则必别有其道"，"其道"就是章士钊所言之调和。① 由此可知，调和既非革命，又非德治，乃是渐进改革与法治。

值得一提的是，张东荪将人们可能对调和产生的误解与歧异进行分析指正。首先，否定调和的三种误解，即调和有三个"不是"：一不是无原则退让；二不是相互平等，无上下高低之分；三不是相互消灭对方。其次，澄清调和的两种歧义，即两个"但是"：虽相互自然竞争，但是互不伤害各自之基础；虽互有进退，但是不过是顺应时代变化的不同需求而各为显引之区别。再次，张指出了调和可由两种方式而得两种结果，即两个"由"与两个"得到"：由各足相安而得到各方的自我巩固；由相互进退而得到总有一方能顺应时运。即"所谓调和者，非无端退缩，相剂于平，而无上下高低之分，乃是虽自然竞争而各不伤其固有之基础，虽互有进退而不过顺应时代，为隐显之区别。此是一方面，他方面，则固各足相安，初无相杀之事，于是由相安而各得自固，由进退而得应乎时运"。②

张东荪又将调和分成"自然之调和"与"人为之调和"。张指出各人物循其身份上与能力上的正当轨道，在同一场域自然活动，"亲焉拒焉，争焉息焉，各依本来之天性，或交换而互益，或轮替而均惠，或相抗而并存，或分途而不害"。这是自然分配，由自然分配而产生自然调和。立宪国才能得自然调和，而专制国的人为调和只会破坏原有的自然调和。在专制国，"反自然之势力之分配与调和，皆所谓人为分配与人为调和"。③ 显然张倡导自然调和，此处的"人为"有违反自然之意味，略带贬义。由此可推断，人们在从事于政治时，决不能给自然调和制造阻碍，而应该给自

---

① 东荪：《制治根本论》，《甲寅》第一卷第五号，1915 年 5 月 10 日，第 12 页。
② 东荪：《制治根本论》，《甲寅》第一卷第五号，1915 年 5 月 10 日，第 12 页。
③ 张东荪：《用人与守法》，《中华杂志》第一卷第六号，1914 年 7 月 1 日，第 4~5 页。

然调和创造条件。

二　政治对抗的类别及其意义

张东荪独创性地将政治对抗现象，划分为"无形之对抗"与"有形之对抗"。张认为，无形对抗可使得国家内社会上各要素间的利益分配恒得平均，而免于偏颇专制之弊。有形对抗使得竞争于政见政策，互相交替以促进国家社会的发达。政治上对抗之意义即为政治调和之意义，即促进政治社会的进步，实现宪政民主。

第一，政治对抗的类别。

张东荪认为，虽然梁启超已讨论过政治之对抗力，但"仍以为其未足而更引申其说"。比如他将政治对抗之现象细分为二种，一为"无形之对抗"，一为"有形之对抗"。

张东荪指出："所谓无形之对抗者，国家社会内各分子互相对峙，而使各不相犯之谓也。"他引申了梁启超的观点："强健正当之对抗力，何自发生耶，曰必国中常有一部分上流人士，惟服从一己所信之真理而不肯服从强者之指命。"张认为此一部分之人士，不必尽从事于政治，但足以消极地使政治入乎正轨。"滥用政权者，得而惧焉，此一部分人士所恃者，为潜势力，其人则散处工农商学各界，故一呼而社会响应。"他们一起代表社会之各要素，以谋调和各要素之利益，不使政象趋于专制。此即是无形之对抗。①

有形之对抗即指政党间光明正大的对抗调和。张东荪认为："政见必有正负二面，而遂生相反对之政党，此相反对之政党，各标反对之政策以运行，彼此虽为政敌，而必互相尊重，对彼此间之反对竞争互相优容，并将竞争纳于一定之范围内，于一定之轨道上进行。"近世政治上一切之优良现象，"皆恃此对抗焉"，包括无形对抗与有形对抗。因无形之对抗行于自然间，又曰，"自然的对抗"。因有形之对抗，由彼此明知相反而特优容尊重对方，故可曰"许容的对抗"。②

---

① 张东荪：《对抗力之价值》，《庸言》第一卷第二十四号，1913 年 11 月 16 日，第 8～9 页。
② 张东荪：《对抗力之价值》，《庸言》第一卷第二十四号，1913 年 11 月 16 日，第 9～10 页。

关于"有形之对抗"的政党，张东荪在民初并未有较多论及。其重要的原因是，张认为当时国内无一政党可谓为政党，都不过是徒党而已。尤其是非同盟派之政党，大多数为官僚所利用。在张看来，政党之发达实无可期待。一则，"结党营私"为中国人种之天性，历代国家都深受其害。以前有所禁止，而现在借泰西政党的美名，反而将其数千年积累的恶德附丽而暴露出来。即各党未尝不为一己之私欲计。二则，乱党中人，对敌党丝毫未有一分尊重。三则，乱党既去，顿发其"作官狂"，视政党为"进身之阶、利用之资、护身之符"，所以政党之腐败与其发生俱始。四则，今日各党中之重要主持者，几乎"只知手段不知目的，只知个人不知国家"，排斥异己，把握私利，不单祸害一党，还祸害全国。此外，张强调中国素无政党，民初乃是政党的发轫期，"非培养之不足以树立"。当时非但一般人民对于政党无明了之印象，即使政党员也不知政党为何物。所以张称民初为"政党之养气时代"，即"今日为政党之修养时代，断不可操切于进行"，此幼稚之政党不宜骤握政权。①

张东荪将政治上的对抗，分为有形之对抗与无形之对抗，或曰自然的对抗与许容的对抗，正是基于政治上之对抗不同于物理界、生物界的独特性，即政治上之对抗有隐有显，或者说不仅有自然的，也有人为而规范的。政治界由于人的主动作用，可以使得本该有的自然对抗或者消失或者保持。这种分类是对政治上之对抗力更为深入透彻的解析，较之梁的笼统而论，论理更为严密，解说更为明晰。而当人明了政治对抗力之于进步的重要作用，就要设法保持这种对人类进步发展有益的对抗，而不是消灭对抗，张对政治对抗力的意义也进行了相关阐发。

第二，政治对抗力的意义。

张东荪认为，政治的演进必有赖于互异二势力之对抗，尤其是互异二党的对抗可防止专制。保持政治对抗现象以获得政治演进，正是近代立宪国优于我国的原因所在。

政治对抗力能有效防止专制与革命。张东荪指出如果政治上无对抗力，则政治力必然为绝对的而非相对的，如此则政象"临于专制"。专制

国因无对抗力而多革命。人民在专制下屈服于强权，一旦不堪忍受铤而走险便产生革命惨剧。他说"革命者，二势力之易位，而非二势力之对抗也"。张认为实行立宪可以防止专制，而且从根本上而言，唯有赖政治上之对抗力，才能由专制转入宪政。宪法由对抗力而生，且由对抗力为之保障。宪法能断绝专制，在于其背后对抗力的支撑；如宪法背后无实在的对抗力，则宪法不为功，亦不能制止专制。张认同拉称赫夫"立宪国之宪法，代表社会上各部之利益而使之维持平衡者也"的观点，并指出"盖立宪之精神，不在死条文之法典，必国民有保障宪法之能力以实现于活事实之政治始可"。① 此保障立宪之能力，即为对抗力。相反，"苟一国而无强健实在之对抗力以行乎政治之间，则虽有宪法而不为用，但见专制之现象而已"。②

唯有政治上形成对抗力，才能促进政治进步。张东荪认为，对抗使得"国民与政府相对埒而始各入乎正当之轨道"，所以现今政治由专制而改为君主立宪或民主立宪，"皆为政治上之对抗力之结果"。③ 此外，张还多次提到："近世国家之组织全基此对抗之原理也"，"非对抗不足以促进治道也"，甚至认为"对抗为政治进化之唯一要素"④，以此强调政治上对抗力对于政治进步所具之可不替代的至关重要的作用。在张看来，"在文明未进之时，竞争所产之混合为进化之原因；而在文明已进时代，彼此之力相等，唯对抗而已，对抗之结果亦足以促文明之进化"。专制则相反，势力趋于专而对抗不立，无进化可言。所以近世国家之发达，政治之进步，全赖二种对抗之势力。⑤

张东荪通过中外历史兴衰之比较，指出史实证明一兴一亡就在于是否"保有政治上对抗之势"。在张看来，"泰西各国之所以优越于吾国也，未尝不以常保持此对抗之现象以演进之"。民国共和底定之时，出现一线机会，颇成对抗之势。然而由于旧官僚与新暴徒（革命党）不善于利用此对

---

① 张东荪：《正谊解》，《正谊》第一卷第一号，1914 年 1 月 15 日，第 7 页。
② 张东荪：《正谊解》，《正谊》第一卷第一号，1914 年 1 月 15 日，第 6 页。
③ 张东荪：《正谊解》，《正谊》第一卷第一号，1914 年 1 月 15 日，第 6 页。
④ 张东荪：《对抗力之价值》，《庸言》第一卷第二十四号，1913 年 11 月 16 日，第 10、2、11 页。
⑤ 张东荪：《对抗力之价值》，《庸言》第一卷第二十四号，1913 年 11 月 16 日，第 11 页。

抗，"旋立旋灭"，以致张大为感叹："呜呼吾国数千年来政治不如彼西欧者，即以无对抗之故。"① 即相异之分子果真被排除尽净，则政治上无对抗可言，从而一切政事皆无进步之可言。②

总之，张东荪认为人类社会文明的进步有赖政治上之对抗力。张断言，"捉摸近世文明之根本意味者，有章君秋桐之调和论与不佞之对抗论"，假如二次革命以前，"即保持对抗之局，维系至今，决无今之黑暗"。③ 当时梁启超以政治上之对抗力号召同胞，张也认为是"诚今日救国之不二法门也"。④他说："国家社会之进步，在调济不在统一，在竞争不在专制，在活动不在一定而不变也。"⑤ "于文明已进、民智大开之世，不可不谋保持对抗，否则革命继续而兴，政治毫无进化，必陷于悲观之境而已。"

第二节　渐进改革与法治

既然"对抗为政治进化之唯一要素"⑥，那么如何保持政治上对抗之势，亦即如何形成政治调和？尤其是作为尚未进入近世宪政文明国家之列的我国，更需要养成政治对抗力。张东荪探讨了政治对抗力赖以形成的一般原则与条件，包括以非暴力革命的长期渐进改革，以及以宪法法治限制政府权力等方式，来实现政治调和。着重强调了法治的重要作用，如若对抗失去法律尤其是宪法的限制与保护，为武力或野心家专擅，对抗之势即烟消云散。

从对抗原理入手，张东荪对于欲保持政治上之对抗，指出不可不注意之三点，即政治调和的一般原则：一是相反二势力中的任何一方都不可居于国家最高机关。国家最高机关，一般是君主与总统。故君主立宪国，必使君主毫无权力，"尸位素餐等于形式"。民主国，不行总统制，即行内阁

---

① 张东荪：《对抗力之价值》，《庸言》第一卷第二十四号，1913 年 11 月 16 日，第 2 页。
② 张东荪：《读章秋桐政本论》，《正谊》第一卷第四号，1914 年 4 月 15 日，第 4～5 页。
③ 张东荪：《中国之将来与近世文明国立国之原则》，《正谊》第一卷第七号，1915 年 2 月 15 日，第 9 页。
④ 张东荪：《读章秋桐政本论》，《正谊》第一卷第四号，1914 年 4 月 15 日，第 1 页。
⑤ 张东荪：《读章秋桐政本论》，《正谊》第一卷第四号，1914 年 4 月 15 日，第 5 页。
⑥ 张东荪：《对抗力之价值》，《庸言》第一卷第二十四号，1913 年 11 月 16 日，第 11 页。

制。行总统制，使总统限于行政一部而与立法司法相对立，不能施大权作用。行内阁制，则使总统等于君主立宪国的君主。不然，对抗之局势卒不能保。二是相反二势力的竞争必有范围，不可诉诸武力。如果一方势力恃武力进行，则对抗之势必破；一旦对抗之势被破，则政象未有不归于专制。所以对抗二势力的竞争方式必是非武力的，才能由竞争而演成对抗之势。三是相反二势力必皆有遵守宪法的诚心，于宪法之下，互相竞争。宪法是"竞争之围场"，不得越此围场一步，更不能破坏此围场。要之，政治上相反二势力欲保持其对抗之势，必使其不可接触宪法、国家最高机关及武力三者。如果一旦接触其一，则相守方终不能敌而对抗之形消失。所以"苟于宪法之下及国家最高机关之下，武力之外，以行其竞争，则对抗可保。对抗保持，始有政治之可言，亦始有进化之可言"。[1]

按照上述三点注意，一方面要实行法治，尤其实施宪法，限制国家权力，既不使某一势力居最高位而不受限制，也不使各势力之竞争越出围场。即防范第一和第三两个注意点。另一方面要反对暴力革命，不使竞争诉诸武力，此乃防范第二个注意点。要之，政治调和形成之一般原则，即对抗之势的成立与维持，必须将武力排斥之外，在宪法法律的范围内竞争而得调和。下文先讨论张东荪政治调和思想中反对暴力革命主张渐进改良之观点，再分析其主张宪法法治之观点。

一 非暴力革命之渐进改革

第一，尽力避免暴力革命。

在张东荪看来，革命并不能形成对抗之势，革命是政治调和的反面，无法完成使国家由专制而转入宪政的重任。一则，"革命者，二势力之易位，而非二势力之对抗也"。[2] 二则，革命是好同恶异的结果，即不能容忍异见而强人同己的一种表现。[3] 三则，革命是民权过度受压之后的结果，即国权与民权未能形成平衡之对抗调和之结果与表现。张东荪认为"革命

---

[1] 张东荪：《对抗力之价值》，《庸言》第一卷第二十四号，1913 年 11 月 16 日，第 12～13 页。

[2] 张东荪：《正谊解》，《正谊》第一卷第一号，1914 年 1 月 15 日，第 7 页。

[3] 张东荪：《读章秋桐政本论》，《正谊》第一卷第四号，1914 年 4 月 15 日，第 5 页。

之成，大都基于反激"①，"革命时，除极度之狂潮与盲目之冲动外，绝无他物。革命以后，潮流既平，盲动亦息，人各有熟考之明识，于是从事于建设，乃全属有意识之作用，而非基于不健全之感情也"。② 所以革命并不一定能使政治有所改善。如辛亥革命后，"革命既成，国力凋敝如故，工商之窳败如故，政治之黑暗如故，经济之穷困如故。昔之以为能救国的革命，抑且反耗国家之元气"。③ 对此张还有如此描述："革命以后，政治之泯棼愈甚，干戈之纷起也，崔符之满地也，党争之乱政也，暗杀之流行也，学校之毁弃也，商业之凋敝也，种种恶现象皆为革命前之所无。孰知凡吾人当日以为可以强国者，今日盖反以弱国。"④

张东荪对于革命还有一种观点：革命是无奈之举。张认为无论何国的政治改良，必分二期，第一期为纯粹破坏，除去障碍者。第二期则否。所以于第一期中，革命是否无功，张不作极端之论，但"往往无可奈何，势必出于此途"。⑤ 比如，前清已日趋破坏而无可挽救，武昌一起义便全局破裂而成革命。所以"革命者，事实之必然的结果，而非人为之所产也"。⑥ 又如法兰西革命，"是事实之革命，非理想之革命；必为不得已之革命，不是故意之革命"。张指出，比如法兰西当日种种状态无一不是产革命的原因，民穷财尽，政府贵族路易十六皆毫无能力。革命爆发，几乎是"妇人稚子口呼面包而环围皇宫，实为饥寒交迫的难民向皇乞食"。所以张说："革命者，出于事实上必不可逃避之最后一途，而非吾人意匠所可随意创造者也。" 对于那些欢迎革命的人来说，革命并不会因为其欢迎而即来；对于那些厌恶革命的人来说，革命亦不会因为其厌恶而即退。⑦ 他还认为："内乱全恃武力以镇压之，非根本之计也；吾所希望者，并以法律之力治之，始可长治久安。"⑧ 故而在张看来，革命只能破坏不能建设，能免则免。

① 东荪：《行政与政治》，《甲寅》第一卷第六号，1915 年 6 月 10 日，第 13 页。
② 张东荪：《政治革命与社会革命》，《正谊》第一卷第四号，1914 年 4 月 15 日，第 5 ~ 6 页。
③ 张东荪：《政治革命与社会革命》，《正谊》第一卷第四号，1914 年 4 月 15 日，第 1 页。
④ 张东荪：《中国之社会问题》，《庸言》第一卷第十六号，1913 年 7 月 16 日，第 1 页。
⑤ 东荪：《行政与政治》，《甲寅》第一卷第六号，1915 年 6 月 10 日，第 13 ~ 14 页。
⑥ 张东荪：《政治革命与社会革命》，《正谊》第一卷第四号，1914 年 4 月 15 日，第 2 页。
⑦ 张东荪：《政治革命与社会革命》，《正谊》第一卷第四号，1914 年 4 月 15 日，第 3 页。
⑧ 张东荪：《乱后之经营》，《庸言》第一卷第十七号，1913 年 8 月 1 日，第 9 页。

由此，张东荪撰写了《政治革命与社会革命》主张缓进的社会革命，希望以社会革命完成政治革命之目的。因为政治革命自身并不能完成自己的目的，不过是一种开端，或者是无奈，能避免应尽可能避免。唯有用新方法、新知识逐渐改革社会，才能使政治社会进步。

第二，政治改革是一个长期渐进的过程。

张东荪多次谈及政治改革必是渐进的。他十分重视政治经验对于政治改良之重要性，相信"英谚有云，经验使愚者为智"①，并睿智地指出民初的政治经验所告知同胞的就是"政治非一旦而成者，不可操切，操切必败"。② 张认为良善之政治"在渐进而不在暴变，在希望与容忍而不在感情与强力"③，"政治之改革，在先筑改革之基础，由此基础而渐进焉，则必日形完善，可断言也"。④

张东荪提出"社会革命"的观点，主张以渐进的非暴力的社会革命促成政治的平稳改革。张称其所谓社会革命者"绝异于政治革命"。事实上它不是我们所谓的包含有政治革命的社会革命，而是一种不包含有政治在内的且可以作为政治改革基础的社会改革。张说："社会革命，不必流血，复不必杀人；进一步言，更不必变更国体，亦不必推倒政府。"社会革命乃是"由于无形，由于潜势，由于自然"。"要之，社会革命者，政治革命之根本也，政治革命之后盾也。"政治革命于前，社会革命于后，否则政治革命若单独进行，则鲜有效果之可收。在张看来，中国政治既革命，而社会实未革命，或者说，社会即使革命，亦不过才开始，其效果不可目睹，必经一个渐进的过程才能显现其效果。⑤

张东荪也曾特意指出中国改革需要一个长期的过程，并将之分三期加以讨论。第一期间为消极期间，是由不良至于良的过渡。张认为："夫由不良而至于良，则其间必有极长之期间。必先去其不良，此一事也；去不良并非立即等于良。"所以"去不良之后，必更为良之施设，

① 张东荪：《国会选举法商榷》，《庸言》第一卷第十四号，1913 年 6 月 16 日，第 2 页。
② 张东荪：《正谊解》，《正谊》第一卷第一号，1914 年 1 月 15 日，第 10 页。
③ 圣心：《国本》，《新中华杂志》第一卷第四号，1916 年 1 月 6 日，第 1 页。
④ 东荪：《制治根本论》，《甲寅》第一卷第五号，1915 年 5 月 10 日，第 16 页。
⑤ 张东荪：《政治革命与社会革命》，《正谊》第一卷第四号，1914 年 4 月 15 日，第 9 页。

此又一事"。故在张东荪看来，第一期是"纯为去不良之消极施设"。第二期为积极期间，是建设之积极活动期。至第三期，"结果乃得"，即完成期。① 进而张提出建立一良好之政制，使国家由此而进行，不必急求速效，只要此制度是轨道，是种子即可。国家既上轨道，长此以往，终有到达之一日；种子既已入土，则经历足够长之时期，终必发芽。② 要之，中国之政治改革，走上宪政之路必是一个长期渐进的过程。

二 宪法与法治

张东荪借用拉称赫夫之言曰："立宪国之宪法，代表社会上各部之利益而使之维持平衡者也。"即"宪法由对抗力而生，且由对抗力以为之保障"。③ 虽然张认为没有对抗力，光有宪法不为用，但宪法对于对抗之养成，为各势力的对抗划定范围的作用不可轻视，尤其有了对抗力之后，如何继续保持对抗之势更需要宪法或法治的保障。政治调和之形成必有赖相反之二势力皆有遵守宪法之诚心，于宪法之下，互相竞争。宪法法律能给政治社会上各势力的对抗竞争提供一个范围，且唯有在此范围中才能促进并实现政治调和，进而导国家入宪政民主之正轨。

张东荪主张以法治维持政治对抗之势，实现政治调和，进而使国家真正走上宪政正轨。他认为有真正宪法的国家即为立宪国。在他的概念里，法治国与立宪国本质一致而认为"欲长治久安，则非厉行法治不为功也"。④ 张在民初发表了一系列讨论法治国的文章，仔细分析探讨何为法治国，实行法治国对于民初政治进步的重要意义，进而强调了法治对于维持政治势力间的对抗调和有着不可替代的作用。概括而言，张东荪提倡通过限制政府权力，以防止专制，以维持不同政治派别间的对抗调和，以及政府与国民的对抗调和，等等。下文对此重点从宪法调和国内不同利益，与限制国家权力并防止专制，以及保障民权与国权的对抗等三大方面展开，分析讨论张关于在宪法之下行政治对抗，即以宪法法治保障对抗之政治调

---

① 张东荪：《根本救国论》，《正谊》第一卷第七号，1915 年 2 月 15 日，第 4~5 页。
② 张东荪：《吾人之统一的主张续》，《正谊》第一卷第九号，1915 年 6 月 15 日，第 14 页。
③ 张东荪：《正谊解》，《正谊》第一卷第一号，1914 年 1 月 15 日，第 7 页。
④ 张东荪：《法治国论》，《庸言》第一卷第二十四号，1913 年 11 月 16 日，第 13 页。

和思想。

第一，以宪法调和国内不同利益。

张东荪认为宪法法律是法治国的中心。无论任何国家必有一位置是全国之中心，人民无分贵贱皆托命于斯，比如神权政治之有神，君主国之有君主，而"立宪国所托命者厥维法律"。所以，法律为法治国的命脉，中国"素以人为转移，人存则政举，人亡则政息"，只能治乱循环。不如"厉行法治，使举国而托命于法律之下，法律永存则其国常治，法律可改进而不可全弃，则国家能逐渐发达而不生急变"。① 所以张倡导中国实行法治国，制定宪法以承认各势力存在，并规定其竞争之范围，使各势力代表之利益差足自安，从而通过形成与保障政治调和，实现国家民主转型。

张东荪通过追溯宪法限制王权之起源，讨论宪法本身所应具之弹性，论证宪法能调和各不同利益之可能性。张分析了宪法的起源，因英国无成文宪法，张将宪法统称为"根本法"，指出其根本法观念发生于近世初期，大半为限制君主权力而发明，即宪法观念发源于限制王权之动机。所以宪法是国君或政府的单独意思所不能变更或创造的，非某一势力所能专擅。即宪法的起源就含有调和不同势力的意味。② 同时，张主张宪法本身应具一定弹性而为他日改进留有适当余地，以便以后依据国情修正宪法，以保持调和各方利益的作用。宪法一般有刚性与柔性、成文与不成文之分，张提出民国制定宪法，虽宜取刚性成文宪法，但其固定性程度，不得过于固定而不可不作折中；且成文宪法中宜采取"概括主义"而非"详举主义"。因为欲留宪法自然变化的余地，不可不取概括主义。所以他说："吾人主张民国宪法当采用固定性以巩固国本，而犹必留有改善之余地，则概括主义尚矣。"③

在张东荪看来，宪法不仅能包容各种不同势力，而且能调和不同利益，使相反之势力维持对抗平衡。艮波罗维企则认为近世立宪主义之进步，全为国家内社会上权力关系分配之结果，张称艮氏之研究诚为政治学

---

① 张东荪：《内阁论》，《正谊》第一卷第一号，1914年1月15日，第7~8页。
② 张东荪：《论宪法之性质及其形式》，《庸言》第一卷第十号，1913年4月16日，第3页。
③ 张东荪：《论宪法之性质及其形式》，《庸言》第一卷第十号，1913年4月16日，第11~14页。

上发一新光明。他指出"宪法必依一至公反对之势力，相异之党派虽可互相轮替以执政柄，而宪法决不因之而摇动。盖宪法纯依公理，且亦优容此相异互反之势力，而并包之也"。① 张东荪十分精辟地指出，"宪法者，一国内各分子各势力之权利书也"，"宪法者，一国内各分子各势力之调和互让书也"。就所谓"权利书"而言，张认为国内必先有相异分子与独立势力。各分子各势力互相交接而又有界域，由是确定其权利与义务。"此确定之者，即宪法也。"就所谓"互让书"而言，张认为国内必先有"肯让之分子，容人之势力，其相互之调和生于对抗，其相互之退让生于忍容，故必先有对抗之力与忍容之德"。但因恐怕其调和退让不能巩固而确定，于是将之规定于法律，实为宪法。② 而且在张看来，"人民以自觉自治之故，使各种利益各种欲望各种势力，得以调和之平衡之分配之，而入于一定之范围，此范围即所以平衡分配调和者也"③，意即宪法不仅能包容不同政治势力，且为其对抗调和提供一围场。

第二，以法治限制政府权力，防止专制。

张东荪坚信"专制之祸，甚于洪水猛兽，非但不足图存于国际，抑且不足以自存。居今之世，率人之性，则专制苟一日不去必使国家人种同时灭亡而后已"。④ 政治调和就是要去除专制，实现宪政。在张看来，法治即是维持政治势力对抗而防止专制的有效方式，尤其是三权分立以及对行政权的限制，是防止专制的必由途径。

首先，法治能有效防止专制。张东荪极力肯定法治国以限制国权而能防止专制。张针对当时国人不知法治国果为何物，法治国在民初虽有名词而无定义的现实，以法治国的反面——警察国作为参照，详细分析了何为法治国。他指出警察国所具有的特征，使政治对抗无由发生。警察国的第一特征是国权无限制，国家以绝对权力支配一切；第二特征是政府拥有毫无限制的权力，且无法律拘束。一任政府所欲为，人民不能有所主张；第

---

① 张东荪：《对抗力之价值》，《庸言》第一卷第二十四号，1913 年 11 月 16 日，第 10 页。
② 东荪：《宪法与政治》，《甲寅》第一卷第九号，1915 年 9 月 10 日，第 4 页。
③ 张东荪：《中国共和前途之最后裁判》，《正谊》第一卷第三号，1914 年 3 月 15 日，第 9 页。
④ 张东荪：《内阁论》，《正谊》第一卷第一号，1914 年 1 月 15 日，第 7 页。

三特征是官吏受政府指挥，全不基于职务上的一般法则，而无论何时何地不过是执行特别指使及个别命令而已，显然有助于野心家借以个人专擅；第四特征是国权皆以命令形式发动，人民唯服从命令，官吏唯执行命令，政府得以恣所欲为矣。① 张进而指出："政府有限制与否，此即立宪与专制相区分之唯一标准也。立宪者，其政府之权有限度，专制者，其政府之权无限度。"② 警察国既可为野心家枭雄个人专擅，又极易侵害人民权利而导国家政府入专制。而法治国/立宪国正反乎其是，以法律的形式，尤其是宪法限制政府权力，以防专制滋生。进而，张东荪分析了法治国的特征。第一特征是"国家自行制限其国权之发动，且使其发动必有一定之形式，此制限形式即以法律表示之"。第二特征是"人民之自由皆以法律为范围"。第三特征是"行政全受法律之拘束"。第四特征是"国权之行动必以法律形式出之"。在他看来，这亦是"法治国之要素"。③ 张东荪理想之法治国以宪法、法律限制权力之发动，即以法律形式调和各权，使不为专擅。

法律尤其是宪法容许各势力存在能有效防止专制。张东荪指出："宪法者，所以调和各势力，使之相安而不为无法之争者也。故近世各国无不趋于立宪一途。盖以社会上各种势力，本为互相反对，仅可以法律调和之，使不至决裂，而决不能以一势力压倒其他而并吞之，使归于一也。夫专制者，即欲以一势力并吞其他，使归于绝对者也。"民国政治以一势力压倒其他势力而不恃法治以竞争调和之现象，令十分痛惜，他说："所谓物极必反，往往反动力之大小，以发动力为正比例，亦物力上之公理也，且国家社会之所以成立者，不尽恃一种势力，尤必各种势力相调和相分配而后国家社会始得巩固，而免于战乱。"④ 在张看来，法治是防止专制，从而保持政治上对抗之势力，形成政治调和的有效途径。相反，如果法治无而行人治，极易陷入专制。

其次，强调国家机关权力的分立制衡。

---

① 张东荪：《法治国论》，《庸言》第一卷第二十四号，1913 年 11 月 16 日，第 7~9 页。
② 张东荪：《复辟论之评判》，《正谊》第一卷第六号，1914 年 12 月 15 日，第 6 页。
③ 张东荪：《法治国论》，《庸言》第一卷第二十四号，1913 年 11 月 16 日，第 10~12 页。
④ 张东荪：《法治国论》，《庸言》第一卷第二十四号，1913 年 11 月 16 日，第 5 页。

张东荪极力主张通过宪法及法律规定国家各机关的权力分立，以实现国家权力的限制。他认为"国家之制限，其初步即在各机关互相控制"。欲各机关互相平衡与互相限制，非仅仅恃宪法可以为功，除宪法之外，必有待于多数法规法典等确立。比如英之所以为法治国者，正在不分宪法与法律，使法律皆等于宪法而有同一之效果而已。① 因而张力主通过宪法法律实行三权分立及特别限制行政权，以防止由行政权过大导致之野心家专擅。

张东荪力倡国家各机关必根据法律严密分配其权限，使权力不趋于一点。因为国权发源虽一，但其执行则众，各机关只可联络一气，不可并吞实权。尤其中国本为专制，虽号共和而人民信念未能骤变。故革命初成，因矫枉过正而酿成暴民专制；孰料反动之来，又形成总统专制。所以非使各机关保其平权不可。而要使各机关保其固有之权，必须有法律作保障。既然法治国的国权必由于法的形式才可发动，则国权之发动有二：立法权与执行权。立法权依已立之法而产新法，"务使法之周密，则国权行动庶不为法所外"。执行又分为二：司法与行政。"司法者，于随时发生之事件执法以为判断。行政者，于法律指定之下以其所应为者而为之。"② 张认为这三权都要规定于宪法中。他说："宪法者，虽为国家之组织，同时亦为分配三权、制限三权之规定也。"概言之，张倡导国家机关的权力分立，主要是立法行政司法的三权分立，且由一国宪法为之规定。③

张东荪十分推崇三权分立，称赞"三权分立，实近代政治之进化，其一切优良之政治现象，即由此而发生。是故言治者无不深致意于此"。张援引孟德斯鸠（Montesquieu）关于三权分立的精神，以及曼冶耳（Otto Mayer，现译梅耶）对其的解释，指出三权分立为颠扑不破之真理，并以此为前提主张国会权限不能过大，指出"国会权限自当以立法为限，一切为副，惟以历史国性之殊而有伸缩也"。④ 张曾主张内阁制也是由于内阁制

---

① 东荪：《制治根本论》，《甲寅》第一卷第五号，1915 年 5 月 10 日，第 17～18 页。
② 张东荪：《内阁论》，《正谊》第一卷第一号，1914 年 1 月 15 日，第 4 页。
③ 张东荪：《论二院制与一院制》，《庸言》第一卷第二十四号，1913 年 11 月 16 日，第 3 页。
④ 张东荪：《国会性质之疑问》，《庸言》第一卷第六号，1913 年 2 月 16 日，第 9～10 页。

符合三权分立之理而体现法治精神。他认为在内阁制之国，内阁为行政部主体，国会为立法部主体，最高法院为司法部主体，形成三权分立之势，就是"法治之精神也"。① 此外，张还指出良政制须给民以自由，其自身机关的职权必有严密的限度，必须实行三权分立。要想在制度上有严密限度，不可仅求于法律条文，尤当在各机关的配置上，务必加以控制，使一机关之权常为他机关所限，以使互相平衡。要之，"互相督责，使全国之政权不集中于一点"，即任何一机关都不能凌驾于各机关之上而不受控制。三权分立就是使"机关配置得以互相控制与平衡者，良政制也"。②

需要指出的是，正是基于其调和思想，张东荪提出三权虽要分立，但不能相互隔阂。所以他曾主张以内阁制总统发挥调和作用，成为三权的副署以联络三权。张认为三权分立各不相属，难保无隔阂之弊，如无法以救济，则势必导致政治停滞。所以必须另设一机关专以联络此三权，此机关即总统。内阁制总统是"于立法行政司法之外别其作用"，是"宪法上之补充行为"。然而此种补充作用，"非高出三权之外驾乎三权之间，而是各属于三权而为其副部"。③ 张认为"总统制之所以不及内阁制者，正以三权绝端分立，而无为之联络者"；而内阁制之优点正在于其三权不仅有分立，且有总统为之联络而不使有隔阂之弊。④ 且不问张的此种构想是否真切可行，但其欲限制而调和三权之意跃然纸上。

再次，突出三权中的行政权受最严格的限制。

张东荪认为三权分立中行政权受限制尤为重要。他指出法治国虽然以立法行政司法三者为不可缺的要素，但其要求主要在行政，而司法立法警察国也有。按法治之旨的，国权的行动与人民的自由皆须纳入法律范围之中，而通常情况下司法立法不背于此，而行政最难以入法律范围。张甚至提出："法治国之精神，独于行政上求之耳。"⑤ 即所谓"非使行政全纳乎

---

① 张东荪：《内阁论续》，《正谊》第一卷第二号，1914 年 2 月 15 日，第 15 页。
② 东荪：《政制论（上）》，《甲寅》第一卷第七号 1915 年 7 月 10 日，第 7 页。
③ 张东荪：《内阁论续》，《正谊》第一卷第二号，1914 年 2 月 15 日，第 16 页。
④ 张东荪：《论统治权总揽者之有无》，《庸言》第一卷第十一号，1913 年 5 月 1 日，第 17 页。
⑤ 张东荪：《内阁论》，《正谊》第一卷第一号，1914 年 1 月 15 日，第 5 页。

法律之中，则法治之精神不能实现"。① 张曾严厉批评民初由行政部产出立法部，称其不仅是法理所不容，亦是人情所未许，"天下不公平者，宁有过于此乎"。② 为此，张专门讨论了西方国家的行政裁判法，以为民国借鉴。③ 张相信在法治国下，政府行政权力必须由法律规定而使有所限制，能有效防止专制及野心家或一势力的专擅。

张东荪十分强调加强司法之力以限制行政。他认为："强有力之司法，其足以拘束行政，而驱入正轨，为力亦复至伟。"虽然立法与司法同为限制行政的手段，但司法对行政的限制尤为重要。他说，欲得良行政必使立法握政治高权，同时尤必使司法有强固之力，一以发扬民志，一以保障人权，"个人权利之保障，少数利益之维护，社会秩序之有效，人民公意之保证，端恃司法"。张甚至认为"法治国以法拘束行政，其功亦莫不由于司法"。意即没有强硬有力的司法，"法治终究末由以隆"。英人法治观念之所以深宿人心，都是基于数百年司法之力。所以张以为"英人法治之隆，全恃司法以陶镕之"，进而指出"司法之力，足以驱行政致乎善良是也"。④

通过严格限制行政权，可以有效防止野心家专擅。在张东荪看来，民初行政部"放驰已久，动辄溢于正当轨道之外"。而政府行动常越乎范围，必激起内乱。而且，行政部专擅的一大原因在于有"野心家之元首"，"非谓其欲帝制自为，乃谓其大权独专，既独揽行政之权，又复侵吞司法立法，使其不能独立"。⑤ 张总结了野心家的七大恶端，指出"野心家为人类之蟊贼、文明之障碍、政治之大害也"。⑥ 在野心家统治下，人民受压，难免激之酿成革命。所以"行总统制之国，其总统苟为野心家，则未有不战乱相继"。独独美利坚总统，有华盛顿的遗规，更重要的是美为绝端三权分立国，行政部不能侵及立法，故能安然。⑦ 因而张力倡通过对行政部权

① 张东荪《法治国论》，《庸言》第一卷第二十四号，1913 年 11 月 16 日，第 11 页。

② 张东荪：《论二院制与一院制》，《庸言》第一卷第二十四号，1913 年 11 月 16 日，第 2 页。

③ 参见张东荪《行政裁判论》，《庸言》第一卷第二十三号，1913 年 11 月 1 日。

④ 东荪：《行政与政治》，《甲寅》第一卷第六号，1915 年 6 月 10 日，第 20～21 页。

⑤ 张东荪：《内阁论续》，《正谊》第一卷第二号，1914 年 2 月 15 日，第 13 页。

⑥ 东荪：《政制论（下）》，《甲寅》第一卷第八号，1915 年 8 月 10 日，第 3～5 页。

⑦ 张东荪：《内阁论续》，《正谊》第一卷第二号，1914 年 2 月 15 日，第 14 页。

力进行严格限制，使野心家无机可乘，免野心家专擅之弊。

时人有对于行政权的严格限制提出异议。比如，有论者并非主张中国不宜尚法治，但以为行政权一部分不应严格拘束。张东荪认为此观点特不切中国现势，如果中国的行政权并未拘束于严格限制之下，则此论宁为无的放矢。张指出中国当时行政权实未受严格限制，因为中国法律不备，有的不过一约法，且不论约法中若干条文由于政治权势变迁而只成为具文，以约法全体来看，行政权的拘束也未尝较严于美法。约法虽采内阁制，但总统之权反而类乎美国的总统制。而且张以为执法者守法者不同于立法之人，不宜问法之宽严，一旦法律成立，即应恪守无违。① 总之，在张看来，中国当时的现实急需对行政权进行严格限制。而且法治国之精神，尤其强调行政上受限制，以防止野心家专擅，真正实现三权分立制衡，调和国家各机关之权力，从而以政治调和实现宪政。

复次，以法治调和民权与国权。

张东荪指出，"法治国者，一方纳人民于法律范围之内，一方复使国家自身入乎一定之法律限制，俾各得一定之规范，恪守以行而不相越"②，从而使民权与国权能成对抗调和之势。

就国权而言，张东荪认为"国家自身之制限者，以国家不能为恶，而代表国家者乃足以济其恶"。③ 宪法法律通过对政府权力（国权）进行限制，使其权力形式限制在法律范围内，以此防止政府名号共和而行专制之实。张认为法治国第一特征即为"国家自行制限其国权之发动，且使其发动必由于一定之形式，此制限之形式即以法律表示"。法律是由全国国民总意所构成，并非单独元首一人之意所可确定，故国权代表者，上至元首下至各机关皆须依法而行，受总意之指挥。④ 而且，国权之行动依乎法律之规定也是法治国的要素。之所以如此，是因为国权不能自动，必定有自然人以代为执行。⑤ 国家代表者是自然人，自然人本具"狙与虎之性"，必

---

① 张东荪：《内阁论》，《正谊》第一卷第一号，1914 年 1 月 15 日，第 10 ~ 11 页。
② 张东荪：《法治国论》，《庸言》第一卷第二十四号，1913 年 11 月 16 日，第 7 页。
③ 张东荪：《内阁论》，《正谊》第一卷第一号，1914 年 1 月 15 日，第 7 页。
④ 张东荪《法治国论》，《庸言》第一卷第二十四号，1913 年 11 月 16 日，第 10 页。
⑤ 张东荪：《内阁论》，《正谊》第一卷第一号，1914 年 1 月 15 日，第 8 页。

借国家名义以图私欲，"枭雄自逞之元首，作威作福之官吏，无国无有、无代无有，此乃人性如此而已"。所以国家必先制法严定国家自身之权限，以此限制防止"枭雄恶吏假借名义以自私的非分之行"，若法律与以相当范围，使于此范围内活动而谋国利民福。① 他说："故国家自行制限之意，即为使国家内所以代表国权之各机关皆严分其权限，使不相越，然后居于各机关之自然人，始不能藉端以恣所欲为也。"② 所以需要以法治对国权进行约束，防止任何人在任何领域借以行专制。

就民权而言，一方面，民权有宪法法律加以保障，政府国家之权力不能侵及人民权利，即国权不能侵害民权。在张看来，法治不隆，非但人民的公权失其保障，且人民的私权亦可能被蹂躏。非法治国的行政全不遵循法律规则而必有赖官吏。然而官吏未必都为廉洁之士。而我国官吏跋扈已成习惯，"如无严格的法律以范围之，必藉国家之名以逞其私"。所以往往因行政行为而蹂躏人民权利。在民权之中，张尤其强调，"人民之公权惟法治国始可确立"。公权由公法而生，如公法不备，则不但公权不能发生，即使发生亦无保障。无公权之人民，必不堪其虐，铤而走险，以致爆发暴力革命。我国自国体改步以来，约法上虽有各种公权的规定，然而由于法律与机关均不备，不能实现公权，使得人民依旧被官吏蹂躏。所以必法律周密，使行政全束缚于法律之中，然后人民之公权，才能不被官吏蹂躏。③ 另一方面，民权亦当受宪法法律之限制，而不为"无法之自由"。张东荪指出，法治国的第二特征是人民自由皆以法律为范围。人民本有自由，自由本非赢得之权利，然而如以法律规定之，则即为法律所保障。而且张指出"法律所保障者，同时亦必为法律所制限"。故人民不得为非法之自由，而于法律范围以内不受侵犯。针对民初人民喜非分之自由，暗杀流行，张特别指出，"此乃人类本具狙与虎之性，其恶自有生以来即深宿于性根"。④ 因而"必以法律齐其外部之行动，以道

---

① 张东荪《法治国论》，《庸言》第一卷第二十四号，1913 年 11 月 16 日，第 7 页。
② 张东荪：《内阁论》，《正谊》第一卷第一号，1914 年 1 月 15 日，第 8 页。
③ 张东荪：《法治国论》，《庸言》第一卷第二十四号，1913 年 11 月 16 日，第 6~7 页。
④ 张东荪：《法治国论》，《庸言》第一卷第二十四号，1913 年 11 月 16 日，第 11 页。

德正其内部之良心，仅恃良心作用而无外部之制裁，则鲜有不畔者也"。①
张认为"法治之精神，不仅在国权之行动，而亦于人民之自由为之保障，
且同时为之制限也"。"故无法之自由，为法治所不许。"② 对于民初国体改
步以后，舆论认为共和国以民为本位，非扩张民权不可的观点，张持谨慎
态度而不主张无限制地一味扩张民权。③

张东荪进而提出将政府与人民都约束在法治之下，以调和国权与民
权。在他看来"法治国者，不仅恃人民之守法，尤必国家各机关之行动，
一一皆以法律规定为准绳，然后法治国庶几可得而成也。异辞言之，仅有
人民守法于下，而政府违法于上，则法治国终无由以成立，且此种为专制
国顺民之现象，不可以法治国相比拟"。所以欲进中国为法治国，"不当仅
求人民之守法，亦应求政府之守法。夫政府能守法于上，而后人民始可守
法于下"。④

调和民权与国权，使政治进于立宪民主以图国家长治久安，必有赖法
治之功。张东荪极力倡导法治，向国人宣扬法治精神。他指出，"欲长治
久安，则非厉行法治不为功也"⑤，"法治国使国家行动循乎法律之规则，
则无政治上之激变，人民服从法律而非屈服于强权，则其心帖然无反抗之
思，则国可以长治久安"。而且中国素为专制，无识的人民仍有视总统如
帝王之弊。"故必提倡其崇视法律之心，以转移此种恶劣观念。""庶几国
家始得就平坦之途。"⑥

张东荪进而主张人民与国家之关系必以法律为准绳。国家既不能侵及
国民之领域，国民也不能越占国家之事务。⑦ 国家与人民之关系以文化日
演而日益密切，如不以法律为准绳，则非但国家有时侵及人民之权利，而
且人民亦得侵占国家之权。⑧

① 张东荪：《法治国论》，《庸言》第一卷第二十四号，1913 年 11 月 16 日，第 7 页。
② 张东荪：《内阁论》，《正谊》第一卷第一号，1914 年 1 月 15 日，第 9 页。
③ 张东荪：《余之民权观》，《庸言》第一卷第十二号，1913 年 5 月 16 日，第 1 页。
④ 张东荪：《法治国论》，《庸言》第一卷第二十四号，1913 年 11 月 16 日，第 2 页。
⑤ 张东荪：《法治国论》，《庸言》第一卷第二十四号，1913 年 11 月 16 日，第 13 页。
⑥ 张东荪：《内阁论》，《正谊》第一卷第一号，1914 年 1 月 15 日，第 7~8 页。
⑦ 东荪：《制治根本论》，《甲寅》第一卷第五号，1915 年 5 月 10 日，第 4 页。
⑧ 张东荪：《内阁论》，《正谊》第一卷第一号，1914 年 1 月 15 日，第 8 页。

第三节 政治调和之社会基础与自治

社会的独立自由发展是政治调和的社会基础。张东荪认为，唯有通过社会自由竞争发展，才能培育国民人格，进而奠定由政治调和走向宪政所需之社会基础与国民基础。张以向心力与离心力相互作用原理为依据，极有先见地提出了国家社会二分，减少国家干涉，使社会独立并得以自由竞争发展，从而提供政治调和赖以生成之社会基础。也可以说，以社会来制约过于强大的国家权力，并以社会本身之调和与发展促进政治之对抗调和。不仅如此，张颇为独到地指出，与减少国家干涉相联系的自治与具有自治精神的联邦，也是政治调和之重要方式。一方面是培养国民人格之根本方式，一方面是调和国内向心力与离心力之最佳途径。

一 自由发展之社会基础

张东荪提出将国家与社会二分，认识到了现代国家与古代国家的差异，与此紧密相关的是其深知现代人自由与古代人自由各异。张肯认摩尔（Mohl）古代之自由权与近代相异的观点，在于古代唯争参与政治之自由，而近代乃谋国家不加干涉之自由，张称赞其为"最为透宗之谈"。古代国家"一切道德教化经济之权，皆操之于国家之手"。而现代国家则不然，"此等事物非国权所能启发，必社会上个人能力自然为之开发始可"。① 现代国家往往与政府相提并论，被视为必要的恶，国家本身的职权被不断地缩小，其底线是消极的不作恶。张指出国家能实现的仅仅是"公善"，而"私善"必须由国家之外的社会来实现。正是基于这一认识，张才指出国家与社会二分对于陶养国民人格的重要性。虽然张未能道出市民社会，但其所谓的与国家相对的社会，正是现代市民社会所含之意。张以此种现代的眼光来求解政治问题，指出政治调和不可或缺的社会基础，确实值得称道。

第一，以独立之社会陶养国民人格，需国家与社会二分。

---

① 张东荪：《中国之将来与近世文明国立国之原则》，《正谊》第一卷第七号，1915 年 2 月 15 日，第 7 页。

社会独立就在于社会与国家二分。张东荪主张国家与社会二分，尤其是减少国家或政府干涉，使得以有"独立之社会"，进而以独立之社会陶养国民人格，提高国民的知识，为政治调和奠定国民基础，从而促进社会政治之改善。

首先，我国民"人格薄脆"急需以社会陶养之。宪政的建立需要国民有相当的政治知识与政治能力，而我国民尚不具备。张东荪指出，良政治之获得，必须自国民有政治知识与政治能力，知道何为良何为恶，否则良政治永远不能得到。① 而且张信奉英谚"知识者权力也"（Knowledge is power），"所能即所是"（might is right），认为"国民之知识能力是一国所以立者，国民之涵德是一民族所以兴者"②，"国于大地，必有以立，立者何恃？ 国民之知识能力而已"③，"夫一民族之兴亡，不在其现处之境，而在其涵有之德"。张认为"吾民族之涵德，已往有仁义廉耻之说，是为中国魂"，然而今日却几乎不存在了，可谓"薄脆人格"，所以导致建国三年，政象由活泼而趋于停滞，社会由勃发而至于静止，人心由腹诽而变于苟安。④ 比如国民对党争的认识与态度是一闻党争辄为不快，北京政府初立时国民的恶党情绪也同时增高。张认为，"实则，恶党与党争，同属感情作用，绝无一分理由可诉"。党争未必定会有损国家元气。相反自由竞争为一切进化之根源，无自由竞争，则无发展。而"吾民若永久束缚于一尊，不过为束手待毙而已"。⑤ 所以，张认为，"欲国之兴也，不可不先谋所以增进其民智，我国之不振，源于人民知识之幼稚，已成铁案"。⑥ 不过人格低下并非必无救，"救济之道，在

---

① 东荪：《政制论（上）》，《甲寅》第一卷第七号，1915 年 7 月 10 日，第 2 页。
② 张东荪：《中国之将来与近世文明国立国之原则》，《正谊》第一卷第七号，1915 年 2 月 15 日，第 1 页。
③ 张东荪：《中国之将来与近世文明国立国之原则》，《正谊》第一卷第七号，1915 年 2 月 15 日，第 3 页。
④ 张东荪：《中国之将来与近世文明国立国之原则》，《正谊》第一卷第七号，1915 年 2 月 15 日，第 5~6 页。
⑤ 张东荪：《中国之将来与近世文明国立国之原则》，《正谊》第一卷第七号，1915 年 2 月 15 日，第 8~9 页。
⑥ 张东荪：《中国之将来与近世文明国立国之原则》，《正谊》第一卷第七号，1915 年 2 月 15 日，第 3 页。

先使政治与社会分其作用。则政治之摧残人物，社会之淘汰优秀，不致同时而行。然后徐徐以淘养人格，俾人格之充实者，虽不为多数，然非寥若晨星。则中国始有希望矣"。张相信民智之提高，国民人格之陶养，关键在于社会。所谓"人格之淘养，其权不在政治而在社会"。①

所以，社会与国家二分而独立发展，才发挥其陶养人格之作用。张东荪主张以社会陶养人格，进而提出国家社会二分，以自由发展之社会提高国民之政治知识与政治能力。

其次，如何实现国家与社会二分陶养国民人格？国家与社会二分，就需要减少国家的干涉，国家干涉阻碍国民人格的提高。张认为近世文明国家，"其立国之道，端在尽其所能（as possible as）不必干涉者，国家决不予干涉"。② 而且他洞见到政府的干涉，在实质上对于民力实不能有所增加，所增加的不过表面上的形式而已。③ 人民之知识能力提高往往由人民自己追求而得。但是"民若不自求，其罪不在人民"，因人民之所以退缩不前乃是因为有大力者压制其上而已。意即原因在于政府的过多干涉。他说："大力者往往防民之口，甚于防川，凡是足以启发人民活泼之气者，必多方加以杜绝，致使民无生气，惟知仰食，没有余暇求政治之改善，所以民不自求非其罪也。"④

"国家与社会判而为二"⑤ 也意味着"国家与国民有严格之分界"。因为国家成立之目的是为国利民福，而"近世国家不能以主权之力，为全国人民谋个别之幸福，乃必分公善与私善为二。公善之事国家掌之，私善之事听国民自为之，不为越俎代庖，即国民之私善往往通过政府之外的社会得以实现"。所以，近世国家"非使国家如教师，国民如生徒，乃使国家如公司，国民如股东"。即并非使国家对于国民一切行为"皆干涉之、督

---

① 张东荪：《中国之将来与近世文明国立国之原则》，《正谊》第一卷第七号，1915 年 2 月15 日，第 7 页。
② 张东荪：《中国之将来与近世文明国立国之原则》，《正谊》第一卷第七号，1915 年 2 月15 日，第 7 页。
③ 张东荪：《中国之将来与近世文明国立国之原则》，《正谊》第一卷第七号，1915 年 2 月15 日，第 7~8 页。
④ 东荪：《政制论（上）》，《甲寅》第一卷第七号，1915 年 7 月 10 日，第 3 页。
⑤ 张东荪：《根本救国论》，《正谊》第一卷第七号，1915 年 2 月 15 日，第 6 页。

策之、率领之、惩责之"；而是"凡公司之事国家掌之，而为各股东自身之事则由国民为之，而国家不加干涉"。这样，国家与国民各自行为的途径，各自事业的范围，"各有严密之分界，互不相越"。① 张指出政府于正当事务减其干涉，则"个人之聪明才力可以迸发而同赴于正"。② 由是以观，张注目于划定国家与国民之分界，即划定国家与社会之分界。而且其着重于减少国家之干涉，就是为了防止国家侵及社会，使国民得以在社会中自然发展，从而使其人格得以提高。

需要指出的是，张东荪也认识到社会发展与国民人格的提高可实现良性互动，其关键在于减少国家之干涉。张提出，"中国国运之兴也，不在有万能之政府，而在有健全自由之社会"。而健全自由之社会，唯由人民之人格优秀以成。而"此优秀之人格，苟政府去其压制，使社会得以自由竞争，因而自然淘汰则可养成之也"。易言之，"中国之存亡，唯在人民人格之充实与健全，而此人格则由撤去干涉而自由竞争即得之矣，于诸自由之中，尤以思想自由及思想竞争为最也"。所以，张希望社会自由之中，不可不以社会自由之思想以为我国民劝。张呼吁同胞领会"知识能力也"，以知识增其能力，并一起倡导减少国家之干涉。③

中国社会尤其急需国家与社会二分。在张东荪眼里，"中国之政府，不分前清与民国，素以干涉为主义，特干涉之道不同耳"。他甚至尖锐地揭露道："中国社会上一切生机均为我政府遏制尽矣。"其他国家是预想国民之发展，而为之干涉；中国则"凡是足以自由发展者"，也必加干涉而防止其自由发展。意即他国是为无意识之扩充，我国是为无意识之遏制。④

第二，减少国家干涉，以社会活气促成政治之对抗调和。

首先，社会是政治改革的基础。张东荪强调社会是政治进步之先导与

---

① 东荪：《制治根本论》，《甲寅》第一卷第五号，1915 年 5 月 10 日，第 3～4 页。

② 张东荪：《中国之将来与近世文明国立国之原则》，《正谊》第一卷第七号，1915 年 2 月 15 日，第 15 页。

③ 张东荪：《中国之将来与近世文明国立国之原则》，《正谊》第一卷第七号，1915 年 2 月 15 日，第 16 页。

④ 张东荪：《中国之将来与近世文明国立国之原则》，《正谊》第一卷第七号，1915 年 2 月 15 日，第 8 页。

后盾，应以有活气之社会引为政治上之对抗调和。他认为政治改革不能独存，必须由社会改革为之基础。比如国人曾以为革命后政治改革得其机会，"孰知凡吾人当日以为可以强国者，今日盖反以弱国"。张"思之重思之"，认为"非政治改革之不可行也，社会未经改良以相适应耳"。政治与社会相表里，社会程度未齐，乃欲施以理想之政治，犹如小儿不能走路而即欲奔跑。① 张进而深刻指出，"不佞今颇醒悟，知泛言对抗与调和，而不从社会活气着想，终为无济耳"。② 清末之际，有人曾揭一问题曰："以社会之力发展国家？抑或以国家之力发展社会？"一般看来"因国家之产生，专为民之福利计，以国家发展社会似乎是理之至当"。张以民国三年的经验作出回答是：事实不然，非人民之能力充足，不能产良政府。必政治与社会分离，"使政治之干涉范围愈小，则社会之活动范围愈大，于是社会以自由竞争而得自然发展"。虽然国家对社会有权制作用，但断无社会不发达，而权制作用独能尽善尽美。所以社会发展是国家发展的重要基础，"必政府之缩小干涉、减少压制，先使社会上有充足之生气，然后以社会活动之地盘引为政治上之对抗与调和"。③

张东荪提出以社会发展之活气，驱策政府入宪政之轨道。他认为一国政治之进步决非政府自身之力，必有社会之威迫以驱策其政府，然后政府始得进入轨道。社会威迫政府之道在于国民的政治自由。他说："欲社会之力足以威迫其政府，则必有威迫之道，且此道不为政府所夺"，"其道即国民之政治上自由是也"。比如，国民有出版自由，则政府有失职者，得以言论纠责之；国民有集会自由，则政府有违法者，得合群力以抵抗之。以至于借政治自由得以更替当局，使政治常新。④ 如此则达到了以社会之活力对政府产生威迫与限制，从而使社会与政府为对抗之势。张将对抗调和主要视为社会上政治作用之理法，而非仅仅国家机关上政治作用的规律，对抗调和本身主要属于社会，进而主张以社会对抗与调和，引为政治

---

① 张东荪：《中国之社会问题》，《庸言》第一卷第十六号，1913 年 7 月 16 日，第 1 页。
② 张东荪：《中国之将来与近世文明国立国之原则》，《正谊》第一卷第七号，1915 年 2 月 15 日，第 10 页。
③ 张东荪：《中国之将来与近世文明国立国之原则》，《正谊》第一卷第七号，1915 年 2 月 15 日，第 7 页。
④ 东荪：《制治根本论》，《甲寅》第一卷第五号，1915 年 5 月 10 日，第 7 页。

上之对抗与调和。

其次，张东荪探讨了何者为社会自由竞争发展而政府不得干涉。张以为，凡经济、教化、道德、地方事务、学术、技艺、信仰等，均划出政府管辖之外，政府绝对不与闻、不干涉，而听人民自由处理之。从而达到"政府不唯人民之仰给是求，扑灭一切之民间事业而专使其依赖于政府"。政府应给予社会以相当自由，得以自由活动，以致自由竞争而自由发展。譬如用人，张认为凡是不欲用之人才，便听其于社会上自由活动，"不必既不欲用而又害怕其去，甚至虚耗国力对其柔禁"。① 张进而指出"国家之天职，唯在使社会上之人民得以自然发展，凡有阻止发展者禁绝之。于是必立抽象之规则，以禁阻发展者，而各与以平等发展之机会"。因而张多次将人民喻为"春草"，只要去掉"覆盖其上者"使得自然而苗，国家的职守亦如是。② 近世文明国家从减少政府干涉着眼，凡人民所能处置的事务，无不留于国民，以使人民自由竞争而向上发展。如此既可以省国家之经营，又可长人民之能力。对此张极为赞赏，并称文明国之社会的事业多于政府，"万事皆不仰政府而足以自动"，即"社会有自救自拔之力，无待政府之干涉"。③ 然而"我国除政府外，几无社会，人之仰食于政府者，有若千万，是世界中不多见之一国"。④ 张默察当时社会，认为"无论任何事务，罔不由政府之插足其间，未有使社会独立举办"。此种政府插足"乃竟使社会活气根本为之淹没也"，"社会生机为政府遏制尽矣"。⑤

再次，需要指出的是，张东荪之所以主张使政府之范围减少而社会事务之范围增多，并非因为民初政府不能积极为善而求其消极不作恶，而是认定社会与国家二分而减少政府对社会之干涉，"乃欧美先进国立国之一

① 张东荪：《中国之将来与近世文明国立国之原则》，《正谊》第一卷第七号，1915 年 2 月 15 日，第 10 页。
② 张东荪：《中国之将来与近世文明国立国之原则》，《正谊》第一卷第七号，1915 年 2 月 15 日，第 12 页。
③ 张东荪：《中国之将来与近世文明国立国之原则》，《正谊》第一卷第七号，1915 年 2 月 15 日，第 16 页。
④ 张东荪：《中国之将来与近世文明国立国之原则》，《正谊》第一卷第七号，1915 年 2 月 15 日，第 11 页。
⑤ 张东荪：《中国之将来与近世文明国立国之原则》，《正谊》第一卷第七号，1915 年 2 月 15 日，第 10 页。

重要原则"。张认为"干涉愈多,民愈委退,此则事实"。对于蒲徕士(James Bryce)所阐释的放任主义之理由,即从社会现象来看,国家干涉害多而利少;"若听社会之自然,则可以自然竞争与自然协力,由此则群己皆得善果"。张对此深表赞同,称"英美之立国之基即在于是,国人岂能背道而驰"。① 所以张也不欣赏国家保护政策,认为其背面无不为干涉与遏止,时机一过,当日的保护制度,转瞬即为障碍组织。② 张琢磨近世文明的根本意味,认为是由"政府减少干涉"促成"对抗与调和"。他认为章士钊论调和"要亦不外此旨",即"一国以内,情感利害杂然并陈,非一一使之差足自安不足以言国之长图;又调和生于相抵,成于相让,无抵力无足以言调和,无让德亦不足以言调和",章之调和论"固非纯指内部之道德,盖与其对抗说,同一为说明社会上政治作用之理法也"。③ 而且张东荪以为文明国所恃者当然不仅此,还必须使国家为公有而不能私有,不能使国家有一势力居独占之地位。而之所以能减少国家干涉的范围,端在有社会上多数势力与政府势力干涉;反之若多数势力不立,则国家即为政府一势力所独据。"故干涉范围之减小,乃政府改良之初步也,而优良之对抗现象即自此出。"④ 总之,张认为近世文明国之所以振兴,一重要原因是国家与社会二分,即减少国家干涉范围而听人民自由竞争、自然发展,优良之对抗现象亦由此而产生,从而推动社会政治的进步。

二 自治与联邦

张东荪力倡"自治"。他从离心力与向心力之消长原理入手,指出增强向心力之法莫如许以自治。自治是地方自治,往往意味着减少国家干涉,是中央减少对地方的干涉而许地方以自治。在张看来,自治是养成并维持政治调和最为根本之方式,自治不仅调和自治范围内各分子各势力间

---

① 东荪:《制治根本论》,《甲寅》第一卷第五号,1915年5月10日,第6页。
② 张东荪:《中国之将来与近世文明国立国之原则》,《正谊》第一卷第七号,1915年2月15日,第15页。
③ 张东荪:《中国之将来与近世文明国立国之原则》,《正谊》第一卷第七号,1915年2月15日,第9页。
④ 张东荪:《中国之将来与近世文明国立国之原则》,《正谊》第一卷第七号,1915年2月15日,第8页。

的利益，更为重要的是通过政治实践，提高国民之政治能力，培育国民之政治调和品格，从而从根本上养成与保障一国之政治调和，进而迈入宪政之轨。张认为联邦之精神与目的皆为自治，且联邦较地方自治更具独立性，能更好地发挥自治精神。

第一，自治与联邦之含义。

张东荪称其所谓自治是英语之 Self-government①，即"以人民自亲政事，是为自治"。② 具体而言，一则，自治有一原则"小自一己之身，大至邦国之事，依同一之原则以处理，•此原则即道德上之要求，也即国民对政治义务（Political Obligation）之自觉"。因而张主张宜提倡英美之自治精神，而不可以大陆派的地方自治精神移植于中国。英美之自治出于人民之自觉，易言之，即"出于道德上政治上之义务，此政治义务为先天所赋，履行此义务即为自我实现（Self-realiagtion）"。而大陆派之自治，"实不得谓之自治，因其全基于中央政府之委任，其权非固有的，而为让与的，以与英美相比较，则如南北两极，绝不相同"。③ 二则，"所谓自治，行政是也"。就行政层面而言，自治又往往与"地方自治"的概念相同，即"正本乎近世政治之精神，以人民之能力，自行运用其政治也"，亦即"民自为政"，这是指地方而论。张认为"自治之原理，即本于行政分权，诚以地域广阔之国家，断无由一机关而得处理一切之具体事务"。④

关于联邦的概念。张东荪基本同意章士钊的观点，即"联邦者……凡关于全民族之事件由中央政府理之，凡事件不为共同利益所存，由各邦政府理之是已"。张对章的联邦概念在组织方面做一补足，"联邦之地方政府乃非中央政府所创造，于是联邦之义乃完备"。意即联邦组织是二重政府，虽邦与地方政府一样是统一国的下级自治，但邦不同于地方政府之处在于联邦非为中央政府所创造。⑤ 张以为邦的性质是非主权国。邦无最高权，而国有最高权，即国为主权国，而邦为非主权国。二者同为国家之一种也。⑥

① 张东荪：《地方制之终极观》，《中华杂志》第一卷第七号，1914年7月16日，第3页
② 东荪：《行政与政治》，《甲寅》第一卷第六号，1915年6月10日，第22页。
③ 张东荪：《地方制之终极观》，《中华杂志》第一卷第七号，1914年7月16日，第3~4页。
④ 东荪：《行政与政治》，《甲寅》第一卷第六号，1915年6月10日，第9页。
⑤ 圣心：《联邦立国论》，《新中华杂志》第一卷第一号，1915年10月1日，第1页。
⑥ 圣心：《联邦之性质及其精神》，《新中华杂志》第一卷第一号，1915年10月1日，第15页。

张东荪格外强调联邦之精神在自治，联邦之目的在自治。[①] 张指出同为联邦亦有不同程度，以美国与加拿大为例，美国各州权限不列举于宪法，宪法规定中央权限，此范围以外都归各自所有；加拿大各省权限列举规定与法规，凡此范围以内为省之权，此范围以外悉属中央之权。但两国都被称为联邦，实因为其自治相同。所以张主张自治与联邦精神不必强为分别。他所追求的是自治这一联邦精神，并非联邦之名。[②] 后来张发现地方自治与联邦的区别，即"地方政府所行使者，中央政府所赋与之权限，邦政府所行使者，其本有之权利，不过经中央政府之容许而已"。所以，"赋与容许非程度上之差别，是性质上之不同。赋与者，由无至有，容许者，由隐至显。容许者，听其行使自己之意思，而自组织权即为自意表示之唯一特征"。[③] 所以张曾一度极力呼吁中国建立其理想中之联邦制，更好地发扬其自治精神。

第二，自治与联邦是政治调和的重要方式。

首先，增强向心力之法"莫如许以自治"。一方面，从离心力与向心力一说入手，张东荪主张以"自治"作为政治调和的根本原则。关于向心力与离心力各保持何度以形成对抗，张认可勃兰斯（James Bryce）的观点，即"一国之立，必恃其向心力有最大之限度，而离心力有其最小之限度"，使向心力与离心力对抗平衡。且勃氏以为养成向心力之法，一方为陶铸向心，一方为减去离心，而"减去之术，又莫妙于许以自治，以自治唤起同情"。张认为勃氏之说可谓"深通治体"，大力倡导减去过多之离心力之方法，"莫如许以自治"。换言之，容纳合理之离心力，以减去多余离心力，"莫过于许以诸势力诸团体以自治"，或者说地方自治，亦可以张理想中的联邦制度来实现。另一方面，一国向心力生于自然，非可以一二人强制之力所能创造。不仅如此，因"人之团结是由于同情，基于利害，而

---

① 革命未成之时，联邦论大倡，而张东荪曾反对联邦，因当时提倡者谓联邦之要素，在先有邦，而后联为国，决不能先有国而后分为邦也。张指出此论初不为误，不过张以为，自治与联邦二者，精神上实无甚差别，而名义上绝对不同，由来上亦不类。参见张东荪《地方制之终极观》，《中华杂志》第一卷第七号，1914 年 7 月 16 日，第 12 页。

② 张东荪：《地方制之终极观》，《中华杂志》第一卷第七号，1914 年 7 月 16 日，第 12～13 页。

③ 东荪：《吾人理想之制度与联邦》，《甲寅》第一卷第十号，1915 年 10 月 10 日，第 16 页。

以力限人则显然不能使其心服"，故"以强力创造者，非徒不得向心力，抑于离心力反为之增剧"。张进而指出，"增长向心力之法，惟有徐徐以引起其同情，而欲使其有同情，则必使其利害无极端之冲突，即使其情无不平，利无偏宕，则惟有听其自由才可以得之，即许以相当程度之自由自治是已"。①

张东荪力倡以联邦实现政治调和，视此为调和之根本途径。联邦制就是许以自治而唤起同情，从而调和一国之向心力与离心力。张认为中国采用联邦制，即为明乎政力向背之理而分配国内不同利益。② 张既然肯认勃兰斯（James Bryce）"减去向心力之术，莫妙于许以自治"的观点，那么自然主张承认离心力而许其自由，反而不致引起反抗。张认为亚里士多德与卢梭等都倡导小国主义，因其二人知群体过大，则必涣散。近代因国际竞争，非大国不可。然而大国需要有极强向心力，则其内部涣散将如何救济？张认为近世联邦国的发生，使得此问题得以解决。其解决之理，就是前之勃氏所谓的"许其自治唤起同情是也"。这就是说，"国之所以立，恃向心力之强固，但欲使其强固，须留置其相反之离心力，是离心力有最小限度以相安。此即联邦国之立国原理"。③

其次，自治给予国民参政机会，使国民政治能力得以锻炼而提高。许民以自治，民自为政，则人民能力得以日益发展，得以对一方政事作出是非良否之评判。人民有自由之基础才能将其智能用于政治，"故有一制度焉，能导人民之智能运用于政事而致善焉，则必先许民以自由，藉此得自发展其天赋之性，此制即为自治"。④ 而且地方事业切近于地方人民，与人民有深刻的利害关系，人民对于本地之政情"所谋既周，所知亦密，所见亦复不致全为无的放矢"。所以张提倡以地方事业引起人民之政治"兴味"，养成参政之能力，唤醒自身之觉悟，从而使得"议政之风于焉而起，对抗立而调和生，竞争行而进步得矣"。⑤ 故自治对于国民政治能力之提

① 圣心：《联邦立国论》，《新中华杂志》第一卷第一号，1915 年 10 月 1 日，第 7 页。
② 圣心：《联邦立国论》，《新中华杂志》第一卷第一号，1915 年 10 月 1 日，第 5 页。
③ 圣心：《联邦立国论》，《新中华杂志》第一卷第一号，1915 年 10 月 1 日，第 7 页。
④ 东荪：《政制论（上）》，《甲寅》第一卷第七号，1915 年 7 月 10 日，第 6 页。
⑤ 东荪：《行政与政治》，《甲寅》第一卷第六号，1915 年 6 月 10 日，第 10 页。

高，实在具有不可替代的作用。民国之前虽然有强有力之政府组成以及立宪诸公与革命诸公之努力，但成绩都不大，其中一重要原因就在于"无自治之决心而抱治他之奢望"。因而张对自治给予高度肯定："夫人不贵能治人，而贵乎能自治。"①

再次，自治可扑灭官僚政治防止专制，促进现代政治进步。张东荪指出"政事无特别之秘键，也非外人所不能知，但求一政之行，一令之施，为民得福祉，而福祉与民共睹，民得以对此政令进行评议"。② 更重要的是，执行者不仅事事必受到人民的评判，而且必有退居之时，以使机关常得流通而不为一人一党所专据久占。他指出英伦能免于官僚政治之毒"端在民自为政"。所以扑灭官僚政治，第一在使国民自治。通过自治，"民志既宣，民权亦固，有竞争而不相残，有调剂而无虞诈，凡为一事，必能充情尽量，是社会得其福，国家蒙其利，而边沁（Jeremy Bentham，1748－1832）所谓的最多数最大幸福之旨也得以达致"。③ 张东荪认为联邦可以通过上下政治更新，使国民不受过度压制而自由发展，此与其所具有的自治精神是相通的。张以为"政治之大患"，"在不贤者在上位而无由降"。一国之中如有大力者压制国民，其国不能发达，所以开明专制亦是张所不敢苟同的。而且人皆自私，一入政局而无所制限，则必放驰横决，以其一人之力处理全国之事，全国之众听命于一人，无法达到国利民福之效果。所以张主张联邦，尤其是土地广大之国家，必确定地方制度，假手于人民自治。他相信"俾一地方之政治常得流通自新，而全国之政治始有活泼进行之希望"。④

自治才能产生真正的代议制度，以调和国内不同利益。张东荪认为近世国家所以异于中古者皆在自治，一切优美之代议制度皆由自治而出，而代议政治有助于调和不同分子之利益。⑤ 张认为"自活动之政治看，议会为社会之缩型"。国家之目的在于国利民福，"然所以致此福利者，惟恃全

---

① 张东荪：《地方制之终极观》，《中华杂志》第一卷第七号，1914 年 7 月 16 日，第 2 页。
② 东荪：《行政与政治》，《甲寅》第一卷第六号，1915 年 6 月 10 日，第 10 页。
③ 东荪：《行政与政治》，《甲寅》第一卷第六号，1915 年 6 月 10 日，第 22 页。
④ 东荪：《制治根本论》，《甲寅》第一卷第五号，1915 年 5 月 10 日，第 14 页。
⑤ 张东荪：《予之联邦组织论》，《正谊》第一卷第五号，1914 年 9 月 15 日，第 5 页。

国人士，聪明才力，各相进发，以议之结果，为政之实施"。所以应"相感相召相磋相切，使国中各意见各势力各阶级各职业，皆有其代表于议会，为其讨议"。张之所以赞扬议会政治，其目的在于，"以社会之写影移置于政治上，而政治乃得由讨论与调和，进而常自新"。① 张认同白芝浩（Walter Bagehot，1826–1877）的观点，近世政治之进步就在于"以议为政"，此实为自治之结果。所以张直呼："自治者，国之命也。"②

第三，在自治与联邦制中合理配置向心离心二力之度。

首先，张东荪十分强调国情标准。要根据国情设定自治的范围，同样要以国情设定联邦国之邦的自治范围。关于自治到何种程度才有利于政治调和，张东荪做了较为详细的讨论。比如以省为例，要观察我国各省实际上所需之分权程度。假定有甲乙丙丁以至无尽程度之分权，又假定今我省之所需分权为丙度，而施之以乙度之制度，则"省制之利泯灭不见"。相反，如果一味扩大自治程度至于丁度，那么向心力必因而减灭，离心力必因而更增，于是"政治恶象必生"。即以此而求统一者，离心力过度，不足以相维系其向心力；以此而求免于专制，专制诚免，无奈国家不能治理。调和一国内的向心力与离心力之量，即是调和国内各势力的利益，故一国能否铲除专制不仅在法律上无一最高权力者，"抑亦在政治上视其国内各势力能否调和无间耳"，"苟国内各势力不相调剂互融，致各不推诚共事，则专制之野心将凭藉而起"。所以张笃信自治程度必须适于政态国情。张进而提出，"量实存固有之程度，而建以适当之法制"，易言之，"于本国之实情上以求离心与向心二力相维系之一定程度，得之则国以发达，民以福祉，过犹不及。苟不中此程式，则不能得之也"。③

以联邦调和向心与离心二力之大小，亦须视国情，即视一国所潜存涵容之离心力的程度。张东荪以为，如其离心力所能排去的大小"仅至于联邦而止"，其"向心力所可施设之大小"亦限于此程度，那么其政力分配之点"决不能驾联邦而上之"。正如勃兰斯（James Bryce）所说的，如果

---

① 东荪：《制治根本论》，《甲寅》第一卷第五号，1915 年 5 月 10 日，第 13～14 页。
② 张东荪：《予之联邦组织论》，《正谊》第一卷第五号，1914 年 9 月 15 日，第 4 页。
③ 圣心：《具体之省制论》，《新中华杂志》第一卷第三号，1915 年 12 月 1 日，第 2 页。

一国之中各小国明显存在，各小国作为国之成分而欲求所以自治，且谋以法律加以认定，是为联邦宪法。凡采用此种宪法的国家必定离心力颇强，各团体不愿以一尊之下以自行消失。但因知道有限制的联合是有益的，所以采用这种联邦反而促进统一。①

其次，要以能发扬自治精神为标准，要求其自治范围不能过小以致遏制自治精神。比如对于当时的存省废省问题的关键，在张东荪看来，是存省后的组织与废省后的组织是否得宜，其标准即是能否发展自治精神。只要能发展自治精神，"存省不为害，废省亦无伤"。张说"以自治精神为今日解决地方制之终极问题之匙"，"今日解决地方制之问题，当绝对采取能发展自治精神之制度"。比如存省，组织省议会与省参事会参事十名，并选举一人为省参事长，由他执行自治事务，同时管理中央委任事务之官吏，事无巨细，由省自办，于是自治精神得以发展。所以张倡导"凡一省之事务无分巨细，悉归省自理之"。②

再次，对于以联邦的方式来调和向心力与离心力，张东荪指出了一个重要的注意点，即不能以强力创造向心力或离心力。张批驳了以强力增加向心力或离心力的两种情形。其一，就增加向心力而言，一国向心力生于自然，"非可以一二人强制之力而即得创造之"。以强力创造的话，非但不能得向心力，抑且反增剧离心力。增长向心力之法，唯有徐徐以引起其同情。而欲使其有同情，则必使其利害无极端冲突，使其"情无不平，利无偏宕"。唯有非武力的自治方式才能真正增长向心力，或建立联邦要听其各邦自由自治发展。其二，就离心力而言，离心力亦不可妄造。但主张联邦似乎是妄造离心力。张以为联邦并非使已有之离心力继长增高，逾出实存之量，反而正是使已有的离心力能悉数相安以致不再产生激进之举动。③

总之，增加向心力或排去离心力的大小，要在坚持自治精神得以发挥的情况下，视国情而定。张东荪曾对民国的具体省制制度《具体之省制

---

① 圣心：《联邦立国论》，《新中华杂志》第一卷第一号，1915 年 10 月 1 日，第 9～10 页。

② 张东荪：《地方制之终极观》，《中华杂志》第一卷第七号，1914 年 7 月 16 日，第 7～8 页。

③ 圣心：《联邦立国论》，《新中华杂志》第一卷第一号，1915 年 10 月 1 日，第 7～9 页。

论》、联邦制度《联邦制度与宪法制定》的具体法律条款条例进行研究，十分重视将自治与联邦制度规定于宪法法律，以法治保障自治的实施。切实结合自治与法治以养成并保障国内向心力与离心力的对抗调和，从而推动中国民主的转型。

第七章
李大钊：调和之法则与
辟伪调和

调和之机，虽肇于两让，而调和之境，则保于两存也。

抑知政治不可一日无对抗，即亦不可一日无调和。

——李大钊

李大钊（1889～1927），字守常，河北乐亭人。初就读于私塾和专馆为科举考试作准备，但考时科举被废，遂转而入新式学校永平府中学堂学习英语和启蒙科学达五年。后考入北洋法政学校，学习新的"政理"。六年后毕业，转赴日本东京留学，入早稻田大学政治科。① 同时也热衷于政治活动，曾组织神州学会，进行反袁活动，亦积极参加五四运动。曾在北京创办《晨钟报》并任总编辑。旋辞职，任《甲寅日刊》编辑。五四运动后任《少年中国》月刊编辑主任。

李大钊在日本学习法政之时受章士钊调和思想影响颇深，曾欣赏英美式自由主义，反对革命暴力而主张渐进改良。但在俄国十月革命胜利后，转而开始拥抱革命和社会主义，尤其在五四运动中向国人积极宣扬马克思主义，成为中国马克思主义第一人。李关于政治对抗力的理论直接受章士钊和张东荪的启发，并将二人的政治对抗力思想融会贯通，谓："深思凝识之士，乃相与探其理而示以道，或昌尚异之说，曰政本在有容，或陈互

---

① 朱成甲：《李大钊早期思想与近代中国》，北京：人民出版社，1999，第12～41页。

抵之旨，曰政本在有抗。着眼不同，据理则一。"①

李大钊的政治调和思想主要集中在几篇相关的文章中，文章数量虽不多，但其对政治调和思想阐述完整而自成一体。他不仅对"政治对抗力""离心力与向心力"进行充分阐释，独创性地提出调和之美、空间调和等扩充调和含义，且对"调和法则"与"伪调和"作出入木三分的解析。他极具洞见地指出两让、两存、直接之调和才是真调和，自毁、间接之调和是伪调和，同时对缓进派的伪调和进行剖析批判。李大钊理想中的宪法与政党也是调和的宪法与调和的政党，与其两让、两存的政治调和含义相对应。

第一节　政治调和原理：政治对抗力

政治对抗力是李大钊的政治调和思想的核心。其政治离心力与向心力的对抗平衡理论是政治对抗力的基本原理。他认为政治上离心力与向心力的对抗平衡才是政治调和。他探讨了政治对抗力的养成，对民初各种势力提出相应要求，尤其指出促成政力平衡是政治家的"大义"。并且他强调作为政治调和内容的政治势力之间的对抗应是一种非暴力的和平合法的对抗。

一　政治离心力与向心力

受章士钊、梁启超、张东荪等人的调和思想影响，李大钊心仪政治对抗力理论。政治离心力与向心力是李大钊对其政治对抗力所作的一种更为理论化的阐述。使离心力与向心力成为政治对抗力，以摆脱专制实现民主，正是政治调和之理。

面对向心力强大的专制现实，李大钊呼吁壮大离心力，使二力平衡以实现民主。他认为离心力与向心力天生相互对抗，但决非天生就是一种平衡的对抗，所以需要人为地促进二者之间的平衡。政治离心力与政治向心力分别相当于政治对抗力中的在野与当局两势力，二者平衡构成政治对抗

---

① 李大钊：《政治对抗力之养成》（1914 年 11 月 1 日），《李大钊全集》第一卷，北京：人民出版社，2006，第 95 页。

力。由于专制集权是向心力过于强大的缘故，要打破专制实现宪政民主，必须壮大离心力，使离心力与向心力势力相当，以形成相互间的对抗并使政治趋于平衡。而且，他指出"近世之文明，解放之文明也"，意即近代是一个离心力向一直以来过分强大的向心力挑战的时代。他认为正是离心力作用的发挥促成了解放，解放就是"将多数各个之权利由来为少数专制之向心力所吸收、侵蚀、陵压、束缚者，依离心力以求解脱而伸其个性复其自由之谓也"，政治上从专制主义到民主主义就是解放，是"离心力与向心力相搏战而生之结果"。① 这意味着，通过政治向心力与离心力的对抗调和，使人脱离专制束缚获得自由民主权利。

李大钊也用向心力与离心力的概念来解释自治、民治的含义。在他看来，"中央集权之语即本此向心主义而出，而自治、民治云者，亦即基于离心主义以与之对立而反抗也"。他对当时几个重要国家的离心力与向心力"相搏战"后的状态进行了论述，得出结论是政治离心力不断增强并促进各国向前发展是一大趋势。值得一提的是，他对美国情况的分析细致到位。他指出美国的政治趋势似乎转趋于向心主义而与潮流相反，实则不然。美国有其特殊的国情，美大总统权力之增加，其实是离心力因此而得到伸张，不仅不足以证明其向心力渐强，而是证明其减弱。因为美国的中央政府是综合地方利益关系的，立法部就是这些利害关系相互冲突的各地方代表机关，很难超出地方利害为美国全体谋福利；而大总统经普选而出，能超出地方利益而为美国全体谋利。所以他认为美国总统权力的增大，不是行政机关权力增大，而是国民代表机关权力增大；不是总统本身权力伸张，而是国民权力伸张；因而，不是向心力加强，而是"离心力渐厚"。至于俄国，李大钊认为以前俄国是向心主义极盛，现在政治革命之后，由离心力构成的国民思想如日中天，建立了民主政治的基础。俄国工党势力达于政治，波兰自治，芬兰解放，妇人及犹太人之待遇逐渐改善，无论社会与政治，皆有由向心主义一跃而入于离心主义之势。他还指出德国联合多数小邦而成一国，所以立国以向

① 李大钊：《政治之离心力与向心力》（1917 年 4 月 29 日），《李大钊全集》第二卷，北京：人民出版社，2006，第 141 页。

心主义而强，之后向心主义成为发展的梗阻。李大钊因而预测战后向心主义衰颓，离心主义盛大。①

可见，李大钊颇为看好离心力扩大的势头，并指出离心主义是世界趋势与时代潮流。他说世界政治的趋势是向心主义之势力日见缩减，离心主义之势力日见伸张。而向心主义已是 18 世纪之遗物，如还追求它则无异于自绝。他批评袁世凯的总统制是权力集于一人的向心主义②，并指出东方的我国和日本，都是向心主义势力强大，且与官僚政治有勾连，一方面向心主义依附官僚政治与离心主义相对抗，另一方面官僚正是利用向心主义来维持其政治势力。他推测将来向心离心二力"轧轹抗拒，反动迭起"，是政治前途的"噩兆"，希望东方的政治当局能自觉醒悟，顺应离心主义的大势。③

李大钊对政治离心力与向心力原理的论述，显现出他希望中国不远的将来也能如美国一般使政治上的离心力得到增强，能使向来由于集权与官僚政治相互作用而不断加强的向心力得到削弱，进而使离心力与向心力能形成政治对抗之势，达致他理想中的政治调和，实现民初的民主转型。

二 政治对抗力的养成

关于政治对抗力的养成，李大钊主要从四个方面分别对袁政府、国民党、进步党以及一般国人提出了相应的批评和要求。

李大钊指出袁世凯政府滥用其力，不容许异己力量与其对抗，是"不容对抗"。他认为辛亥革命后袁政府与国民党之间相互倾轧，使得民初艰难缔造的政治对抗力"基型"受损。他以秦始皇暴政消灭异己势力却不二世，俄国和墨西哥经历的革命暴乱等古今中外惨痛的历史为教训，深刻指出，其原因是没有政治对抗力的缘故。他说："是皆由于一势力崛兴，不容他势力平和活动之余地，终至溃决狂奔，演成怵目惊心之惨剧。"故而

---

① 李大钊：《政治之离心力与向心力》（1917 年 4 月 29 日），《李大钊全集》第二卷，第 141 ~ 142 页。

② 李大钊：《政治之离心力与向心力》（1917 年 4 月 29 日），《李大钊全集》第二卷，第 141 页。

③ 李大钊：《政治之离心力与向心力》（1917 年 4 月 29 日），《李大钊全集》第二卷，第 142 ~ 143 页。

他告诫世人，如果当时较为强大的政治势力能够稍有"自敛克制"，不将与之对抗的势力逼迫到"穷绝"的境地，那么对抗势力在政治正轨中自然能有发展壮大之所，如此便能养成政治对抗力。① 显然这是对袁世凯的批评。袁不容许政治上有对抗力，尤其对革命党大都采取不信任的排斥态度。

李大钊指责国民党人亦滥用势力而"不善对抗"。在他看来，国民党人乃"豪暴者之流"，只知使用极端的暴力革命方式与袁世凯势力进行对抗。然而暴力革命绝非有效的对抗方式。由此，李大钊对于国民党的批评，甚至比对袁世凯的批评更重。② 革命初成，国民党"以全盛之势力蓬勃一时而不能善用其锋"，不能与当局相见于政治平和竞争之轨；"而徒欲以感情相尚，血气相陵，之后赣宁之乱（二次革命）"，"以力试力"，都是"滥用势力，自轶于政治竞争之正轨"。结果使如火如荼的政党白白牺牲于"强暴凌厉者之意气"，国运、民命皆受摧残。③

对于当时的进步党，李大钊批评它依附特殊势力，本身却"无力对抗"。他提出欲保政治平衡，唯有求于政治对抗，而"对抗之道，自有正轨可循"。④ 李大钊所谓的"正轨"，就是和平对抗，要言之有两方面的内容：一是面对政局中的强大对立势力，进步党应联合其他势力与之对抗，以形成平衡的政治力。他称当时的政党虽非古代朋党可比，但不可互相水火给他人以渔翁之利。他进而指出，推翻"满清"及共和之所以成功，正是因为进步党同情激进派的主张并与之合作，如若不然，两派仍相背驰，辛亥革命成功与否是个未知数。⑤ 由此他告诫不同政党，既然志在救国，不能以方式方法不同而"讦攻迭起"，致使党派分流且势力削弱。⑥ 二是某一新势力发生时，进步党人士应当先察其动作是否合于正轨，"合则引为己友"，以与当局的强大势力相抗。如果此初兴势力"势焰熏天"，就应联合他势力以矫其偏，但要防止矫枉过正；如果不能矫正，则当离开此势

---

① 李大钊：《政治对抗力之养成》（1914 年 11 月 1 日），《李大钊全集》第一卷，第 98 页。
② 朱成甲：《李大钊早期思想与近代中国》，北京：人民出版社，1999，第 270 页。
③ 李大钊：《政治对抗力之养成》（1914 年 11 月 1 日），《李大钊全集》第一卷，第 101 页。
④ 李大钊：《政治对抗力之养成》（1914 年 11 月 1 日），《李大钊全集》第一卷，第 101 页。
⑤ 李大钊：《政治对抗力之养成》（1914 年 11 月 1 日），《李大钊全集》第一卷，第 100 页。
⑥ 李大钊：《政治对抗力之养成》（1914 年 11 月 1 日），《李大钊全集》第一卷，第 99 页。

力，待到他势力崛起时联合起来与此绝盛势力相抗，以"遏制其横暴"。①
进步党因其自身力量的相对弱小，应善于联合其他势力来养成政局中的政
治对抗力，但前提是要正确区分他种势力是否适宜联合。

除了上述袁政府、国民党、进步党以外，李大钊对一般民众也提出相
应要求，希望民众力量也有助于社会政治对抗力的养成。他真切希望社会
各方人士，"正义所在，勿受势位利禄权威之驱策，甚至为绝盛之势力所
吸收而盲心以从同"。他肯定民众思想、民众意志对社会变革的重大影响。
他认为人类社会的发展变化，无不基于人类思想的变化，思想的酝酿遂成
为一时之势力。表示时代势力的人物或制度，均不过是一时的民众思想之
代表而已。也就是说，历史上大人物的势力，莫非群众意志的累积。基于
此，他指出辛亥革命的成功很大程度上在于民众思想所起的作用。而且他
认为民众思想产生的"群众势力"是一种新势力，它"有如日中天之势，
权威赫赫，无敢侮者"。他引用法儒社会学者鲁彭氏之语，称今世曰"群
众时代"，进而号召我们每个人既然生在群众时代，身为群众之分子，应
当自觉其权威，这样就不会使某一人物的势力过于强盛转而范制群众。如
若不然，则很可能出现像拿破仑一样利用群众势力而形成个人专制势力的
情形，导致政治对抗势力丧失。② 李大钊实为担忧一般"士夫"以为势力
是特殊人物所特有的，无视群众分子所固有的权威，所以特作以上解释，
希望凡是活动在社会中的个人"自觉其固有之势力，自宅于独立之地位，
自营不羁之生活"，这样的人在社会中逐渐多起来，其势力相应集合，社
会中枢也可得以逐步确立。③

在李大钊看来，民初袁政府和国民党都滥用其手上的势力，袁政府是
不容许别人与其对抗，国民党则是不善于利用合法的途径与袁氏对抗，可
惜之至。而当时的进步党则往往依附特殊势力，本身却无力对抗。至于一
般国民都还没觉悟到自己有权并且有责参与政治对抗。这样，民初的中国
不可能达到李大钊期望中的政力平衡，也无法走上正常的宪政民主轨道。

① 李大钊：《政治对抗力之养成》（1914 年 11 月 1 日），《李大钊全集》第一卷，第 100 页。
② 李大钊：《政治对抗力之养成》（1914 年 11 月 1 日），《李大钊全集》第一卷，第 104 ~ 105 页。
③ 李大钊：《政治对抗力之养成》（1914 年 11 月 1 日），《李大钊全集》第一卷，第 105 ~ 106 页。

但是他对袁氏多少抱有希望，或者说最希望政府当局能认识到政治势力对抗的重要和必要，要求其"反省"："希望有力者，自节其无极之势力，容纳于政治正轨内，发生之异派势力，幸勿过事摧残，致政治新运，斩绝中途也。"① 实际上李大钊是希望袁世凯政府当局，一是做到自我节制，防止自己权力的绝对化；二是做到不"好同恶异"，容忍异己势力，容许政治对抗力存在。

李大钊将政治对抗力的平衡视为政治问题中最重要的部分，认为这是政治家应当自觉努力的方向。在他看来，政治之"大义"就是如何维持政力平衡。他说："政治界无上之大义，在权衡政治势力之轻重，畸于何方，然后以自挟之势力，称之剂之，以保厥衡平"，因而政治家的自觉道义就是"径本政理，以为向背"。② 这意味着，政治家所应做的，首先是判断不同政治势力中何方力量独大，再是尽力增援力量弱小之一方或联合几方弱小势力使之壮大，以此调和各政治力量使其趋于平衡，以致形成相互对抗之势。

李大钊明言其论述政治对抗力的意图在于"阐明政理"，但当时国内情势所谓"抗既不能，容于何有"，即民初之政局根本无对抗力、无有容可言。尽管如此，他仍旧相对乐观，以为只要民初各政治势力"若者宜自敛以兼容，若者宜自进以相抗"，即要求各方有政治能力的分子，无论朝野仕学都能担起责任，不自外于政治关系，政力即有可能不踰正轨而保持平衡③，从而能以和平稳健的道路实现宪政民主。根据上述李大钊的政治对抗力理论可以判断，在他看来，"绝盛势力"是十分危险的，似乎具有天然的威胁性，随时可能走向极端，政力的平衡首要的是防止绝盛势力走向极端。可见他对绝对的政治力量，或者说他对绝对的权力有一种自觉的警惕。

三 政治对抗力与暴力革命

第一，政治调和与暴力革命相对，政治对抗力的养成绝非革命所能为功。李大钊提倡政治调和，极力反对以暴力革命为政治对抗力的竞争方

---

① 李大钊：《政治对抗力之养成》（1914 年 11 月 1 日），《李大钊全集》第一卷，第 96 页。
② 李大钊：《政治对抗力之养成》（1914 年 11 月 1 日），《李大钊全集》第一卷，第 100 页。
③ 李大钊：《政治对抗力之养成》（1914 年 11 月 1 日），《李大钊全集》第一卷，第 95 页。

式。其理由之一是"善良之政治，非可以暴力求也"①，暴力革命并不能给
人争得真正的自由与和平。所以只有为了重新建立新秩序的革命才是有意
义，哪怕破坏也是为了新的建立，失去了目的和方向的纯粹破坏或只顾破
坏的革命是丝毫没有意义的。

李大钊同意托尔斯泰（Leo Tolstoy）对于暴力革命的否定观点："求抵
抗之力，不可不立于坚固之地盘，而此地盘决非暴力革命"，因为暴力革
命并不能给予人真正的自由，实际自由不能依"巷战虐杀"而获得，只有
"停止服从一切人界之权威"才能获得。李大钊进而指出：真正的和平，
决非能够靠暴力获得，必须要"人人从良知而恶暴力，则暴力不除自
隐"。因为暴力本身只能是复产暴力，"政权之起伏于暴力间者，恒奔驰于
极端之域"。他对此作了详细的解释：一方以暴力为保障，另一方以暴力
攻击，相互冲突之后，反动暴力必定大肆兴起。两暴力消长之际，强者
胜，而败北的反动暴力则又重新酝酿壮大，当它发起反动攻势的时候，也
必定积蓄了较强的力量，才能转败为胜。之后又再有暴力应之而起，且又
比后胜者更为强大，"如是展转，互应不已"，"以致反动暴力，愈激愈强，
将终不能潜消，结果只能是以暴易暴而已"。② 比如历史上的法国和葡萄牙
都受到暴力革命的教训，李大钊认为二者都付出了艰辛痛楚的代价，但共
和却无由得到巩固，国人定要引以为戒，而立宪国英国可"宗为模式"。
他感叹"英兰绝美之政治，未尝极杀人流血之惨"，而且以英法相比较来
看，英无法之惨剧，而获得之政治却"什倍于法"。③ 这就是依暴力不能得
和平的道理。

李大钊担心民国各政治势力尤其是国民党执迷不悟，想"以杀召杀，
以暴止暴"，不过是"忘怀家国以快恩仇"而已。所以他希望"民党各
派"，首先，应当忏悔，放下屠刀立地成佛，迅速将其暴力纳入政治竞争
的正轨，不要任由暴力狂奔横决而不知回头自我反省，以致摧残国命且搬
起石头砸自己的脚。④ 其次，国民党应当将其暴力自纳于正轨，静待有利

① 李大钊：《政治对抗力之养成》（1914 年 11 月 1 日），《李大钊全集》第一卷，第 101 页。
② 李大钊：《政治对抗力之养成》（1914 年 11 月 1 日），《李大钊全集》第一卷，第 101 ~
102 页。
③ 李大钊：《政治对抗力之养成》（1914 年 11 月 1 日），《李大钊全集》第一卷，第 103 页。
④ 李大钊：《政治对抗力之养成》（1914 年 11 月 1 日），《李大钊全集》第一卷，第 101 页。

的机会和形势。一旦专横独断的强大势力出现衰颓，之前储存的正当势力就有机会相互提携以共趋政治正轨。李大钊相信若能如此，"则今日正当之势力增加一分，即异日专横独断之势力减退一分。今日对抗之势力不浪掷一分，即异日反动之势力潜销一分"①，那么政治对抗力之养成就有可能。

第二，依靠暴力的统治与立宪政治不相容而不具有政治合法性。这也可以视为李大钊反对暴力革命的第二点理由。在他看来，立宪政治尚公开，各政党有其鲜明的旗帜，其政争皆在演说台上，不需要暴力作为政争的工具；而专制政治则相反，尚秘密，往往有"诡谲之权谋"，在"暗潮黑幕"中暗杀、暴力肆虐。② 所以在现代立宪政治下，暴力是没有市场的，是不需要的；但更重要的是在立宪政治下暴力是不合法的。

现代政府的合法性来自于人民的同意，绝非暴力。现代立宪政治（宪政）基于民意而与"强力"是绝不相容的，李大钊对此深信不疑。他说，"专制之世，建国基于强力；立宪之世，建国基于民意"，只在初民甫脱于自然之境，最初形成人类组织时，强力是不得已的要素；而政象天演，至今日"自由思潮风起云涌"，各国都如百川东注般趋向民治主义。至于民初"无国家""无政治"不过"暴力而已"，暴力之下，社会生活秩序全然陷入危险，简直使国人重返到无政府、无政治的自然之域。社会以力制力，不过如同鸟兽般相争相搏。强力已不再是现代国家所需，岂止不需要，而且"深屏而痛绝之矣"。他进而指出，亚里士多德（Aristotle）关于政体类型的两大类划分的精要就在于政治是否依赖"强力"将意志加于"市府生活"，也就是说，政治能抑制强力而与国家实利相调和者，为良政治；反之恃乎强力，引起背叛必将摧毁国家，不管任何政体尽为恶政治。③他亦认同卢梭（Jean Jacques Rousseau，1712–1778）的社会契约论，人民可以用强力从依靠强力实行专制的统治者那里夺回自由权。可见以强力为基础的专制统治显然不具有合法性。④ 李大钊所谓的"强力"意指强迫人

<hr />

① 李大钊：《政治对抗力之养成》（1914 年 11 月 1 日），《李大钊全集》第一卷，第 104 页。
② 李大钊：《政潭演说会之必要》（1916 年 8 月 30 日），《李大钊全集》第一卷，第 179 页。
③ 李大钊：《暴力与政治》（1917 年 10 月 15 日），《李大钊全集》第二卷，第 171～172 页。
④ 李大钊：《暴力与政治》（1917 年 10 月 15 日），《李大钊全集》第二卷，第 175 页。

服从的武力或暴力。同时他相信威尔逊的观点，认为近代良政府，不是靠统治者的武力而是靠被治者的"悦服"（free consent）进行统治，所谓"悦服"就是政府以法律为行为规范，而宪法与法律又以社会之习惯为来源。① 所以在李大钊说："国家与人民，但有意之关系，绝无力之关系，但有公约之束制，绝无强迫之压服。所谓政府者，不过其主要之机关，公民依之以为其实现自己于政治之具耳。"② 也就是说，国家的合法性来自于人民的同意而非暴力，政府也只是公民实现自己利益的工具，不能施加暴力于拥有自由权的个人。肯认自由权利的李大钊，显然赞同以自由主义式的政治调和方式，实现公民的自由权利，决不能依暴力的方式实现民主宪政，唯有如此才能是所谓的"良政治"。

需要指出的是，对于梁启超畅阐的革命不能产出良政治之理，李大钊深表赞同，但又声明自己虽非梁先生那样单纯反对革命，但凭良知的诏感，无论何时皆反对暴力。其反对暴力的终极目的在于消灭革命之祸。他自认为，从想办法将强力纳入法律范围之中使不得为暴这一层意思来看，在反对革命这一点上自己毫不逊于梁先生。因而在他看来，梁依附强力的政治活动，似乎言行一致，是在实践他的"生平无论何时皆反对革命"之言，实则不然。首先，李引用卢梭的理论加以批驳，即强力只是在最初能产生权力，一旦有更大的强力出现，权力就转移，而不同强力较量轮替，祸乱就相继无穷。故而由强力而生的权力并不稳固，只是威力，有权之名而无权之实，不成其为权力。其次，以暴力镇压革命，是扬汤止沸，"力力相寻，循环无已"，以致反对革命却反而成助长革命。他因而对梁建议，要反对革命先要反对暴力，更要指导特殊势力不为非法之暴力；并告诫依附强力进行政治活动的各君子能知而自反。③ 李与梁的关键分歧在于，李将产生权力的强力自然地与暴力非法相联系，认为对此种强力极易转化为非法暴力，故而主张作为反对革命之人决不能依附民初的袁氏"特殊势力"而活动，能做的只是劝诫此强力不为非法暴力。

① 李大钊：《强力与自由政治——答高元君》（1918 年 7 月 1 日），《李大钊全集》第二卷，第 203 页。
② 李大钊：《暴力与政治》（1917 年 10 月 15 日），《李大钊全集》第二卷，第 174 页。
③ 李大钊：《暴力与政治》（1917 年 10 月 15 日），《李大钊全集》第二卷，第 178~180 页。

第三，反对革命，更反对暴力。李大钊认为暴力与革命往往循环往复，难以逃脱出自我复制的怪圈，实与政治调和所倡导的政治势力对抗平衡原理相去甚远。他声称反对暴力是为了消灭革命，但又并非单纯反对革命。因为"革命恒为暴力之结果，暴力实为革命之造因；革命虽不必尽为暴力之反响，而暴力之反响则必为革命；革命固不能产出良政治，而恶政之结果则必召革命"。① 显然在李大钊看来，革命的原因是暴力与恶政，革命是暴力与恶政的结果。所以，就恶政而言，它作为革命的原因，类似官逼民反，是李必定反对的。这意味着，革命有时确实是被恶政所迫而作出的别无选择的选择。这暗示了就此意义上而言，李对国民党的革命活动带有一丝同情色彩。就暴力而言，由于其自身所具的过激极端性质与其作为革命的造因，尤其是李义无反顾地反对的。甚至可以说，革命和恶政直接和间接地都是暴力造成的，换言之，暴力导致革命，恶政又是暴力的统治，暴力兴起又引发革命。所以虽然革命背后的原因固然是暴力和恶政，其实革命和恶政背后的终极原因都是暴力，所以要"执果穷因"，反对革命首先要反对暴力，当然也要排斥恃强为暴之恶政。由此我们可推断，按李大钊的逻辑，恶政必导致暴力革命，暴力复产暴力，暴力革命亦复产暴力革命，他自始至终完全反对的是暴力和恶政，尤其是无法律限制的必定引发革命的暴力，而由暴力与恶政所迫的革命似乎是无奈之举。

不仅如此，李大钊将暴力与政治上的强力相区分。依法而行的强力是他认可的，非法的强力才是暴力。他认为一国之中能蓄有一种强力足以抗拒外敌和维持社会公共安全，理当爱惜这样的强力，而不是摧毁它，摧毁它就是削弱国家的对外竞争能力。但这种事实上的强力必须依法律上的主权以为行动。法律是在强力之上的，强力不能恃强而违反法律。这样的法律下的强力才能成为政治上的势力，否则就只不过是非法的暴力而已。② 显然李将不同的强力区别对待，并非一棍子打死，而不为暴力的标准就是，此种强力被限制在法律的范围之内而非无限的极端的强力。故而暴力

---

① 李大钊：《暴力与政治》（1917 年 10 月 15 日），《李大钊全集》第二卷，第 178 页。
② 李大钊：《暴力与政治》（1917 年 10 月 15 日），《李大钊全集》第二卷，第 177 ~ 178 页。

无论作为离心力还是向心力，都因没有法律限制而为非法，是无法养成政治对抗力的势力。

第二节　政治调和释义

李大钊坚信调和与政治密不可分，他说："抑知政治不可一日无对抗，即亦不可一日无调和。"他对政治的这一理解可谓精当。然而，如果对抗之力未剂于平而不能成为力量相当的势力，则相互倾轧是必然趋势，即使日日倡言调和也无用。如果两种势力已臻于相抵之域，则相安相守之道，唯有调和才是归宿。对此，李大钊自称是"笃信之而不疑"，并称斯宾塞（Herbert Spencer，1820–1903）、穆勒（John Stuart Mill，1806–1873）、莫烈（John Viscount Morley）、古里天森（Arthur Christensen，1875–1945）、剑农、一涵诸君都信之。他由此推论，政治不良不是学者倡言的调和所致，而应归咎于伪调和。或曰"其咎不在昌言调和之学者，而在误解调和之政团"。① 所以李大钊曾畅谈调和，因他谈的调和在于政治层面，即政治调和，所以他分析的调和法则及调和与伪调和含义就是文本所指的政治调和的法则与含义。

一　调和含义

李大钊正式阐释其政治对抗力概念在 1914 年，关于离心力与向心力的讨论发表于 1917 年，且不久对调和的法则与伪调和展开探讨，1918 年进一步发表了调和剩言。由此历时至少五年，李大钊对调和的含义的理解不断地加以丰富和完善。

概言之，李大钊关于政治调和的含义是在章士钊、梁启超、李剑农等人对政治调和倡导的基础上建立起来的，分享了调和派诸公的某些共识。李认可并支持章士钊在《甲寅》杂志所倡"调和"之义，意在分析陈述政力向背之理，俾政治当局自节其好同恶异之性，而尚有容之德也。② 在章

---

① 李大钊：《辟伪调和》（1917 年 8 月 15 日），《李大钊全集》第二卷，第 155 页。
② 李大钊：《调和之法则》（1917 年春），《李大钊全集》第二卷，第 26 页。

关于政治调和的阐述的基础上，李大钊不仅以"两让"强调章的"有容"，还倡导"两存"，并且着重对民初"伪调和"进行分析和披露，强调政治调和需是两存、直接之调和。梁启超与张东荪倡导的政治对抗力原理，与李大钊的政治上的对抗力及离心力与向心力原理旨趣相投。李剑农关于斯宾塞（Herbert Spencer，1820-1903）的调和为"天演之真相"的观点也给予李大钊借鉴。除此之外，关于调和，李大钊还有以下独到的见解。

第一，调和是解决政治问题的一个必要的和最好的手段与途径，是否走调和之道，决定着事情的成败。李大钊认为："遵调和之道以进者，随处皆是生机，背调和之道以行者，随处皆是死路也。"比如他指出袁世凯的个人专制和帝制复辟把中国的政局推入深渊，袁氏去世后，本来政局稍有光明，国人因此"以觅得机缘，相牵相引，相提相携，以入调和之途"。但事实却是相反。"新旧之争哄不绝，党派之轧轹未已，接触愈多，排挤益烈，长此以往，一波未平，一波又起，反动之后，益以反动，潜滋酝酿，终成不可收拾之局"，"故调和之声，近又稍稍闻矣"。正是他相信调和能解决政治乱局，所以才相信调和又有被人提倡的必要。①

第二，李大钊将调和概念上升到了美的高度，认为调和就是一种终极之美。他著有《调和之美》一文，从美学意义上对调和大加赞赏。宇宙间美尚之品性，美满之境遇，"罔不由异样殊态相调和相配映之间荡漾而出者"。比如苦辛酸甜咸调和出"味之最美者"；宫商角徵羽调和出"音之最善者"；青黄赤白黑调和而显"色之最美者"；男女两性调和而成就"因缘之最美者"。饮食、男女是如此，宇宙现象一切都是如此，即使政治也是如此。在李的概念里，这种种之美都是调和之子，而调和是"美之母"，"故爱美者当先爱调和"。②

第三，很值得一提的是，李大钊以自己的方式阐述调和的理论基础，极有创见地提出"空间调和"的概念。他主张政治对抗力在同一空间中共存而和平竞争，而非时间上的由一方专制转换另一方专制，而且后者往往是革命。这深刻揭示了政治对抗力原理的本质，并形象阐释了革命的生成

---

① 李大钊：《调和之法则》（1917 年春），《李大钊全集》第二卷，第 26～27 页。
② 李大钊：《调和之美》（1917 年 1 月 29 日），《李大钊全集》第一卷，第 241 页。

方式。他认为从宇宙到人的生理心理，以至人类社会都有两种力量相反相成，形成了演进的原动力。这两种力量的作用方式有两种：一为对抗一为调和，恰如一个硬币的两面。他说："宇宙间有二种相反之质力，一切自然，无所不在。由一方言之，则为对抗；由他方言之，则为调和。"生理如是，心理亦然。社会之演进，历史之成立，人间永远生活之流转无极，皆是二力鼓荡之结果。[①] 李大钊进而认为"欲使社会为有秩序之进步，最宜使二力同时皆有活动之机会"，要使二力在空间中做交互动作，而不是徒然地在时间中做交互动作。要使二力在同一时空中并存并进，并非你死我活，并非你进得极端我退得彻底。比如法兰西革命时代，由于进步主义趋于极端而不能制止，结果革命又归于爆发。这就是二力在时间中做交互动作的结果，导致了"反动相寻，不能并立于空间，则求代兴于时间"。这样免不了造成社会的猛烈动荡，而"平流以进之秩序遂无可望"。我们国人对于异派势力，往往不容其为空间的对立，却又终究不能防止其为时间的代兴。例如倡内阁制时，不闻总统制之声；而倡总统制时，则又不闻内阁制之声。谋统一之日，不许有人主张联邦；而建联邦之日，又不许持统一之论。所以他提倡，"为避二力之迭兴，主张二力之对立，为免时间的取代，主张空间的调和"。[②]

二 调和法则

李大钊深感真正达到调和并非易事，他说："调和之境，虽当宝爱，而调和之道，则不易得也。"尤其这次重倡调和（1915 年前后以章士钊为首有过一次），他忧虑调和之说极可能被曲解。因为"但凡一事之兴，一说之立，利之所在，害必从之"，调和之说的初旨是十分可贵的，但"思之不慎，辨之不明，则误解相承"，如此一来，则"真正之调和"不能产生功效，而"虚伪敷衍之调和"已肆其祸，结果将会"日言调和而全失其真，适居其反"。正是出于防止调和被曲解被误用，李大钊提出了关于调和的几条法则"以告今之以调和新旧自任者"。[③] 下文逐一讨论李关于调和

---

① 李大钊：《调和剩言》（1918 年 7 月 1 日），《李大钊全集》第二卷，第 209 页。
② 李大钊：《调和剩言》（1918 年 7 月 1 日），《李大钊全集》第二卷，第 210 页。
③ 李大钊：《调和之法则》（1917 年春），《李大钊全集》第二卷，第 27 页。

的四点法则。

第一，调和在于两让、两存。

李大钊极为敏锐地揭示出调和是两让、两存之事。所谓"调和之机，虽肇于两让，而调和之境，则保于两存也"。他尤其强调调和是"保于两存"，因调和的目的在于自我保存而不在于献媚他人，在于容忍他人而不在于自我损毁。所以调和是"自他两存之事，非牺牲自我之事"；是"抗行竞进之事，非敷衍粉饰之事"。①

针对当时人们不解调和真义而使调和产生误解和相反效果，李大钊提出了急需注意的两点：首先，国人讲调和的时候，容易将其与竞争对立，似乎一讲调和，即当摒弃竞争，一讲竞争，即皆妨碍调和。他担心调和这一"绝美之名辞"，一旦为我们"懦弱颓废之民族"所用，就会"淮橘北枳，迁地弗良"，反而会顺势助长"姑息苟安之劣性"。因为一旦把调和与竞争对立，会使得群体失去应有的进化机能和活泼的组织，而且稍一迟疑，调和这样的美事就会为他人所专有，从而退化以致被强有力者鄙弃。这样的"俗癖"，实在非倡言调和者起初所能预料到的。为此，李大钊特意提到莫烈（John Viscount Morley）讲调和的时候，虽引用了斯宾塞（Herbert Spencer，1820-1903）的天演之说，但郑重地说了警惕之语：我们不能将天演之说的运用超出其应行之程，人类天性往往避难而就易，习故而安常，斯宾塞之意也仅仅在于陈述调和为"人事演进之象，歧力相剂之结果"而已，未曾将它划界并看成是我们实践的义务（此处李大钊注明了是引用了李剑农翻译的话，并已发表在《太平洋》杂志第一卷第一号《调和之本义》）。他很感慨，莫烈此话"不啻为吾国人而发也"②，能指出调和在中国语境中容易引起的与竞争相对不相容的歧义，足见李大钊对调和含义的领会深具洞见。

其次，国人讲调和的时候极易以自我牺牲来成全调和。李大钊认为这主要是因为东西洋文明道德的差异所致。他依据此种差异深刻而富有创见地提出了与调和目的相应而又适宜于东西洋文明特点的"调和界域"。他

① 李大钊：《调和之法则》（1917年春），《李大钊全集》第二卷，第27页。
② 李大钊：《调和之法则》（1917年春），《李大钊全集》第二卷，第27~28页。

认为，就自他两存为调和目的而言，西洋人言调和宜提倡不牺牲他人为界；东洋人言调和以宜提倡谋保存自我为界。因为东西洋生活不同，文明各异，传统道德也相差悬殊。他说："西洋生活之自然法则，在于保存自我（Self-preservation），东洋生活之自然法则，在于牺牲自我（Self-sacrifice or Self-negation），而调和之目的，乃在自他两存（Co-existence）。"所以他倡导：西洋人讲调和，使其保存自我的努力，不超出不牺牲他人的范围为宜；而东洋人讲调和，以不牺牲他人为旨归，同时宜提倡先谋保存其自我。这意味着，调和的含义如果引起国人误解，就接近"牺牲"的意思，这又暗合国人自我牺牲的心理恰恰帮助强有力者张目，甚至被驯化至权利、人格、财产、生命、真理正义之信仰都可以被牺牲。从这一层面来看，李大钊认为专制势力的形成都是伪调和之说误事的结果。所以他说："余爱两存之调和，余故排斥自毁之调和；余爱竞立之调和，余否认牺牲之调和"。①

调和在中西方不同文化语境中确实会有不同的效果与需防范的误区。李大钊极具深见地指出了这一点，确可谓其高明。可见他绝不是一个生搬硬套理论的学者，而是一位深谙西方政治调和的内涵，极其睿智地预见到舶来之精美政治理论在中国特殊历史语境中发挥作用时会遭遇到的歧解和误用，且为此呼号警示国人的学者。他深刻感知到政治调和作为理论所具的价值与特殊的历史情境之间的紧张，并一针见血地点出了这种紧张背后所内蕴的中西不同的社会历史文化传统。

第二，承认新旧的质性并非完全不同。

新与旧的区别标准在于思想，在于追求进步与秩序安固何者为多。李大钊以为如果以年龄为准，同一年龄的人的精神状态不一定相同，年少者未必果真新，年老者未必果真旧。如果以派别为准，同一派别者的主张也不尽相同。只有以感情直至历史上种种关系牵连导致的主张，才往往有可能相同。因为"隶于新者未必无旧，隶于旧者亦未必无新"，所以年龄、派别，都不足为区别新旧的标准。关于新旧之分的标准，他认同黄远生之说为"探本之论"，即新旧异同的本源不在于枪炮工艺以及政法制度等，

---

① 李大钊：《调和之法则》（1917年春），《李大钊全集》第二卷，第27～28页。

而在其思想。但他又认为人的思想既没有徒务进步而不稍顾秩序与安固，也没有徒守秩序与安固而不求进步，要进步只有行于秩序安固之中才能实现，要秩序与安固也只有进步能给予保障。李大钊称穆勒（John Stuart Mill，1806-1873）曾阐述此理说：凡在政治或社会中，我们所企望的不会单单是秩序，也不会单单是进步，欲兴其一，二者必当并举；进步、秩序与安固之所需，其性质相同，只是进步所需量较多而已。他由此得出结论，所谓新旧，不过是在追求进步与秩序安固二者的数量上哪一个多一点而已，"世所称为新者，必其所企关于进步者较多之人也。世所目为旧者，必其所企关于秩序与安固者较多之人也"。所以，追求进步者与追求秩序安固者，虽是两种人，但只有"量之殊"，没有"质之异"。进步与秩序安固是同质异量，"精确言之，新云旧云，皆非绝对"。他进而指出当时人不明新旧性质相同，误使人以为某派新、某派旧、某人新、某人旧，似乎其间有绝明之界域或俨然之鸿沟，以致相互间"争哄斯烈"，甚至无人能自逃于"门户水火"之外。在明确新旧含义的基础上，李大钊指出社会进步是一个一步步发生量变的渐进过程，主张社会进步与秩序安固必须兼顾。①

　　李大钊把对抗的双方看成是新与旧，通过对新旧的区分标准进行讨论，由新旧不过是量的差异而非质的不同进行立论，推论得出，既然新派旧派、新人旧人之间并非性质上的差别，所以相互之间大可不必你死我活，而应当调和相剂，共同促进人类社会的进步和秩序安固。这从理论上证明了进步与保守、新与旧之不同派别既有必要也有可能，即有共同的基础和底线——既追求进步又追求秩序安固，既然二者唯有并举才能各自实现——进行相互调和携手合作。

　　第三，各势力中的各分子应当"尽备调和之德"。

　　"尽备调和之德"是李大钊特别强调的。何谓"尽备调和之德"？他认为第一个条件是要明了调和是思想对思想之事，非个人对个人之事。他说："调和之事，不求于一己之思想，而求于各个之人身，必徒冒疲于奔命之劳，而终于渺无效果也。"个人与个人之间如若意见情感稍有龃龉，可由当事人以外的第三者出来调停、和解；但思想与思想若有冲突，则非

――――――――――
　　①　李大钊：《调和之法则》（1917 年春），《李大钊全集》第二卷，第 28～29 页。

任凭诸思想的自为调和不可。因为思想冲突之际不必有人与人之交涉，即使同一人的思想有时也会呈现新旧交战的状态。要使二种思想相安而不相排，相容而不相攻，则需要第二个条件：凭借拥有不同思想而对立的政治势力有"调和之德"。即有赖于政治势力中的个人在新旧思想接触之际，主动发扬其"有容之性、节制之德，不专己以排人，不挟同以强异"的精神。这样新旧二种思想，在个人身上能于其思想中占相当之分以相安，在社会中即能成为某种势力而获得相当之分以自处，由此"冲突轧轹之象"可以避免，"分崩决裂之祸"自然减除。李大钊认为，作为个人能自克如此，则其人之调和能事也算做得差不多了。事实上，这是他所谓"调和之德"的其中一个方面："有容""自律"的方面，显然这也是他更为强调与重视的方面。①

"尽备调和之德"最重要的就是"有容有抗"，即"自律"加"他律"，而第三者的调停被置于"调和之德"以外。李大钊认为："凡能达于调和之境者，溯厥由来，成于自律者半，他律者亦半，而第三者之调停不与焉。"所谓"自律"，指"自居于一势力者"，确实遵守调和之理，而且真正做到自我抑制，以涵纳其他势力，也即"有容"。所谓"他律"，则是指自居一势力者，承认对立势力，认识到后者是不能被泯灭的，同时也要求对立势力确实足能与己相抵，从而使得两种势力不得不走相互调和之途，即所谓"有抗"。他甚至断言，除此之外而讲调和，"皆虚伪之调和，非真实之调和，枝节之调和，非根本之调和，绝无成功之希望者也"。② 李大钊的"尽备调和之德"指出了真正之调和所必具之内外在两方面的根本要件，不仅强调内在的"有容"与"自律"，而且关注外在事势之"有抗"。

第四，提倡调和之人应自处于新旧二者之一。

李大钊告诫那些"以调和自任者"不必超然于局外，尽可以对某一方加以袒护，这样其调和之感化才有权威。这就意味着，调和之事不容第三者说话的必要。既然如此，那么提倡调和之人应当于新旧二者之中选择其

① 李大钊：《调和之法则》（1917 年春），《李大钊全集》第二卷，第 29～30 页。
② 李大钊：《调和之法则》（1917 年春），《李大钊全集》第二卷，第 29～30 页。

一，要么居新，要么居旧。他指出值得注意的是，前提条件是做到"有容"，虽然提倡调和之人自居于一方，但若为新者，需能容旧势力之存在；若为旧者，需能容新势力之存在。

自别于新，而又自别于旧，会对调和产生妨害。李大钊指出，如果倡导调和之人不甘于居旧而又不敢居新，处于"不新不旧之地位"，挟着"非新非旧之势力"，以至于似乎身处于新旧二者之间。那么他会受到来自新旧两方面的"疑忌""敌异"，从而进退失据，无所归依，新旧二者都弃之而不顾，所谓调和的效果自然无从谈起了。而且，倡导调和之人自立于超然地位而受两方猜嫌，出于自保必图谋其自身势力的巩固，这实际上就会对两方都有操纵。李大钊指出如此倡言调和者不是"近于投机"，就是"邻于挑拨"，结果"去调和之境，正犹南辕而北适"。这对调和而言，无疑是最忌之事。所以他主张倡导调和者应在审视两方势力的强弱之后，选择较弱一方给予同情，尽自己思想的一分力以帮助弱者增强势力，使之可与强者相抗。所谓以己之力"尽平衡质剂之用"。但李大钊也清醒地认识到，对于这一调和的法则，普通人无法达到这样的认知，只可"望之于二三先觉之政治家，而不能以责之于庸众"，而且他也承认，这只是"调和之变则，则非调和之常境也"。①

三　批判伪调和

在李大钊看来，调和立国论本是"深识之士"在民初"自政力失轨，冲突轧轹之象日烈"的时候所创的理论，它旨在"申明政力向背之理，冀新旧两种势力各守一定之限度以相抗立"。意即使得两种政治势力既不可以"驰于极端"，也不可以徇其好同恶异之倾性而实行"禁异存同之妄举"，不然"反动相寻，终于两败而俱瘁，国家亦因之蒙莫大之患，甚非政治之佳象也"。李大钊指出调和立国等论说的本意，在于希望"异派殊途之各个分子"深信此理不可违背，而由"忠恕之道"自我规范于"恰如其分之域"，同时仍然本着原有的政治信念推进政治；并非在于使一部分人放弃自己所持有的信念而自处于超然位置，专门从事所谓调和之事，徘

---

①　李大钊：《调和之法则》（1917 年春），《李大钊全集》第二卷，第 30 页。

徊瞻顾于两种势力之间。这与之前他所提出的倡导调和者不能以第三者自任，而应选择新旧的某一方为自己立场的观点相一致。尤其对于"不学阙养如吾之国民"，更容易造成对调和立国论的种种曲解，往往不能领会这样的"精理明言"，可谓"歧解者二三，误解者亦复七八"，以致此论遭遇不幸而沦为被利用的工具，不仅成为"敷衍迁就者"的"容头过身之路"，而且更有"窃之为假面者"以调和论来掩饰其挑拨利用行为。如此一来，使得倡言调和者为世人所诟病。所以在提倡调和几年之后（从1914年正式提出至1918年，大约四年），民国的状况并没有得到应有的改善。李大钊认为这并非调和之过，而是伪调和在起消极作用所致。①

为此，李大钊再次极力阐明调和的含义，分析批判各种"伪调和"，以澄清调和之真义。他主要强调了真正之调和是两存、直接之事，而伪调和是自毁、间接之调和，尤其对缓进派的伪调和进行了深入批评。

第一，调和与伪调和。

李大钊指出，调和与伪调和的最重要区别在于：是政治势力的两存还是自毁；是直接之事还是间接之事。他认为调和是两存之事非自毁之事，两存则"新旧相与蜕嬗而群体进化"，自毁则"新旧相与腐化而群体衰亡"。而且他指出："调和者，直接之事，非间接之事。""直接"则知"存人即所以存我，彼此易与以诚"；"间接"则"双方鹬蚌，局外反成渔父"。伪调和就是"自毁之调和""间接之调和"，"二者均在吾人排斥之列"。因为自毁之调和，剑农君（李剑农）已于《太平洋》杂志首卷"畅发无余蕴矣"，而间接之说似乎还未被时贤所注意，李大钊"愿申其旨焉"。所以他的辟伪调和，重点在于就间接之调和进行批判和揭露。②

其一，调和是直接、两存之事。

调和因其为新旧得半而共存的天演真相，是"两存"之事，所以必是"直接"之事。李大钊认为，"政治之理与物通，与宇宙同"，"宇宙万象，成于对抗。又因对抗，而有流转。由是新旧代谢、蜕嬗以至于无穷，而天地之大化成矣"。相应的，"政治上调和之旨的，即在解决此蜕演不断之新

---

① 李大钊：《辟伪调和》（1917年8月15日），《李大钊全集》第二卷，第155页。

② 李大钊：《辟伪调和》（1917年8月15日），《李大钊全集》第二卷，第155~156页。

旧问题"。所以李大钊认同斯宾塞（Herbert Spencer，1820-1903）的调和观点：蜕嬗之群中的各势力往往不过是占得一半。其实"此杂而不纯、牴牾冲突者"正是"天演之行之真相"。① 所以真调和应是直接调和。即要在新旧二者或两种势力中选择其一，而非置身于二者之外的第三者的超然地位，这是一种置身其中的身体力行的直接之调和。李大钊强调，按斯宾塞之意，凡某一时期政象中所呈现出的新旧分子，必当各自择一个得半的位置自居，绝无居间调停之境可以中立。否则所谓调和是间接调和而非真调和，即不过伪调和而已。李大钊倡导调和者不居于新之半即居于旧之半，自我克制而求应得之分。只有这样，"天演之行之真相"才能显于政治学术之中。所以他严厉批评那些"不新不旧离于得半之位而专言调和者"，若是个人，只是在于陈述一时感想以警告双方，犹尚无妨；若是团体，往往谋自身势力伸张之便利而定其趋向，这就大失调和之旨而违背调和之道。②

其二，间接之伪调和。

调和双方之外的第三方横加干涉的现象是李大钊极力反对的间接调和。他指出穆勒（John Stuart Mill，1806-1873）论调和中即不以第三者的身份干涉两种势力之调和的观点。穆勒认为一群之中，老人与少年的调和，有其"自然之域"。老人因为已获名望地位，举动往往小心谨慎；少年则因为急欲获此名望与地位，则易于过激。政府执政调和于二者之间，要适宜而不狂妄地对天然适当的调和横加人为干涉，所谓"缓急适中、刚柔得体"，则政治上调和之志的达矣。李大钊进而指出，如果有人妄想在老人与少年之间集合中年而自成一种势力，就是以"人为之偏毗毁其天然适当之域"，结果会导致老人与少年之间的激争日益剧烈。对于这样的"中间派"、第三者，可能开始时，两派势力都"乐引"。但其实此第三者不过是借口调和而猎据其名望与地位，最后必被两派所"共弃"。古里天森（Arthur Christensen，1875-1945）论调和时指出群体之中世界观及政治信念都基于两种执性，即"急进与保守是已"。李大钊援引此，对间接调

---

① 李大钊：《辟伪调和》（1917年8月15日），《李大钊全集》第二卷，第157~158页。

② 李大钊：《辟伪调和》（1917年8月15日），《李大钊全集》第二卷，第156页。

和的不可取加以论证。基于"急进与保守"二种执性的世界观，不可以相互竞争而以其一征服或灭尽另一世界观。因为两种世界观都是必要的，同样是永存的，它们之间的竞争对立实际上正是为了并驾齐驱以保证世界的进步。人的政治信念虽然殊态万千，但其运行的自然规律，无所逃于急进与保守二者之中。以此来讨论群体伦理，恰如"通析众数之公分母"，所以"无论何人，二者必隶于其一"。如果不是不明了政治信念的这一固有"执性"，就必定在进步与保守之中选择其一，没有纯粹所谓第三固有特性可以存在于二者之外，也就是不承认有第三种政治信念可以游移于二者之间。①

在此需要指出的是，之前李大钊写过第三，并对所谓的第三大加赞扬。而此处他所反对的中间派、第三者以及认为没有纯粹的所谓第三固有特性，与之前所赞扬的"第三"论会否冲突呢？他之前所谓的"第三"是比第一、第二，或曰进步、保守高一个层次的第三。换言之，这一第三，首先是进化过程中的一个否定之否定的上升的阶段；其次是一种中庸独立的境界，有点类似对立二者进行调和之后的状况。而此处他所言之纯粹所谓第三固有特性是与第一、第二或进步、保守同一层面而言。在分析揭露伪调和的时候，他强调的是作为调和的倡导者应倡导直接调和而非间接调和，第三者与中间派所针对的正是间接调和。具体而言，其一，不能以第三的身份去横加干涉对立的二者，而应选择一方参与调和，否则就是身处调和之外言调和是无意义的；其二，不承认有第三种"执性"或政治信念游移于二种对立的政治信念之间，必须在进步与保守之中选择一种，否则口倡调和实则是伪调和。所以前一个"第三"与后来的"第三者"之含义互异，关键在于各自在不同情境中被阐释，可将其视作两个迥然不同的概念而并非存在真正的冲突。

在肯认进步与保守同为促进世界进化所必需的基础上，李大钊提出要牢牢遵守"对立不可相残之理"，且后者更为关键。如果非要违背政治信念的固有特性，重新更改政治信念，那么其"植基不长，纷扰必多"，不

---

① 李大钊：《辟伪调和》（1917 年 8 月 15 日），《李大钊全集》第二卷，第 156～158 页。

仅对调和无益，而且反而足以成为调和之害。① 此一由古里天森的调和理论所得出的"对立不可相残之理"与他先前"两存、两让"原理显然是一以贯之的。

其三，非理之伪调和。

阻碍进步的调和是非理之调和，即伪调和的另一种。于此，同李剑农一样，李大钊借鉴了莫烈（John Viscount Morley）关于合理与非理两类调和的区分。莫烈以为同样称谓的调和，有的含有阻碍进步的意味；有的等待机会以伺机行动；有的只求"安常蹈故之俗癖"而故意摧毁打击新思想。所以有一类虽然以调和命名者，却简直无异于排斥调和的最高真义，或任凭那本来已经信受的真义变得暧昧；另一类，虽然思想已成形且毅然坚持，但不存在迫胁之心来驱使群众。换言之，前者延引固陋之局，"捉进步之潮而使之逆流"；后者则竭其智力所能达以短缩固陋之局，"捉进步之潮而速之"。前者是非合理调和者之言；后者是合理之调和者之言，不强求别人同于己。②

第二，批判缓进派的伪调和。

李大钊在阐释调和真义与辨析伪调和时，已给新旧标准进行了设定。在此基础上，他对民初政局纷扰与民主没能确立的真正原因的进行深入分析，认为其中一个极重要的原因就是以进步党为代表的缓进派的所作所为促成了伪调和。他以民初缓进派之伪调和为典型进行深刻批评，从而更进一步阐释其对于政治调和的理解。

缓进派并未将自己定位为保守一派而造成伪调和。

要使进步与保守能共守而非"尽灭"，需澄清二者之间并非是绝对不可调和的质的差异。事实上，进步与保守或新与旧二者本身就有着可以共存，可以相守相让的基础。由于从事调和者必须选择一方以自处，所以分析缓进派的调和，必先给其定位。

李大钊认为缓进派是属于旧的保守的一派，但旧并非贬义，与新也只有量之差。在他看来，一方面，称为旧、保守与称为新、进步，是相比较而言的，其中绝无褒贬之意，也无善恶之分；如若必以新者为善、旧者为

---

① 李大钊：《辟伪调和》（1917年8月15日），《李大钊全集》第二卷，第158页。
② 李大钊：《辟伪调和》（1917年8月15日），《李大钊全集》第二卷，第157～158页。

恶，或进步为褒、保守为贬，则是不懂进化之理。进化是新与旧、进步与保守之间的相互作用来共同推动的，"盖进化之道，非纯恃保守，亦非纯恃进步；非专赖乎新，亦非专赖乎旧"。社会或政治上的种种企图，徒谋改进而毫不顾及固有秩序是无法成功的，而徒守固陋而不稍加改良是无法永久固守的。历史证明了"欲兴其一，二者必当共举"。另一方面，如上文业已分析的，"进步"与"保守"之所需，"新"与"旧"之所需，只有量之差而绝无质之异，只是用于进步者较之用于保守者为量更丰，用于旧者较之用于新者为量较少而已。所以，据此观察民国成立以来的"波靡云诡之政局"，当时的政团自标一帜相号召，无论政团蜕为若干，但以其政治信念来区分，"终不外进步与保守二派，曰急进与缓进，曰新与旧，皆不过名辞之争"。以此定新旧的标准，李大钊指出缓进派虽往往自居于新，其实当隶属于旧；虽往往自归于进步，其实当归于保守。这是以需量之多寡而言，非以感情之毁誉而言。①

李大钊以缓进派某贤人的"自白之言"分析其新旧性质。此贤人指出，逐渐培养"新机"，是要使国会得以巩固，宪法予以确立，有新知识者都得以"活动"。就法制而言，需树立其运用基础，培植其元气，这就不能急进，只能缓进。即当以柔为刚、以退为进、以缓为急、以代替为征伐。因为欲达此目的，"非以缓进不足以厚根底，非以退让不足以消反动，非以坚忍不足以见微效"。所以一方面决不愿见急进之人悉被屏于国外，因为其终究属于新人而代表一种思潮新文明；另一方面尤其不愿见到旧势力悉被人攻倒，因为国内尚未养成能代替旧势力的全新势力，如若勉强为之，可能使现有秩序与国力都不能保持。所以缓进派贤人以为，唯一的希望就是使"旧势力暂时支柱政局，而于其下展发新机，则新机日进而得以有平和之新陈代谢，而无为武力之革命与推倒之争斗"。"质言之，即吾人以为国家莫大之福，莫若以新势力承继旧势力；而国家莫大之害，则必为以新势力攻倒旧势力。"在缓进派之贤人看来，不谈政治则已，如果不能外于政治，则应当知道政治上本来就没有什么"痛快如意之事"，所能有的不过是"委曲求全与夫忍辱负重而已"。李大钊指出缓进派贤人虽不见

---

① 李大钊：《辟伪调和》（1917 年 8 月 15 日），《李大钊全集》第二卷，第 158～159 页。

得代表了当时缓进派的纯正心理，但从他的话中可以体味出其所企图的东西与激进派之所需全同，但为量较少，所以被称为旧、保守。缓进派贤人的认识虽然是偏于旧的，但李大钊对其认可的地方是与政治调和有关：其一，这种认识中有对政治调和的认可，虽然这种认可稍显无奈。其二，国家最大之福的确是新势力继承旧势力，而国家莫大之害是新势力攻倒旧势力。因为假如新势力足够强大而代替旧势力是未尝不可的，但是目前的新势力不足以强大到可以推倒旧势力，如果以武力革命勉强为之则无异于自杀。①

虽然李大钊认为此缓进派之贤人所发言论的内容不乏真见，但是缓进派代表发表言论的态度与立场是他所极不赞成的。在他看来，这种行为反而会促成伪调和。因为此贤人已然将自己区别于旧势力之外，而与信念不同的急进派套近乎，甚至不惜将急进派称为"吾侪新派"。这所谓的"吾侪新派"，在李看来，正是伪调和构成的根本观念，且近数年来政象不宁的真因就埋伏于此点。因为"势力之存，在思想不在腕力"，即旧势力非一系军人所能代表，新势力亦非少数党人所能代表，而政治的变动全来自于进步保守二种信念的对抗与新旧思想的冲突。而此缓进派贤人的政治信念既与激进派截然不同，又不在旧势力之列，显然自处于李所驳斥的第三者与中间派的位置言调和，是伪调和。②

李大钊非常中肯地给缓进派进行定位，提出缓进派为旧势力之列而与激进派相对。他认为，与其说特殊势力是缓进派的保护者，毋宁说缓进派是特殊势力的指导者；与其说缓进派与急进派为同侪，毋宁说与急进派为对立。因为政治势力相当，则能立于同一水平线上，才有新旧对立之可言。如果两势力相差悬殊，一在九天，一在九渊，则政治上的关系是风马牛不相及，也无所谓什么势力了。同时缓进派时时在特殊势力卵翼之中，即特殊势力时时在缓进派指导之下。至于旧势力与新势力有时相挤，即可认为缓进派与急进派之相挤；旧势力与新势力有时相安，即可认为缓进派与急进派之相安。所以李大钊并不认为缓进派之外尚有旧势力别树旗帜，

---

① 李大钊：《辟伪调和》（1917 年 8 月 15 日），《李大钊全集》第二卷，第 159～160 页。
② 李大钊：《辟伪调和》（1917 年 8 月 15 日），《李大钊全集》第二卷，第 160 页。

哪怕有的话，其政治信念也必定与缓进派的相近而可以被视为一类。①

缓进派促成伪调和的缘由。

缓进派之所以促成伪调和，是由于其不懂调和是"两存、两让"之事。李大钊对其根本不懂得如何进行政治调和进行分析批评。他认为，首先缓进派既然以调和者自任，何以与特殊势力周旋之际没能建言陈义以促进旧势力的觉悟，使得特殊势力能稍为容许急进派的存在。其次缓进派也没能告诫特殊势力其实急进派唯一希望的任务并非在于破坏此特殊势力，不必对急进派的对立"恍若躬临大敌"。在民国政局动荡之时，缓进派以堂堂正正之政团，本应当"仗义执言"，转移其拥护特殊势力之诚至拥护国家拥护法律，但它却参与严厉打压急进派，以致急进派几乎无法生存。缓进派的作为多少导致了民国陷入非政治与无国家之状态，宪政基础、国家体制全颠覆于暴力之下。②

进步党不知调和真义，只知依附旧势力而一味排斥国民党。李大钊援引了章士钊与陈独秀对于分别代表缓进、急进的进步、国民二党不能互相容忍对方而痛惜的言论。他称"当宪潮激越之际"，秋桐君于《甲寅》日刊著论，大声疾呼，主张容纳研究会关于宪法上的主张，其中有一绝强的理由是国民、进步二派决裂时，国家每生非常之变。独秀君亦有绝痛之语曰："进步党人每以能利用权门自喜，而反为权门所利用，一点污于袁世凯，再见欺于督军团，国民党之荣誉往往在失败，进步党之耻辱往往在胜利。"李大钊在此基础上指出，"缓进派有一凤抱之梦想，与民政不容，与国体不通，即所谓开明专制与贤人政治是也"。进而他对开明专制与贤人政治进行了批评。国体与政体之分不过是研究政法学者出于解析辞义之便，一国之政治绝非于二者之间了无关系。事实上若一国政体与国体不适，则其政治必无良象。故而谈政体，非可全置国体于不问。无所谓开明者必非专制，专制者必不开明。另外，民主政治离不开代议政治，缓进派所谓的贤人政治都是不现实的，"今日民主主义勃兴之世，舍代议政治又无所谓贤人政治"。退一步，哪怕真有所谓开明专制与贤人政治，也极易成为特殊势力利用之资。实际上缓进派的贤人政治中有着内在的矛盾，开

---

① 李大钊：《辟伪调和》（1917 年 8 月 15 日），《李大钊全集》第二卷，第 160 页。

② 李大钊：《辟伪调和》（1917 年 8 月 15 日），《李大钊全集》第二卷，第 162 ~ 163 页。

明之责与官僚之制是格格不入的。所以在李大钊看来，所谓开明专制、贤人政治不过是"专制其质、共和其皮之玄想"。梁启超及其政团的主张，不过是梦想，反而使进步党所有举动，"大凡以势力为重，以情理为轻，以成败为重，以是非为轻。久而久之，积习成癖，倚傍而外无生活，趋承而外无意思，反覆而外无举动，挑拨而外无作用"。李不禁感叹："堂堂政团，覆雨翻云，至于若此！"① 这显然有违政治调和的真义。进步党要借助特殊势力把对立势力消灭，而最终进步党将国民党势力灭掉后，特殊势力当前，自己面临的必是唇亡齿寒的结局，同时旧势力却坐收渔翁之利。由此足见缓进派之调和无疑乃自毁、间接的伪调和。

李大钊指出进步党自身的尴尬境地亦是伪调和造成的。就其自身势力而言，进步党的"权利之争则与官僚不相容，主义之争则与民党不并立，既为新者所弃，又为旧者所屏，将以自存适以自毁，欲以自利反以自杀"。李称此类政治活动无以名之，名之曰"伪调和"。此类之政治团体无以名之，名之曰"伪调和派"。②

尽管如此，李大钊还是对缓进派提出期望，希望其觉悟，要求其能做到政治调和的两让、两存以达共进。具体而言，但愿缓进派确立于旧者一方，坚持其政治信念而与急进派"为轨道内之对抗，不为轨道外之芟锄"，在主义上不妨与急进者稍事融通，在权利上不妨对固陋者稍有退让。这样既能保有旧者信任，又能减少新者之疑虑。李大钊相信缓进派对于"新旧离合之变迁减免一度，政治上的纷扰就潜消一度"，哪怕做到缓进派贤人所谓的"委曲求全""忍辱负重"，或许会有几分成功。③

此外，李大钊将"伪调和"更大的背景原因归之于时代精神，"伪调和之流行，几于遍中国而皆是"。所谓时代精神即时尚、风气诸如此类。他认为当时时代精神极其虚伪，甚至"人人相与以虚伪，事事相尚以颠顶"，全国之内很少不怀挟数副假面，比如共和则饰共和，帝制则饰帝制，驯至凡事难得实象，举国无一真人，"此实一时风气之所趋，固非独一党一派之特质也"。李大钊提出"最终希望"唯在各派各人"反省悔悟、开

---

① 李大钊：《辟伪调和》（1917 年 8 月 15 日），《李大钊全集》第二卷，第 164～165 页。
② 李大钊：《辟伪调和》（1917 年 8 月 15 日），《李大钊全集》第二卷，第 165 页。
③ 李大钊：《辟伪调和》（1917 年 8 月 15 日），《李大钊全集》第二卷，第 165～166 页。

诚相与"，以真实面目相对，则为善可也，作恶亦可也；急进可也，缓进亦可也；调和可也，决裂亦可也。① 这意味着，调和而有功效必须杜绝伪调和，需要各派个人乃至整个社会全体的开诚布公。可见，李大钊意在倡导调和所需的一个使得各派能真实展现的社会文化环境，这样的环境必须有相当自由与宽容，而这正是调和所需的土壤，亦是从社会的精神根源上除去伪调和生成的土壤。

缓进派的"伪调和"造成了不良政治影响。

缓进派对政治所造成的不良影响都是其"伪调和"所致。李大钊提出需要对其民初的政治行动进行一一回溯，分析此不良政治影响，就可以发现其造成的不良政治影响大体皆是伪调和所致。他认为，辛亥革命成功后，急进派乘革命方兴之势得以站稳脚跟，但是急进派的实力不够强大，还远不能"与旧势力相当，与旧势力相衡，去得半之位固犹甚远"。当时急进派的举动确有过激之嫌，然而至于将所谓特殊势力者完全推翻，急进派虽有此心却绝无此实力。同时，缓进派以为袁世凯之势力可以作为抗制急进派之资本，于是对袁氏是"趋承之缘附之"，致使缓进派政客、论士的言谈都注重于拥护强力排斥激进。甚至当时有最流行之语，不说中央集权而曰强固政府；不说临时约法之束缚太甚而说总统制之适于国情。结果却是不多久，袁氏以兵力铲除民党；以武力劫夺总统，随即解散国会，癸丑之局以成；约法毁废、参政院成；神武建号、洪宪改元，帝制之祸起。简言之，结果是急进派归于失败，而缓进派亦遭摈弃。由此，李大钊不免叹息缓进派诸公，竟然一再犯"援引特殊势力之嫌"却不知觉悟，进而使得特殊势力闻"调和之声愈高，猜疑之念愈启"，缓进派对此纵无挑拨之心，亦有被特殊势力利用之迹。②

李大钊进而深刻指出，缓进派与急进派一味冲突对立而没有真正的调和是民初政局动荡民主失败的原因。他认为"中国政争之问题，几全为急进派与缓进派辑睦与否之问题"，"民国以还，政争迭起之真因，穷本溯原，固在新旧思想之冲突，官僚与非官僚之暗斗"，但因为"其间

---

① 李大钊：《辟伪调和》（1917 年 8 月 15 日），《李大钊全集》第二卷，第 166 页。
② 李大钊：《辟伪调和》（1917 年 8 月 15 日），《李大钊全集》第二卷，第 161～162 页。

常短兵相接，首当其冲，相攻相搏之方面至广，程度至烈，时期至久，嫌怨至深者，乃不在急进派与特殊势力或官僚之间，而转在急进派与缓进派之间"。缓进派与急进派提携时期远不及其哄争时期之长。而且"二派交哄之日，即为缓进派依傍特殊势力之日。政治上之巨变，往往即肇兴于此时"。①

概言之，在李大钊看来，真正之调和，一是"直接"：自己要选择并认定要么进步要么保守的政治信念，而且须自我克制只在政治局势中占据一半的位置。二是"两存"：认定进步与保守两个政治信念是并存的，只可共存不可一方彻底消灭一方，因为正是它们相互牵制、相互引导的共同作用推动世界的进步。李大钊以四位西方学者（斯宾塞（Herbert Spenser，1820－1903）、穆勒（John Stuart Mill，1806－1873）、古里天森（Arthur Christen sen，1875－1945）、莫烈（John Viscount Morley））有关调和的理论为借鉴而指出："调和云者，即各人于其一群之中，因其执性所近，对于政治或学术，择一得半之位，认定保守或进步为其确切不移之信念；同时复认定此等信念，宜为并存，匪可灭尽，正如车有两轮，鸟有双翼，而相牵相挽以驰驱世界于进化之轨道也。"②

第三节　调和的宪法与政党

政治调和的两存、两让是李大钊特别强调的，与此相应，他理想中的宪法与政党则是调和的宪法与调和的政党。宪法和政党都应该符合政治调和原理，有助于宪政民主转型。这样的宪法和政党，又反过来给政治调和提供现实的平台和途径，并保障和促进政治调和作用发挥，使得形成良性循环。

一　调和的宪法

李大钊认为调和的宪法一方面要以相应的政治对抗力作为前提条件，

① 李大钊：《辟伪调和》（1917 年 8 月 15 日），《李大钊全集》第二卷，第 163～164 页。
② 李大钊：《辟伪调和》（1917 年 8 月 15 日），《李大钊全集》第二卷，第 158 页。

另一方面宪法本身要具备调和的性质，能够有助于避免暴力革命，能够将各方的势力纳入宪法之中以实现各方势力的利益要求。

第一，调和的宪法由政治对抗力调和而成。

李大钊关于宪法的观点很鲜明，他提出一部有政治对抗力较量而制定，并使各方政治势力的利益得以表达，体现对抗政治力平衡的宪法，才能达到所谓的"良政治"及享"治平之幸福"。这样的宪法的判断标准有两个方面：其一"以宪法量之有容与否为断"；其二"以宪法构成之质得其衡平与否为断"。① 即调和之"衡平宪法"需要达到"量之有容"与"质之衡平"。

所谓"量之有容"与"质之衡平"分别主要体现在"时"与"势"两个方面。首先，在李大钊看来，"宪法之善，在乎广被无偏，勿自限于一时一域，勿自专于一势一体"即宪法量之说。从这个意义而言，柔性宪法是值得主张的，这也意味着制定宪法者当葆宪法"与时俱化之性"，这是宪法"量之扩于时者"。时运不断进步，政治治理之道也今古各殊，随着时势的变迁，宪法有可能出现"穷于用"的地方，这就需要随时间的向前而扩充宪法的条款。对于此"量之括于时者"，他认为只需要在制宪初期，由一二深谙宪法的学者陈其利弊就足矣。其次，衡平的宪法还需要"扩其量于势"。比如被英儒戴雪（Albert Venn Dicey, 1835–1922）译成英文的法儒布托米氏（Emile Boutmy, 1835–1906）所著的《英法美比较宪法论》在讨论英国宪法时，指出其特质正是在于其"散漫无纪与不整不合"，然而如果英人以成文的典章整齐划一地施行于全国，恐怕是朝成典而苏格兰与爱尔兰则夕离。英宪政治以其"不成文而虚其量以规范治理苏、爱两州，以免分崩离析之祸"，是量之括于势的典范。李大钊指出做到量之括于势比量之括于时要难得多，因为所谓量之扩于势，要求制宪的势力不是单一的，必须有不同意见的派别"并峙相抗"，将各自的实际利益贯彻到宪法之中。而且要求各派势力本身"各自知晓尊奉政治调和之理，相互之间容纳涵蓄，不敢妄冀专断"。意即要求不同政治势力相互抗衡，并相互

---

① 李大钊：《政治对抗力的养成》（1914 年 11 月 1 日），《李大钊全集》第一卷，第 95～96 页。

容忍对方。宪法量之括于势即"质之衡平"更为重要，要求宪法必是由政治对抗力调和的产物。所以，在宪法制定中，李大钊十分强调政治势力对抗平衡的作用，即"衡平之宪法，成于对抗之势力"，只有对抗势力相互抗衡之下制定出的宪法，才是衡平之宪法；如果虽有相互对抗的两种势力派别，但一则过大一则过小以致失却平衡，那么就"决不生宪法为物"，即使产生了所谓的宪法也不过是"一势力之宣言"，强迫称之为宪法而已。这样的由一势力独大而制定的所谓宪法，不过是此势力存则宪法能存，此势力亡则宪法必亡。而且既然宪法不是各势力对抗平衡所制定的，所以既不足以遵守之，又不能保全社会治安。① 由此，政治对抗势力的养成，是获得衡平宪法的首要任务。

第二，宪法本身要具备调和的性质。

李大钊强调宪法的调和性质，即宪法的调剂平衡之性能。他认为袁世凯去世后议会重组并重新制宪是"国民之幸运，亦吾国之转机"，希望社会各界凡夫人士，相互议论以为参考，使得宪法能够"获备调剂平衡之能，并收审慎周详之效"。② 因而他大力阐扬宪法应具有的调和性质。

一部调和的宪法能避免暴力革命之祸。李大钊明了，以革命建国，但不能以革命治国，当然更不能以一部革命的宪法来治国。他十分赞赏美国的费城制宪会议，以美国的制宪为例，试图给予民初制宪的国人以参照和信心。他指出费城制宪会议上制定的宪法是对合众国最初发布的成文宪法《联邦条规》（Articles of Confederation）的改进。当时美国作为一个"新造之邦"，首先要解决"屡构革命流血之惨祸"的问题，费城会议成立的初衷就是"巧避革命之祸"。而且他特别指出"革命血潮中涌出之名流杰士，网罗殆尽，雍雍济济，会于一堂，而北美合众国长治久安之宪法，遂以改造于若辈之手，至今论政者传为佳话"。美国是由建国初不成熟的联邦条规开始，对于经若干岁月后而遭遇险阻的条例进行修改，主要是经由"明达之士"相互辩论妥协"谋以妥慎之方"，才获得了使国家实现长治久安的宪法。美国的这一经验是足以让国人觉醒的，他甚至乐观地认为民初正

---

① 李大钊：《政治对抗力的养成》（1914 年 11 月 1 日），《李大钊全集》第一卷，第 96 页。
② 李大钊：《制定宪法之注意》（1916 年 10 月 20 日），《李大钊全集》第一卷，第 206 页。

是痛定思痛之后，诉求于宪法以收美国费城会议之功的时候，其言下之意是，辛亥革命后建立的民国可以通过改进之前的《天坛宪法》，同样"谋以妥慎之方"，以妥协造就调和之宪法，防止革命流血之祸。① 换言之，以一部由各方参与妥协调和产生的宪法以实现中华民国的宪政民主转型。

关于如何制定一部由各方参与的经由妥协调和而产生的宪法，李大钊要求制宪者应当知道"宏厚宪法之势力"。宪法制定得好，使得宪法本身具有雄厚的势力，则不需要蓄意防范法律之外的势力可能会对宪法造成的横加摧毁。为此他提醒制宪者注意非常重要的制宪规律：调和与抵抗。他深刻道出："制宪之事，有不可失之律二焉：一即调和，一即抵抗是也。"而且"调和与抵抗，其用相反，其质则同"。② 此"二律"是民初能否获得完善的民主宪法的关键，也是他给面临制宪的国人提出两点注意之首要的一点。（另一注意点是"制宪者须知今日制宪虽采成文主义，而不可尽背不文主义之精神也"，即强调柔性宪法。）③ 要使得宪法实质上具备这两点，则"惟在平衡"。至于如何使宪法的实质达到平衡之境，李大钊考察各国通例发现，一般在制宪之际"必将各方之意思情感，一一调剂之，融和之，俾各得相当之分以去"。具体而言，我们可以从以下两个方面对李的这一观点做简要分析：一是，各种势力都应该"遵奉政理"，而且都能够"自纳于轨物之中"，则法外势力也都可包含于宪法之内而无所于不平。由此，宪法势力几乎覆盖全国各种势力而垂于永久。于此，他尤其强调宪法要给特殊势力留有余地。比如民国当时的特殊势力独立于宪法之外而与宪法对峙，而且又不能自我觉醒，更不能自觅途径以求纳于宪法之内。但我们不可漠视这样的势力，制宪时应当给予其回旋的余地。此点与他提出的关于制定宪法的第二个注意点——强调柔性宪法的特性——密切相关。哪怕我们制定的是刚性宪法，也要赋予宪法一定的弹性，留好可以给各方以在宪法内调和的余地。二是，保障宪法的关键在于全国人民尊重宪法的心理，即"以宪法为物之势力，不在宪法之自身，而在人民之心理"。李

---

① 李大钊：《制定宪法之注意》（1916 年 10 月 20 日），《李大钊全集》第一卷，第 206 ~ 207 页。
② 李大钊：《制定宪法之注意》（1916 年 10 月 20 日），《李大钊全集》第一卷，第 207 页。
③ 李大钊：《制定宪法之注意》（1916 年 10 月 20 日），《李大钊全集》第一卷，第 208 页。

大钊指出国中有一部分势力如果在宪法中得不到相当之分，势必会另外寻找"歧径"以求其利益的完全实现，而越轨之行为也必定会层见叠出。假如宪法真出现了这样的境地而遭到违反，怎么办？宪法自身可能没有力量来实行制裁，甚至宪法的全部精神也可能会被根本推翻而无以保持，或者哪怕宪法"已有容量"，即已经留给特殊势力相当之分，但特殊势力顽固终不能与宪法并存，那又该如何？有观点认为一般情况下法外之势力与宪法为敌，国民执宪法无用，势必也要以另一种法外之势力来限制它。但对于这种认为法外之势力能摧残宪法，法外之势力亦能保障宪法的观点，李大钊不敢苟同。他指出制宪之时，如果防制只是设于宪法也可能无效，这种防制毋宁是人民内心对宪法的认可和支持。而要获得人民心理的认可，只有依据政治原理通过调和求得良善宪法的制成，以后如果有冒不韪而违反宪法的，人民也会以血之代价保卫宪法。[①] 但这从一个侧面显示出，李对调和而成的宪法并非绝对的信任，对于暴力革命也并未一味排拒，而是持保留态度。

民初中国社会各种势力之间存有严重歧见，在当时纷繁复杂的社会形势下，李大钊倡导调和的宪法主张，是向制宪者及国人呼吁将各种势力纳入于宪法之中。在制定宪法时，既要考虑到各种势力之间的矛盾冲突，又要注意照顾并调和各方势力之利益，才能制定出一部人人都能遵守的调和的宪法。

二　调和的政党

李大钊心目中的政党是符合政治调和原理的政党，其条件至少有二：一是要有党纲、党德的现代政党。这是政党之间能以和平的政争调和各方利益的基础。二是要有反对党。而且需是爱国的反对党才能形成调和的政党及政党政治，这是各方利益得以调和的现实可行的政治途径。

第一，民初的无调和之政党。李大钊对于民初的政党大都不以为然，称其无党纲无党德而不过为"乌合之众"。即当时所谓政党压根不是现代

① 李大钊：《制定宪法之注意》（1916 年 10 月 12 日），《李大钊全集》第一卷，第 207～208 页。

的政党。他说"共和国有所谓政党者矣，于是集乌合之众，各竖一帜，以涣汗人间，或则诩为稳健，或则夸为急进，或则矫其偏，而自矜为折衷"。这些所谓的政党大都拥戴一两个"旧时党人"或"首义将士"，然后标为己党历史上的光荣。在他看来，"实则所谓稳健者，狡狯万恶之官僚也；急进者，实则蛮横躁妄之暴徒也；而折其衷者，则又将伺二者之隙以与鸡鹜争食者也"。另一方面，民初的政党实际上既无党纲，更无党德。他说："以言党纲，有一主政，亦足以强吾国而福吾民。以言党德，有一得志，吾国必亡，吾民无噍类矣。"这些政党只是愚弄百姓"吾为尔作代表也，吾为尔解痛苦也"。他曾听闻各党之支分部，因选举的耗用就动辄数万金，那些党魁不得不依靠总统或都督，同时搜刮民脂民膏。①

　　第二，爱国之反对党。李大钊关于爱国之反对党的概念来自于英国政界，他一贯肯认英国是世界立宪国之先进。英国政党内阁由统一党为主时，在野的自由党党员在议会扬言曰："吾侪当为爱国之政府反对党（Patriotic Opposition）。"历史上人们一直称其政府为"陛下之政府（His Majesty's Government）"。组成政府的政党是陛下的政党，而在野党则自成为"陛下之反对党（His Majesty's Opposition）"。英国所具有的反对党使李大钊十分钦佩艳羡。他对反对党之于国家的重要作用给予十分肯定，指出反对党的作用决非以攻击政府为能事，实际上是站在援助扶持政府的立场上来辅佐政府。反对党如果看到政府的主义确实有不当之处或不符合民意之处，则可以取而代之，执行自己的主义，这也是在野党责无旁贷的责任。而当整个国家"外患繁兴"的时候，反对党纵然与政府所施的计划方针截然相反，也应隐忍共同对付国难，这是反对党应有的觉悟。② 可见李大钊希望的爱国的反对党除了必不可少的"反对"之外，还有一重要的特征是"爱国"。当然就其关于爱国的反对党的观点对于政治调和而言，"反对"才是最重要的特征。

　　爱国之反对党就是两党政治中的在野党。李大钊指出政府是国家的政治实体而负其责任，在野党则对国家政治进行批判而实行其监督的责任，

---

① 李大钊：《大哀篇》（1913 年 4 月 1 日），《李大钊全集》第一卷，第 10～11 页。

② 李大钊：《爱国之反对党》（1917 年 3 月 7 日），《李大钊全集》第一卷，第 310～311 页。

二者地位虽然不同，但为国家效劳的职务却无异，这样的在野党才是爱国的反对党。他看到英国议院中的座位也体现出这一特点，政府党与在野党适相角峙，名曰"角椅"（Front Bench），两党首领，都居其首席，而遥遥相望。内阁更迭时，则两党相互交换位子，就如剧场上一班剧友上台互演角色一般，是习以为常的事情。其实此处所含的原则跟英国人向来喜欢的竞技运动中的差不多，都要相互承认对方进行公平竞争。① 显然拥有此种关系的政府与反对党之间是相互对抗平衡的。

李大钊对爱国之反对党的进一步理解大致可分为三个方面。首先，在任何时候，任何一种政府之下，反对党应该存在。其次，反对党要有援助政府得以使全力对外的觉悟。再次，政府党不能一闻反对之声就以为失当，而要尊重反对党之意思，遇枢要问题需征集各方主张进行折中。而且"必有爱国之政府，而后有爱国之反对党之可言"。② 其实这三个方面分别强调的是，政治对抗力的互存；反对党懂调和之道而且具有真正的符合现代立宪政治要求的党纲党德；以及政府必须允许容忍反对党的存在。这些是政治调和的关键。如此才有可能在实际政治上实现两大政治势力的对抗调和、两让两存。事实上，李大钊所崇尚的英国的反对党传统正是现代宪政制度下的两党制度，容许反对党的存在是给政治调和提供了实际可操作的平台。

---

① 李大钊：《爱国之反对党》（1917 年 3 月 7 日），《李大钊全集》第一卷，第 310 ~ 311 页。
② 李大钊：《爱国之反对党》（1917 年 3 月 7 日），《李大钊全集》第一卷，第 312 页。

第八章
李剑农：调和之本义

> 彼之所谓调和，乃急缓二派之新者通力合作，一与固陋之旧者为
> 中和之抵抗，不使旧者为渔人……新旧蜕嬗、群体进化之机以成。吾
> 所望于调和者如是。
>
> ——李剑农

李剑农（1880～1963），又名剑龙，号德生，曾用笔名半粟，湖南邵阳
县苏塘乡（今属隆回县）人。少时就学于私塾与邵阳县设书院，后考入湖南
中路师范史地科专攻历史。于辛亥革命前入日本早稻田大学学习政治经济
学，又于"二次革命"爆发前赴英入伦敦政治经济学院旁听兼作自由研究。
民国初年积极参与政治活动与政治评论，曾加入中国同盟会，参加辛亥革命
活动，于 1920 年代主张联省自治，曾任湖南省宪法起草委员会主任委员而负
责起草湖南省宪，出任省务院院长兼教育司司长；并先后担任汉口《民国日
报》的新闻编辑与上海《中华新报》的编辑，创办政论刊物《太平洋》杂
志，担任太平洋书店编译部主任。曾在长沙创办晨光学校、在邵阳创办松坡
中学与松坡图书馆。1920 年代末开始致力于中国近代政治史研究，并于 1930
年代始先后受聘于汉口明德大学（任教授），武汉大学（任文学院教授兼史
学系主任讲授中国近代政治史、中国经济史及政治学概论），蓝田（后迁溆
浦）国立师范学院，湖南大学，后又重返武汉大学执教直至去世。[1]

---

① 参考萧致治《李剑农：世界级大史学家——纪念李剑农逝世 40 周年》，《武汉大学学报：
人文科学版》2003 年第 1 期。

李剑农的主要学术研究领域为中国近代政治和中国古代经济史，著有《中国近百年政治史（1840～1926）》《中国古代经济史稿》《政治学概论》《明清史讲稿》《武汉革命始末记》等①，被誉为自古迄今的世界各国有特殊贡献的大史学家。② 既然以政治史见长，其政治思想自是极具研究价值，尤为重要的是其于民初创办之《太平洋》杂志承章士钊《甲寅》杂志的自由调和之续，为民初思想界宣传调和思想的又一大重镇。由于在英伦留学三年，李剑农得以深入研究英美各国政治制度，尤其欣赏英国的议会政治与各殖民地宪法之生成，进而形成其政治调和思想，从而肯认相对完备的政治制度必以调和方式逐步改良渐趋完善而得。

在李剑农看来，调和之本义为"新旧蜕嬗、群体进化"之象，即所谓合理之调和。而民初缓急二派之新者互不相让反而使旧者得渔翁之利，实非调和之本义。他进而提出了深具调和意蕴的"真立宪"与"真秩序"，前者即以宪法形式范围容纳各势力使各得其所，并以健全的政党政治与议会政治加以保障实现；后者指减少国家干涉、削弱中央集权，给予国民个体及地方自然发展的空间。

---

① 李剑农：《中国近百年政治史（1840～1926）》作者简介，武汉：武汉大学出版社，2006。

② 1930年李剑农写成《最近三十年中国政治史（1898－1928）》一书，1942年于此基础上扩充成《中国近百年政治史（1840～1926）》出版。1983年，《国际大史学家辞典》主编吕希安·波亚德教授通过北京大学张芝联教授致函中国史学会，告知将编一部《国际大史学家辞典》，收录自古迄今的世界各国有特殊贡献的大史学家，计划收录中国史学家30人。后经中国史学会认真研究，确定推荐中国古今大史学家33人（限于已故史学家），并约请专家撰写词条。由于全书篇幅过大，后来分成古代和近代两册出版。《古代国际大史学家辞典》收录公元1800年前去世的世界各国大史学家312人，其中中国19人。按姓氏英文第一个字母排列为：班固、陈寿、杜佑、范晔、顾祖禹、黄宗羲、孔子、刘知幾、欧阳修、钱大昕、司马光、司马迁、王夫之、荀悦、袁枢、章学诚、郑樵、朱熹、左丘明。该书于1989年由美国格林伍德公司出版，计417页；《近代国际大史学家辞典》收录1800年以后的世界各国大史学家664人，其中中国（含华裔）14名，李剑农即14人之一（其他依英文第一个字母排列为：陈寅恪、陈垣、范文澜、顾颉刚、郭沫若、蓟伯赞、梁启超、李济、吕思勉、吕振羽、王国维、魏源、萧公权）。该书于1991年由上述同一公司出版，计841页。转引自萧致治再版前言，李剑农：《中国近百年政治史（1840～1926）》，武汉：武汉大学出版社，2006。

第一节 调和本义

一 调和含义与类别

李剑农所讲的调和之本义，即为政治调和之本义。他于《太平洋》杂志第一卷第一号上发表了《调和之本义》，从社会政治进化的角度讨论调和，侧重的是政治层面的调和。比如所谓新与旧，主要是政治派别上的新旧。他将缓急二派界定为"新"，固陋派界定为"旧"，倡导调和不仅在新旧之间，更在新与新的不同政治派别之间。他理解的调和是进化的法则，并讨论了调和的"精要"，指出调和是一种现实情况。

进化

李剑农以进化论作为调和的立论之基。他对调和的理解与阐释，主要立基于斯宾塞（Herbert Spencer）的进化论。他说："调和者新旧蜕嬗、群体进化之象，非新旧相与腐化、群体衰败之象也。"他援引了严复翻译之斯宾塞《群学肄言》（*The Study of Sociology*）中的大段原文对此加以说明："蜕嬗之群无往而非得半者也。其法则良窳杂陈，其事功则仁暴相半，其宗教则真妄并行。此杂而不纯者，吾英之所有，正如是也。其冲突龃龉、自乱其例，上自国政、下自学术，所樊然日多者，即以演进方将损益之，以兴时偕行之。故义理法制，古之所谓宜者，乃今以世变之更新而适形其不合，且是之世变，往往即为前时义理法制之所生。特世变矣，而新者未立，旧者仍行，则时行杲兀，设图新而尽去其旧，又若运会未至而难调，此所以常沿常革、方死方生。孰知此杂而不纯、抵牾冲突者，乃天演之行之真相欤。"李剑农还指出，从进化的角度谈调和已获得斯宾塞、莫烈（John Viscount Morley）、章士钊等中外多位学者的认可。[①] 在他看来，调和首要的是进化，是群体进化的法则，亦是一种天演自然之象。

调和之精要

李剑农对所谓"调和为进化之象"作进一步论述，指出"调和之精

---

① 剑农：《调和之本义》，《太平洋》杂志第一卷第一号，1917年3月1日，第1~2页。

要"主要在于新者不可锐进过猛而自毁新机。因为在社会转型、制度变革之时，新与旧必是一种"得半"的状态，即新者逐步成立，旧者渐渐消释的半新半旧状态。所以，以这样的迁演过程来看，"调和精要之所在，特为新者不可以锐进过猛之势，使若柄凿不相容，决非使新者自毁其新机，削其方柄一入于圆凿也"。①

李剑农的调和精要，是基于新旧的动态概念而阐发的。他眼中的新者、旧者，是变动不居的动态概念。新旧既然是不断更替转换的，那么新者不必锐进过猛，不必将旧者全部除去；且依据进化的规律，旧者也不会真被全部消灭。新者不能恒新，随着时间变化渐趋于旧，成为又一轮的旧者，直到消释；而更新的新者逐渐出现，成为又一轮的新者。如此动态的新旧轮替，孕育着社会群体的进化，即是一个调和的过程。

一方面新者不可冒进，另一方面亦不能牺牲新者而从属于旧。李剑农发现莫烈（John Viscount Morley）在讨论调和时亦有此意，即调和虽是人事演进自然之象，但不能因此而"习故安常"。莫烈的警惕之语是："吾辈执持斯义，不可越乎其应行之程……初未尝有所表征于彼故意牺牲真义者而优容之也。"② 李剑农认为莫烈此言至为确当，持调和主义者应当防止"牺牲新者以从乎旧，使进化之新机渐为旧污所渍"。③

实际之境

在李剑农眼中，调和并非是一种理想的极好状态，而是一种现实的一般状态。按他的逻辑，既然调和是新旧二者"无往而非得半者也"，是一种半新半旧、良恶参半的状态④，那么自然"调和者，实际之境，非理想之境也"。⑤ 但是此种现实之境极为重要，因为对于一国政治进步而言，理想与现实都不可或缺。章士钊亦曾指出调和并非理想之境，而是现实之境，令李剑农颇为赞同，并引用章语："无实际政治无由行，无理想政治无由进。"⑥ 章李二人将调和视为政治现实，是一种对政治调和的理性清醒

---

① 剑农：《调和之本义》，《太平洋》杂志第一卷第一号，1917年3月1日，第2页。
② 剑农：《调和之本义》，《太平洋》杂志第一卷第一号，1917年3月1日，第2页。
③ 剑农：《调和之本义》，《太平洋》杂志第一卷第一号，1917年3月1日，第3页。
④ 剑农：《调和之本义》，《太平洋》杂志第一卷第一号，1917年3月1日，第1页。
⑤ 剑农：《地方制之终极目的》，《太平洋》杂志第一卷第二号，1917年4月1日，第1页。
⑥ 剑农：《地方制之终极目的》，《太平洋》杂志第一卷第二号，1917年4月1日，第1页。

之判断，是政治经验主义的体现。这无疑导源于二人所受英伦经验主义之深巨影响。

就调和类别而言，李剑农依据莫烈（John Viscount Morley）的观点，将调和分为合理与非理二类：促进进化之调和是合理调和，才是调和之本义，反之则否。

李剑农受莫烈影响，根据社会演进理论，分调和为合理的与非理的。因为同称为调和，在李剑农看来，有的含有阻碍进步的意味；有的有随时变化为阻碍进步的可能性；有的故意摧败新者；有的虽然求进步但也能容忍群众的不理解。所以起码有两种情况：一是虽以调和命名，但却背离调和真义。二是虽坚持自己所信的调和，但并不胁迫反对者。李剑农以为：前者，延引固陋之局，"捉进步之潮而使之逆流"。这是非理调和。后者，"竭其智力所能达以短缩固陋之局，捉进步之潮而速之，循其驰驱而范围之"。这是合理调和。此外，是非理调和。另外，所谓"吾不能执吾所信之真以服汝，吾即假托而信受汝之伪者以行也"的调和，即因其主张得不到有力者的赞同，假托主张相反的有力者以帮助来实现自己的调和主张。这亦是非理调和。① 李剑农所论之合理调和与非理调和的分类标准其实可归为两点：一是其旨的是否为进化；二是其手段是否为正当。非理调和，非真正之调和；合理调和，才是真正的调和，亦即调和本义。

二　民初调和政局之困境

李剑农以调和本义观察民初政局，指出是一"新旧相与腐化、群体衰败之象"②，实际离调和本义尚远，乃为非理调和。此非理调和实由于缓急二派互不相让以至违反进步之旨的，即"反的而行"所造成。③ 对于由此非理调和转为合理调和，他持有限乐观态度，并指出希望在于缓急二派能相互容忍合作，以调和共求进步之旨的。

第一，民初政局中的非理调和。

李剑农以为，观察政局的调和情状，必以合理调和为准，唯有"明乎

---

① 剑农：《调和之本义》，《太平洋》杂志第一卷第一号，1917 年 3 月 1 日，第 4 页。
② 剑农：《调和之本义》，《太平洋》杂志第一卷第一号，1917 年 3 月 1 日，第 1 页。
③ 剑农：《调和之本义》，《太平洋》杂志第一卷第一号，1917 年 3 月 1 日，第 5 页。

此，可与观今日调和之政局矣"。当时政局从表面上看，所谓冶新旧各分子为一炉，缓进、急进、官僚各派一炉共冶。似乎正是斯宾塞（Herbert Spencer，1820-1903）所谓"杂而不纯、冲突抵牾"的天演真相。然而，以合理调和的标准来衡量当时的调和之局，事实上是非理调和。因为当时的政治力量当中，除了少数贤明之士能不急躁、不固守之外，大都延引固陋之局，显然是"捉进步之潮而使之逆流"。结果常使旧者"独为渔人"；而新机却"渐缩渐狭"，要么与旧者合流而消失，要么自毁而舍新谋旧。所以在剑农看来，虽然表面上政局似乎以调和二字为维系之中坚，但实际上显然为"非理之调和"。①

就手段而言，也属非理。缓急二派都有依赖固陋官僚的势力来实现自己的主张。一方面，急进党指责缓进党好勾结官僚，阻碍了进步发展；另一方面，缓进党回击急进党是"只许州官放火，不许百姓点灯"，急进党勾结的官僚也不少。② 就进步的旨的而言，当时貌似调和的政局中，各派皆有违进化之旨的。对此李剑农发明一新概念——"反的而行"。何谓"反的而行"？简言之，虽缓急二派之共"的"是进步，但当时二派各弃此"的"而与固陋不进者合流，二派相争的目标不在于进步之"的"，反而在于收揽固陋。结果不是新旧两让的调和，而是新旧共同腐化于旧者之中的调和，是非理调和。③

由于政局中的非理调和，使得当时有人对于调和产生误解，对于我国能否由调和实现宪政颇有疑义。李剑农通过解释调和运用上的良恶之别，以正调和之名。一友人认为李剑农所持的政治调和思想"仍一敷衍调和之旨，革命以来终始为调和敷衍所误"，譬如养疮，反而使其溃烂而不可收拾。因为在李剑农的友人看来，"两种势力绝不相容"，只有除去一种，斗争才能消停，所以"与此辈言调和，终为梦想"，而且由于武人干宪，将来所谓共和立宪必因此而失其意味，所以不如"一倾而决之"。对于此种观点，李剑农"闻之戚然"，指出其说起来固然快意，但两派都无绝对倾倒对方的真实能力。对于友人如此厌闻调和之名，李剑农以罗伟（Abbott

---

① 剑农：《调和之本义》，《太平洋》杂志第一卷第一号，1917年3月1日，第3页。
② 剑农：《调和之本义》，《太平洋》杂志第一卷第一号，1917年3月1日，第5页。
③ 剑农：《调和之本义》，《太平洋》杂志第一卷第一号，1917年3月1日，第5页。

Lawrence Lowell）之言进劝：调和一语，固然有用于恶方面，做出基于私利或不公正动因的妥协。然而也有其最良方面，"于两极端意见之间而独得其中道"。出于良意的调和"实足为立法种其深固不拔之蒂也"。^① 由此我们可以得出，在李剑农看来，其友人至少有两方面的不解：一是不解调和之义，不认调和之良恶之别，误解调和定为姑息养奸即罗伟所谓出于私利或不公正动因的妥协。二是极端化对待势力间的对立，视调和无立锥之地，并提倡所谓一倾而决之的激剧的你死我亡式暴力斗争。如此绝不能植宪政之基，不过是取快一时之言而终非可取。

第二，民初政局中非理调和的成因。

对于民初酿成如此"反的而行"之政局，缓急二派都将责任归咎于对方。两方的贤明者，虽然能自省，寻求赴其共的之道；然而两派相互猜疑太深，一转念又认为："彼若此，吾亦安能不若此。"李剑农对此无奈而感慨，指出事实上谁先反的，不能作偏执一方的判断，"惟觉两方愈求赴的，而去的愈远"。^② 针对此缓急二派互不相让，造成"反的而行"，各与固陋间构成非理调和的这一现实，剑农作了深入分析进而点出其中之要害是：一是没有真正认清究竟何者为新，何者为旧；二是新与新（缓进派之新与急进派之新）之间缺乏应有的相互忍让。

李剑农洞见到，民初政局中所谓急进、缓进二派实际上皆为新者，官僚固陋派才是旧者。民初政团中的急进、缓进二派既曰"进"，那么不问其为缓为急，重要的是与"固陋不进者"之间有鸿沟。若以新旧二字作为界定，"则急与缓之进者皆为新。而固陋不进者，必为旧"。^③ 正确认识新与旧是新旧自处及相互共处，并形成合理调和之势的必具前提与基础。尤其对民初政局而言，确当区分政治派别中的新旧十分重要，是厘清当时政局纷乱腐化之非理调和的关键。

李剑农针对章士钊提出的"调和者两让之谓也"，更为深刻地指出调和之两让，不仅存于新旧之间，更存于新与新之间。李剑农强调，尤其需要防范的，是不同新者之间的两不相让，这反而会致使旧者坐收渔翁之

---

① 剑农：《时局罪言》，《太平洋》杂志第一卷第四号，1917年6月1日，第12页。
② 剑农：《调和之本义》，《太平洋》杂志第一卷第一号，1917年3月1日，第5~6页。
③ 剑农：《调和之本义》，《太平洋》杂志第一卷第一号，1917年3月1日，第5页。

利。原本所谓两让，必定强调于新与旧之间，谓新者不必一新而无不新；旧者不必固执其旧，姑且放弃一部分让给新者，观新者之效果如何。所以新者与新者之间，似乎无须有"执调和之役"，无须奔走两间以求两让。而且，以调和进化之理加以衡量，求新旧之间的两让，相对较难；而同一新者的急缓二派之间似乎必能相互靠拢，其两让相对不难求。然而，民初政象却并不如此。其两不相让者，不仅在新与旧之间，而且反而更在于新与新之间。缓急二派之新与新，往往两不相让。结果都入于旧，导致旧者为渔人，"中天下而立"。李剑农对此"诡异"之政局极为遗憾，称此虽未尝不为一调和之象，只是与进化之机相去愈远。① 言下之意，此调和不过是非理调和，绝非调和之本义，更无论以此促政治之进化。

李剑农指出缓急二派互不相让，有其历史原因，是由历史上的不断对立造成的。历史上两派的情感破裂相害极度严重。缓派历来多与固陋为邻，往往是"惰靡依人者"；急派则不仅时有与固陋派为邻，而且还恰恰迫使缓派向固陋派靠拢。急派激进而恒与固陋者相抗，没能攻克，于是及于固陋之邻而与其邻相抗。由于还没能攻克固陋派，于是急派不惜假借固陋中的一部分以分散固陋派的势力，哪怕此举与其旨的相反。所以急派多少迫使缓派邻于固陋，而且还不惜与固陋合为一家，以至"其极也，急缓二派之情感愈离，而固陋者之势益固如磐石，且以时而漫延"。②

第三，民初政局转为合理调和的希望。

对于政局的改善，李剑农颇为清醒地认为，唯求于缓急二派之新者在国家危机时刻，能相互联合，而与固陋派之旧者相抗平衡。他的友人认为讨袁之役能使新党之缓急二派冶为一炉，消去两派历史上的恶感，从此合作，共谋国政，必足以减弱顽旧者的势力。李剑农并不如此乐观，他不敢奢望缓急二派能将历史上的情感消除尽净，"所以望者，惟在此后吾国之急缓二派，虽各保其旧帜，亦能如法之新君宪与共和派，一遇政潮逆流时，则两相握手以与逆流相抗"。③

---

① 剑农：《调和之本义》，《太平洋》杂志第一卷第一号，1917 年 3 月 1 日，第 3 页。
② 剑农：《调和之本义》，《太平洋》杂志第一卷第一号，1917 年 3 月 1 日，第 6 页。
③ 剑农：《调和之本义》，《太平洋》杂志第一卷第一号，1917 年 3 月 1 日，第 7 页。

在李剑农看来，缓急二派能否两相握手而与固陋逆流相抗，要视二者能否从此觉悟，不忘其进取之共同旨的。即形成合理调和之政局，最为关键的是缓急二派之新者不再"反的而行"，而是"同的共趋"。李剑农认为法国是一个形成调和政局的例子。法国新立宪派，认为其固然喜与固陋之旧君宪派为邻，然而一遇到政潮逆转时，则离开旧邻而投向共和派之新邻，共和派亦接受它，由此获得第三共和国。他坚信罗伟所谓的"法兰西第三共和国成于调和者此也"。李剑农分析法兰西新立宪派与共和派的调和，称"彼之所谓调和，乃急缓二派之新者通力合作，一与固陋之旧者为中和之抵抗，不使旧者为渔人"。而我国缓派之新者，其地位与法国新立宪派相同，应舍固陋派而与急派之新者为邻。①

此缓急二派之新者，相当于他后来提出的"稳健处中之两派"。他曾将国内政治派别分为两端之顽旧与暴民，中间两派分别是近于顽旧之稳健派与近于暴民之稳健派，并寄望于稳健处中之两派的调和。意即希望"仍在于所谓稳健处中之两派各勿溺于两端之邻，易其相胜相倾之习，而存其相衔相续之机。伤于火者，勿遽投往入水；东途觅物不得，勿遽狂奔西途"。② 缓急二派或者说稳健处中的两派，果真愿意相互为邻，那么李剑农所希望的调和便能由此而成。"二者果为邻，按步而趋，则新旧蜕嬗、群体进化之机以成，吾所望于调和者如是。"③

在李剑农看来，我国政局唯以成合理之调和，才能进为宪政民主之国，与章士钊之调和立国论为同一旨的。李剑农寄希望于国内各派势力之合理调和，尤其是缓急二派之新者实现合理调和，以推动此进程。而且他深刻指出了政治调和需要对立势力双方的温和派（稳健派）进行合作来实现。

三 调和本义之补充

李剑农对调和概念的阐发，与文中所论的其余五人相较，除了重要共识的分享外，有其相对独特之处。他并不以牛顿的对抗二力理论来阐释其

---

① 剑农：《调和之本义》，《太平洋》杂志第一卷第一号，1917 年 3 月 1 日，第 7 页。
② 剑农：《时局罪言》，《太平洋》杂志第一卷第四号，1917 年 6 月 1 日，第 10 页。
③ 剑农：《调和之本义》，《太平洋》杂志第一卷第一号，1917 年 3 月 1 日，第 7 页

政治调和概念，而是以一种否定兼超越的姿态，提出调和不仅仅追求政治中尤其是国会与内阁的抵衡（Check and balance），更是二者的融会。换言之，在他看来，政治上之抵衡自然是调和之体现，但此种抵衡在英美已悄悄发生了变化，不同政治机关间除了原有的抵衡外，更需要相应程度的融会，以使政治系统更好运行。

李剑农以美国宪法精神的转变为实例对此加以说明。他认为在美国政局上有一必须注意的事，自威尔逊（Thomas Woodrow Wilson，1856－1924）执政以来，美国政习亦因此特放异彩。即对美国宪法以抵衡（Check and balance）为主旨之精神进行改进。威尔逊向来不以抵衡主义为然，他曾在比较英美政制时，批评抵衡制不良，认为"机械之抵衡主义，不如机体之灵活主义也"。[1] 对此李剑农在之后的其他文章中亦声明"抵衡制之精神为仆根本上所不取。盖政治若生物，机械之抵衡主义终不能若机体之灵活主义。正如美总统威尔逊君所谓，政治作用以奈端（Sir Isaac Newton，1643－1727，现译牛顿）动力学之理论驭之，不如以达尔文（Charles Robert Darwin，1809－1882）生物学之理论驭之也"。[2]

李剑农认为英国议会与行政之间，也由抵衡精神发展到"抵衡渐减"，进而融会立法与行政。他将英制发展分为三期：第一期为分权抵衡期；第二期为立法行政之"接近"二期；第三期为立法行政"融成一片"。具体而言，第一期，防止行政长官入侵议会。譬如1700年的王位确定条例中规定，凡是受国王俸禄的官员，不可以为下院议员。此期内无所谓责任内阁政府主义。立法部对于行政部所拥有的唯一武器是弹劾与不承诺租税。行政部对于立法部的唯一武器是解散或停止议会。即分权抵衡期。然而1700年的规定很难实行，英国政习已在蝉蜕变化，将进入立法行政接近之第二期。1707年允许阁员兼议员，只是犹疑其有碍立法独立而以再次被选为条件。自此抵衡精神逐渐减少而进于议会行政相融会的第三期。[3]

由此可见，在李剑农的概念里，抵衡只是调和的第一阶段，且为缺乏灵活的较低阶段，应由此"机械之抵衡主义"进而为"机体之灵活主义"。

---

[1] 剑农：《美国新任旧总统》，《太平洋》杂志第一卷第一号，1917年3月1日，第9页。
[2] 剑农：《地方制之终极目的》，《太平洋》杂志第一卷第二号，1917年4月1日，第12页。
[3] 剑农：《宪法与政习》，《太平洋》杂志第一卷第一号，1917年3月1日，第4～5页。

因而他主张"行政部与议会，其机关虽厘而为两，其运用当贯而为一"[①]，并指出我国政治"真正之大缺陷乃存于今日政局之全体"，"英法之内阁与议会为一贯，而吾之内阁与议会已打成两橛"。[②] 显然，他真切希望我国能在政治调和上实现这一由行政立法之抵衡而进于二者之融会的跨越。

事实上，我国的抵衡亦往往为"倾衡"而不能为调和之抵衡，更无论超越之而进为融会。譬如在省制草案中，李剑农因草案中明显有抵衡精神却又实为倾衡，而颇有微词，即"一言以蔽之，草案之精神，一抵衡之精神而已。然以操其总枢者，终属中央"。[③] 他指出我国当时所拟的制度，屏阁员于议员之外，是采取分权精神。行政部处处受议会宰制，而议会却不受任何宰制（不许有解散议会权，有也要设置极难的限制）。原因在于议宪诸公的心理，他们以为议会既然是民选，必合民意；而行政部非直接民选而难免事事与民意相背驰。故行政部须受议会之宰制，而议会则否。在李剑农看来，此草案实为"非英非美，成一分权倾衡制而已"。[④] 可以想见，由此草案演为政局显然与调和相去甚远，即使抵衡的调和第一阶段都达不到。

综上所述，李剑农对调和含义的理解，深受英儒莫烈（John Viscount Morley）与斯宾塞（Herbert Spencer）及国内学者章士钊之影响与启发。他坚持调和为"新旧蜕嬗、群体进化"之象。一方面新者不能过于锐进而自毁新机；另一方面不能牺牲新者而顺从旧者。同时调和有合理与非理两大类，唯有合理的是调和之本义。他据此分析民初之调和政局，深刻体认其与调和之本义相去尚远，实为非合理调和；并洞见到其症结所在，是"缓急二派"之新者互不相让反而使旧者得渔翁之利。他希望"缓急二派"之新者携手合作，与"固陋派"之旧者抗衡，从而实现合理调和。在调和含义阐释上，他提出调和不仅仅是机械之"抵衡（Check and balance）主义"，更是机体之"灵活主义"，主张立法行政应由抵衡发展到二者的融会。

---

① 剑农：《时局罪言》，《太平洋》杂志第一卷第四号，1917 年 6 月 1 日，第 5 页。
② 剑农：《读甲寅日刊之舆论一束》，《太平洋》杂志第一卷第二号，1917 年 4 月 1 日，第 3 页。
③ 剑农：《地方制之终极目的》，《太平洋》杂志第一卷第二号，1917 年 4 月 1 日，第 11 页。
④ 剑农：《宪法与政习》，《太平洋》杂志第一卷第一号，1917 年 3 月 1 日，第 4 页。

第二节　真立宪：调和的法治基础

在李剑农看来，真立宪是以宪法形式范围容纳各势力而使之各得其所。他提出"宪法假面说"，肯认宪法作为政治假面之价值，即范围不同势力于一定轨道，使各势力利益在宪法中得以体现，从而起到调和平衡各势力之效用。真立宪，就必能发挥宪法假面之价值。同时，宪法弹性亦是他极为注重的，真立宪即当使宪法具有相当之弹性。他洞见到宪法弹性直接关系到宪法的生命力，尤其是调和的潜力。西方成功经验证明，真立宪必要求各派政治势力相互容忍，通过政党政治与议会政治而使各势力皆得代表于议会，共同参与宪法制定以使各派利益在宪法中得以规范与保障。在李剑农看来，我国真立宪未能确立之难题即在于无健全的政党政治与议会政治，各派无相互容忍的诚心，对此必一一克服，方可范围调和各对立的政治势力以成就真立宪。

一　宪法假面与宪法弹性

李剑农所谓的"真立宪"，是指各对立势力能参与宪法制定，使宪法能容纳各对立势力。意即给予各对立势力于相当的行动轨范，勿使某一势力独逸于宪法轨范外，从而调和平衡各对立势力。此调和作用的发挥必以宪法如剧场假面般以为范围，李剑农以宪法假面说予以讨论。宪法既为范围对立势力之假面，真立宪自然不得过于刚性，以免减削其调和的灵活与潜力。故而李剑农尤为注重宪法之弹性，主张宪法应有相当的弹性以促其调和之假面作用的发挥。

（一）真立宪之要义

李剑农认为人民都有政治觉念，不同国家的人民在政治觉念上的差别不过强弱不同而已，且人民能有政治觉念，有赖于政党。他说："夫所谓政治觉念者，即各力之所出发、所分歧，党争由之而起者也。"如果一党独见而将他党排斥于政治范围以外，则被排斥政党的政治觉念因其终不可消灭，只有横决而诉之非法。此与真立宪的要旨背道而驰。真立宪之要旨，是使对立势力各得其所，即借助宪法将各相对之政治势力纳于水平相当之域，即"与各力相当行动之轨范，勿使一力独逸于轨范之外"。①

李剑农抱持真立宪是政治改进之标志的观点，不管君主或共和，只要是真立宪就是政治进步。他针对当时共和君主之争，一针见血地指出，君主立宪也好，共和立宪也好，问题的关键在于真立宪与否，而非君主共和与否。他相信只要达到真立宪，则"党争调而政治良，君主共和一也"②。君主与共和两派皆借口政治不良、党争不调、未有真立宪，为其不成功而开脱。在李剑农看来，君主共和皆不得为政治良、党争调、真立宪的条件；相反，三者实为君主共和共需的必要条件。③ 进而他深刻地总结出，君主共和之"一通义"与"两各义"。通义者，是真立宪，凡是国民有政治自觉心，必不会存在一人大权之国，"不问其为世袭元首之君主与选举元首之共和，要归本于宪政"。各义者，首先，若是君主立宪，君主宜维系全国民信仰。既然君主在国法上是不可更易的机关，那么其唯一的机务须有"执两中用之性"，足以成为各力调剂的枢纽。如果君主只侧重于某一势力，此机关将归于破裂而使各力失所。凡君主立宪国，君主在宪法上的权限虽有广狭，但如果置其他势力于不顾而滥用宪法所规定的权限，就必定"兆破裂之祸"。其次，若为共和立宪，既然没有君主这一机关，各势力的"屈伸调剂"纯粹在于各势力自身，主要在于相互的宽容忍让。假如一力趁自己得势而彻底排斥他力，则他力失所，其结果不是多数抑制少数，就是流于枭雄僭权。④ 显然，假如唯争君主与共和，而不谈真立宪，只能徒劳无益。唯有实现容纳对立势力于同一宪法中的真立宪，才能使党争调、政治良，而不用争所谓君主抑或共和与否。

与此相关，在李剑农看来，所谓君主与共和良否的问题，亦不能简单化视之，而应结合国情而视其能否有助于使不同政治势力各得其所。假如一国有历史相传的君主，能权衡各方势力，则无须破毁君主以求共和。相反，此原有君主一旦被破毁，各力就会失其枢纽。所以可以采取不破毁此君主，使君主善用其历史上的权限而不专倚一力。对于这样的国家而言，

---

① 剑农：《国体与政制（下）》，《新中华杂志》第一卷第五号，1916年4月，第11页。
② 剑农：《国体与政制（下）》，《新中华杂志》第一卷第五号，1916年4月，第11页。
③ 剑农：《国体与政制（上）》，《新中华杂志》第一卷第四号，1916年1月6日，第11页。
④ 剑农：《国体与政制（下）》，《新中华杂志》第一卷第五号，1916年4月，第10~11页。

君主良于共和。如果是新造国家而向来无君主，或是曾有君主而其已破毁，假如新创一君统，则新君统必定来自其中较强之力而往往会有倚此一力而抵制他力的趋势，于是各力各得其所的局面将不可免地受到破毁。如此国情，共和良于君主。当然李剑农也指出"共和之建设与维持，仍在为各力之导者，能容他力相互弛张"，这是君主与共和皆不可违背的原则。此外，他还清醒地看到，历史国情绝非死物，将依据人民政治觉念所产生的各力而发生不断的变化。所以"立宪之惟一要义，务求范围所有之各力足以应其变化，勿使存破毁之兆"①，意即调和各力使各得其所而相安衡平，此乃真立宪之要义。

（二）宪法假面说

李剑农吸取了美儒罗伟（Abbott Lawrence Lowell）的观点，认同宪法是政治之假面而形成其"宪法假面说"，以说明宪法调和政治势力之效用。他援引罗伟的一段话加以论证："政治世界恒为象（form）所充满，其精神枯亡如假面然。虽优场之作者，时或为其所欺，时或尽足以欺观者之群，时则不足以欺一人。然此假面亦未尝无真价。盖政治假面有造于英伦之政，一如其虚构之法文，有造于其法，无革命之剧变，而治理日益增盛者，皆此假面为之也。"李剑农指出罗伟所谓假面，其效用足为政治剧界写生，可臻进治理，决不可蔑视。②概括而言，宪法假面之价值即为体现真立宪的政治效用。通过宪法承认一国之内事实上所存在的各势力，容许事实势力渗透到宪法中，在宪法中体现其利益，以调和各政治势力。李剑农着重分析论述了作为充分利用宪法假面之英伦所属殖民地的制宪，并借镜反观我国的制宪情况，倡导合理制定宪法，以宪法容纳各不相容之势力，从而解决各势力的冲突问题，使其共同和平运动于宪法假面之下。

在李剑农看来，英伦及其所属各殖民地的宪法及其制定，都是以宪法假面范围各事实势力而使其调和的典型。英伦利用宪法假面，得以实现政治进步与有效防止革命之祸。这是剑农极为赞赏与艳羡的，希望能为我国政治改革之借鉴，所以不厌其烦地向国人引介。他指出，英伦十七八世纪

---

①　剑农：《国体与政制（下）》，《新中华杂志》第一卷第五号，1916 年 4 月，第 12 页。

②　剑农：《宪法与政习》，《太平洋》杂志第一卷第一号，1917 年 3 月 1 日，第 1 页。

以来，政家鉴于前此革命之祸，一切改革务求凭借假面之宪法。不仅英伦本国政治的改革，而且其各殖民的自治权近数十年来虽然扩张达到极度，然而对于母国巴力门主权之假面，始终维持而不肯轻于破毁。"其所以然者，一面认定各种事实上之势力，一面使此种势力仍活动于此假面之下，故不至有横决之虞也。"①

李剑农指出，虽然英属各殖民地的主权在母国巴力门，一切法令由此而出，但坎（加拿大）之宪法造自坎人，澳之宪法造自澳人，南非之宪法造自南非人，且即使本邦爱兰宪法也造自爱兰人。尽管如此，他认为母国巴力门（英国议会）是一切法令的源泉，与坎澳各地之宪法造自各地之人，并非矛盾。比如就加拿大宪法而言，既然母国巴力门有最高立法权，则母国巴力门制定一法予以实行就可解决统一问题，然而"其势力所造成之事实，却不容其径行如此"。1864 年在魁北克，加拿大各团体推举代表，组织一个预备宪法会议，草定宪法大纲，经过加拿大各部一一认定，并以请愿的形式要求母国巴力门据此为加拿大宪法，后经母国巴力门讨论通过，遂定为宪法。李剑农指出，加拿大宪法"其行之至今而不堕，此所谓承认势力所造成之事实，而令其活动于假面之下也"。② 他也指出爱兰（爱尔兰）自治问题的解决，就是仿行坎、澳、南非各地宪法制定之程序，令爱兰俄尔斯特新教徒及各党派，推定代表开一会议，与会代表即爱兰的素不兼容之各团体的首领，"以爱兰人之本身解决爱兰之问题"。李剑农以为表面上这似乎有损巴力门的威信，然而"事实上之势力不可蔑视，认定此事实势力令其自活动于宪法假面之下，则于巴力门主权之威信终无所损"。因为由各派代表会议所协定的草案，最终仍须由母国巴力门通过，而后才能成为法律。对此英伦各殖民地宪法假面作用的发挥，李剑农颇为赞赏，称其足为吾国所鉴取。③

李剑农进而极具深见地指出，"认定事实势力使活动于宪法假面之下"

---

① 剑农：《呜呼中华民国之国宪》，《太平洋》杂志第一卷第五号，1917 年 7 月 15 日，第 10 页。

② 剑农：《呜呼中华民国之国宪》，《太平洋》杂志第一卷第五号，1917 年 7 月 15 日，第 11 ~ 12 页。

③ 剑农：《呜呼中华民国之国宪》，《太平洋》杂志第一卷第五号，1917 年 7 月 15 日，第 13 ~ 14 页。

正是英国人特有的政治才能。他曾熟考英帝国发展之历史,相信其以"地球一隅之数小岛而"控制"日光不没之广土",必有特别"政治能力"。坎、澳、南非之统一制宪史,无疑表明了英伦的特备政治才能,就是"认定事实势力使活动于宪法假面之下"。①

反观我国,令李剑农极为遗憾的是,没有利用如此宪法假面,发挥其容纳调和各势力的实效。激急者绝不肯承认事实势力的存在,而一意排斥,致使被排斥的事实势力因而变得"阴柔偏狗",直至不顾宪法假面不可轻于毁坏而导致无穷祸变。事实上,在李剑农看来,我国所谓不相容的势力,其差异不过是新旧、缓急之异。所谓"今日之政争,推论至于极端,不过新旧不兼容,急缓不兼容,地方情感不兼容耳"。所以其不相容程度,决不至于老死不相往来。加拿大南非洲爱兰等,"民族异其血,宗教异其神,操业异其术,情感利害之不相洽殆如水火",差异程度之大可想而知。就此而言,我国远不如加拿大南非洲爱兰之难。② 所以李剑农大力倡导我国应当以宪法为政治假面,承认各不同政治势力,在宪法制定过程中容许事实势力参与其中,并使其利益在宪法中得以体现,以宪法规定一范围,并使一国内的各政治势力共同活动于此范围之中以实现其调和平衡。

(三) 宪法之弹性

李剑农力倡宪法要有弹性,才能具备长久的调和各势力的潜力,即使宪法之作用"须作者之因时因地以意为润饰"。③ 显然他对于宪法弹性的肯定与倡导,是出于希冀宪法能范围国内各不同政治势力而调和之。

政习与宪法弹性

国内政习的变化要求宪法有弹性。李剑农在大肆宣扬宪法假面对于容纳不同势力的重要调和价值的同时,亦倡导对作为假面之宪法背后的政习给予应有的重视。这来自美儒罗伟 (Abbott Lawrence Lowell) 的启发。罗

---

① 剑农:《鸣呼中华民国之国宪》,《太平洋》杂志第一卷第五号,1917 年 7 月 15 日,第 13 页。

② 剑农:《鸣呼中华民国之国宪》,《太平洋》杂志第一卷第五号,1917 年 7 月 15 日,第 14 页。

③ 剑农:《宪法与政习》,《太平洋》杂志第一卷第一号,1917 年 3 月 1 日,第 1 页。

伟在肯定宪法如政治假面的价值与作用甚大之后，又补充说明假面不过仅为假面，"假面之有造于政治进化如是，政学者因辄为所蒙蔽，属意于其象而不知其仅为象也"。李剑农亦同意此观点，认为此假面作用亦仅在使优场作者表演的工具，能否付以假面生气，则仍须视优场作者的"伎俩"何如。若伎俩不精，徒斤斤于装点假面，"附牙添角"，而没有作者的"因时因地以意为润饰"，必不能使表演生动。当然他紧接着声明，此说绝非轻视宪法。虽然将宪法视作政治之假面或"村社之土木偶"，假面与土木偶皆不能自生作用，但是他相信宪法足为政治剧界写生，关系到一乡安宁，万不可亵视。只是今日议宪者大都忘记有所谓"政习"，不能发挥此假面之作用，或使之累赘不堪运行。① 这显示出李剑农在强调宪法本身作为假面的规范作用的同时，亦不忘强调制定宪法与使用宪法的人的因素，所谓政习相当于今日吾人口中的政治文化，强调政习是对能发挥假面作用的宪法制定者与运用者所应具备的相关智识与政治素养的关注。

在李剑农看来，各国政习不仅各具特色，而且是不断变化改进的。具体而言，一方面，各国有不同的特有政习，采取他邦政习的同时，须为本邦政习的发展留有余地，以使其宪法适合其政习。所以制宪者不宜杂取他邦所有一切政习范为固定典则。而且"政习之发生，视乎政力之消长"，随着时间的推移，政力发生变化，必有他种意外的政习发生，政习一旦固定下来则难免僵化。李剑农指出，比如普鲁士不能实现责任政府，绝非因宪法本身有缺文，实是因为政力有所未至，即 1862 年议会滥用其权所致。另一方面，正是因为一国的政习会不断变化进步，所以不当使宪法成为"一混杂板滞、绝无弹性之物"。在李剑农眼里，哪怕是刚性宪法也有其若干程度的弹性，不然不能发挥假面作用。他认为，弹性之量宏，容许政习发生之量亦宏；弹性之量狭，容许政习发生之量亦狭。他喜欢将政治比作生物，认为生物自胚胎以至于成长衰老，息息改观，若其胚胎孕于固定大小之匣，则不是匣裂，就是胎死。政治生物往往因其构成有民族性差异，而其成长力的强弱程度相异，但不问其强弱度相差如何，制宪者万不可不

---

① 剑农：《宪法与政习》，《太平洋》杂志第一卷第一号，1917 年 3 月 1 日，第 1～2 页。

保留相当弹性，以"使之恒获优游发育之余地"。李剑农称此是"培养政治生物之公例"。① 总之，他依据宪法背后之政习因素而探讨的宪法应有弹性的问题，大致是以宪法对于政习在空间与时间两个层面上的适用程度而展开的。具有此种时空上弹性之宪法，才能在时空变换的不同历史情境中保有生命力，可以继续其容纳变化的各个政治势力，进而范围调和之，意即充分发挥宪法之假面作用。

宪法条文与弹性

李剑农一贯倡导宪法条文宜"少取而混括"，不宜规定过细，以免导致弹性不足。宪法条文应具有简单概括的特点，以使宪法的内容留有弹性。比如在省制入宪问题上，充分表现出李剑农这一观点。他认为地方制之观念与争省制入宪者颇同，但他不主张省制入宪，原因并非省制一旦入宪，联邦足兆国家分裂之祸（此非联邦之缺点），而"实在于邦权制无弹性，不能因时以进于良"。② 在他看来，相对而言一般法律比宪法更有弹性，省制可以有特别法律加以规定；如果省制要入宪也可以，因为他同情地理解当时主张地方制大纲入宪者，是考虑到省的地位不能确固，又怕像袁氏那样的专擅者将地方民意机关一扫而空，所以需要假借宪法作为保障。李剑农承认这一点，但是极力主张"于刚性之地方制度中，保留软性是也"。何谓刚性中保留软性？就是宪法之地方制大纲，只规定地方区域与地方应有的机关（如省参事会与省议会），而各机关的组织与权限，悉由通常法律加以规定。他认为"此为最适宜之调和法"，并且作了一个补充：如果顾虑省议会在宪法上图存虚名，实权不能得到宪法保障，可退一步，将省议会之地位与权限纳入宪法。其他如省长参事会如何发生，各种职权如何行使，则决不宜固定于宪法中。③ 否则宪法对于中央与地方间的调和将偏于脆弱，不能应付新的情况，必须要由条文的"混括"来加以弥补。所以他提出"地方制之要点，务使其为软性，多留异日发展改进之机。列入宪法，则根本上已成刚性，仆不敢赞成也"。④ 再比如，他主张的议会之权不要规定太细也是出于对宪法弹性的考

---

① 剑农：《宪法与政习》，《太平洋》杂志第一卷第一号，1917年3月1日，第9~12页。

② 剑农：《地方制之终极目的》，《太平洋》杂志第一卷第二号，1917年4月1日，第6页。

③ 剑农：《地方制之终极目的》，《太平洋》杂志第一卷第二号，1917年4月1日，第10页。

④ 剑农：《地方制之终极目的》，《太平洋》杂志第一卷第二号，1917年4月1日，第9页。

虑，"议会之权，与其详密而多取，毋宁少取而混括，政力一成，种种无穷之政力悉从混括中因时抽条而出，无施不宜"。① 如此足见李剑农对于宪法弹性问题极为重视，一旦宪法条文规定过细，则会使宪法丧失应有之弹性，以致影响其调和各方政治势力之假面功能。

另外，当时有观点以为，对于那些国民"未习立宪政治"的国家，宪性宜刚，以防止宪法"随意变动之弊"。李剑农驳斥其"不知随意变动之弊，惟含弹性之宪足以矫正之，刚则反以激其变"。他以钓鱼竿为喻，称钓师之竿不取刚劲而取柔弹，"即所以制巨鱼之疾驶冲决而兆折竿之祸也"，"宪法之所以驭政治者，亦何独不然"。② 宪法之所以随意变动就是因为宪性过刚，宪法须具备足够弹性才能克服此弊。

二　政党与议会政治

关于真立宪的获致，在李剑农看来，其一，至关重要的前提是不同势力之间应相互容忍，要有调和宽容之德。其二，各势力须在议会中皆有所代表，即通过议会政治的形式使各方利益代表参与宪法之制定，以获宪法保障。其三，以上二者要皆以健全之政党政治作为保证。真立宪能使各派政治势力相互容忍而非以暴力革命的方式一方灭绝另一方，以使各派利益在议会中皆得以代表，各派共同参与宪法制定，从而使其相互衡平。一言以蔽之，以政治调和来获致宪政。

李剑农以西方的成功经验为借鉴，探讨我国宪政未能确立的难题，倡导我国各势力应相互容忍，形成健全之政党政治、议会政治，使各势力相互抗衡，进而将之范为宪法以调和各派之利益。

（一）西方成功的议会与政党政治

关于西方宪政的成功经验，首先，李剑农极力强调要有真正的议会政治能代表并容纳各派势力，从而制定容纳各势力而使各得其所的宪法。他极为肯定坎（加拿大）人自造宪法之举，不仅能将"坎属当时各种之势力情感能一一容纳之"，而且其制宪会议"真能代表坎属各派之势力"。③ 李

---

① 剑农：《宪法与政习》，《太平洋》杂志第一卷第一号，1917 年 3 月 1 日，第 10 页。
② 剑农：《宪法与政习》，《太平洋》杂志第一卷第一号，1917 年 3 月 1 日，第 12 页。
③ 剑农：《呜呼中华民国之国宪》，《太平洋》杂志第一卷第五号，1917 年 7 月 15 日，第 12 页。

剑农指出法兰西第三共和国成立之功效同样"在于各派之意思皆得代表于议会,而各派之领袖又皆有相容之雅量"。此外,李剑农还敏锐地指出德意志统一的成功之处,亦在于其君主能执两用中,能保各力在议会与宪法中有相当之位置,即"争之力各得其所耳"。①

其次,健全的政党政治。各派势力悉能代表于议会,需要有健全的政党政治。李剑农提出了一组相关的重要概念,即所谓"政治行动"与"非政治行动",号召议员与政党应从事"政治行动"而远离"非政治行动"。所谓"政治行动"是指,少数人的主张虽不得伸张,但能安忍待时,以言论诉之国民,而不假借其他团体的力量来吸收国民的同情,从而少数易为多数。如果因伸张欲望之故而与非法团体势力相结合,甚至将现存多数者的势力一扫而尽,不惜将它们从全局上根本推翻,那便是"非政治行动"。李剑农指出,如果是一般团体从事"非政治行动",则责无可责;如果是已成立的严整的政党,平时还以稳健为党义精神,却由于主张不得立即伸张而假借特别势力以诛除敌党,则无异于图报复的小人。李剑农认为这样的政党,不仅与其所标榜的稳健党义相矛盾,而且是自己打消其严整政党的资格。② 由此足见,李剑农提倡政党间以言论相争,以言论主张博取国民多数的赞同,而反对政党以暴力革命的方式取得政权。他自称认同柏克(Edmund Burke,1729–1797)所持革命之义指"凡由政府机关团体,或以武力或以其它方法,自进而为主权者,攫取最高之造法权,即为革命"。此亦相当于梁启超所谓的"变更国体为革命的现象"。③ 暴力革命的方式即属于"非政治行为",健全之政党显然不能从事此行为。

健全之政党应从事宪政常轨下的政治行动。李剑农在此点上与高一涵不谋而合,他曾援引高君《宪政常轨中政党活动之正当范围》一则,赞同高所论的"宪政常轨"与政党活动的主旨。高认为"宪政常轨"即"吾人论政,首应标明终极之限度,凡在此限度之中行其活动,方有政治之可言。而政党活动有一大主旨,即集合群意而积极推行本党之政策,此外更

---

① 剑农:《国体与政制(下)》,《新中华杂志》第一卷第五号,1916年4月,第9~10页。
② 剑农:《时局罪言》,《太平洋》杂志第一卷第四号,1917年6月1日,第7页。
③ 剑农:《呜呼中华民国之国宪》,《太平洋》杂志第一卷第五号,1917年7月15日,第3页。

有一大范围，即政党运动必在政治状态之下。真正宪政轨道内的政党行为，惟在谋本党政策着着见诸实行，不在毁他党之计划事事从中掣肘"，"推倒敌党不过使之下野而已，足断不可溢出轨道，芟夷蕴业，绝其本根，尽其基础而摧之，排而绝之于政治范围而外"。李剑农以为"高君所言吾不能其损一语"。① 所以，对立之政党虽有强弱之别但共存于议会，即强者不以"非政治行动"绝灭弱者，弱者亦不以"非政治行动"图谋易弱为强，各自以宪政为规范而从事政治行动，于议会中发表意见实现各党权益。

再次，议会政治的成功须各政党之间有宽容之德，能相互容忍对方。李剑农以为，在普鲁士与德意志统一过程中，普有两对峙之力，贵族官阀历史上之力与平民恢复自由之力。德亦有两对峙之力，各诸侯历史上之力与全民族求统一之力。对于各相对之力，当时德国政治家能"纳此各相对之力而跻于相当之域"，"其纳之法，为抑其过强而植其不及。强弱变易之度，因时以为屈伸"。而这需要政家无偏见而有容忍相对势力的雅量，李剑农赞赏上述"三公皆无偏持一端之私见，捧普王以为左右权衡、上下屈伸之机，使之恒跻于中正"。②

（二）我国宪政的难题

既然，西方宪政之成功在于各派能互相容忍相对之力，通过各势力利益皆得体现之议会或国民会议共议宪法，以致各势力保其相当之位置，使各势力各得其所而相互衡平。那么，借镜反观我国境况，几乎是一个需作政治上全面改进的沉重难题。此亦兆示我国宪政的确立（真立宪），绝非短时顺利可得，必须经一个长期渐进之过程。

首先，李剑农提出我国要实现真立宪，有一价值理念上的先决条件，即不同政治势力代表者必须具有宽容的调和之德，能够彼此容忍，即"各派人士果有悔祸之诚心，能不视异派之人如雠仇"。唯有做到这一点后，

---

① 剑农：《时局罪言》，《太平洋》杂志第一卷第四号，1917 年 6 月 1 日，第 8～9 页。
② 李剑农甚至称其所谓"开明专制"，谓专制是以君主历史上之权抑其过强而已；能审二力之强弱而得其平，故谓之开明。但是李剑农认为事实上"谓之开明可也，谓之专制不可也"，因为君主既无专恃一力以济其私欲之成心，唯在察国民总体之所欲，以求得其平。参见剑农《国体与政制（下）》，《新中华杂志》第一卷第五号，1916 年 4 月，第 5 页。

西方国家尤其是英国以宪法容纳各势力的先例才有"仿行"之价值。① 但同时他也颇为清醒地认识到，自己的主张于理虽颇满足，但恐怕事实上终究难以实行。因为现在国内的情势是：一方面，国会与政府间无所谓相互宽容可谈。立功得政者，视旧国会为"蛇蝎"；而被摧残之蛇蝎异派国会员，亦视事实上之政府为"豺虎"。豺虎不敢再近蛇蝎，蛇蝎亦难免不妄攻豺虎。另一方面，所谓代表各派势力的首领人物，亦未必具有相互容忍之德，以相聚于一堂，共同审议宪草。所以李剑农恐怕此理论难免终为理论而已，于是将各派能否相互容忍对方标为先决问题以示人，如不能做到相互宽容这一点，则对于我国问题的解决极可能是"东西南北皆成绝道，惟枯坐待毙而已"。②

其次，我国真立宪的获致，还需要真正之议会政治，以使各势力在议会中皆有所代表，从而使各方利益的代表参与宪法之制定。在李剑农看来，真正的议会政治当以英国为典范，其议会必有分野，容许在野党与执政党共聚议会之席位相互辩论商讨。议会政治须使国民政治活动的中枢皆交集于议会，形成由国民各部意思铸造出各党群，而各党群意思反过来又铸造国民各部意思的局面。他认为："持此铸造力之中枢者，即为各群领袖人物偕其党员共处于一堂，相荡磨相质剂，彼此之意念由是交换，行习由是陶冶，情感由是涵濡，日夕晤对，无虞疏远。"李剑农深刻体认到，议会中的各政党唯有"明张旗鼓""各展其策"，吸取国民同情以得政权，意即必须在宽容异己的基础上，以上文所谓的"政治行动"参与政事。③

再次，李剑农入木三分地指出，我国不能有真正议会政治还有一重要原因就是缺乏对应的政党政治。尤其不容许反对党群参政议政，即不知议会之分野。其重要表现就是政治派别之间的你死我活，以及我国所谓的"在朝""在野"仍为旧解。

---

① 剑农：《呜呼中华民国之国宪》，《太平洋》杂志第一卷第五号，1917 年 7 月 15 日，第 10 页。

② 剑农：《呜呼中华民国之国宪》，《太平洋》杂志第一卷第五号，1917 年 7 月 15 日，第 15 页。

③ 剑农：《读甲寅日刊之舆论一束》，《太平洋》杂志第一卷第二号，1917 年 4 月 1 日，第 5 页。

一方面，我国政治派别之间是势不两立的极端竞争。李剑农指出"今日之事不外两端互求相胜，其势未有不至于相倾"。在他看来，辛亥以还的五年间，政体数变，但构成政力的元素却丝毫未尝有所变易，其"流品"约有四种：一为世人所侧目之"顽旧"，一为顽旧所指摘之"暴民"，一为"近于顽旧之稳健者"，一为"近于暴民之稳健者"。① 遗憾的是，此四派的中间两派不为居中调剂，反而各自倾于两极端派，使竞争更为激剧而极端。我国着实缺乏与议会政治相对应的政党政治，政党及其议员行动，都未能悉守政治行动而走向极端，结果不免为从事暴力"非政治行动"的"武人"所左右。

另一方面，我国"在朝""在野"仍是旧解，二者所代表的政党间未能从事真正的政党活动，尤其使得在野政党势力并未被悉数规范到议会政治中。我国所谓的"在朝"是总理、总长积极握有政权之谓；"在野"则意味着，不仅不握有政权，且必"远走山水烟霞间或天津沪上蓬岛"，以不参与政争为名。如此一来，在野则免不了寂寞百无聊赖，于是热衷权位者必然极不愿意在野，且一旦听闻有企图取而代之者，必视为不可两立。由此导致关怀国难之人也因为冒着争夺政权的嫌疑，不得不远走政治场所之外以避嫌。李剑农感慨，"吾邦在野之旧义，以不参与政争为务"②，与英伦恰成鲜明对比，英伦政党虽退而在野，但仅仅是在议会中的反对之分野而已。英国议会中与政府反对的党群，决不容其本无隐退志向的领袖"逍遥于山水烟霞间"。在野党领袖与政府党共同参与议会，相互问难商榷、从容谈论。双方党员则各静候其领袖的言动，"或以短兵，或使长矛，奋力以盾其后"。无须如我国这般"今日命一使，明日遣一卒，奔走于数百里或数千里之外，求其首领于山水烟霞间，以通电驰书之方式而与政府相抗争"。③ 事实上，我国各党群的首领，不能忘情于竞争。他们"因避争竞而为退让，因

① 李剑农声称此处所用顽旧暴民、稳健之民，不过随世俗流行而名。相当于西欧政群通用之名称，如左党、右党、中部左党、中部右党等。参见李剑农《时局罪言》，《太平洋》杂志第一卷第四号，1917 年 6 月 1 日，第 2 页。
② 剑农：《读甲寅日刊之舆论一束》，《太平洋》杂志第一卷第二号，1917 年 4 月 1 日，第 4～5 页。
③ 剑农：《读甲寅日刊之舆论一束》，《太平洋》杂志第一卷第二号，1917 年 4 月 1 日，第 4 页。

退让而益兆争竞。争竞之退让，其让苦；退让之争竞，其竞厄"。之所以如此，是由于我国各党群领袖不知议会中有对立之分野，而一旦散处于草野却又不能忘情于政治活动。李剑农深刻指出，"是乃吾邦政治势力之所以为不规则，是乃吾邦议会政治之所以异于他邦"，意即我国不规则的政治势力，除固陋武夫割据自雄外，其他政治势力也未曾悉为规范势力之重要原因就在于此。① 故而他倡导"凡行立宪政治之邦，各党群势力之领袖当然以时参与大政"②，尤其是代表重要社会势力的中心人物更应被给予参政议政的机会。他因而赞同当时章士钊提出的"创设特别国务会议，增造不管部之国务员议"的建议，即"吾国际此时变，宜仿英伦小内阁之法，创设特别国务会议，以足以代表社会势力之中心人物"组织之。③

显见，李剑农希望通过议会容纳各对立势力，不使与政府反对之势力因没有参政机会与场所而趋于极端，作出法外之越轨举动。哪怕是章士钊提出的如此迂回曲折的办法，他也欣然从同。无论是章，还是李，都深刻感知我国进为立宪国绝非一帆风顺而必充斥艰难险阻，需要以渐进的方式，经历长期改革，真立宪才有所望。

第三节　真秩序：调和的社会基础

李剑农大力倡导的"真秩序"乃是通过减少国家干涉与实行自治，使各势力自动发展，即是使社会与国民得以自然发展的秩序。他说："真秩序者，范围各种之势力求为有规律之进行发展以为动者也。""真秩序"必以不排异己为"操术"，以不限制自然发展之机为"目标"。而相反的专制秩序，无非是"死物""石田"之"伪秩序"。④ 所以他极力反对专制之

---

① 剑农：《读甲寅日刊之舆论一束》，《太平洋》杂志第一卷第二号，1917 年 4 月 1 日，第 6～7 页。

② 剑农：《读甲寅日刊之舆论一束》，《太平洋》杂志第一卷第二号，1917 年 4 月 1 日，第 2 页。

③ 剑农：《读甲寅日刊之舆论一束》，《太平洋》杂志第一卷第二号，1917 年 4 月 1 日，第 1 页。

④ 剑农：《专制与秩序》，《太平洋》杂志第一卷第七号，1917 年 10 月 15 日，第 5 页。

"伪秩序"，呼吁减少国家（政府）① 干涉，强调从限制政府权力、实行地方自治入手，使国民个体获得发育之机会，即所谓"真秩序"必自地方制度之根本解决始。

一 反对国家过度干涉的伪秩序

在李剑农看来，国家过度干涉之秩序，即为伪秩序，根本无法为政治调和提供相应的社会基础。国家（政府）干涉愈多，国民猎官现象愈严重，必侵夺国民个体自由发展的机会与空间；且国家建成之目的既然在于为国民谋福利，自然不宜过多干涉以至侵及国民个体发育而有违其责任。

我国国民的发展程度，由于向来匮缺自然发展之机而致其发展程度尤为令人担忧，所以李剑农认为，我国国民程度的提高必然需要一个长期渐进的过程以建立"真秩序"，作为国民发展与国家社会自然发展之基础。其前提是要减少政府干涉，反对不能发展而静止不前的专制"伪秩序"。

（一）减少国家干涉之由

国民个体的发育需国家减少干涉。李剑农说："窃思欲图国民个体之发育者，首当慎国家干涉之度。"在他看来，国家干涉如能用于良方面，可以"为助长、为保育、为制恶"；如用于恶方面，则"为摧败、为勒束、为恶化"。我国的干涉过多且为恶化。他说："吾国国民之个体发育，何以远不及欧美？则以国家干涉为恶方面之后者而已。骤视之，似为极端之放任；细察之，则无一非摧败勒束恶化之干涉也。即官界奔走驰骋之象，恶化之度，已臻极端。"②

一方面，李剑农认为我国民匮缺自然发展之机，其发展程度尤为令人担忧。比如当时国民对巴黎和会及我国的平和会议召开的反应，极大地显示出国民程度的不足。李剑农清醒地看到"世界虽然有点光明，但是我们中国的百姓是在黑暗的地窖里裹住了几千年，视神经久已失了作用的。世界上的光明断不能立刻使中国人愉快"。他还极为敏锐地洞见到，在中国，最大多数的人并不管这平和会议是特殊势力分赃的会议，或是解决国家根本问题的会议；他们唯一的希望就是只要和平两个字。废督也好、不废督

---

① 此处李剑农所谓国家特指与个人社会相对的政治国家，即政府。
② 剑农：《猎官与政权》，《甲寅》第一卷第十号，1915 年 10 月 10 日，第 1 页。

也好，裁兵也好、不裁兵也好，有宪法也好、无宪法也好，有国会也好、无国会也好，只要不打仗，不妨害他们作生意、耕田、工作，他们就心满意足了。他们所要求的就和平两字之外，不加任何一个条件，他们也不知道要有何条件。"他们知道平和是好事，知道享受，不知道平和要倚靠人人自己的力来创造、来拥护的"，"他们专把平和托在皇帝手里，如今没有皇帝，就把平和托在总统和政府手里"。由此，李剑农深刻指出了中国几千年来，国民对于国家，只有"仁政"的思想，没有"民政"的思想。他说"民政"的根本主义是：Government of the people, for the people, and by the people。"仁政"的根本主义就只有一个：Government for the people。①无疑我国民程度还远远有待提高。

另一方面，唯有减少国家干涉，限制其权力，才能遏制国民猎官现象，使国民个体有发育机会。李剑农认为，"扬汤止沸，不如去薪；疾驰避影，不如灭烛"，最好的对策是"绝其诱因而已"。他指出的诱因即"为官之烛与薪者，在乎权势无相当之制限，取予惟意，竞争亦惟意"，可谓正中要害。他以为人类的兽性与理性并存，而理性又易屈就于兽性。国家之所以必要，是因为人类具此兽性，为防止个人兽性之过于放恣，由各个人理性结合而付国家以权势，以图制限各个人的兽性。所以他认为"兽性与权势善为姻缘"。此意味着，国家权势如没有相当之制限以断绝其与兽性相接近之姻缘，则会与兽性合而为一，使国家害更烈于各个人的兽性，以至"兽性之害盈天下矣"。②

现代政府的责任同样要求国家减少干涉。关于政府的性质与责任，李剑农极为认同美人佩因（Thomas Pain，现译潘恩）关于"政府产于吾人之罪恶"的观点。他十分赞同佩因在其名著《常识》中对于政府的描述：政府即使在最良之国，"亦为不可少之害恶而已"；在最恶之国，则"尤为不堪任受之害恶"。但无政府之害更大，人们成立政府，不过是"权二害而取其最轻"。所以"政府真实之企图与目的，为吾人之安固。即不问其政府之形式如何，但保其与吾人所损最少而蒙福最大者。斯为吾人所采之政

---

① 剑农：《平和会议与国民》，《太平洋》杂志第一卷第十一号，1919 年 4 月 15 日，第 3～5 页。

② 剑农：《猎官与政权》，《甲寅》第一卷第十号，1915 年 10 月 10 日，第 6 页。

府而优于其他者也"。李剑农指出佩因所谓政府"为不可少之害恶"，"权二害而取其最轻"，"政府之形式，必保其与吾人所损最少而蒙福最大"，意即政府必须受相当的制限以断绝与兽性相连结，如无相当制限，即沦为"最恶国之政府"。①

（二）反对专制之伪秩序

对李剑农而言，真秩序我所欲也，伪秩序非我所欲也。"夫国政之整理进步，必以秩序为基础"，然而他尖锐地指出，"枭雄强暴"造秩序之目的，即为个人权势，其造秩序就是造权势；所以一旦秩序既得、权势既成，其个人目的即达，而这样得来的秩序不过是"一不可耕耘之石田"。李剑农认为"此种秩序，非真秩序也"，即由专制而得的秩序无非为"伪秩序"。②

秩序之真伪如何辨别？首先，李剑农提出关键在于"视造此秩序者所操之术若何耳"，获得真秩序的手段不可为消灭对立之个人与团体而一权独揽。凡是以一己权势为目的者，绝不容有他人或团体与之对立，分其权势，所以其所操之术都是倾向于消灭与己对立的人或团体。"故彼所欲得之秩序，其象为无敢反抗，天下无敢反抗而秩序立矣"，即"伪秩序"。相反，"真秩序"是以国政之整理进步为目的，考虑将势力寄托的所有个人与团体都纳于相当之域而使之调和平衡。既不顾虑何人或何团体有不利于一己之权势，又不用"摧败消灭之术"对付何人或何团体。如此所得的秩序是"异同兼备、强弱并存、权衡质剂、循轨不紊。是之谓真秩序"。③这意味着，真秩序必不能以打压异己势力而得，而必以宽容异己为先决条件。

其次，真秩序必"与自由合趣"而促进自然发展，绝不宜含有"制限自然发达之意味"。李剑农称"真秩序者，范围各种之势力求为有规律之进行发展以为动者也。伪秩序者，诛除异己之势力，使之不能存在以求静者也。动者，有变化，有进步。静者，变化不生，终乃腐化而成为死物"。由此他抨击我国数千年来所谓有秩序之日，即"静止无为之日"，其间所

---

① 剑农：《猎官与政权》，《甲寅》第一卷第十号，1915 年 10 月 10 日，第 6~7 页。
② 剑农：《专制与秩序》，《太平洋》杂志第一卷第七号，1917 年 10 月 15 日，第 5 页。
③ 剑农：《专制与秩序》，《太平洋》杂志第一卷第七号，1917 年 10 月 15 日，第 5~6 页。

经变乱,"要不外于静止腐化乃生疾疫"。李剑农自认穷观西史也有此静止之期,比如罗马帝国衰堕后的时代。因为罗马帝国发展之始于"自由"与"秩序"相附丽,而终于"自由"不存,"秩序"成死物。在此点上,剑农还颇为赞同彭德律(C. Delisle Burns)近著《政治理想》(Political Ideals)中的关于秩序与真自由合趣的观点:"秩序者,非可牺牲一切自由以为购换之代价者也。夫真秩序与真自由固自合趣……盖所谓秩序者,绝不宜含制限自然发达之意味,其自然发达者,固自在秩序之中也。若以制限自然发达为秩序,则一切生理皆成死象,何有于秩序。"故而李剑农坚信,固定不可变化之秩序,简直为暴政,或不过是"造一无物之荒原"而已。①

李剑农深刻指出,伪共和而实专制只能得伪秩序,真秩序必以真共和求之。他对我国当时政局分析至为精当,一针见血地指出其实质不过是由"一人枭雄之伪共和",变为"群武人之伪共和"。他说:"质言之,今日之政象,求一如袁氏时代之实专制而亦不可能。然共和则仍伪也。袁氏之伪共和以一人之专制而伪,今日之伪共和则以群武人之'共和专制'而伪也。"如此伪秩序,其幸则如墨西哥维持至 30 年而遇"洪水",不幸则如袁政府三年未满而"洪水"至。②

李剑农呼吁有真共和才有真秩序,"吾人欲求秩序之恢复,惟求进于真共和。有真共和乃有真秩序"。对于此处所谓真共和,他并未在文中做说明解释,于上下文判断得之,即相当于其所谓"真立宪"。意即有真立宪才有真秩序。此亦显示其以调和之旨,真立宪与真秩序由调和而贯通,并互为促进关系。进而李剑农指出"求进于真共和之术奈何?当自地方制度之根本解决始"。③下文重点论述李剑农的地方分权自治思想。

二　地方分权自治

李剑农认为获得"真秩序"的最佳方式,莫过于地方分权自治。英伦

---

① 剑农:《专制与秩序》,《太平洋》杂志第一卷第七号,1917 年 10 月 15 日,第 6~7 页。
② 剑农:《专制与秩序》,《太平洋》杂志第一卷第七号,1917 年 10 月 15 日,第 9 页。
③ 剑农:《专制与秩序》,《太平洋》杂志第一卷第七号,1917 年 10 月 15 日,第 10 页。

是他所推崇的真秩序的模范，其之所以为模范"要之，即地方行政皆为自治"。① 虽然任何国家都不能免"兽性之竞"，但"权势有相当制限者，其竞不若是之烈"，英以地方自治而使中央权势有限制。英之立法权集于中央议会，然而地方行政都为自治，中央行政部对其有监督而无干涉。即中央大小事务官吏之任免，亦有一定限制程序。因而"猎官之风，英独罕闻之，此英伦政制所以为世界之极则也"。② 李剑农故而大力呼吁削弱中央集权，倡导地方分权自治。

（一）削弱中央集权

当时对于地方制度问题正反二方之分歧，李剑农指出一是趋于分权，一是趋于集权而已。③ 他明确主张地方分权自治，以给予各省发展机会，以得良好之议会政治，从而促进国内各对立势力之调和。

李剑农主张，地方分权自治必须削弱中央集权。并且他指出中央集权与议会政治必不兼容，否则不能得真正之宪政。在李剑农看来，以事实论，行责任内阁制的国家，除英伦与英属殖民地外，法兰西、意大利、日本等都不如英之良。原因是后者的中央集权影响很大，所谓"无完美之政党固为其一，然受影响于中央集权之主义者，实亦甚巨"。并且他称此观点并非一家之私见，比如德人格莱斯特（Rudolf Uon Gneist，1816-1895）以为英制之所以良，悉根源于其地方组织。蒲徕斯（James Bryce）指出法兰西议会政治失败的重要原因，就在于地方组织是拿破仑创造，意在以"一人之强腕控缚全局"而与议会政府决不相容。美人罗伟（Abbott Lawrence Lowell）指出意大利地方组织失败的原因与法全同。④ 所以李剑农坦陈："仆对于地方制终极之目的，深有取于英系之地方组织而不取法日意之地方组织。"⑤

李剑农认为，由于中央集权与社会舆论真相，相去甚远，因而无从培养人民的政治兴趣。在他看来，"代议政治者，一切政务以舆论为左右者

---

① 剑农：《猎官与政权》，《甲寅》第一卷第十号，1915年10月10日，第8页。
② 剑农：《猎官与政权》，《甲寅》第一卷第十号，1915年10月10日，第8页。
③ 剑农：《地方制之终极目的》，《太平洋》杂志第一卷第二号，1917年4月1日，第2页。
④ 剑农：《地方制之终极目的》，《太平洋》杂志第一卷第二号，1917年4月1日，第3~4页。
⑤ 剑农：《地方制之终极目的》，《太平洋》杂志第一卷第二号，1917年4月1日，第6页。

也",培养人民的政治兴趣需凭借代议政治,而中央集权实与代议政治有冲突。假如中央集权与议会政府并行,则名义上以选民代表(即议会)进行统治,而实际上是"专务等级官僚"掌握统治。前者权力来自下,不敢拂选民的意旨。后者权力来自上,独立于舆论之外,而唯受上级法定权力的指挥。于是必然导致两部权力"生无穷之龃龉"。而且,事实上由于选民淡于政治兴趣的缘故,议员选举之胜败往往被下级僚吏与公务职员所左右。结果使得大小官职、上下议席,半属政治营业之交换报酬品,与舆论真相相去甚远。① 凡行中央集权之国难成良好议会政治的最大因由是,地方选民除数年一次选举投票之外,对于国家政务常常无交涉,地方势力对地方舆论的影响甚为微弱,因而地方人民的政治兴趣无从振起,"奉公乐政之心"也很淡然。而且选举行为都被专务僚吏政客的势力所左右,必然使议会意思远于舆论真相,而中央各政派也并不靠真正舆论而获胜,相反是靠"在其夹袋中之地方长官势力"获胜。② 故而李剑农得出结论是:"凡行中央集权制为等级官僚之组织者,其政治多与舆论之真相疏远,难成良好之议会政治。"③

李剑农指出我国当时政象"正坐此弊"。我国人民平素缺乏政治兴趣,所谓选举,多半由官势所左右。因而中央政争全都注意地方长官的分配,其根本目的"皆在于厚植势力于地方,以为选举计耳"。④ 然而我国的"中央组织既以议会政府为目标",那么除非将地方与中央之领域划然为界,将地方政治置于中央政争范围之外,不然,必无良好议会政治。⑤

不仅如此,李剑农认为中央集权反而是国家分裂的罪魁祸首。他认为,斥责破坏统一造成分崩离析之局者,不为省制论或联邦论,而实为统一集权论。⑥ 中央集权不仅窒碍我国民个体自然发育,使之失去形成政治

---

① 剑农:《地方制之终极目的》,《太平洋》杂志第一卷第二号,1917年4月1日,第5页。
② 剑农:《日本之议会改选与地方长官》,《太平洋》杂志第一卷第二号,1917年4月1日,第1页。
③ 剑农:《地方制之终极目的》,《太平洋》杂志第一卷第二号,1917年4月1日,第6页。
④ 剑农:《地方制之终极目的》,《太平洋》杂志第一卷第二号,1917年4月1日,第5页。
⑤ 剑农:《地方制之终极目的》,《太平洋》杂志第一卷第二号,1917年4月1日,第6页。
⑥ 剑农:《民国统一问题》,《太平洋》杂志第一卷第八号,1917年11月15日,第2页。

兴趣以参与政治之机会；而且侵夺地方自然发展之权，处处受掣肘于中央而欲图另谋出路，如此反而造成国家分崩离析之危局。故而必中央集权予以削弱，真秩序下个人与地方之自然发展而后可。

（二）地方制之终极目的

李剑农认为地方制之终极目的，在于地方分权自治。他说："仆之终极目的，在使中央与地方之政治，各有分界。地方政务于其所领有之界域内，不可为中央所动摇；斯中央亦不至为地方政潮所牵动。"[①]

李剑农所谓地方制之终极目的，是指英式的地方与中央各有权限及其良好议会制度。"英系之地方制"地方参事会的职责几乎与中央内阁相同，是对地方议会负责的内阁；位于参事会上的地方行政长，则如中央总督，不被政争所动摇。所以李剑农认为"英制之所以良，悉根于其地方之组织"，尤其是其中含有的"地方素具自治之精神"。[②] 概言之，一方面，地方与中央各有其权限，地方事务归地方自我管理，中央事务为中央统筹；另一方面，地方分权自治旨在造成良好之议会政治，所谓"仆所谓地方制之终极目的，以造成良好议会政治为主旨"[③]，从而调和地方及全国各不同势力。

正是基于对地方制终极目的之认识，李剑农非但不反对联邦，且于1920年代主张联省自治，此乃一脉相承。他指出联邦与地方制有异曲同工之处，"改组联邦，则中央与地方同受宪法之宰制，地方不能侵中央之权，中央亦不能自由削地方之权"。[④] 他自称，虽然并非故意为联邦张目，然而对于那些无论提出何种地方制度草案，如果因其形迹稍近于联邦或给地方相当自由权，就视为破坏统一而反对的观点，绝不敢附和。[⑤] 在他看来，政治实质之所以为联邦，是由于离心力与向心力"相与抵衡"的结果。比如他认为19世纪以前的德意志，形式为单一而实质为邦联，其离心力强大，而抗衡的向心力不过仅为历史上民族结合的情感而

---

① 剑农：《地方制之终极目的》，《太平洋》杂志第一卷第二号，1917年4月1日，第2～3页。
② 剑农：《地方制之终极目的》，《太平洋》杂志第一卷第二号，1917年4月1日，第3页。
③ 剑农：《地方制之终极目的》，《太平洋》杂志第一卷第二号，1917年4月1日，第7页。
④ 剑农：《民国统一问题》，《太平洋》杂志第一卷第八号，1917年11月15日，第12页。
⑤ 剑农：《民国统一问题》，《太平洋》杂志第一卷第八号，1917年11月15日，第2页。

已。他主张在此情形下，不能以微弱的向心力与强大的离心力相激争，否则历史结合的情感将以激争而愈消失，以致仅存的微弱向心力将一泄无余。此时，"惟有善养其向心力，务与离心力为极端之激争，而别以他法减少离心之度，含濡酝酿使之渐即于平"。同时李剑农主张所谓"他法"不必拘于一端，而折中单一与邦联之间，采取名实相符的联邦亦不失为一种方法。[1] 意即如联邦能调和向心力与离心力，尤其是能以地方自治形式容纳离心力于一定范围内，能调和国内各对立势力，则李剑农亦将主张之。

李剑农又特别指出此地方制之终极目的，因我国的地方形势而决非短时能达。他以为，终极地方制是将地方行政立法之事都委托地方人民自理，只保留其与中央政府的关联而使不涣散而已。这对于"习于自治、政象发达"的国民如英人，诚为极良之地方制。然而我国现在的地方形势却不足以语此。因为我国所谓地方势力不外二种：一即"满清"遗传的"大僚势力"；二即与此大僚相对抗的"巨绅势力"。即不外"官绅"二字。革命后形式虽稍变，但实质仍旧。所谓大僚是"半新半旧之督军省长"；所谓巨绅是"半新半旧之争权政客"。多数有公民权的常民，不仅没有参与政务的智能，而且厌闻之。所以，在李剑农看来，假如我国现时仿行英系的地方制，以省参事会与省议会为政力中心，令参事会对省议会负责，那么，我国的省参事会与议会将"纯为半新半旧之巨绅的争斗场"，公民权利定被牺牲，一切事务趋于紊乱或流于废弛，"中央限于无从救济之地位，地方亦无可以自救"，"无异以方柄纳于圆凿"而极不合适。[2]

既然我国今日所能取的地方制不能即刻依据终极目的加以施行，是否就该采取法兰西的中央集权主义呢？李剑农的答案是坚决否定。他援引了罗伟（Abbott Lawrence Lowell）的比喻：禁止儿童下水，必须待其学会游泳后才可让其下水，与将从未学习游泳的儿童投入深水，希望其自己学会游泳，都是不合理的。因为"准备与实行二者必相互渐进，且准备之功存

---

① 剑农：《民国统一问题》，《太平洋》杂志第一卷第八号，1917 年 11 月 15 日，第 11 页。
② 剑农：《地方制之终极目的》，《太平洋》杂志第一卷第二号，1917 年 4 月 1 日，第 8 页。

于政质调和与意念之交换"。如果固守中央集权，不让地方人民有习水的机会，则其终不能游泳。今日所宜施的"亦在为准备渐进之功，令新旧优劣各质得以意念交换，增进智能之机会，以待异日之投入深水泅行自由耳"。所以就我国而言，"地方制之要点，务使其为软性，多留异日发展改进之机"。① 国民个体的发展与其自治能力的提高绝非短时所能实现，须经过不完善的地方制度的实践训练而慢慢趋于完善。所以，地方制虽不能以英制骤施，但要留有余地，留给地方一定的发展空间，给予人民一定的参与政治以练习"游泳"的机会。

李剑农针对我国的实际情势提出了相对可行的地方制。他提出，省机关包含省长、参事会、省议会，假定此三者大致依据地方制终极目的而组织，则地方政权的中心当集于参事会，其地位当如中央的内阁，对省议会负责任。省长则立于地方与中央之间，为地方与中央的关联。于是地方制各机关的组织当遵守如下三点：一、省长由中央自由任命，代表中央以监督地方行政。二、参事会由省长自由任命，但被任为参事会员者，必以得议席于省议会为限（是即责任政府之义）。三、省行政由省长以参事会的赞襄行之。李剑农认为，这样可以使中央政争不至于影响到地方。因为省长虽由中央任命，地方政治发动的中心已不在省长，而在对省议会负责的参事会，由中央所任命的省长可作为地方与中央的关联。且省立法又有"不可抵触中央法令"的限制，则地方势力散漫也不足为忧了。② 李剑农为此还劝告对立双方：其一，主张联邦者不必争省长民选。因为，联邦则与省长民选无关。省长只是为中央与地方的连锁而已，若欲保持相当的地方权力，只需注意省长以下各机关的组织即可。其二，主张单一者不必反对省制入宪。省制入宪可列于联邦的范畴，然亦有省制入宪而不为联邦，各省权力仍可由中央议会宰制。③ 李剑农如此精心设计，无非是为地方留有不受中央集权侵及的自治余地，从而逐步促进地方与国民个体的自然发

---

① 剑农：《地方制之终极目的》，《太平洋》杂志第一卷第二号，1917 年 4 月 1 日，第 9 页。
② 剑农：《地方制之终极目的》，《太平洋》杂志第一卷第二号，1917 年 4 月 1 日，第 10 ~ 11 页。
③ 剑农：《民国统一问题》，《太平洋》杂志第一卷第八号，1917 年 11 月 15 日，第 14 ~ 15 页。

展，并以舆论真相为先导逐渐造成良好之议会政治，使地方及全国各势力的利益首先体现于地方议会中，继而代表于中央议会。这不仅使地方与中央得以调和平衡，且使各对立势力皆共容于政治运行过程，从而成就其所希望的"真秩序"。

第九章
一个被历史放弃的选择

——以"全赢博弈"模式审视民初政治调和思潮

中国精英之间不断出现的权力斗争，无论涉及最高权力或次一级权力，总是与一方全赢而/或一方全输相联系……是整个二十世纪中国政治的特征。

——邹谠

第一节　民初政治调和思潮的兴衰

民初政治调和思潮于民国新建前后兴起，而后进一步发展酝酿，在民国三四年间一度盛行，并曾在思想界掀起一个讨论调和的热潮。此后调和思想继续延续，且于民国七八年间再次形成一讨论调和的小高潮，之后便逐渐淡出民初思想界让位于激进主义思潮，以至终被历史所放弃。

一　民初政治调和思潮的兴盛

民初的政治调和思潮承续了清末以来维新派的立宪改良思想，尤其是严复、梁启超的英伦自由主义思想。尽管辛亥革命后，改良思想的影响日渐式微，但正如高力克先生所言"调适思想仍不绝如缕，且于民国宪政初立之际还一度趋于活跃"。① 这一调和思想是在文化与政治两股改革进路上

① 高力克：《调适的智慧——杜亚泉思想研究》，杭州：浙江人民出版社，1998，第4页。

展开，本书主要关注政治的进路。总的来说，梁启超的《庸言》，章士钊的《甲寅》，杜亚泉的《东方杂志》，张东荪的《正谊》和《中华杂志》，李剑农的《太平洋》杂志都是政治调和思潮得以伸张的重要阵地。他们作为杂志的创办者或主编，都通过这些杂志向国人传达其政治调和的思想主张。张东荪还在《庸言》《甲寅》《东方杂志》上发表不少政论，宣扬其有关政治调和的主张。李大钊亦先后在《中华杂志》《甲寅》《太平洋》杂志上发表有关政治调和的文章，曾深受《甲寅》影响而一度追随章士钊。杂志作为载体对于思潮的宣扬作用不可低估，比如《甲寅》杂志一出深受时人欢迎，可谓"一时风行全国，产生了难以估量的影响"。① 政治调和思潮在当时的兴起和盛行，很大程度上是以这些杂志为载体来体现的。

在民国创建前后，杜亚泉在《东方杂志》上发表了《减政主义》《政党论》等文章，倡言减缩国家政治范围以促进市民社会的生长，以及主张进步与保守相互调和的两党政治等有关政治调和的主张。尤其在《东方杂志》第 8 卷第 4 号上发表《英皇之加冕礼》，盛赞英人"于保守中求进步之美风良俗"②，表达了对英美式渐进调和思想的崇尚。章士钊在其笔政的《民立报》上发表了包括当时著名的《毁党造党》等一系列讨论政党政治的文章，在政党政治主张中已透露出其重组两大党以调和政治势力的创见。梁启超先后发表了《宪法之三大精神》《政治上之对抗力》《中国政党政治之前途》等文章阐述宪法之精神当为调和，倡导由政治上势力的对抗调和实现由专制而入宪政的转型，即主张政府发动力与人民制动力（对抗力）之间的对抗平衡，以及形成对抗力与发动力相调和的两党政治。这些现象表明在民国新建的民元民二，政治调和思潮已然兴起。

之后政治调和思潮获得了进一步的发展。张东荪于 1913 在梁启超主办的《庸言》上发表《对抗力之价值》《法治国论》，不仅继承了梁启超的政治上之对抗力，并进一步阐发政治对抗力之价值，倡导法治国以防止专制保持政治上之对抗力，由此奠定其政治调和的对抗理论基础。梁

---

① 邹小站：《章士钊社会政治思想研究（1903–1927）》，长沙：湖南教育出版社，2001，第 315 页。

② 高力克：《调适的智慧——杜亚泉思想研究》，杭州：浙江人民出版社，1998，第 213 页。

启超也在此时发表《革命相续之原理及其恶果》，明确提出反对暴力革命而主张渐进改革。杜亚泉于 1914 和 1916 年分别在《东方杂志》上发表《接续主义》与《力之调节》两篇十分重要的探讨有关政治调和的文章，阐述国家的接续主义与国民的接续主义，进而力倡民元以来坚持的于保守中求进步的调和主张，并且主张调节与强健人民之对抗力，以实现人民对抗力与国家政府权力的对抗调和。民国三年，章士钊在《甲寅杂志》上先后发表了《政本》《国家与责任》《自觉》《政力向背论》《调和立国论上》《调和立国论残稿》等多篇倡导政治调和的文章。章士钊提出了所谓"有容""不好同恶异"，政治离心力与向心力对抗平衡并以宪法加以范围，以及"相抵相让"以调和立国的政治调和观念，全面抛出由调和方式以祛除专制实现宪政民主的观点。章士钊这一系列有关政治调和文章的发表，受到了思想界的广泛关注，并引起了关于政治调和的第一个讨论高潮。比如，此时的李大钊受章士钊、梁启超等的影响，于同年底发表了《对抗力之养成》，对袁政府、国民党、进步党以及一般国人提出了相应的批评和要求，主张各方合作促成对抗力之养成，凸显出其政治调和的思想主张。张东荪也于同年在《正谊》杂志发表文章《正谊解》《读章秋桐政本论》《政治革命与社会革命》，以及在《中华杂志》发表《地方制之终极观》，张东荪不仅表达了自己关于调和的主张，尝试用"正谊"的概念来充实对抗力与调和的含义，且对章士钊的调和论做出回应和补充。张将不好同恶异与对抗力二者相提并论而为政治调和之内外两的，主张以缓进的社会改革促进政治改革。毫不夸张地说，当时政治调和主张在思想界备受关注，就《甲寅》杂志上随后就有周悟民和 GPK 三君对章士钊政本论进行追问的两篇文章。政治调和论确实在知识分子中产生了共鸣。当时梁启超有所谓"寅卯之际，调和之论颇为舆论所集矢"之语。杨昌济称："秋桐以好同恶异为社会种种罪恶之原因，大有所见。"黄远庸则说他对于章士钊所提出的为政之本在尚异之理论"最所倾倒"。[①] 可以说，大约在 1914 与 1915 年，政治调和思

---

① 杨昌济：《达化斋日记》1914 年 5 月 27 日条，长沙：湖南人民出版社，1978。黄远庸：《致〈甲寅杂志〉记者》，《远生遗著》第 4 卷，北京：商务印书馆，1984。转引自郑春英《章士钊调和立国论再研究》，清华大学硕士学位论文。

潮颇为盛行。

之后的 1917～1918 年又掀起新一轮讨论调和的热潮。这很大程度上首先表现于李剑农在 1917 年创办的《太平洋》杂志上。李剑农于《太平洋》创刊号上发表文章《调和之本义》，之后继续发文《宪法与政习》《时局罪言》《地方制之终极目的》《专制与秩序》等。李剑农基于进化论阐释调和含义，提出政治上新旧二派的调和，包括改变旧有的"在朝"与"在野"观念转而为调和朝野；他指出通过学习英国及其殖民地的制宪，在宪法制定中承认事实势力并主张以具弹性的宪法调和各政治势力；他还指出许以地方自治以调和中央权力与地方权力。时人有对李剑农的调和思想大为赞赏，比如周春嶽称赞李剑农论调和之本义，"稳健精透，信为经世之言"。① 当然也有对李剑农的调和观点提出疑问的，一位署名郑希禹的作者发文质疑李剑农的关于以制定宪法调和事实势力的可行性。② 章士钊于 1917 年在北京恢复的《甲寅》日刊上发表《论运用宪法贵保其弹性》《宪法问题》，谈论宪法问题以继续阐发其调和立国的主张。在 1918 年章士钊发表《进化与调和》《新时代之青年》。李大钊于 1918 年先后在《甲寅》日刊和《太平洋》等杂志上发表《调和之法则》《政治离心力与向心力》《辟伪调和》《强力与自由政治——答高元君》等文章再次赞同章士钊的政治调和主张并加以倡导。李大钊详细阐述了调和之两让、两存等法则，辨析真伪调和批判缓进派自毁、间接之伪调和，以及阐述政治离心力与向心力的对抗调和。并且他提出了独创性的"空间调和"概念，有点类似于西方政治中的轮流执政。尤其所谓的调和法则与真伪辨析，是李大钊对政治调和思潮理论本身的一个重要推进。杜亚泉在此两年间也频频发表相关文章。1917 年杜亚泉发表《真共和不能以武力求之论》《未来之世局》等，反对以武力求共和而主张由假共和到真共和的长期渐进改革，并主张社会中发生一有科学素养的劳动者之新阶级以造成政治调和之社会基础。之后在《矛盾之调和》和《中国政治革命不成就及社会革命不发生之原因》中，杜亚泉重申立宪国以两大政党之对峙而收调节之效的政治调和思想，

---

① 周春嶽：《调和与俄国革命——致太平洋记者》，《太平洋》杂志第一卷第四号，第 18 页。
② 郑希禹：《对抗力——致太平洋记者》，《太平洋》杂志第一卷第七号，第 6 页。

特别是深刻分析了中国的知识阶级与游民为伍而缺乏所谓调和阶级基础的西方式的中产阶级。

当然在政治调和备受关注的同时，调和的另一进路文化调和也一直备受知识界关注。新文化运动中多次展开的中西新旧思想的大讨论。典型的如陈独秀与杜亚泉分别以《新青年》和《东方杂志》为思想阵地展发表各自关于新旧思想的大辩论。

二 民初政治调和思潮的衰微

民初政治调和思想的衰微，主要表现于自身失去热烈讨论的声音，一方面是作为思潮的言论阵地的相关重要杂志的丧失，另一方面是思潮内部成员思想的分化导致思潮自身的瓦解。

第一，言论阵地的丧失。一般来说，一个思潮由盛转衰最明显的表现往往是原先所受追捧或热议的情形不再。同样民初政治调和思潮的衰落，与其作为思想发表阵地的杂志的关闭，或因主编的更换导致杂志本身的旨趣和主题的转变紧密联系。相关杂志的退幕和杂志上声音的淡出，表征着民初政治调和思潮出现被时代放弃的迹象。

《庸言》与《大中华》是梁启超发表其渐进改良的政治调和主张的重要阵地。《庸言》是梁启超于 1912 年创办的杂志，在办刊两年后停版。而由梁启超主撰的《大中华》于 1915 年初创刊，1916 年底停刊。之后梁启超欧游回国后逐渐由政治而入书斋。

《甲寅》杂志在 1917 年刊行半年后停刊，失去了以章士钊为首的甲寅派探讨政治调和的一个重要的思想领地。最早的《甲寅》杂志是由章士钊于 1914 年 5 月 10 日在东京创办，11 月第四号出完后一度停刊。1915 年 5 月又在上海续刊，10 月被禁才出完十号。之后 1917 年 1 月底章士钊在北京恢复《甲寅》（先为日刊，后为周刊），继续阐发其调和立国的主张。但在 1917 年因黎元洪非法解散国会，且张勋辫子军逼近北京，随章士钊移居天津而于 6 月 19 日停刊。①

---

① 邹小站：《章士钊社会政治思想研究（1903–1927）》，长沙：湖南教育出版社，2001，第317 页。

《东方杂志》一直是杜亚泉发表政论的几乎唯一的杂志，是其宣扬政治调和主张的家园。但1920年商务印书馆当局顾虑与当时激进反传统的思潮作对会殃及其声誉和营业，要求杜亚泉停止辩论甚至改变观点，于是杜亚泉被迫辞去《东方杂志》主编，转为专事理科编辑工作。由此《东方杂志》主编发生更易，因而其主旨也不再是杜亚泉倡导的调和。于是杜亚泉"在社会上颇有影响力的政论活动，至此基本上停止"。①

《正谊》与《中华杂志》由张东荪创办并主笔，刊发了张东荪的政治调和思想。但此两种杂志分别于1914年的1月和6月创刊，却都于次年中就停刊。之前的1913年张东荪主要在梁启超的《庸言》上发表众多政论，包括重要的《对抗力之价值》一文，之后的1915年后继而分别在《甲寅》与《新中华杂志》阐发政治调和主张，但这些杂志都相继不久也停刊。

《太平洋》杂志由李剑农于1917年3月创刊，李剑农时任主编，编辑人员多为在英、日等国留学归国的知识分子。虽然到1924年才停刊，但自1920年1月的第二卷第九期始就不再刊载李剑农的文章。其间《太平洋》杂志主编亦由李剑农改为杨端六，李剑农倡导的调和思想随之弱化。

以上几个主要杂志在1920年前或曰五四事件前后的停办，或杂志主编更换导致其主旨的变更，致使政治调和思潮失却向社会各界发出声音的重要载体。同时这一现象也表现出自民元兴起并一度盛行的民初政治调和思潮，于五四事件后不可避免地在言论界走向衰微的迹象。

第二，政治调和思潮内部成员的思想转变与分化，极大地预示着思潮本身作为一个整体而言的致命性的瓦解。此种转变与分化以文本选取的六人为例，以其思想改变的程度而言，至少可以粗略地分为四种类型。第一类是受苏俄式社会主义、共产主义的巨大影响转而成为激进的马克思主义者，以李大钊为典型。第二类是将目光主要投注中国本土，不再于缺乏现实基础的情况下空谈政治调和，转而研究中国社会有别于西方的自身所特有的农民和农村的问题，以章士钊为代表。第三类是受时下社会主义思潮的影响，但企图调和社会主义与英美自由主义而主张温和的社会主义，比

---

① 许纪霖、田建业编《杜亚泉文存》，上海：上海世纪出版集团、上海教育出版社，2003，第491页。

如梁启超和张东荪改宗"基尔特社会主义"。第四类逐渐淡出舆论界,远离政论退而以编译或教书为业,如杜亚泉和李剑农。其中第一、第三类与激进主义与政治调和主义的消长相关,故此处将作为讨论的重点。

李大钊之前的政治思想无疑是崇英轻法,主温和渐进的调和而反对革命,但从 1917 年下半年始,宪政的失败和俄国革命的胜利使得李大钊逐渐疏远政治调和而渐趋于对激进革命的认同:"大凡新生命之诞生,新运之创造,必经一番苦痛为之代价","美利坚之独立,必历八年之血战使能告厥成功。法兰西自由之花,必数十年牺牲之血以灌溉之,始有今日之繁茂。最近俄国人且在酣战之中,不惮高树赤旗,以奠自由民主之基"。[①] 其实李大钊认同的是以一次流血的暴力革命打倒旧世界而转得一个安定的宪政民主的国家,是由对暴力革命生出的建立宪政民主的结果的认同而接受了这种代价大的手段,其正当性落脚点还是在宪政民主上,这与政治调和思想的旨趣一致。李大钊后又受到社会主义和民粹主义的影响,形成平民主义的民主观念。正如高力克指出的,其激进的民主观念也自然成为其疏离渐进调和转向较为激进的社会主义的思想媒介。[②] 当俄国十月革命胜利的时候,李大钊大受鼓舞而欣然接受了相对激进的社会主义思想。李大钊的转变不仅与民初宪政失败诱发的激进情绪,以及法国式暴力革命与俄国社会主义思潮的汇流有关,且于欧战终结后的世界思潮变迁,即自由主义的衰微和社会主义的崛兴紧密联系。高力克深刻地指出:"作为中国第一个马克思主义者,李大钊从一个温和的立宪自由主义者改宗激进的共产主义的思想转向,可谓现代思想史上的一个奇迹:这一激进的思想蜕变,浓缩了一部由英伦而欧陆、从 17 世纪到 20 世纪的西方近代政治思想史。"[③]

梁启超和张东荪在 1919 年始由温和的自由主义转向温和的社会主义。虽然调和之旨一直贯穿于二人主张的"基尔特社会主义"与之后张东荪主张的"第三条道路",但是由于其思想掺入了过多的社会主义成分而有别于之前英美传统的政治调和。张东荪一向主张政治调和,面对俄国十月革

---

① 李大钊:《此日——致〈太平洋〉杂志记者》(1917 年 10 月 10 日),《李大钊全集》第二卷,第 168 页。

② 高力克:《五四的思想世界》,上海:学林出版社,2003,第 41 页。

③ 高力克:《五四的思想世界》,第 159 页。

命后社会主义逐渐成为世界之潮流，以及马克思主义迅速在中国传播的情势，提出"防遏过激主义"问题。他一方面认为马克思主义是"过激主义"，并不适宜当时中国，但另一方面他指出鉴于马克思主义的迅速传播之势，"压抑之法必属无效"不过是"火上浇油"，我们需要"采纳其主义中之含有理者，先行改良社会组织，使人民于经济上得相安，于心理上得其平"。① 所以张东荪研究了当时流行的社会主义思想，并选择了一种相对"温和"与"调和"的社会主义来改造中国，那就是他所找到的渐进改良的"基尔特社会主义"（Guild Socialism），他认为这是一种改造中国社会的较好"方案"。张东荪明确表示赞同罗塞尔（Bertrand Russell，现译罗素）的主张，"革命的行为可以不必要，但革命的思想是不可少的"②，并承认"他的学说是自治的社会主义（Guild Socialism）之一种"，声称"我以为近代的改造运动中，以此说为最妥善"。③ 张东荪曾在《时事新报》上开辟专栏："社会主义研究"，而且在其创办的《解放与改造》上大量发表各派讨论社会主义的文章，包括《第三种文明》《罗塞尔的"政治理想"》《奥斯氏的社会主义与庶民主义》《我们为什么要讲社会主义？》等一系列以调和的姿态主张的基尔特社会主义的重要文章。张东荪甚至在 1920 年参加了筹备上海共产主义小组，但因观点分歧而退出；并因其《由内地旅行而得之又一教训》一文而引发"社会主义论战"④，逐渐显示出其对社会主义的倾向和好感。

梁启超于大战前后游历欧洲使其在崇尚英伦自由主义的同时，对社会民主主义增添了巨大兴趣。梁在《欧游心影录》中反思西方文明，明确指出欧洲的物质与精神文明都由"个性发展"而来，万事万物都是"群众化"，在他看来，西方的这种文明还是"向上"的⑤，并且透露出对"社会民主主义"或曰"基尔特社会主义"的好感，他称社会民主主义要渐渐

---

① 张东荪：《世界公同之一问题》，《时事新报》1919 年 1 月 15 日。
② 张东荪：《第三种文明》，《解放与改造》第 1 卷第 1 号，1919 年 9 月 1 日。
③ 张东荪：《罗塞尔的"政治理想"》，《解放与改造》第 1 卷第 1 号，1919 年 9 月 1 日。
④ 张东荪：《由内地旅行而得之又一教训》，《时事新报》1920 年 11 月 6 日。
⑤ 梁启超：《欧游中之一般观察及一般感想》（1918 年），《梁启超全集》第五册，第 2975 ~ 2976 页。

成为最中庸的一种政治。① 于是回国后梁启超大倡基尔特社会主义。《解放与改造》更名《改造》后，由梁启超主编，1920 年张东荪的长篇论文《现在与将来》与 1921 年梁启超的《复张东荪书论社会主义运动》，"这两篇文章便成为五四时期基尔特社会主义的纲领性文章"。② 但是，对于社会主义，梁认为它是由欧洲的工业革命孕育而来，是对工业发展造成的社会畸形的矫正，由此而言是对症下药。但是在没有工业的中国，梁启超说它的用处却是"骚不着痒处"。③ 最后梁启超选择退出政坛，专心学术。张东荪、梁启超由温和的自由主义者，转变为温和的社会主义者，由英美式自由主义改宗基尔特社会主义。在其基尔特社会主义思想主张中虽留有政治调和之余韵，但却实因其过于明显的社会主义倾向而与民初的英美自由主义式的政治调和有别。梁张二人以及李大钊之前都是英美自由主义的崇信者而主张政治调和思潮，其五四前后出现分化，表征着五四时期中国自由主义在社会主义思潮的冲击下出现的由英美而欧陆的回应方式，从而深刻影响了五四时期自由主义思潮的演化。

章士钊在 1920 年对报界宣布准备脱离政治，重回思想文化事业，并准备出洋考察两年。1921 年初，章赴欧洲，翌年 9 月归国。④ 之后章士钊转而主张以农立国，主张发展农村和农业，并先后多处作演讲宣扬发展农村和农业，几乎不再谈论之前的政治调和了。李剑农在 1920 年后转向学校教书。杜亚泉在辞去《东方杂志》主编后，淡出舆论界，转而著书译书。但杜亚泉在 1920 年代后并没有放弃自己所持的观点，尤其在文化观、伦理观上继续持调和观点。还在 1924 年从事教育及农村合作事业。⑤ 杜亚泉的思想未有出现转变的迹象，但鲜有发论谈及政治调和。

① 梁启超：《欧游中之一般观察及一般感想》（1918 年），《梁启超全集》第五册，第 2977 页。

② 吴雁南主编《中国近代社会思潮（1840－1949）》第二卷，长沙：湖南教育出版社，1998，第 345 页。

③ 梁启超：《欧游中之一般观察及一般感想》（1918 年），《梁启超全集》第五册，第 2984 页。

④ 邹小站：《章士钊社会政治思想研究（1903－1927）》，长沙：湖南教育出版社，2001，第 319～320 页。

⑤ 许纪霖、田建业编《杜亚泉文存》，上海：上海世纪出版集团、上海教育出版社，2003，第 492 页。

需要指出的是，这四类虽然有其差异，但其政治调和的思想底色则一。固然李大钊貌似激进而抛却政治调和，但其对一次革命而实现民主并改良西方民主的愿望原是与其政治调和思想为同一旨的。而梁启超与张东荪的"基尔特社会主义"以及后来张东荪与张君劢倡导的民主社会主义的"第三条道路"，都以政治调和思想作为思想资源。更确切地说，"第三条道路"以其调和左右的主旨而为政治调和思潮之余韵。杜亚泉、章士钊和李剑农表面上也似乎放弃了政治调和思想，事实上他们对政治调和的呼声不再，只能说明政治调和思潮的衰微，而对个别知识分子而言，这些思想已经深深地印于脑际而成为其思想底色之一，很难被一笔勾销地抹去。

民初政治调和思潮的衰微，预示了民初宪政民主转型的失败，此过程亦为政界人士在实际政治行动中始终不采纳政治调和主张的过程。政界的大部分人士，尤其是具有左右政局的影响力之政客几乎从未能采纳政治调和的主张。如上文提到的，三次复辟，军阀的武力至上，以及国民党中一直存在的政治激进主义传统，等等。袁世凯也好，国民党也好，后来的军阀也好，他们所采取的政治行动的模式，往往是邹谠先生所谓的"全赢博弈"。这是一种在博弈中要么全赢，要么全输，所谓不是东风压倒西风就是西风压倒东风的政治模式。邹谠指出，政治斗争中的全赢全输及最终全输是一再重现的现象，在21世纪中国不同类型的政权下出现过：比如帝制崩溃后失败的民主实验、军阀制度下的近乎无政府状态、国民党训政等。[①]所以邹谠认为，"全赢博弈"不仅是中国近代以来精英政治的行为模式，亦是整个20世纪中国政治的特征。[②] 在激进极端的"全赢博弈"政治斗争形势的不断成熟与剧烈的过程中，温和稳健的政治调和思潮被迫退到历史舞台的幕后。

第二节　政治调和与"全赢博弈"：温和不敌激进
——民初政治调和思潮衰落的原因（一）

民初政治调和思潮作为一个中国宪政民主转型的备选方案，已然衰

---

① 邹谠：《中国革命再解释》，香港：牛津大学出版社，2002，第5章第200页。
② 邹谠：《中国革命再解释》，香港：牛津大学出版社，2002，第5章第167页。

落，或曰被当时的思想界和政界所放弃。政治调和思潮于民初之结局如此，高力克称是因其"不合时宜"，所谓"时宜"即黄克武所谓的"转化之世"，亦是一个被余英时称为不断激进化的时代。但是对于为什么被放弃尚需作更多的探究。比如黄克武自称对于梁启超的调适思想被"历史"放弃这个问题"目前尚未完全厘清"①，只是粗略地给出了一些解释。大致而言，其解释可被归为两个方面：一方面，当时的"新学青年"对传统文化与异族统治，有很深的恶感。他们心态急切，渐进的方法无法立刻解决帝国主义威胁之下的民族救亡问题，革命则简单有效，正如王汎森指出的，清末民初许多人都有"不计一切代价彻底打烂江山，重新再造的渴望"，即在扫除一切之后，重新开始构建一个美丽的新世界。另一方面，黄指出了正如金耀基与亨廷顿等人所认为的，"在严重的国家政治危机之时，有效的文化修改与现代化几乎是不可能的事"。只有在政治、社会安定的状况下，调和思想才比较容易受到人们的肯定。② 其实这两个方面揭示了政治调和思潮既不适应激进的时代潮流，又不具备相应的社会历史条件。

历史恰恰在大多数时候都处动荡之中而并不欣赏调和妥协，正如茨威格所说："历史对被击败的人却总是那么不公平。她不赏识温和派，不赏识扮演斡旋者角色、充当调节者的人；总之，历史不赏识有人情味的人。她看中的是狂热派，是极端无度的人，是思想和行动领域中的冒险家。"③ 在 20 世纪中国政治中，调和妥协更没有受到应有的肯定。邹谠在研究 20 世纪中国精英政治时，提出了一个"全赢或全输博弈"模式（简称"全赢博弈"），就是指当时的政治行动集团在政治博弈中，其结局要是赢了就是全赢，要是输了则是全输。④ 黄克武所谓梁启超是"以调适之人而处于转化盛行之世"⑤，其"转化之世"即为以"全赢博弈"为特征的近代社会政治现实，亦即各派政治势力之间展开的是你死我活的斗争形式。还需要

① 黄克武：《一个被放弃的选择——梁启超调适思想之研究》，第 172 页。
② 黄克武：《一个被放弃的选择——梁启超调适思想之研究》，第 187 页。
③ 〔奥〕茨威格：《一个古老的梦——伊拉斯谟传》，姜瑞璋、廖彩胜译，沈阳：辽宁教育出版社，1998，第 11 页。
④ 邹谠：《中国革命再阐释》，香港：牛津大学出版社，2002，第 5 章第 167 页。
⑤ 黄克武：《一个被放弃的选择——梁启超调适思想之研究》，第 171 页。

指出一点，黄克武的分析是在综合文化与政治两层面的调和而进行的。单就政治上的调和之所以被放弃而言，由邹谠提出的中国 20 世纪政治中的"全赢博弈"模式更具阐释力。在"全赢博弈"模式中，政治调和思潮的"妥协博弈"显得绵软无力。政治调和的多元中庸的温和特质与"全赢博弈"极化的激进特质完全相悖。在时代的激进潮流中，妥协之温和难敌全赢之激进，政治调和思潮无奈衰落成为了一个被放弃的选择。

一　两种政治博弈

前文已提及"全赢博弈"模式由邹谠先生提出，是一个用于研究 20 世纪中国精英政治的模式。用邹谠的话来解释它，即"如果用我最终形成的理论来表述的话，我认为，中国精英之间不断出现的权力斗争，无论涉及最高权力或次一级权力，总是与一方全赢而/或一方全输相联系。这不仅是中共党内精英政治的特征，也是整个二十世纪中国政治的特征"。而且他将之"视为中国政治的核心特征"。[①] 邹谠的此一见解独到而精准，极具阐释力。为了以"全赢博弈"审视政治调和思潮，我们可将二者与视为两种对立的政治博弈类型，即与"全赢博弈"相对，姑且将政治调和称为"妥协博弈"。

"全赢博弈"

为了更好地理解和运用邹先生的理论模式，下文简要交代一下"全赢博弈"的历史性。邹谠以"全赢博弈"模式解读民初政治。民初政局中最初是袁世凯企图全赢。袁党于 1913 年刺杀宋教仁、解散国民党并取消国民党议员资格，1915 年称帝。袁以企图全赢开始，以全输的结局告终。袁死后开始军阀混战，中国处于近乎无政府状态。其间出现许多政党、派系、军阀，以及一连串总统、内阁、议会与宪法。虽然除了段祺瑞、吴佩孚等外，军阀们一般只想保持自己已有的东西或稍稍拓展自己的地盘。但是以广东为基地的国民党有统一中国的雄心。军阀们过于分散以致无法建立联盟来抵抗一个有霸权野心的游戏者，结果国民党于 1928 年北伐胜利而统一中国，表面上实现全赢。之后全赢博弈的强硬形态可见于国民党与中共的

---

① 邹谠：《中国革命再阐释》，香港：牛津大学出版社，2002，第 5 章第 167 页。

生死斗争中。① 最终此次历时 20 多年的博弈以 1949 年中共的全赢国民党的全输而告终。② 邹谠指出的这一"全赢博弈"与激进主义在价值逻辑和行动逻辑上都相一致，然而"全赢博弈"更为精当地描绘和勾勒出民初政治上激进主义的特色、线索和轮廓。

"全赢博弈"作为一种政治博弈具有不妥协之特色。就与"全赢博弈"相关的基本概念而言，邹谠指出"全赢或全输博弈"或"赢家全赢"只是一种常识性提法。在博弈论的专门文献中，并没有这样的博弈。③ 概括而言，需要注意的是"全赢博弈"与"僵局博弈"，以及与"零和博弈"之间的相互关系：其一，邹谠认为所谓"全赢博弈"的起点或终点是 Glenn Snyder 及 Paul Diesing 所谓的"僵局博弈"（deadlock game）。他援引 Snyder 的解释做出说明："一方或双方相信，在讨价还价破裂后，在（随之而来的）军事行动（中），博弈也许是 Bully Chicken（斗鸡模型）或 Bull-PD（囚犯困境），而他们则会扮演 Bully 的角色。"换言之，此时妥协是难以接受的，因为政治敌对双方易于相信经过一段时期的敌对状态后，讨价还价的力量将向有利于自己的方向转变，而且他们也不认为敌对状态的代价极其昂贵。其二，全赢或全输博弈不同于"零和博弈"。因为输方的最终收益总是为零或负，而对赢方来说，即使考虑到获胜成本，收益也总是为正，所以双方受益之和并不等于零。在邹谠看来，双方最终收益都为零的博弈在理论上可能的，或者通过同归于尽或相互消耗，或者被第三方吸收——不过，这时已是三方博弈，而非双方博弈了。在提出全赢或全输博弈时，任何在许多类型的博弈论文献矩阵中普遍使用的排序可能都是误导性的，因为相类似的排序不能反映现实生活中结果的不同，这个时候输方的较差收益可以是一个很小的正数，或者可能为零或一个很大的负数。④ 可见，与一般意义上的规范的博弈不同，"全赢博弈"是一种特殊的政治斗争中的博弈模式，其性质是极端而毫不妥协的，它往往是极端地从自我利益出发作出行动选择，而将对方的或公共的利益悬置，在博弈中走

① 邹谠：《中国革命再阐释》，香港：牛津大学出版社，2002，第 5 章第 219~220 页。
② 邹谠：《中国革命再阐释》，香港：牛津大学出版社，2002，第 5 章第 223 页。
③ 邹谠：《中国革命再阐释》，香港：牛津大学出版社，2002，第 5 章第 226 页。
④ 邹谠：《中国革命再阐释》，香港：牛津大学出版社，2002，第 5 章第 226 页。

极端而倾向于拒绝接受妥协谈判。

对支撑"全赢博弈"的基本概念的辨析，凸显出此模式的不妥协而走极端的激进特质。不仅如此，"全赢博弈"所具有极化心理与极化行为，更显其激进特质。邹谠曾援引谢林（Thomas C. Schilling）关于两极化行为的观点，认为此观点与其所提出的"全赢博弈"在关于行为选择的不妥协性上确有所见略同之处。谢林（Thomas C. Schilling）指出："人们直接感到不可避免的并不是最后的结果，而是对最终结果的预期，这种预期反过来造成了结果的不可避免。每个人都预期到其他人会预期别人会预期到这个结果，这样，每个人都会无力拒绝这个结果。除了在极端点外，没有稳定的焦点。没有谁能够预期到这个无声的过程会停留在百分之十、百分之三十还是百分之六十的点上；也没有哪个特定的百分点会博得一致同意或提供一个集结点……（如果）协调必须是暗中进行的，那么妥协是不可能的。"邹谠对此深表赞同并加以补充：如果政治行为主体从一开始就有意识地进行这种博弈，那么与其他博弈类型的游戏者相比，他们就不太可能倾向于妥协。甚至在他们遭受严重失败的时候，他们也不太可能接受和解，因为在这种博弈中，"最后一次博弈的收益大于以前所有博弈收益的总和"，而且"以前进行的所有博弈，用意几乎完全放在最后一次博弈上"。① 这意味着全赢博弈中由于最后一次博弈的生死攸关而更显其极端的不妥协性。重要的并非邹谠与谢林（Thomas C. Schilling）关于两极化行为的不妥协性上达成共识，而是他将"全赢博弈"与两极化行为特征相提并论。在此"全赢博弈"不仅被视为两极化博弈行为之一，犹且是典型的不妥协至极的行为。故而在"全赢博弈"模式中，双方的妥协是不稳定因而是不可能的，最终只有两个稳定的选择，要么全赢，要么全输。意即"全赢博弈"中不妥协至极才是个稳定的选择。这深刻表征着中国 20 世纪政治博弈中走极端的不妥协性，亦充分表明"全赢博弈"之极化心理与极化行为与激进主义相吻合而极具激进之特质。

"妥协博弈"

为了与"全赢博弈"这种政治博弈作一个更为清晰有效的对比，可将

---

① 邹谠：《中国革命再阐释》，香港：牛津大学出版社，2002，第 5 章第 227 页。

政治调和视作是另一种博弈模式："妥协博弈"。其一，"妥协博弈"可以被归为合作博弈，它强调团体理性，是政治学家所关注的博弈类型。政治难以追求至善和最优，而往往不过是维持一种最小之恶和次优的状态。比如奥克肖特（Michael Oakeshott）曾指出："政治是在现有行动路线中选择最小之恶的艺术，而不是人类社会追求至善的努力。政治是道德上和物质上可能之事物的艺术，这种艺术的实践将使人类能够持续受益，而不是对至善的努力追求。"[1] 丘吉尔（Winston Churchill）也有众所周知的关于民主的经典的说法：民主不是最好的制度，而是我们所能实行的最不坏的制度。美国学者史密斯（T. V. Smith）认为妥协是"善行中最低级的，但却是恶行中最好的"。[2] 因而从此意义而言，人类政治中的博弈实现的目标主要是部分的赢而非"全赢"，主张温和渐进的政治调和即为通过势力间的妥协而进行合作的博弈。

其二，根据谢林（Thomas C. Schilling）所谓的讨价还价的博弈实际上是一个非零和博弈，"妥协博弈"也可算为一个非零和博弈，其与全赢博弈的不同在于，它的结果往往是因合作而"双赢"。谢林（Thomas C. Schilling）认为，在效率曲线中存在一个聚焦点（focal point），即在实际博弈行为中博弈者的利益可以在此点上是一致的。因为博弈者有共同的"双赢"想法，比如都希望避免两败俱伤，或者基于共享的经验文化和认知的默契。[3] 这种"双赢"的非零和博弈正是"妥协博弈"所指向的博弈模式，它的关键在于双方的宽容妥协的行动及意愿。

其三，在合作双赢博弈模式中，就博弈理论的一般观点而言，对立势力双方可能出现对等冲突或强弱冲突两种情况。相对而言，"妥协博弈"倾向于前者。对等冲突的"斗鸡博弈"模型，指两只斗鸡实力完全相当，双方都寻求妥协策略的话，尽管没有实现自己的最大利益，但都部分地实现各自的目标。在现实政治中，不仅使双方能实现部分利益，而且能使公

---

[1] 转引自罗维《政治妥协论纲》（博士学位论文），浙江大学，2006，第88页。

[2] T. V. Smith, *The Ethics of Compromise and the Art of Containment*, Boston：Starr King Press, 1956, p 45.

[3] 〔美〕托马斯·谢林：《冲突的战略》，赵华等译，北京：华夏出版社，2006，第48~59页。

共收益得以增加。"妥协博弈"中博弈双方的政治行动者势力大致相当，形成对抗之势而达成妥协，并部分地实现各自的利益。

更为重要的是，"妥协博弈"与博弈理论的以上联系，凸显其宽容妥协的温和特质。妥协基于对多元认可和对异己的宽容，故温和而坚决反对走极端。"妥协博弈"的妥协性与"全赢博弈"的极端不妥协性，凸显出二者的温和与激进的互异特质。

二　民初政治调和思潮的温和特质

民初政治调和思潮有着与"全赢博弈"的激进不妥协互异的妥协性，此实源于其作为温和的自由主义而具有的超越激进与保守的开放性。

民初政治调和思潮既非激进，亦非保守，很难用某一个已有的意识形态的标签去为它定性，它应是近代中国自由主义的一支，是具有英美传统而超越激进与保守的温和的自由主义。一方面，政治调和思潮倡导英美式自由理念，如本书第二章分析指出的政治调和思潮的价值理念之一便是英美式的自由观念。章士钊与李剑农有深厚的英伦留学背景，单就《新民说》与《欧游心影录》就足以说明梁启超对英伦自由民主的推崇和向往，张东荪和李大钊都曾留学日本，学过政治学课程，对英美自由主义有一定理解并赞赏，杜亚泉早在辛亥革命时期就赞扬英人的自由宽容传统。民初调和派诸公肯认法律下的自由，尤其主张以宪法的形式保障个人的自由权利；亦力倡有限政府与权力分立等，以保障个人自由。另一方面，政治调和思潮中蕴涵着保守意蕴，主要体现于其尊重传统、注重秩序的思想倾向，即调和派诸公都信奉调和渐进的进化观，主张长期渐进的温和改革。意即他们力倡以温和渐进的调和方式实现社会政治的进化。比如章士钊、李剑农、李大钊都认同"调和为新旧蜕嬗之象"，新旧非质之异，而是量之差。杜亚泉力主的"于保守中求进步"和国家与个人的"接续主义"都显示出其对传统和旧有文明的尊重。张东荪主张分三期实现中国改革。梁启超十分崇尚英人的保守精神，关注稳定的社会基础对政治改革的重要作用。章士钊曾强调旧有传统与秩序对于改革的基础作用："凡欲前进，必先自立根基。旧者根基也。不有旧，决不有新，不善于保旧，决不能迎新。不迎新之弊止于不进化，不善保旧之弊，则几于自杀。"① 所以"无论解放，无论改造，俱不可以不以旧有者为之基础"，但"决非顽固守旧"。② 总之，作为具有英美传统的温和的自由主义，政治调和思潮所具有的多元中庸特质显现出对理性宽容、温和渐进及个人自由权利等价值的推崇，从而决定其在政治行动中的博弈倾向于"妥协模式"。

高力克指出"调和思想有别于激进主义与保守主义之最深刻的特质，在于其理性而多元的中庸精神"。③ 中和思想是这种理性多元的中庸精神的哲学基础，冯友兰指出"中"意谓既不太过、又不不及的恰到好处；"和"则是调和不同以达到和谐的统一。"和"与"同"有别，同与异不相容，和与异则相容。④ 质言之，"中和"要义是多元的和谐统一。中和思想在西方思想史上也源远流长，"在对立的两极之间寻求均衡的中道"，不仅是赫拉克利特（Heraclitus）、亚里士多德（Aristotle）、托马斯·阿奎那（Thomas Aquinas）、帕斯卡尔（Blaise Pascal）等人的思想共识，亦是 20 世纪卡西尔（Ernst Cassirer）文化哲学和爱因斯坦（Albert Einstein）科学哲学共享的思想基础。⑤ 调和思潮的多元中庸精神是对多元共存的宽容，凸显出其超越一元独尊之激进与保守的温和特质。

三 温和不敌激进

"妥协博弈"与"全赢博弈"间温和与激进之较量，在民初最终以激进主义全面胜出而告终。这一温和不敌激进的过程，正是近代中国现代化过程中激进主义兴起并占据时代主流的过程。一般说来，激进主义对既存的政治社会的组织及其运作方式表示强烈不满，对政治社会制度抱持彻底否定的态度，急切地希望对社会进行根本性的急剧和即时的改变。激进主义在民初有政治与文化两个各有特色的层面。许纪霖指出文化层面与政治层面的激进与保守"所凭借的坐标是不同的"，文化层面

---

① 章士钊：《新时代之青年》（1919 年 7 月），《章士钊全集》第四卷，第 114 页。
② 章士钊：《新时代之青年》（1919 年 7 月），《章士钊全集》第四卷，第 112 页。
③ 高力克：《调适的智慧——杜亚泉思想研究》，杭州：浙江人民出版社，1998，第 196 页。
④ 冯友兰：《中国哲学简史》，北京：北京大学出版社，1996，第 150 页。
⑤ 高力克：《调适的智慧——杜亚泉思想研究》，第 198～199 页。

的激进或保守，主要取决于对中国文化传统的价值取向："所谓政治层面的激进或保守，主要看其对现社会政治秩序的认同态度，要求根本解决、推倒重建一个新的是为激进，主张在现存系统内做技术性调整和修补的是为保守。"① 因而本书所指涉的激进主义主要是政治层面的，是指主张全面推翻旧有政治秩序，重建一个美丽新世界，即主张以激进革命方式实现中国的现代化。

（一）由渐进改革到激进革命

"妥协博弈"之温和不敌"全赢博弈"之激进，表现为近代中国的现代化运动由渐进改革而转化为激进革命。晚清以降中国的现代化运动，是一个由西方的发现和对传统的反思共同推进的双向思想过程，其经历了最初的局部的温和的改革，到全部的激进的革命的转变。这一过程是一个不断要求"变"的过程：洋务运动是一次着眼于器械科技的改革，戊戌维新与清末新政是一次着眼于社会政治制度的改良，但都没有成功实现中国现代化的转型。之后以革命方式推翻清政府而创建民国，启动社会政治经济的渐进改良，但政治社会情状并未好转，革命党人发动"二次革命"欲推翻袁政府的既有秩序而实行全面革命，至五四时期激进革命思想成为主流，似乎唯有彻底的革命才能力挽狂澜。越来越要求更多的"变"，其要求不到彻底的"变"——激进革命——就不能停止。换言之，由戊戌政变、辛亥革命、五四运动，到共产主义运动，激进主义可谓一浪高过一浪，即余英时所谓的"中国近代一部思想史就是一个激进化的过程"，此过程"好像巨石走峻坂一样，非到达平地不能停止"。②

民国初年国民党在现代化过程中的一路激进，不失为激进打倒温和的典型。袁伟时曾认为国民党是政治激进主义的代表。辛亥革命后，国民党一直没有放弃武装，没有完成革命政党到民主政党的转型。而且在之后"护法"旗号下，孙中山力图用武力扫平政敌，统一全国，建立自己支配下的中央政权，当时的中央政府内以段祺瑞为代表也坚持武力统一的政策，二者如出一辙。袁伟时认为这是真正理解民初政治激进主义

---

① 许纪霖：《激进与保守之间的动荡》，李世涛主编《知识分子的立场：激进与保守之间的动荡》，长春：时代文艺出版社，2002，第37页。

② 余英时：《钱穆与中国文化》，上海：上海远东出版社，1994，第200页。

的基本线索。① 的确国民党，至少是以孙中山为首的国民党显示出激进而不妥协的姿态。事实上，中国历史上历来都不乏这种改朝换代的激进主义思想资源，清末民初一直有主张推翻清政府而建立宪政的激进革命派与在清朝政府基础上改专制为宪政的渐进改革派，即严复、梁启超的君主立宪与孙中山的民主立宪所代表的温和改良与激进革命的分野。民国的建立虽然是各方力量妥协调和的结果，但是好景不长，自"宋案"发生，革命党人内部又分化为孙中山为首的激进派与黄兴为首的稳健派，但孙领导的激进派占优势而发动"二次革命"，结果虽以失败告终，但孙流亡日本后组建更为激进的"中华革命党"，政治激进主义可谓愈演愈烈。

黄仁宇曾以"梯度式的反应"对中国现代化运动这一由温和而激进的过程作出阐释："造船制械，力求争取现代科技的改进既无实效，则企图从法制方面革新，如修改宪法、编列预算。这样的计划可能动摇传统以'圣谕'及'皇恩'统治全国的根本，于是索性推翻2000多年来的君主制度（作法）异于日本（作法）。如此再无实效，则发动五四运动，知识分子主张本身的革新，及于生活习惯语言文字（只有法国大革命前的启蒙运动和俄国革命前的民粹主义运动与之微类似）。"② 在黄"梯度式反应"中，"改革—失败—压力—再改革"的循环模式，呈现出一个波浪式的激进化过程：一波推一浪，由局部而全面改革。③ 这亦如王元化先生指出的，人们将每次改革的失败都归结于改革不彻底的缘故，终于改革被推进为激进革命。④

民初政治调和思潮与"全赢博弈"的温和与激进，分别代表着两种社会变革方式，即波普尔（Karl Popper）所谓的渐进社会工程（Piecemeal social engineering）与乌托邦社会工程（Utopia social engineering）之别，也即哈耶克（Friedrich August Uon Hayek，1899-1992）的"建构论"与"演化论"之别。正如许纪霖指出的民初民主失败的症结在于，整体主义的乌

① 袁伟时：《新文化运动与"激进主义"》，1999年3月于广州中山大学的讲演。http://www.360doc.com.cn/content/070129/13/18061_ 348694.html.
② 黄仁宇：《资本主义与二十一世纪》，北京：三联书店，1997，第527~528页。
③ 黄仁宇：《资本主义与二十一世纪》，第531页。
④ 王元化：《杜亚泉与东西文化问题论战》，《杜亚泉文存》序。参见许纪霖、田建业编《杜亚泉文存》，第5页。

托邦改造工程越来越强大，直至主宰整个中国思想界和社会政治实践，从而致使调和渐进的改造工程几失容身之地。① 这亦是对温和改革不敌激进革命的一个绝好注解。

（二）由英美传统到法俄传统

近代中国社会思潮更替，是一个由自严复、梁启超以来的崇尚英美渐进改良，到陈独秀、李大钊等人拥抱法俄革命的激进化过程。换言之，近代中国社会思潮由自由主义而社会主义，以至共产主义占主流的迁演，表征着温和的政治调和在激进革命的壮大中衰落。

中国近代的自由主义英国传统与法国传统的消长，同样体现出妥协之温和不敌全赢之激进。民初政治调和思潮取资于主要来自西方近现代的自由主义，尤其以英美自由主义为思想来源。换言之，既然政治调和思潮在价值理念上推崇英美的自由理念，自然代表着中国近代自由主义思潮中温和稳健的英美传统的一支。我们可以在整个中国近代自由主义发展演变的过程中，窥见温和不敌激进之一斑。中国近代自由主义由英美传统而法俄传统的嬗替，即近代中国由自由主义遭遇的命运是难以走上历史的前台，哪怕走上前台亦成为陈独秀式的激进自由主义。

《新青年》杂志宣扬的自由主义由英美传统转为法俄传统是一个典型。陈独秀在 1915 年创办的《新青年》杂志，起初比较平和，在 1916 年 2 月自《青年杂志》第 1 卷第 6 号发表了易白沙的《孔子平议》，有关激进民主主义的宣传开始激烈起来。《新青年》上出现一系列批评封建礼教和三纲五常的富有战斗性的文章。李大钊发表的《青春》一文也是其中之一。一般认为，1917 年《新青年》杂志随陈独秀迁至北京，同时提出了促进激进民主主义高涨的文学革命的口号，思想愈显激进。而且《新青年》杂志的销售量大增，从《青年杂志》初创时每期的 1000 份，到 1917 年增至15000～16000 份②，其上发表的激进主义思想开始广泛地传播开来。1919年 1 月，陈独秀在《新青年》上发表《〈新青年〉罪案之答辩书》中，不仅呼吁只有"德先生"和"赛先生""可以救治中国政治上、道德上、学

① 许纪霖：《激进与保守之间的动荡》，李世涛主编《知识分子的立场：激进与保守之间的动荡》，长春：时代文艺出版社，2002，第40页。

② 李新、陈铁健主编《伟大的开端》，北京：人民出版社，1983，第14页。

术上、思想上一切的黑暗"，而且明确表示"若因为拥护这两位先生，一切政府的压迫，社会的攻击谩骂，就是断头流血，都不推辞"。① 十分鲜明地表达出《新青年》的不妥协的激进民主革命精神。知识分子此种激进思想不仅是受到民初宪政民主试验的失败刺激所致，也是受到 1917 年俄国革命的成功使得法国式革命与俄国式社会主义合流的影响的结果。西方马克思主义和俄国社会主义思想更加剧了知识分子的激进思想，让中国人看到了英美之外的另外一种现代化，即唐德刚先生所谓的除了"杜威的半盘西化"外，还有"列宁的半盘西化"。② 民初知识分子中不少人即刻对俄国的革命和社会主义，亦即"列宁的半盘西化"产生好感，甚至趋之若鹜。《新青年》杂志上对俄国革命进行宣传。1920 年陈望道翻译了《共产主义宣言》，把马克思的共产主义思想译介到中国。李大钊在《新青年》上出版马克思主义专号，由崇尚英美自由的政治调和主张者转变为中国第一个马克思主义者。五四新文化运动经常被视作一个标志性事件，是激进主义兴起的一个重要表征。可以说，广义的五四运动是从 1915 年上海的《青年杂志》转到北京为《新青年》开始的，从陈独秀一开始在杂志上发表对法国民主的偏好，到最后刊出李大钊的马克思主义专号为止，终于成为激进思想的前沿阵地。

需要指出的是，两种政治博弈的温和与激进之较量是一此消彼长的过程。《新青年》杂志本身曾发生的渐趋激进的演变，或曰《新青年》所含英美与法俄两种自由传统的迁演过程，正是政治调和思潮与激进主义的此消彼长一个典型征兆。"如果说民初新思潮的演变经历了一个从《东方》《甲寅》时代向《新青年》时代递嬗的过程，那么这一转变的表征则是调和思想与激进主义的彼此消长。"③ 自由主义本身由温和而激进的过程，亦折射出政治调和的温和不敌"全赢博弈"的激进。而且从此意义上而言，民初政治调和思潮的衰弱即为英美自由主义在近代中国的失败。

民初社会与思想界蔑弃温和而愈趋激进化，有着国内与国外的多种

① 陈独秀：《独秀文存》，合肥：安徽人民出版社，1987，第 243 页。
② 唐德刚：《晚清七十年》，长沙：岳麓书社，1999，第 55 页。
③ 高力克：《调适的智慧——杜亚泉思想研究》，杭州：浙江人民出版社，1998，第 190 页。

因素。一方面它是受到世界思潮转换的影响，即一战结束和俄国十月革命的胜利，西方自由主义的衰微和社会主义的崛起，影响了中国思潮的激进化演变，从而抵制"妥协博弈"而助长"全赢博弈"。另一方面，国内由于现代化转型的屡败而屡改，将渐进改革推向激进革命。这两方面的原因是显见的。除此之外，更为深层而内在的原因在于"全赢博弈"的激进主义根植于中国深厚的历史土壤之中。这是下节将讨论的问题。

第三节 "全赢博弈"的历史土壤拒斥政治调和
——民初政治调和思潮衰落的原因（二）

近代中国政治中的全赢博弈往往是博弈双方的共同选择，甚至可称为一个理性选择。事实上中国革命有较集中的领导，民众动员由领导有组织发起，并非像法国革命那般非理性。法国大革命虽在理性主义理想和口号下进行，但自发性程度高，非理性行动却比中国要多得多，且可怕得多。[①] 既然"全赢博弈"大体上是博弈双方的共同理性选择，则必存在引起此种选择的社会历史条件。正如美国革命与制宪中的大妥协离不开北美政治文化的传统和环境；英国革命从国会和国王的"全赢博弈"（1640年）到大妥协的"光荣革命"亦有其历史条件问题。就此而言，民初政治调和思潮正是因为与近代中国历史土壤不相适而走向衰微。所以我们探寻政治调和思潮衰落的历史原因，除对"全赢博弈"的激进时代特征作分析外，极需对民初产生激进的"全赢博弈"的历史土壤进行深入剖析。

邹谠就中国的政治斗争缘何采取的是不可能妥协的全赢博弈之问题，早在《二十世纪中国政治》一书中提出的解释是：因为中国"从没有一次能够产生出一种使中国人能够理性解决冲突的制度性结构和社会心理期望"。[②] 之后对于如何改变"全赢博弈"的政治传统在其《中国革命再阐

---

① 中国革命中的理性选择成分较多的观点取自邹谠。参见邹谠《二十世纪中国政治——从宏观历史与微观行动的角度看》，香港：牛津大学出版社，1994，第219页。
② 邹谠：《二十世纪中国政治——从宏观历史与微观行动的角度看》，第136页。

释》中于制度和文化两方面作出较为明晰的描述：一是制度上增设"客观的结构性约束制度"，制度上的缺乏是外部环境的原因。二是"关于政治权力本质的观念由一元向多元转变，放弃最高权力统一而不可分割，其边际效用总是递增的概念"。[①] 邹谠点出了中国近代的制度性结构与传统观念导致了政治斗争中的不妥协的"全赢博弈"。如果我们更进一步思考，"全赢博弈"作为 20 世纪中国政治最核心的特征与主流的政治文化，是深深植根于中国的历史土壤中的。这一生发"全赢博弈"的历史土壤即涵盖了邹谠所谓的"制度性结构"与传统的"心理""观念"。

一些西方学者认为中国近代民主思想中缺乏三个观念，即个人自由、民间社会，以及政治经济方面的可行性考虑的问题。其可行性考虑，即墨子刻所谓的经济、政治和思想"三个市场"的多元化。它们分别是经济市场，即资本主义，政治市场，即穆勒式的自由主义与民主政治，以及思想市场，即思想上的多元主义。[②] 事实上，正如黄克武所指出的，在调适思想中不乏对此三个观念的考量。[③] 对近代中国而言，所缺乏的不是对观念本身的倡导，而是这三个观念生根与发挥效用的历史土壤。因为民初是产生"全赢博弈"模式的社会历史条件和政治文化传统，远非生发政治调和进而促成由专制集权向民主转型的土壤。

高力克指出："激进主义是一种封闭型的极化社会的极化心理，中国近代的激进主义，正是中国大一统帝制结构艰难转型的产物。"[④] 中国社会的政治结构与传统作为特定历史土壤在面对西方冲击而进入民主转型时，自然生发出"全赢博弈"这种政治上的激进主义。比较而言，英美与近代中国两种历史土壤的差异巨大。英美因其多元的政治结构与传统，发达的市民社会，市场经济等社会历史条件，能使各政治力量易于达致均势，较顺利地经过妥协完成宪政民主的转型。民初产生"全赢博弈"的历史土壤，以大一统帝制结构为主要特征，而有着与英美迥异的独特性：中国专制而强王权非西欧封建弱王权，大一统秩序而非多元秩序，一元论与人治

---

① 邹谠：《中国革命再阐释》，香港：牛津大学出版社，2002，第 5 章第 233 页。

② 转引自黄克武《一个被放弃的选择——梁启超调适思想之研究》，第 179~180 页。

③ 黄克武：《一个被放弃的选择——梁启超调适思想之研究》，第 179 页。

④ 高力克：《现代中国激进主义之再思考》，《华东师范大学学报》2009 年第 4 期。

传统，农民社会而非市民社会，小农经济而非市场经济，等等。为便于展开分析，我们尝试从二者差异最重大的两个方面着手：一是中国历史传统之最要者：大一统帝制结构及与此关联的人治传统与一元论思想观念；二是另一重大特征：东方农民社会，即社会受国家过多控制而为"国家强于社会"模式，中产阶级未发展壮大，市场经济发展滞后而以小农经济为主等。

一　中国帝制大一统与西欧封建多元

中国的大一统帝制结构是中国历史土壤中最显要的特征。民国建立虽号共和，但不过是梁启超所生动形容的"摇身共和"，其历史土壤主要特征——大一统帝制结构之政治文化传统并未发生真实改变。在梁看来民初"政治社会的内容，连骨带肉，都是前清那个旧躯壳"。① 余英时亦指出辛亥革命改变了政府形式，但并无改变中国社会的性质。民初政局与思想界最终放弃调和而展开一系列的"全赢博弈"，正是秦朝以来帝制大一统政治结构与传统所致。邹谠亦猜测"在绝对权力集中在皇帝及其朝廷手中的帝制下，中国人是否一直在进行这种博弈（'全赢博弈'）?"并认为民间传说及通俗格言表明确实如此，比如俗语说："天无二日，国无二主"及"胜者王侯败者寇"。② 民初仍旧沿袭了专制、强王权及一元秩序的大一统帝制特征，以及与此大一统帝制结构息息相关且互动的政治文化传统：匮缺法规意识的人治与一元论思想。这正是"全赢博弈"产生的温床，但却是不适宜妥协生长的历史土壤。西欧则具有封建、弱王权与多元秩序等历史条件及法治与二元社会观的政治传统，更易于妥协而走上宪政民主的道路。

中国专制与西欧封建

西欧封建有其西方语境的特殊含义，它是中世纪西欧的领主与附庸为了解决罗马灭亡后的共同安全问题而促成的政治制度，其基础是当时普遍实行的庄园制，国王与庄园主人及庄园主人相互之间的权力有一定程度的

---

① 梁启超：《伦敦初旅》（1918 年），《梁启超全集》第五册，第 2999 页。
② 邹谠：《中国革命再阐释》，香港：牛津大学出版社，2002，第 5 章第 223 ~ 224 页。

分立。布洛赫（Marc Bloch, 1886-1944）对西欧封建的基本特征有如下概括：非血缘的、非强有力的国家权力支配的社会；庄园制，即领主与附庸是互惠的军事依附关系，并分别生活于各自的庄园内；职业武士属统治阶级，与首领等级事实上有一致性。① 国王与诸侯是封君与封臣的关系，以互惠的忠诚纽带联结在一起。对于一个个领地或庄园的主人——尚武的贵族及骑士来说，既没有一个外在的强大力量来控制和管理他们，他们之间也没有多少经济上的相互往来。② 在庄园内部，领主向他的佃户提供份地，同时享用后者的劳役或货币报酬。封建贵族在其庄园内部享有相当的自治权，即享有特权和自由，可与国王分庭抗礼。西欧的封建实际上是权力的分立与有限王权。比利时学者甘肖弗也指出西欧封建的重要意义之一就是国家权力的分散。③ 严复同样意识到西欧封建的这一关键点，把英文feudalism 译为"拂特之制"，指出："用拂特之制，民往往知有主而不必知有王。"④ 英国的封建情况大致如此。

与西欧的封建不同，中国是大一统帝制的政治结构，其最要者是皇权专制，皇帝自上而下完整地控制着整个国家。虽然，中国历史上亦有所谓封建。一般认为，先秦时期有封建多元的政治格局，由远古分散的部落并存，发展为西周分封制社会，再进一步成为春秋战国的均势平衡。此封建虽并不完全同于西欧的封建，但与西欧封建确有几分相似。⑤ 然而，这一封建多元格局被秦王朝的大一统所取代，由此中国演变为中央集权的帝国体制。⑥ 秦始皇"废封建置郡县"后，凸现以皇权为核心的专制制度。其后两千年中国政治制度的主导模式基本不变，一直是皇权专制。秦汉以来大一统专制帝国又运用国家高度的权威进一步采取同化政策，通过书同文、车同轨，通过罢黜百家、独尊儒术，以及统一的官吏选拔制度与重农

①. 〔法〕马克·布洛赫：《封建社会》（下卷），张绪山等译，北京：商务印书馆，2004，第700~701 页。

②. 〔法〕马克·布洛赫：《封建社会》（下卷），张绪山等译，第699 页。

③. F. L. Ganshof, Feudalism, London: LongmanGroupLtd, 1964, introduction. 转引自侯建新《封建主义概念辨析》，《中国社会科学》2005 年第6 期。

④. 〔英〕爱德华·詹克斯：《社会通诠》，严复译，北京：商务印书馆，1981，第336 页。

⑤. 侯建新：《封建主义概念辨析》，《中国社会科学》2005 年第6 期。

⑥. 参见萧功秦《中国的大转型——从发展政治学看中国变革》，北京：新星出版社，2008，第28 页。

抑商政策，进一步加快了华夏共同体内部的文化同质化过程。大一统帝制是一种"一道同风"的中央集权官僚体制。① 正如章士钊深刻指出的：专制者，强天下悉同于己也。② 李慎之则将中国的专制主义解读为一种意识形态，指出它就是一整套关于经济、社会、政治、文化的教条和理论。③足见专制在中国历史土壤中的举足轻重之地位。中国专制与西欧封建实相去甚远，并体现于互异的中西文明，正如萧功秦所指出的："欧洲文明是建立在小规模多元体互相竞争基础上的文明，中国古代文明是大一统的以安分敬制为基础的非竞争性文明。"④ 虽然辛亥革命推翻"满清"王朝，且民国建立，但是，专制实质未改。且不说国民党想行一党专制，袁世凯是司马昭之心，路人皆知。尤其袁记《中华民国约法》将总统权力扩大至无异于专制皇权，章士钊当时就批评其乃总统独揽大权一人负责之宪法，无疑是实行专制。⑤ 与西欧封建的权力分立相反，中国专制下的权力几乎完整地且不受限制的集于一人之手。如此专制土壤，根本无有以政治调和实行妥协博弈的根基，恰恰是"全赢博弈"产生的温床。

强王权与弱王权

西欧封建的庄园制特征，意味着国王不是高高在上的专制君主，因为没有一个高度整合的行政、司法体系或一支常备军。"国王靠自己生活"，其经济来源实际上全部来自他作为领主的个人庄园，即国王只生活在他自己的庄园里。事实上国王只要求封臣们在发生战事时能及时地全副武装地赶到自己的身边就行了。⑥ 同时，在描述西欧封建基本特征之时，布洛赫（Marc Bloch，1886–1944）特别强调了武士观念与契约观念。他指出："附庸的臣服是一种名副其实的契约，而且是双向契约。"如果领主不履行诺言，他便丧失其享有的权利。附庸拥有离弃恶劣领主的权利受到普遍认可。一旦这种观念被移植到更大范围的政治领域，王权就会不可避免地受

---

① 萧功秦：《中国的大转型——从发展政治学看中国变革》，第 30 页。
② 章士钊：《国家与责任》（1914 年 6 月 10 日），《章士钊全集》第三卷，第 116 页。
③ 李慎之：《中国文化传统与现代化——兼论中国的专制主义》，《战略与管理》2000 年第 6 期。
④ 萧功秦：《中国的大转型——从发展政治学看中国变革》，第 19 页。
⑤ 章士钊：《国家与责任》（1914 年 6 月 10 日），《章士钊全集》第三卷，第 114 页。
⑥ 〔法〕马克·布洛赫：《封建社会》（下卷），张绪山等译，第 699 页。

到限制。布洛赫称封建主义由此获得它最原始的特征之一：反对王权。领主与附庸关系中的契约观念，不可避免地进入教权与王权的关系。即除了贵族，英国国王还面对教会的对抗。当教会的力量衰弱之后，又面对以新兴资产阶级为代表的第三等级的对抗。1215 年的《英国大宪章》直接限制了国王的权力。在英国历史上有过查理一世与克伦威尔的绝对王权，但都不能对抗英国长久以来的封建制与弱王权的政治格局而存留下来。故而英国往往是一种弱王权的有限君主制。

相反，中华帝国实行的则是一种强王权的专制主义。王权对土地的最高所有权和对民众的广泛支配权，是西欧封建制从未拥有过的。虽然西汉有七国之反，晋有八王之乱，唐有藩镇割据，明有燕王之变，但都为时不长，不构成列国之形。而且，它面对的既不是先秦时代的"封国"，更不是西欧那样的庄园，因此，王权没有与其抗衡的教会、贵族，更没有"第三等级"——皇权俯视下的苍生，除辅佐他的王公大臣士大夫外，几乎全部都是国家编户制度下的小农，即"编户齐民"。同时，官僚的权力亦出自君主，权力可以给予，也可以收回。因此官僚只对君主负责，按君主的旨意办事。中国君主与官僚之间不过是主与奴的关系，后者仅为前者专制统治的工具。其归结为中国的传统伦理原则，即"君为臣纲"。[①] 专制君主拥有对国家内部几乎一切所有物的最高和最后的所有权与支配权。正如常言道："普天之下，莫非王土；率土之滨，莫非王臣"，中国大一统帝制下的王权毫无疑问是一种无以伦比的强王权。

大一统秩序与多中心秩序

既然中国是大一统帝制结构，其所展现的必然是大一统的一元秩序。西欧由于其相对较弱的王权和权力多元分立的封建格局，自然形成了一种有别于中国的多元秩序。基佐（Francois Pierre Guillaume Guizot, 1787 - 1874）曾极力描述了近代欧洲的权力多元的政治局面："社会组织的一切形式、一切原则都其中并存着；宗教的世俗的势力；神权政治的、君主政治的、贵族政治的、民主政治的成分；各行各业，各式人等互相混合，互相挤压；存在着无数程度不等的自由、财富和势力。这些各色各样的势

---

① 参见侯建新《封建主义概念辨析》，《中国社会科学》2005 年第 6 期。

力处于一种互相不断的斗争状态，然而没有一个能消灭其他势力而占有整个社会。"① 这表明欧洲形成了与王权抗衡的多中心秩序。具体而言，此种多元秩序实是自古代希腊罗马以来就开始逐渐积淀的历史土壤。雅典的政治权力虽是归人民所有而是一元的，但其政体职能上因明确的公民大会、议事会与公民法庭等行政机构而分立，并产生了影响巨大的"混合政体"说。② 它意在"防止任何一个利益集团可能将自身的意志强加于其他利益团体"。③ 古罗马有城市自治传统，正如基佐所说："罗马这种城市性质显然使她极难建立和维持一个大国的统一和社会结合。"④ 到公元4世纪末和5世纪初，基督教不再是单纯的个人信仰，已是一种有组织机构，且有它的政府。⑤ 教会与国家并存，都生成有权确定人类生活的一部分，从而深刻影响欧洲中世纪的政治权力格局。"二元的人类社会观（和基督教的二元人性十分类似）遂成为西方政治生活的正常基础。除了少数非信徒与异教徒以外，每个人自从降生到这个社会上就分属于两大社会，这两个社会又各有特定的公共责任范围。"⑥ 之后，在英国，随着社会经济的发展和阶级结构的变化，在英国权力格局中形成了国王、新贵族、代表平民的资产阶级间三足鼎立的多元局势。英国宪政中关键性的惯例与宪法性文件正是此三者妥协的产物。

美国的多元秩序与英国较为不同。美国的条件是得天独厚的，国王的势力在独立战争中被清除，且由于美国独特的社会环境，没有形成英国般贵族，即没有西欧式的封建。美国先民是来自欧洲的移民，这种移民"本身就以多元的利益集团为依托的方式进行的"。⑦ 尤其值得一提的是，美国形成了独特的乡镇自治，如托克维尔所描述的："在新英格兰，乡镇的政府在1650年就已完全和最终建成。根据乡镇自主的原则，人们

① 〔法〕基佐：《欧洲文明史》，程洪逵、沅芷译，北京：商务印书馆，1988，第23～24页。
② 〔美〕斯科特·戈登：《控制国家——西方宪政的历史》，应奇、陈丽微译，南京：江苏人民出版社，2001，第一章"分权与制衡思想"部分。
③ 〔英〕M. J. C. 维尔：《宪政与分权》，苏力译，北京：三联书店，1997，第31页。
④ 〔法〕基佐：《欧洲文明史》，程洪逵、沅芷译，第30页。
⑤ 〔法〕基佐：《欧洲文明史》，程洪逵、沅芷译，第31页。
⑥ 〔美〕弗里德里克·沃特金斯：《西方政治传统——近代自由主义之发展》，李丰斌译，北京：新星出版社，2006，第42页。
⑦ 钱福臣：《美国宪政生成的深层背景》，北京：法律出版社，2005，第92页。

将自己组织起来,为自己的利益、情感、义务和权利而努力奋斗。在乡镇内部,享受真正的、积极的、完全民主和共和的政治生活。各殖民地仍然承认宗主国的最高权力,君主政体仍被写在各州的法律上,但共和政体已在乡镇完全确立起来。"① 美国特有的乡镇自治的生长,表明美国是一个天生没有绝对权力专制的自由社会,并且在乡镇自治基础上形成了不同的利益集团。它们仅仅是自由主义阵营内部的不同派别,相互间通过竞争与妥协以实现各自的利益。李道揆指出,在18世纪70年代,美国兴起多个利益集团,它们因财产、地域或目的不同而形成,但都"是一个持有共同态度、向社会其他集团提出要求的集团"。② 比如美国制宪是有各大利益集团参加的,并且制宪过程主要表现为州权派与联邦派的妥协,是对利益集团间多元秩序的承认,并加以制度巩固。正如有学者指出的,至独立战争胜利之际,宪法产生之时,美国已形成了多层级、多角度的纵横交错的、呈现出典型网状互控与制衡状态的多元利益集团。③ 这是美国所特有的众多利益集团的妥协共存的网状多元秩序,它天然的适于妥协。

中国的大一统秩序是一种与英美多元秩序相对的一元秩序,它具有高度的同质性,萧功秦曾用"闷锅里的芋艿"这一生动的比喻来形容,即在秦以后的历史发展演变中,正如逐渐煨熟成为"你中有我,我中有你"的芋艿糊那般走向同质的大一统。④ 金观涛、刘青峰指出的,以儒家意识形态为标准的科举选官制度,不分身份、等级、财富,进而形成一个具有开放性和流动性的官僚机构。这种开放性,尤其是高度的流动性"表明中央王权对官僚的控制相当有效",而官僚以家国同构的儒家意识形态"官于朝,绅于乡",连接了上层国家、中层乡县以及下层的宗法家族家庭,由此形成了意识形态与政治结构的一体化。⑤ 中国专制王权亦由此畅通无阻

① 〔法〕托克维尔:《论美国的民主》(上卷),董果良译,北京:商务印书馆,1996,第45页。

② 李道揆:《美国政府和美国政治》,北京:商务印书馆,1999,第274页。

③ 钱福臣:《美国宪政生成的深层背景》,第93页。

④ 萧功秦:《中国的大转型——从发展政治学看中国变革》,第29页。

⑤ 金观涛、刘青峰:《开放中的变迁——再论中国社会超稳定结构》,香港:香港中文大学出版社,1993,第28~32页。

地整合了整个国家的政治社会，这正是描绘了中国大一统帝制结构下的一元秩序。之所以如此，一方面，中国传统社会中不存在西欧封建社会的原始契约因素。即中国君主与官僚间不存在西欧王权与贵族那种契约性的等级关系。官僚的权力实质是君主专制权力的延伸。章士钊指出官僚爪牙貌似有权，实为王权专制的隐蔽性而已。另一方面，专制之下没有与王权抗衡的因素。尤其是金观涛、刘青峰指出的儒家意识形态与皇权相伴而生。经由科举，儒家意识形态整合社会各势力安于专制王权之下，即专制政治一体化建立在意识形态认同之上。故而毋宁说儒家意识形态与专制王权是一体的，后者通过前者实现了大一统的一元秩序。相比较而言，中国的大一统秩序与西欧的多中心秩序成就了互异的文明结构，即"从结构上看，欧洲文明更像是由一个由无数自主活动的细胞聚合而成的生命体，中国古代文明更像一个由无生命的砖块按固定的标准整齐堆砌而成的巨大墙体"。①

在以上所讨论的中国大一统帝制结构之下，是民初匮缺规则意识的人治，以及一元论社会观的政治文化传统，它们共同构成了民初历史土壤所具有的大一统帝制这一重大特征。英美等国能顺利通过妥协步入现代的宪政民主道路，很大程度得益于其多元主义的历史土壤。尤其政治上的多元化，即前文所论及的有限权力，权力分立及多元的制度与观念，是其中的重要因素。而民初由于沿袭了中国大一统帝制下的权力观念一元论，即认为最高权力是单一而不可分割的基本观念，不可避免地导致了政治斗争中"全赢全输"的博弈模式。

思想一元论与思想多元化

中国大一统帝制的政治结构实与自古以来文化价值的一元论息息相关。林毓生指出中国"儒家政治哲学的最高理想，归根究柢仍是一元论的，政教合一的'圣王'观念"。② 而西方有凡圣二元的价值结构传统，且在自由主义意识形态主导下形成了思想的多元化。柏林以"价值多元论"作为其自由主义的基本立足点。③ 中国一元论的大一统思想观念与西方价值多元大异其趣。不仅儒家思想中蕴涵大一统的一元价值观，孔子理想中

---

① 萧功秦：《中国的大转型——从发展政治学看中国变革》，第41页。
② 林毓生：《传统的创造性转化》，北京：三联书店，1988，第286页。
③ 参见〔英〕以塞亚·伯林著《自由论》，胡传胜译，南京：译林出版社，2003。

的帝王应握有一统天下的权威，所谓"礼乐征伐自天子出"；哪怕老子也是以"一"为本，宣扬"道生一，一生二，二生三，三生万物"。尤其自汉代提出大一统，经董仲舒的"独尊儒术"之后，大一统思想在中国的历史传统中深深扎根，成为中国政治文化传统的一大特色。大一统的思想一元论的意义正是在于消灭对手，由帝王一人统治天下；其目的是切实有效的形成一个统一的中央集权国家。直至民初新文化运动，其间文化上激进主义与保守主义同样以思想文化的一元论反对传统文化。诚如高力克指出的"其欧化与国粹非此即彼的独尊心态，西方求经与儒学复兴的偏执情绪，则同源于一元主义思想模式"。① 质言之，民初依旧承袭了中国传统中的一元论思想。故而林毓生曾指出："思想现代化的首要课题是：思想模式的现代化。这种工作，首先要从传统的一元式模式转变到多元式模式。"②

思想上的一元论直接导致了"大一统的社会观"，即一元社会观，它与西方国家与社会对立的"二元社会观"传统截然相反。沃特金斯（Frederick Watkins）在探求西方政治传统中指出，作为英美传统的盎格鲁——撒克逊人完好地承袭了西方政治文化中"法律下的自由"和"二元社会观"的传统。③ 沃特金斯指出，随着西方文明渐趋世俗化，到十八九世纪"原先以教会与国家分立之基督教二元主义为基础的西方社会二元主义遂变成以社会与国家分立之世俗二元主义为基础而再度出现"。④ 这正是与西方权力有限、权力分立传统一致，且有利于市民社会成长的多元社会观，亦是英美走上宪政民主之路的得天独厚的历史土壤。反观中国，民初社会弱小而受到国家权力的极大干涉和控制，这不仅是国家权力过大造成，更是源于我国政治文化传统中的帝制集权、家国同构的"大一统社会观"。就此"一元社会观"而言，诚如金观涛、刘青峰所言，"把国家看做

---

① 高力克：《调适的智慧——杜亚泉思想研究》，杭州：浙江人民出版社，1998，第196页。
② 转引自刘军宁等编《市场逻辑与国家观念》，"公共论丛"第一辑，北京：三联书店，1995，第233页。
③ 参见〔美〕弗里德里克·沃特金斯著《西方政治传统——近代自由主义之发展》，李丰斌译，北京：新星出版社，2006，第一章、第三章。
④ 〔美〕弗里德里克·沃特金斯：《西方政治传统——近代自由主义之发展》，李丰斌译，第65页。

是家庭的同构体,有效地消解了宗法家族与国家组织的对抗"。① 一元社会观与大一统帝制结构相一致。正是与"一元社会观"相联系的帝制中国"儒表法里"的意识形态以及"道德化的专制"构成了东方农业中国特有的与西方市民社会相较迥异的政治传统。② 中国近代的政治力量在"一元社会观"传统的作用下肆无忌惮地渗入社会并极大地控制着社会,使西方式的与国家相对抗并独立于国家的市民社会无从生长。思想一元论及一元论社会观,显然与政治调和的多元宽容格格不入,倒是与中国政治"全赢博弈"的政治特征"珠联璧合"。中国历来的大一统文化传统实是培育"全赢博弈"模式十分重要的思想层面的历史土壤。

人治与法治

在中国的政治传统中,由于匮缺法治传统,政治斗争大都以残酷的"砍人头"而非议会"数人头"来进行,即大一统帝制下的人治往往是通过武力以实现。英国的法治传统与其封建制度、有限权力、权力多元的传统相伴相生。英国的法治传统源于罗马,即早在盎格鲁—诺曼时期的古代英国法律体系中已存在"王在法下"的习惯。英王加冕需宣读誓词以表示获得贵族支持,此誓词内容对国王权力产生制约,即"应该根据法律而不是个人意志来引导他的人民,并且和他的人民一样服从法律"。③ 英国法治传统滥觞于封建社会国王与贵族封臣间的双向契约关系。庞德(Roscoe Pound)指出西方"法律至上原则""滥觞于封建思想的君主与臣民的权利义务关系。从历史的角度考查,这一基本理念早已蕴涵于日耳曼法。从哲学的角度考查,这一原则起源于统治者们应依规范而不是专断,应以理性而不是主观臆断来实施统治的行为"。④ 英美的法治观念有着一脉相承的历史传统,美国沿袭了英国的"王在法下"与"法律至上"的传统。美国殖民地的人们非常珍视英国的法律并继承之,美国著名法学家施瓦茨(Bernard Schwartz)称:从第一部《弗吉尼亚宪章》(1666年)颁布起,殖民地居民就得到保证,将享有英国人的权利和自由——用《弗吉尼亚宪

---

① 金观涛、刘青峰:《开放中的变迁——再论中国社会超稳定结构》,第31页。
② 参见高力克《五四的思想世界》,第277页。
③ 陈汉大主编《英国法制史》,济南:齐鲁书社,2001,第12页。
④ 〔美〕罗斯科·庞德:《普通法的精神》,唐前宏译,北京:法律出版社,2001,第44~45页。

章》中的措辞来表达就是享有"所有的自由权、公民权和豁免权……就全部的目的和意图而言,他们就像出生于并始终居住在这个英格兰的王国一样"。他们所享有的最为重要的权利是:他们只能根据普通法受到审判。所以在与母国英国斗争时,倾向于依赖普通法。① 英美人民有着以法律保障权利的传统,即法律下的自由,即以合法的方式争取权利。

中国历来的专制大一统必然是人治而非法治。民初缺乏以法律解决问题的政治传统,深具破坏革命的武力解决政治问题的历史土壤。中国历来以农民起义推翻旧王朝建立新王朝,就是政治斗争中的一方以武力方式彻底推翻另一方。孟德斯鸠(Montesquieu)曾指出中国的人们曾经想使法律和专制主义并行,"但是任何东西和专制主义联系起来,便失掉了自己的力量"。所以中国传统中即使有法律,可其精神却仍为人治。② 章士钊对此曾深刻指出专制即为人治,梁启超也大感中国法治精神的缺乏。因为缺乏法律解决政争的途径,中国人治传统中所充斥的不乏阴谋、暗杀、武力等方式。尤其历代农民革命即为以暴力实现推翻旧王朝、建立新王朝而实现新一轮大一统帝制。此种人治而以武力解决政争的传统在民初连绵不绝,直接反映为政治斗争中一方全赢一方全输的"全赢博弈"。原本民初的宪政民主实验可使国人接触法治,尤其是宪法——符合宪法规定本是政府统治合法性来源,但事实中的法律却并没有在政治斗争中完全发挥效用。在民初自国民党"二次革命"第一次用枪杆子解决问题始,之后一而再再而三演成了以唯武力相向而军阀割据的结局。③ 政治统治的合法性大部分建基于谁者武力的强大,所谓"拥兵自重",法律的规定被普遍漠视。金观涛、刘青峰亦指出,民初宪政民主尝试最后以宋教仁被刺宣告结束一事"把当时人们缺乏'规范认同'表现得淋漓尽致",并认为在"宋案"中各派政治力量的表现形形色色,但有一个共同特点,就是对规范认同

---

① 〔美〕伯纳德·施瓦茨:《美国法律史》,王军等译,北京:中国政法大学出版社,1990,第12页。
② 参见张中秋《中国传统法律人治精神若干问题辨析》,《南京社会科学》1991年第2期。
③ 唐德刚:《袁氏当国》,桂林:广西师范大学出版社,2004,第65页。

的麻木不仁。① 意即法治传统的严重匮缺。众所周知国民党中只有少数以黄兴为首的党员主张以合法的法律手段弹劾袁世凯，大多数则响应孙中山的武力讨袁，由此可见，国民党自身先对约法丧失信心。金观涛、刘青峰另指出，后来孙中山本人虽意识到维护约法权威的重要性而以"护法"为口号和军阀展开长期斗争，但是在漠视"规范认同"即没有法治传统的政治现实中，孙中山又不得不依靠最不遵守约法的军队。② 事实上，民初漠视法律和滥用武力在袁世凯选举之时就启其端，袁氏的当选虽是合法的投票选举而成，但当选票未过半数之时，袁氏派遣军队在选举场外以武力相要挟致使选举得以通过。之后国民党与袁氏之间就"宋案"以武力方式解决，使以武力而非法律解决政治问题的传统迅速升级并定格。虽然在民初的宪政民主试验过程中，在宪法法律的理论与实践方面都有知识分子的多种努力，如政治调和派诸公对西方宪法法律原理与制度阐发与介绍，以及包括议员政界在内的法律制度建设多次尝试，等等，但是，最后都以失败告终，法律终不敌武力，一张票终敌不过一杆枪。在民初政治势力的较量中，"砍人头"而非"数人头"——法律被如此漠视而武力被大肆滥用，这种"全赢博弈"的政治特征直接折射出中国历史土壤中法治传统的严重匮缺。

法国心理学家勒庞（Gustave Le Bon）反思法国大革命，探究了民族传统精神与暴力革命间的内在关系，得出极为深刻又发人深省的结论："一个民族的传统精神决定其命运。"③ 在这意义上，正是中国的大一统帝制结构下的政治文化传统决定了民初"全赢博弈"的历史宿命。

综上所述，英国由于其封建的权力有限与权力多元的政治结构与传统，以及多元的思想和法治传统，在一系列的法规和习惯法的基础上，先后经由国王与贵族的妥协及国王、贵族与平民的妥协，而最终生成宪政民主。美国则继承英国的权力观念与自由法治传统，在其得天独厚的无封建无贵族的社会条件下，经由自由派内部不同利益集团

---

① 金观涛、刘青峰：《开放中的变迁——再论中国社会超稳定结构》，第172~173页。
② 金观涛、刘青峰：《开放中的变迁——再论中国社会超稳定结构》，第174页。
③ 〔法〕古斯塔夫·勒庞：《革命心理学》，童德志、刘训练译，长春：吉林人民出版社，2004，第38页。

的妥协，生长出其宪法与宪政，成功转型为宪政民主国家。而中国近代由于帝制大一统的深厚而独特的政治文化传统，因其以大一统的专制一元制度结构，一元秩序，以及一元论思想和人治而以武力解决政争等为基本特征，实乃与英美式的适宜妥协而达致民主的历史土壤南辕北辙，故拒斥以妥协实现民主转型的政治调和，而生发你死我活的"全赢博弈"。

二 东方农民社会而非西方市民社会

中国近代历史土壤的另一大特征是东方农民社会，匮缺西方市民社会的传统。民初社会主要是一个以农民占大多数的社会，中产阶级十分弱小，而不是西方式的中产阶级占主体的社会。高力克深刻地指出，如果说西方近代的社会在欧洲自由主义式启蒙运动中成长为一个"市民社会"，那么中国近代在未完成的启蒙中依旧是一个"帝制结构的农民社会"，或曰"东方农民社会"。即"中国社会的主体是阿Q式的农民，而不是英国的市民"。①

当代西方所复兴的市民社会概念，正如加拿大著名哲学家查尔斯·泰勒（Charles Taylor）所认为的一样，是一个从黑格尔哲学中体现出的比较性概念："此一意义上的市民社会与国家相对，并部分独立于国家。它包括了那些不能与国家相混淆或者不能为国家所淹没的社会生活领域。"② 西方市民社会理论的复兴主要是出于"国家主义"对市民社会的渗透与侵吞的反动。③ 按照查尔斯·泰勒（Charles Taylor）的分析，在洛克（John Locke）那里，权利最终作为市民社会的基础得到确立，其后经由亚当·斯密等人的发展，"社会"逐渐被看成是自治的"经济体"而有其自己的内在动力和自主性。④ 首先，市民社会是相对独立于国家的。否则要么出现

---

① 高力克：《五四的思想世界》，第 276 ~ 277 页。
② 查尔斯·泰勒：《市民社会的模式》，邓正来、J. C. 亚历山大主编《国家与市民社会——一种社会理论的研究路径》，北京：中央编译出版社，2002，第 3 页。
③ 邓正来、J. C. 亚历山大主编《国家与市民社会——一种社会理论的研究路径》，《导论》，北京：中央编译出版社，2002，第 3 页。
④ 查尔斯·泰勒：《市民社会的模式》，邓正来、J. C. 亚历山大主编《国家与市民社会——一种社会理论的研究路径》，第 15 ~ 16 页。

洛克、亚当·斯密（Adam Smith）所担心的国家侵占社会，以致侵及私人领域而最终威胁个人的自由权利；要么会出现如阿伦特（Hannah Arendt）所忧虑的社会侵占国家，成为社会领域消灭了公共领域的历史，最终消灭了政治的本质。所以，西方近代意义上的市民社会，就社会—国家的关系而言，是相对独立的。同时，在相对独立的社会中，中产阶级的崛起是市民社会的另一大特征，所以市民社会的结构特征是中产阶级占社会的大多数的橄榄型结构。再者，市民社会是一个经济体。资本主义经济的发展完全改变了整个西方的政治社会结构，用阿伦特的话来说，那就是："新的社会领域在一个较短的时期内便将一切近代共同体都转变成了劳动者和固定职业者的社会。"① 近代以来英美已然存在一个市民社会，它是英美"孕育自由主义和现代性的社会母体"。②

中国原本并无西方式的社会及市民社会概念。中国固有的社会概念与西方的有所不同。从古意来看，"社会"一词最早见于宋朝《二程全书》中"乡民为社会"一句。"社"本指土地之神，"社会"即指为祭神而举行的集会或集合。③ 许纪霖指出自晚清始，国家与社会逐步从传统的共同体里面分离出来，但二者并没相互分化，即二者之间不仅不是对抗的，反而形成了一个积极互动的公共"群"的网络。但此时并无"社会"的真正称谓，大约在 20 世纪初，从日语中引进的"社会"一词逐渐代替传统的"群"，成为新的流行观念。在许纪霖看来，与"群"相比较，"社会这一观念显然与传统的家族与国家组织产生了分离，成为在家庭、国家之间的民间性领域"。④ 杨念群则认为五四时期已有对"社会"的发觉和关注，并

---

① 阿伦特：《公共领域与私人领域》，汪晖、陈燕谷主编《文化与公共性》，北京：三联书店，1998，第 78 页。

② 高力克：《五四的思想世界》，第 276 页。

③ 转引自杨念群《"社会"是一个关键词："五四解释学"反思》，《开放时代》2009 年第 4 期。

④ 1901 年的一篇讨论权利的文章已经将社会与家族、国家加以分梳："因人之不能孤立独行也，于是有家族、有社会、有国家以扶持之。家族、社会、国家，非别物也，由人之团结而成者也。"1903 年《浙江潮》一篇讨论《新社会之理论》的文章，更认为国家的基础在于社会，"故健全之国家，必无萎败之社会，而萎败之社会，决不能造健全之国家"。这种与国家开始分离的社会，在清末民初的突出表现，乃是一种士绅公共领域。转引自许纪霖《在现代性与民族性之间——现代中国的自由民族主义思想（一）》，http://www.douban.com/group/topic/4534212。

指出"民初知识人有一个从迷信国家制度的创生能力到崇尚'社会'改造思想的转换过程"。杨念群以梁启超为例，指出任公发现政治之基础恒在"社会"，进而认为必须在"社会"领域里有所作为，否则政论不过是徒供感情之用，或成剽窃干禄之资。① 事实上，对于社会问题的关注，尤其是与国家相对立的西方意义上的社会概念的认识，较之任公，杜亚泉和张东荪的观点更为深刻鲜明。杜认可社会相对独立于国家的自我发展的规定，指出国家政府的过多干涉抑制社会的自由发展，进而倡导"减政主义"。张东荪亦力主"国家与社会判而为二"②，大倡国家减少对社会的干涉，以社会陶养国民人格。③ 民初的社会作为一个概念已然从"群"中逐渐剥离出来而形成自身的话语系统，但是现实中的社会状况并非具备近代西方意义上的与政治国家相对而生市民社会的特征。④

中外学界对中国近代是否存在西方意义上的"市民社会"概念也进行了相关研究。对于中国近代的社会转型而言，市民社会的有无至关重要。西方学者有将晚清民国时期的法人社团和自愿结社等同于前现代的市民社会⑤，也有指出晚清民国时期存在与西方"'公共领域'相关（相关而非同一）的事物"，但并未有相当于"市民社会"含义的新词的介绍，对市民社会的物质性存在表示出怀疑。⑥ 国内的朱英、马敏等人提出对近代中国商会的研究，将商会视为市民社会的雏形，肯定近代中国存在市民社会。⑦ 萧功秦则认为：中国近代以前只有民间社会，而并没有真正意义上的市民社会，尽管传统的民间社会在一定程度上也具有相对的自主性的特

---

① 杨念群：《"社会"是一个关键词："五四解释学"反思》，《开放时代》2009 年第 4 期。
② 张东荪：《根本救国论》，《正谊》第一卷第七号，1915 年 2 月 15 日，第 6 页。
③ 张东荪：《中国之将来与近世文明国立国之原则》，《正谊》第一卷第七号，1915 年 2 月 15 日，第 6 页。
④ 市民社会概念在西方也是随着时间的推移逐渐演化成与国家相对并自主于国家的概念。见罗威廉《晚清帝国的"市民社会"问题》，邓正来、J. C. 亚历山大主编《国家与市民社会——一种社会理论的研究路径》，第 404 页。
⑤ 邓正来、J. C. 亚历山大主编《国家与市民社会——一种社会理论的研究路径》，第 377 页。
⑥ 邓正来、J. C. 亚历山大主编《国家与市民社会——一种社会理论的研究路径》，第 405 ~ 406 页。
⑦ 马敏、朱英：《传统与近代的二重变奏——晚清苏州商会研究》，成都：巴蜀书社，1993，第 3 页。

点。中国近代的市民社会是 19 世纪中期后，在近代工商业和租界文化的发展以及近代社会变革的推动下，从传统社会结构中逐渐蜕变出来的。但是萧功秦强调这个市民社会极其微弱，备受压抑，始终处于"萌芽"状态。① 如果按照市民社会独立和分化的表征，即石元康所指出的非政治化的经济、非道德化的政治、非宗教化的伦理为标准②，那么，民初尚无如此西方意义上的市民社会。换言之，民初的社会与西方相比较有其自身的特征，至于西方意义上的市民社会在民初最多仅为萧功秦所指出的萌芽而可视为尚未有与国家权力分化而相对独立的真正意义上的市民社会。

民初没有西方式市民社会，有的是东方农民社会。东方农民社会结构一般被认为是三层的，如孙立平指出的维系中国传统社会的结构是由"国家—民间精英—民众"三层组成。③ 但更确切地说，东方农民社会的特征在于其最底端的农民构成了社会的绝大多数，但其对政治社会的影响力却是极不对称的最小；而作为近代中国中间阶层的士绅未能发展壮大至占据社会的大部分，其势力相对而言较为孱弱，还不至于能撼动或有效维护社会的稳定，更无论推进民主转型；而上端的数量有限的政治权力掌握者或争夺者，则势力极其庞大。与西方式的中产阶级占社会大多数的"橄榄型社会"倾向于采取代价小而温和稳健的方式适成相反，这种两头大中间小的"哑铃型社会"（或 M 型社会）在社会政治变革中易于不计牺牲而采取极端方式。民初历史土壤中的此一社会结构特征恰恰促成并助长"全赢博弈"的极端政治斗争思维与方式。

以西方的社会及市民社会的概念为比照，民初历史土壤在此方面至少有三个方面值得特别关注：一是民初社会本身弱小，而且独立性差，广受国家权力的干涉，属于"国家强于社会"模式。二是中产阶级弱小，而且中产阶级在发展过程中出现变异。三是小农经济而市场经济不发达。民初历史土壤中东方农民社会的此等特征也不适宜政治调和的生长。下面对此作一简单论证。

---

① 萧功秦：《市民社会与中国现代化的三重障碍》，《中国社会科学季刊》（香港）1993 年第 4 卷（总第 5 期）。

② 石元康：《从中国文化到现代性：典范转移?》，北京：三联书店，2000，第 167 页。

③ 孙立平：《从政治整合到社会重建》，《瞭望》2009 年第 36 期。

"国家强于社会"模式

中国社会广受国家干涉实为深受大一统帝制传统的影响，唐德刚将中国古代从封建社会转型为秦汉"宇宙帝国"称为"国家强于社会"模式。这一模式的最大特点是政治经济制度牢固不变，社会整体结构几乎不变而没有得以独立自由地发展。民初社会本身孱弱而发展缓慢，且在社会—国家关系上，社会广受国家权力的干涉而独立性差，依旧承袭了秦汉以来的"国家强于社会"模式的特点。由此造成社会自身自由发展的巨大障碍，使得西方式市民社会在民初无由生长。杜亚泉和张东荪等都深刻地指出当时社会的最大特征是，受政府干涉过多。杜指出当时的政府自制了繁复的官僚政治，视社会上一切事务均可包含于政治之内，以致"政府无不可为之，亦无不能为之"。杜亚泉认为"民间独立心之薄弱，实为当局者多年之干涉政略所养成，积之既久，遂不自觉其迷误"，以致"今之人谓无学部则教育必衰，无农工商部则实业不振"，即民初以如此全能式的政府向社会领域扩张权力，不仅难以促社会之进步，反而会消解社会之活力，造成将来之实祸。① 张东荪呼吁："中国社会上一切生机均为我政府遏制尽矣。"② 民初的社会受到国家的过多干涉的特征也可以用邹谠提出的"全能主义"（totalism）来概括，他用这一概念"专指国家—社会关系的一种形态"，即"政治权力可以侵入社会的各个领域和个人生活的诸多方面"。③ 此处值得一提的是，邹谠关于"全能主义"所表示的国家与社会相互独立关系的原则上与事实上两个层次的划分。重要的是原则上社会能独立于国家，社会独立与否的标准是"国家对社会领域和个人生活的控制，有还是没有法律上、思想上、道德上，或宗教上的限制"，这亦是全能主义社会和自由主义社会对立的区别。就事实上的国家与社会关系，邹谠认为国家对于社会或个人的控制可多可少，可强可弱，时多时少，时强时弱，事实上这一控制可被视为抽象的连续体，所以对社

---

① 杜亚泉：《减政主义》（1911年3月），《杜亚泉文存》，第132～133页。
② 张东荪：《中国之将来与近世文明国立国之原则》，《正谊》第一卷第七号，1915年2月15日，第8页。
③ 邹谠：《二十世纪中国政治——从宏观历史与微观行动的角度看》，香港：牛津大学出版社，1994，第223页。

会某一领域的控制可能是自由主义社会多于全能主义社会，甚至例如 20 世纪七八十年代瑞典政府对社会控制的实际力量大于意大利政府。① 不少国内市民社会（公民社会）研究者大谈社会与国家关系上的互动的重要性②，在邹谠关于社会—国家关系的这一层次分析的框架里，问题就很清楚了：原则上社会和个人应独立于国家，事实上必然需要互动；在谈论二者的互动性时，东西方的不同在于，西方已然确立了一个发展完好的市民社会，而中国正如近有国外学者指出的"在中国还没有形成国家和社会的相互分离"③，即中国社会至今处于前市民社会阶段。所以在中国强调社会相对独立于国家有其历史需要而不容忽视。

正因为民初社会发展缓慢而弱小，或曰社会危机广泛而严重，所以知识分子往往企图寻找一个可以解决一切危机的方案。既然政治力量可以扩张并渗透到社会的几乎任何一个角落，那么似乎解决了中国的政治问题，就有可能解决其他所有问题，所以民初各界寄希望于民主政治改革而且对之充满热情。比如"民初孙梁二派的'民权''国权'之争，皆轻忽社会方维，而专在政治层面用力"。④ 除了杜亚泉较早关注社会的发展问题，只有到帝制复辟，改革出现失败之时，张东荪、梁启超等先觉者对世人发出要将注意力转到社会的改造上来的呼号。进而在进入1920 年代以后，出现了对"社会"实践意义的强调。⑤ 尽管如此，但在

---

① 邹谠：《二十世纪中国政治——从宏观历史与微观行动的角度看》，香港：牛津大学出版社，1994，第 226～227 页。

② 比如甘阳、王绍光等国内学者曾呼吁社会与国家之间应形成一种良性互动关系。参见甘阳《"民间社会"概念批判》，载张静编《国家与社会》，杭州：浙江人民出版社，1998，第 28 页。王绍光：《"公民社会"祛魅》，《绿叶》2009 年第 7 期。

③ 托马斯·海贝勒在 2009 年 3 月 1 日于浙江大学劳动保障与公共政策研究中心的演讲：《自上而下地构建中国公民社会结构》，浙大人文社科处网站，http://rwsk.zju.edu.cn/web_news.asp? lid=3&id=2889。

④ 高力克：《调适的智慧——杜亚泉思想研究》，杭州：浙江人民出版社，1998，第 20 页。

⑤ 杨念群指出是否具有一种实践的含义，变成了衡量知识分子对"社会"的认知和改造能力的标准，尽管采取的策略差异很大。如无政府主义者主要注重日常生活秩序的重建，以及个人在社会中如何起作用的问题；乡村建设者则具体考量如何在"社区"的局部范围内重建一种政治、文化与社会混合并存的新秩序，从而通过地方改造的途径逐渐渗透进基层而生效；社会主义者则以阶级冲突为社会之基本特征，主张从根本上用暴力手段颠覆和改造现行制度。杨念群：《"五四"著作以往太关注思想史》，http：//wen.org.cn/modules/article/view.article.php/c12/1077。

中国历史土壤中，与其说从此中国的社会就萌发与国家相对而独立的意味，毋宁说其与国家之间还延续着历来的非对立关系，哪怕时至今日依然如此。总之，民初社会屡弱且广受国家权力的干涉与控制的历史土壤，适与"全赢博弈"模式的政治核心特征互为印证。政治权力斗争中的最后全赢的意义被放大为对整个社会政治变革的掌控，此亦与单一的完整而不可分割的权力观念一线相牵，成为追求最后一次全赢的政治博弈模式的内在动因之一。

农民阶级而非中产阶级

民初社会中产阶级弱小而以农民阶级为主。张东荪和梁启超都认识到中国当时最多的是农民阶级，农民是社会的主体，因而指出当时还没有实行社会主义的阶级基础，即工人阶级，或曰"劳动阶级"。张东荪深刻指出在当时农民阶级的基础上实行社会主义只能造成"伪劳农革命"。[1] 梁启超亦认为中国有的是"农民及散工"，即"游民"。杜亚泉曾极有先见之明地看到并分析了民初社会的阶级状况，并感慨："现今文明诸国，莫不以中等阶级为势力之中心，我国将来，亦不能出此例外，此则吾人之所深信者也。"[2] 但遗憾的是，民初社会主要是一个以农民占大多数的社会，中产阶级十分弱小，绝非西方式的中产阶级占主体的社会。

中产阶级是西方市民社会中的决定性要素，中产阶级以其对个人财产及个人自由的追求而推动西方近代民主政治的发展。近代中国的中产阶级（中间阶级）虽有萌生，但远未是社会的大多数，亦远未能发挥中产阶级对于社会变革的缓冲器或稳定剂的作用。学界公认近代中国社会中的士绅是中产阶级的最重要代表，但由于受到西方的冲击，在民初出现了转化。孙立平指出，在绵延近两千年的中国传统社会中原本存在朝廷、贵族—士绅、民众三者间的稳定的基本关系，但从晚清末年始，由于商品经济发展的侵蚀，近代工商业的发展，西方近代文明的传播及新式学堂的创办，特别是科举制本身的衰败及最后被废除，"原来作为社会中间层的最主要部分——士绅—地主集团，开始沿

---

① 张东荪：《现在与将来》，《改造》第 3 卷第 4 号，1920 年 12 月 15 日。
② 杜亚泉：《中国之新生命》（1918 年 7 月），《杜亚泉文存》，第 215 页。

着四个方向分化：一部分转变为近代工商业者，一部分转变为近代知识分子，一部分转变为新式军人，还有一部分仍然留在农村的，后者大多成为土豪劣绅"。① 民初中间阶级发生的类似转化并未真正壮大和提升中间阶级的队伍和素质，相反，比如在杜亚泉看来，反而是一种阶级的变异和文化的堕落。

杜亚泉于民初清醒地指出民初社会并未有西方式具有自由、民主观念的中间阶级和先进文化，而是变异的"游民阶级"和相伴而生的"游民文化"。欧洲通过政治革命，实现了财产的势力与知识之结合。即一方面，欧洲的知识阶级因其时政治上地位转变无定，通过专事研究文艺，或创设大学校、学士院，使得科学研究不仅因此发展，且应用其成果于社会以殖产兴业，由此完成了知识阶级之财产化。另一方面，因营殖财产需要更多的科学知识，财产阶级中求学者日众，促成了财产阶级之知识化。财产阶级与知识阶级"二者相结合而主张人权，表扬民治"，故此新阶级的文化，带有财产的色彩，并以自由平等、尊权利、重科学为其标征。② 此特征易形成政治调和以建立现代宪政民主。而在杜看来，中国却没有产生西方式的财产阶级与知识阶级结合而成的中间阶级。第一，中国发生了阶级变异和文化堕落。一方面，中国的知识阶级"与财产阶级、劳动阶级均格格不入，此为过剩的知识阶级"。另一方面，中国劳动阶级中出现了无劳动地位或为不正则劳动的劳动者，包括士兵以及地棍流氓、盗贼乞丐之类，成为"过剩的劳动阶级"，即游民阶级。游民阶级与知识结合产生了"游民阶级的文化"，带有游民的色彩，即有"尚游侠、喜豪放、不受拘束、不治生计、嫉恶官吏、仇视富豪"之特征。③ 第二，由于阶级的变异和文化堕落造成了中国的财产阶级与知识阶级有大异于西方的特色。一方面，中国的财产阶级太过羸弱，无法使财产之势力与知识相结合，且我国的财产阶级，大都不解宪政民主为何物。另一方面，由于我国的知识阶级，向来

---

① 孙立平：《从政治整合到社会重建》，《瞭望》2009 年第 36 期。

② 杜亚泉：《中国政治革命不成就及社会革命不发生之原因》（1919 年 4 月），《杜亚泉文存》，第 180 页。

③ 杜亚泉：《中国政治革命不成就及社会革命不发生之原因》（1919 年 4 月），《杜亚泉文存》，第 182 页。

生活于贵族文化及游民文化中，"达则与贵族为伍，穷则与游民为伍"，故其性质兼具贵族与游民两种之性质："一种为贵族性质，夸大骄慢，凡是皆出以武断，喜压制，好自矜贵，视当世之人皆贱，若不屑与之齿者；一种为游民性质，轻佻浮躁，凡是皆倾于过激，喜破坏，常怀愤恨，视当世人之皆恶，几无一不可杀者。"[1] 杜极具深见地指出，秦始以后的 20 余朝之革命大都由此二过剩阶级相结合而发生，但革命后二者都发生贵族化而于社会组织无所更变。"故此等革命，非政治革命，亦非社会革命，只可谓之帝王革命而已。"[2] 民初社会的中间阶级变异过程中形成的此一特征，自然造成游民阶级，或曰变异的中间阶级的极端性格，又成为促成"全赢博弈"的政治博弈一大潜在推力。事实上帝王革命亦是一种不是一方全输就是一方全赢的全赢博弈的政治斗争模式，此一"全赢博弈"政治特征确实深受中国历史土壤中的社会阶级特色之影响。

小农经济而非市场经济

西方的市场经济是其市民社会的重要特征。黑格尔与马克思关于"市民社会"的理解，基本上是应对现代社会分化的现实，由于资本主义市场经济的迅速发展，经济活动逐渐占据社会活动的主要内容，由此，"社会"越来越具有"经济"的特征。近代西方市场经济发展与其市民社会以及宪政民主确立有着密切关系，资本主义市场经济的发展推动基于个人权利的自由贸易的市场和契约确立，从而奠定了生发宪政民主的市民社会的重要基础。

对于民主转型而言，亨廷顿指出一定程度的经济发展是民主制度确立的必要基础，"向民主的过渡必定主要发生在那些中等经济发展水平的国家"。[3] 一定程度的经济发展的确是民主转型必需的经济基础。然而，需要一再强调而更为重要的是，市场经济特征使市民社会易于妥协。人们在市场中交易，互相合作、讨价还价。这一过程使人们训练、培养并习惯通过

---

① 杜亚泉：《中国政治革命不成就及社会革命不发生之原因》（1919 年 4 月），《杜亚泉文存》，第 183 ~ 184 页。

② 杜亚泉：《中国政治革命不成就及社会革命不发生之原因》（1919 年 4 月），《杜亚泉文存》，第 182 页。

③ 〔美〕亨廷顿：《第三波：20 世纪后期民主化浪潮》，刘军宁译，上海：三联书店，1998，第 70 页。

妥协进行合作。市场实为一个妥协的训练场。正如沃特金斯（Frederick Watkins）指出的，市场塑造了中产阶级的由妥协争取权利的特性，他说"市场是一种古老的制度，许久以来一直就是中产阶级生活的中心"，且中产阶级通过市场的商品交易活动，事实上"是在自愿协商的基础上，发挥迎合顾客需要的能力而获得权力"。① 自由市场观念虽然有缺点，却能"指出一条令人满意的未来发展途径"，其中最重要的是"人类福祉应该透过自愿及互利的协商过程而非暴力与压制"的观念。② 托克维尔在《论美国的民主》中精辟地指出，商业是一切狂热激情的敌人，"商业爱温和，喜欢妥协，竭力避免激怒人"，"商业使人倾向自由而远离革命"。③

近代中国主要以小农经济为主，匮缺资本主义市场经济。虽然，从清末新政到1920年代中国的经济自由主义运动经历了一个黄金时代④，时值欧战出现了民族资本主义的春天，更是处于现代中国资本主义经济发展的活跃时期。1912～1936年间，中国工业年均增长9.2%；而1894～1913年间，民间产业资本年均增长更高达15.08%。袁伟时指出其中的奥秘不过是，将办企业原来要由政府层层批准改为鼓励民间办企业，且手续越来越简便，即政府把经济自由还给了公民。⑤ 但这只是其中一种乐观的观点。据杨小凯的分析，民初的资本主义经济发展很不乐观。一方面始自清末的自由主义经济在民初反而受阻。清末新政后1904～1908年私人企业迅速发展，共有272家注册，清末民初宪政的发展使中国的经济发展曙光初露，可惜这个良好发展趋势被革命和随之而来的民初动乱，尤其是军阀混战所打断。另一方面，清末民初的经济还是以小农经济为主。城市工业化虽有所发展，但工业化转型过程在当时与欧美日本比较而言实属太慢。更重要的是，清末民初的经济呈现二元结构：农村地区基本自给自足与集市贸

---

① 〔美〕弗里德里克·沃特金斯：《西方政治传统——近代自由主义之发展》，李丰斌译，第104～105页。
② 〔美〕弗里德里克·沃特金斯：《西方政治传统——近代自由主义之发展》，李丰斌译，第111页。
③ 〔法〕托克维尔：《论美国的民主》（下卷），北京：商务印书馆，1996，第801页。
④ 从20世纪第一个十年的清末新政到1937年，外国史学家誉之为"中国资产阶级的黄金时代"。转引自袁伟时《袁伟时谈清末民初的政治教训和经济自由》，《深圳商报》2003年8月9日。
⑤ 袁伟时：《袁伟时谈清末民初的政治教训和经济自由》，《深圳商报》2003年8月9日。

易。这种集市贸易"由于缺乏专利制度和保护私人企业剩余权制度，在迂回生产和技术发明创造等活动中，分工和大规模商业化生产不能发展"。①农村经济的显著特点是，农民的主要消费是自己生产的，极少部分购自市场，农业生产不是专业化和为了市场化而进行（分工水平低），几乎很少有专业生产一种蔬菜、水果的欧美式农户，更少有大规模雇工进行专业化商业化生产的农场。②故民初经济虽有发展，但尚未培育出真正的资本主义市场经济，民初历史土壤的特征之一仍旧是小农经济占主导。小农经济的发展远不及同时代其他国家欧美日本等的资本主义经济的发展。而且更重要的是，大多数的中国农民习于自给自足的经济生活，没有多少西方市场中的讨价还价的从事商业的经历。在这一小农经济为主的社会中，商人一贯被视为"奸商"，妥协互惠的商业行为受到贬抑。

黄仁宇认为市场经济的匮缺是中国转型的重大障碍，他指出中国传统政治社会结构与西方现代型国家的经济组织相去甚远，且自思想理论至生活经验，中国文化中可资改造利用者甚少，由此造成中国命运荆棘改造艰难。③正是由于民初总体上以自给自足的小农经济为主，资本主义市场经济发展缓慢滞后，我们不难理解在选举的时候容易出现贿选，可谓一张选票敌不过一张饭票；中产阶级也得不到发展壮大，有产者只占少数。民初历史土壤中资本主义发展的滞后断不能提供促成政治调和的形成基于个人权利的自由贸易的市场和契约精神等历史条件。与商业爱温和妥协，商业使人倾向自由而远离革命相反，农业社会以佃农无产者为社会大多数而易于揭竿而起，一如中国历史上的农民革命，这正是"全赢博弈"的政治博弈生发的历史条件。

概言之，民初社会因其具有以下三方面主要特征，成为"全赢博弈"的土壤而拒斥妥协。一则，"国家强于社会"的模式，社会弱小且过多受到国家权力的干涉和控制，不能如西方社会般相对独立于国家而获得自由

---

① 施坚雅：《中国农村的集市和社会结构》，《亚洲研究杂志》卷24，1964年第1期。转引自杨小凯《百年中国经济史笔记》，http：//business. sohu. com/20041021/n222632877. shtml。

② 杨小凯：《百年中国经济史笔记》，http：//business. sohu. com/20041021/n222632877. sht-ml。

③ 黄仁宇：《资本主义与二十一世纪》，第453页。

发展。二则，民初社会的阶级构成以农民为主，而原有望发展成西方式中产阶级的民初中间阶级转型失败反成杜亚泉所谓的"游民阶级"，无由形成较为稳定而易于妥协的以中产阶级为主体的橄榄型社会机构。西方近代中产阶级因具有自由、民主观念而成为落成宪政民主大厦的重要基础和推动力；民初的中产阶级则带有"游民"的极端性格而偏好政治斗争中"全赢博弈"而非政治调和。三则，民初市场经济的不发达是更为深刻的经济原因，自给自足的小农经济造就的是传统的农民，而非具有现代民主观念而善于妥协的中产阶级，市场经济的滞后使人们没能形成商业熏陶下的温和、妥协传统。显然民初社会的诸种有异于西方市民社会的特征，亦是催生"全赢博弈"而拒斥政治调和的历史土壤。

此外，英美之所以能由妥协而走向宪政民主，还在于其在多元基础上生成相互抗衡的政治势力，即形成了易于妥协的均势政治。这本是一个在国际政治中被运用的概念，根据 Morton Kaplan 关于"均势"系统的见解，其"基本规则"之一是"停止战斗"，而不是"消灭一个基本行为主体"。[①] 本书所指这一均势政治，其实相当于民初的调和派诸公所指出的"抵力"或"政治对抗力"间的对抗调和。比如英国能由妥协进而宪政民主，源于其国会（贵族、资产阶级）与国王之间形成了均势。国王与贵族自封建社会以来就成为对抗平衡之势，以资产阶级为代表的平民随着资本主义市场经济的发展而壮大，不仅与贵族利益相连，且有了与国王及贵族对抗之势力。美之妥协制宪，则是得益于无封建传统的新大陆自由派内部联邦派和州权派这两个主要利益集团的势均力敌。当然英美的此种均势政治的成就，源于其传统中的权力分立多元的政治格局，与权力多元化、二元社会观等多元思想及法治传统，它是一种现代政治中的和平妥协并互相制衡的均势。而民初袁氏与民党之间并不构成英美般易于妥协的均势政治。袁氏与民党一者武力见长，一者合法性占上风，国民党的军事力量实在难以与袁党匹敌，二者间的势力分别以武力对合法性为主而形成"一杆枪"与"一张票"的对抗关系。然而，由于帝制大一统的结构与一元论思

---

① Morton A. Kaplan, *System and Process in International Politics*, New York：John Wiley，1957，p. 23. 转引自邹谠《中国革命再阐释》，香港：牛津大学出版社，2002，第 5 章第 214 页。

想传统影响，以及法治传统的匮缺与市场经济发展的滞后，使得"一张票"的民主合法性完全缺乏社会基础，难敌势不可挡的"一杆枪"，无法形成非暴力的相互制衡的政治均势。因而民初的历史土壤不能提供倾向妥协的政治均势这一重要条件。由民国建立到军阀割据，可谓"武人当政"，它直接导致政治斗争中你死我活的"全赢博弈"，与政治调和的和平妥协截然相反。

正如高力克指出的："中国现代化的命运多舛，原于其帝国转型之'走兽变飞禽'（黄仁宇语）的艰难蜕变。革命和激进，毋宁是中国之'大陆性格国家'现代转型的历史宿命。"① 民初的民主转型选择了"全赢博弈"模式而放弃了政治调和之妥协道路同样是其历史的宿命。

总之，深厚的大一统帝制结构及专制主义政治传统，一元论与人治的政治文化，加之东方农民社会特征，表明中国近代历史土壤匮缺西方式封建多元的政治结构与权力有限、法治、多元主义等政治文化传统，以及市民社会与均势政治。后者的历史土壤由于其封建弱王权的多元政治社会，孕育了自由传统、多元主义与妥协精神，从而顺利完成了民主转型。而前者无法提供妥协生长所必需的水分与营养，相反，它恰恰是生发"全赢博弈"的土壤，故民初政治调和思潮难逃被历史放弃的命运。对于通过妥协走向宪政民主而言，尽管因素颇多，但有否具备相适宜的历史土壤实为至关重要。正如美国著名政治学家麦基文所言："宪法并不是创造，而是生长，不是国家法典，而是民族遗产。"②

---

① 高力克：《现代中国激进主义之再思考》，《华东师范大学学报》2009 年第 4 期。
② 〔美〕C. H. 麦基文：《宪政古今》，翟晓波译，贵阳：贵州人民出版社，2004，第 16 页。

结　语
妥协是民主的必由之路

民主国家是通过谈判、妥协和协议而产生的。

——塞缪尔·亨廷顿

民主依赖妥协。

——罗伯特·达尔

中华民国新建之初，国人急切而又欣然从事于宪政民主试验：组政党、选议员、设议院、举总统、制宪法，等等，"亚洲第一共和国"仿佛曙光初现。然而历史记载的却并非是宪政民主的成功转型，而是议会解散，政党解体，宪法成具文，甚至帝制复辟与军阀混战。从"宋案""二次革命"，到第一次制宪失败，直至袁世凯称帝，由于袁党与民党之间一次又一次不妥协的对抗，即邹谠所谓"全赢博弈"模式的政治斗争，使得宪政的光明转瞬即逝。

在民初宪政一步步深陷危机之时，袁氏与民党间的"全赢博弈"愈演愈烈，但二者之外还有一种呼吁政治调和（妥协）的声音。以章士钊、杜亚泉、梁启超、张东荪、李大钊、李剑农等人为代表的民初政治调和思潮，倡言妥协，主张通过政治对抗力（政治向心力与离心力）之间的对抗调和，以避免暴力革命而和平渐进地实现民主转型。调和派诸公不仅大力阐扬政治调和的价值理念：多元妥协的宽容品格，调和渐进的进化观以及英美传统的自由理念；充分探讨宪法、政党与议会制度及分权制度等宪政制度，并且分析了政治调和所需的社会基础，进而主张社会相对独立于国家而自由发展，发展教育与实业及壮大中产阶级的力量以形成一个中产阶级为主体的现代市民社会。政治调和思想可谓民初知识分子对宪政危机的反思性回应，表达了以妥协实现民主转型的深邃政治智慧。惜乎民初主宰中国政治命运的政治精英们，无论袁氏抑或民党诸公，皆不谙妥协之道，在朝野两派你死我活、武力相寻的对抗中，年轻民国的宪政试验亦随政治调和思潮而昙花一现。

　　回眸近百年前民初宪政失败的历史教训，政治调和思潮被湮没的思想价值终于显现出来。民初袁氏与民党以"全赢博弈"相互对抗而致宪政失败的历史，证明了阿克顿勋爵（Lord Acton，1834-1902）的至理名言"妥协是政治的灵魂"。亨廷顿（Samuel Phillips Huting，1927-2008）在考察第三波民主化时亦指出："妥协、选举、非暴力是第三波民主化的共同特征。"① 这也是罗伯特·达尔（Robert Alan Dahl，1915-）的看法："民主依赖妥协。"②

　　汤因比（Arnold Joseph Toynbee）指出："当一个社会的原有组织结构受到了一种新的社会力量挑战时，它可能有三条出路：一条是在面对这种情况时和谐地自行调整结构，一条是革命（它是一种被拖延了的不和谐的调整），一条是反常……如果和谐的调整占了上风，这个国家就会继续生长；如果发生了革命，这个社会的生长过程就要变得越来越危机重重；如果出现了反常，我们就可以给它下一个衰落的诊断。"③ 其实当我们选择转型的道路之时，汤氏指明并非注定要在下列两条道路之间作徒然的抉择：要么，固守畸形状态而失败，要么，采取革命而灭亡。还有一条得救的中间路线：在旧秩序和新方案之间取得相互调整，达到更高水平的和谐。④这得救的必由之路就是妥协之道，正是民初民主转型之时政治调和派诸公的诉求。

----

① 〔美〕亨廷顿：《第三波——20世纪后期民主化浪潮》，上海：三联书店，1998，第203页。
② 〔美〕罗伯特·达尔：《民主理论的前言》，顾昕、朱丹译，北京：三联书店，1999，第1页。
③ 〔英〕阿诺德·汤因比：《历史研究》（中），曹未风等译，上海：上海人民出版社，1986，第47页。
④ 〔英〕阿诺德·汤因比：《历史研究》（中），曹未风等译，第288页。

民初政治调和派诸公指出的是另一条实现民主转型的途径。20 世纪中国的革命浪潮没有真正解决中国的问题，随着近代思潮的母题由"中国向何处去"延伸为"中国如何实现现代化"①，20 世纪 90 年代开始以代价较小的温和改良思想实现民主转型重受关注。革命浪潮涤荡了中国旧传统，动摇了中国社会赖以发展进步所需的某些传统根基，增添了现代化进程之阻力，并使中国社会遭受了极大的灾难和损失。正如吴敬琏所说，中国几千年的历史好像一直在反复提出"娜拉出走以后怎么样"的问题，革命并没有带来它曾经允诺的公平世界，不过是一次又一次地轮回。不论是"左"的极端主义还是"右"的极端主义，都会给社会带来灾难，在重大的社会变革中，理想的模式是政治观点分歧双方温和派的结合。②

今天，我们有必要探寻民初政治调和思潮衰落的原因，在总结历史的经验教训中发掘政治调和思想的智慧，因"忘掉历史的人势必重蹈覆辙"（Those who forget history are condemned to repeat it.）③。民初政治调和思潮是一种超越激进与保守的温和自由主义，它崇尚自由，尊重传统，注重秩序而主张渐进改革。它属于近代中国自由主义中温和稳健的英美传统的一支。它的由盛而衰，表征着近代中国自由主义由英美传统而法俄传统的转向。

民初政治调和思潮的衰落，原于革命时代的温和不敌激进。在民国肇造的革命转型时代，激进和保守势力处于激烈对抗的"全赢博弈"之中，政治调和思潮倡言的"妥协博弈"模式因与"全赢博弈"模式格格不入，而成为不合时宜的思想，被革命的时代激进潮流所湮没。在 20 世纪中国政治中，"全赢博弈"模式一再重现，成为现代中国主流的政治文化。另一方面，作为主流政治文化的"全赢博弈"模式深植于近代中国的历史土壤之中，是中国大一统帝制结构与政治文化传统及农民社会条件下的产物。民初这一历史土壤无法生长妥协，政治调和思潮难逃衰落的历史命运。

如何打破并跳出"全赢博弈"模式，转为由妥协走向民主，是更为重大的问题。这一历史难题似乎可以最简单的公式来解决：将生发"全赢博

---

① 高瑞泉主编《中国近代社会思潮》，上海：上海人民出版社，2007，第 27 页。
② 吴敬琏：《"左""右"极端都会给社会带来灾难》，《南方周末》2008 年 4 月 23 日。
③ 张灏：《张灏自选集》，上海：上海教育出版社，2002，第 307 页。

弈"模式的历史土壤改变为适合妥协政治文化生长的社会条件。然而，历史绝非数学题般那么简单。历史土壤的形成与改良绝非一朝一夕之事。正如邹谠先生提出的："目前政治改革的第一个及最紧迫的先决条件是尽力理解'生死斗争'一再重现的'原因'，导致它发生的心理状态以及将普通政策与权力斗争转化为一方追求全赢、一方恐惧全输的过程与条件。"①由于民初政治调和的思想主要来源于英美，而英美由妥协走向宪政有其特殊的社会历史条件，故本书尝试在中西比较中考察民初历史土壤，尝试性地提出民初生发"全赢博弈"模式的土壤至少有以下的特征：专制强王权、大一统秩序、人治传统、非均势政治、农民社会与小农经济等。这与西欧封建弱王权、多元秩序、法治传统、均势政治、市民社会、市场经济等孕育妥协的社会历史条件适成反对，结果后者孕育了妥协与民主，前者却生发了"全赢博弈"。既然妥协生长于特定的历史土壤之中，那么大一统帝制结构与传统的打破，多元而稳固的市民社会的培育，是为妥协生长的社会历史条件之最重要的路径。

　　本书的尝试只是一个开始，下一步应在明了产生"全赢博弈"的历史土壤的基础上，以妥协的精神与方式改良政治文化传统与社会条件，促成政治斗争合作双赢的"妥协博弈"。在这一点上，民初的政治调和思潮给我们提供不少可资借鉴的思想遗产。比如关于多元妥协的宽容品格的阐释，进化之渐进道路的倡导，对易于各方势力妥协的宪法、现代政党与议会政治观念的宣扬，以及讨论市民社会，强调社会对于政治的基础作用，主张社会相对独立于国家而自由发展，并以社会实业与教育的发展培养现代公民，壮大中产阶级，改善社会结构，等等。邹谠曾提出不能只看到中国传统的"阴暗面"，还要发掘"中国文化和社会传统的优良部分"，"也就是一些有真知灼见的论点同某些可能对现代社会有启发，能够应用的部分，是经过重新的阐释以后甚至不必重新阐释就可以用为建立 21 世纪中国文化政治思想的有机部分"。②民初政治调和思潮就属于不必重新阐释即可继承的那部分。就这方面思想资源的梳理而言，除本书所研究的民初政治

①　邹谠：《中国革命再阐释》，香港：牛津大学出版社，2002，第 5 章第 200 页。
②　邹谠：《二十世纪中国政治——从宏观历史与微观行动的角度看》，香港：牛津大学出版社，1994，第 262 ~ 263 页。

调和思潮的六位代表人物外，前此的严复，同时代的还有高一涵等人也有此方面的主张，有待今后继续发掘。之后 20 世纪二三十年代研究系的第三条道路与社会民主主义主张，三四十年代民主党派的中间路线中，都或多或少有此种政治调和思想的成分。尤其值得一提的是，40 年代青年党领袖陈启天总结清季宪政运动的教训时强调："要实行君主宪政，必须在朝的开明分子与在野的温和分子合作。"① 这是一位民国政治家对宪政的妥协之道的深刻肯认。可以说，在中国近现代思想史中一直有着温和稳健的调和传统，只是它在民初短期盛行之后在激进主流下成为支流隐而不显而已。近现代中国这一传统的完整梳理挖掘，需要今后的继续研究。

民初政治调和思想散发着妥协的政治智慧，却不幸被历史放弃。它留给我们的既是思想遗产，又是经验教训。跳出"全赢博弈"模式，解决民初民主转型之难题，必有赖妥协之道与适宜妥协生长的社会历史条件。

① 陈启天：《民主宪政论》，重庆：商务印书馆，1945，第 120 页。

索　引

主要参考文献

一 民国期刊

《东方杂志》（1911～1920）

《庸言》杂志（1912～1914）

《甲寅》杂志（1914、1915、1917）

《中华杂志》（1914～1915）

《新中华杂志》（1915～1916）

《正谊》杂志（1914～1915）

《大中华》杂志（1915～1916）

《新青年》杂志（1915～1920）

《太平洋》杂志（1917～1920）

《改造》杂志（《解放与改造》）（1919）

二 中文编著

白吉庵：《章士钊传》，北京：作家出版社，2004。

陈启天：《民主宪政论》，重庆：商务印书馆，1945。

陈独秀：《独秀文存》，合肥：安徽人民出版社，1987。

陈旭麓：《近代中国社会的新陈代谢》，上海：上海人民出版社，1992。

杜亚泉著，田建业编《杜亚泉著作两种》，北京：新星出版社，2007。

冯友兰：《中国哲学简史》，北京：北京大学出版社，1996。

黄仁宇：《资本主义与二十一世纪》，北京：三联书店，2006。

黄仁宇：《中国大历史》，北京：三联书店，1997。

高力克：《历史与价值的张力——中国现代化思想史论》，贵阳：贵州人民出版社，1992。

高力克：《调适的智慧——杜亚泉思想研究》，杭州：浙江人民出版社，1998。

高力克：《求索现代性》，杭州：浙江大学出版社，1999。

高力克：《五四的思想世界》，上海：学林出版社，2003。

顾准：《顾准文稿》，北京：中国青年出版社，2002。

郭华清：《宽容与妥协——章士钊的调和论研究》，天津：天津古籍出版社，2004。

黄克武：《一个被放弃的选择——梁启超调适思想之研究》，北京：新星出版社，2006。

江宜桦：《自由民主的理路》，北京：新星出版社，2006。

金观涛、刘青峰：《开放中的变迁——再论中国社会超稳定结构》，香港：香港中文大学出版社，1993。

蒋广学、何卫东：《梁启超评传》，南京：南京大学出版社，2005。

季卫东：《宪政新论——全球化时代的法与社会变迁》，北京：北京大学出版社，2003。

梁启超：《梁启超全集》第一册、第四册、第五册，北京：北京出版社，1999。

李大钊：《李大钊全集》第一至四卷，北京：人民出版社，2006。

李剑农：《中国近百年政治史（1840～1926）》，武汉：武汉大学出版社，2006。

李剑农：《政治学概论》，上海：商务印书馆，1935。

李道揆：《美国政府和美国政治》，北京：商务印书馆，1999。

李国俊：《梁启超著作系年》，上海：复旦大学出版社，1999。

林毓生：《思想与人物》，台北：台北联经出版事业公司，1983。

林毓生：《传统的创造性转化》，北京：三联书店，1988。

林毓生：《中国意识的危机》，贵阳：贵州人民出版社，1988。

林达：《西班牙旅行笔记》，北京：三联书店，2007。

毛丹：《秩序与意义》，杭州：浙江大学出版社，1999。

龙太江：《论政治妥协——以价值为中心的分析》，武昌：华中科技大学出版社，2004。

秦晖：《问题与主义》，长春：长春出版社，1999。

钱福臣：《美国宪政生成的深层背景》，北京：法律出版社，2005。

石元康：《从中国文化到现代性：典范转移?》，北京：三联书店，2000。

唐德刚：《晚清七十年》，长沙：岳麓书社，1999。

唐德刚：《袁氏当国》，桂林：广西师范大学出版社，2004。

王元化：《九十年代反思录》，上海：上海古籍出版社，2000。

王希：《原则与妥协：美国宪法的精神与实践》，北京：北京大学出版社，2000。

王人博：《宪政的中国之道》，济南：山东人民出版社，2003。

吴丕：《进化论与中国激进主义1859-1924》，北京：北京大学出版社，2005。

萧功秦：《中国的大转型——从发展政治学看中国变革》，北京：新星出版社，2008。

夏新华、胡旭晟：《近代中国宪政历程：史料荟萃》，北京：中国政法大学出版社，2004。

余英时：《中国传统思想的现代诠释》，南京：江苏人民出版社，1988。

余英时：《钱穆与中国文化》，上海：上海远东出版社，1994。

袁景华：《章士钊先生年谱》，长春：吉林人民出版社，2001。

严泉：《失败的遗产——中华首届国会制宪1913~1923》，桂林：广西师范大学出版社，2007。

易中天：《费城风云》，桂林：广西师范大学出版社，2008。

章士钊：《章士钊全集》第一至四卷，上海：文汇出版社，2000。

张灏：《张灏自选集》，上海：上海教育出版社，2002。

张玉法：《民国初年的政党》，长沙：岳麓书社，2004。

张宝明：《启蒙与革命——五四激进派的两难》，上海：学林出版社，1998。

邹谠：《二十世纪中国政治——从宏观历史与微观行动的角度看》，香港：牛津大学出版社，1994。

邹谠：《中国革命再阐释》，香港：牛津大学出版社，2002。

邹小站：《章士钊社会政治思想研究（1903-1927）》，长沙：湖南教育出版社，2001。

左玉河：《张东荪文化思想研究》，北京：中国社会科学出版社，1998。

左玉河：《张东荪传》，济南：山东人民出版社，1998。

许纪霖、田建业编《杜亚泉文存》，上海：上海世纪出版集团、上海教育出版社，2003。

许纪霖、陈达凯主编《中国现代化史1800-1949》第一卷，上海：学林出版社，2006。

朱宗震、杨光辉编《民初政争与二次革命》（上下编），上海：上海人民出版社，1983。

朱成甲：《李大钊早期思想与近代中国》，北京：人民出版社，1999。

张凤阳等：《政治哲学关键词》，南京：江苏人民出版社，2006。

朱英、马敏：《传统与近代的二重变奏——晚清苏州商会研究》，成都：巴蜀书社，1993。

丁文江、赵丰田编《梁启超年谱长编》，上海：上海人民出版社，1983。

邓正来、J. C. 亚历山大主编《国家与市民社会——一种社会理论的研究路径》，北京：中央编译出版社，2002。

陈汉大主编《英国法制史》，济南：齐鲁书社，2001。

复旦大学历史系编《近代中国的国家形象与国家认同》，上海：上海古籍出版社，2003。

高瑞泉主编《思潮研究百年反思》（中国思潮评论第一辑），上海：上海古籍出版社，2009。

高瑞泉主编《现代性视野中的思潮与观念》（中国思潮评论第二辑），

上海：上海古籍出版社，2010。

高瑞泉主编《民族主义及其他》（中国思潮评论第三辑），上海：上海古籍出版社，2011。

高瑞泉主编《自由主义诸问题》（中国思潮评论第四辑），上海：上海古籍出版社，2012。

高瑞泉主编《中国近代社会思潮》，上海：上海人民出版社，2007。

李世涛主编《知识分子的立场：激进与保守之间的动荡》，长春：时代文艺出版社，2002。

李新、陈铁健主编《伟大的开端》，北京：人民出版社，1983。

胡春惠编《民国宪政运动》，台北：正中书局，1978。

汤一介、杜维明编《百年中国哲学经典》（清末民初卷），深圳：海天出版社，1998。

汪晖、陈燕谷主编《文化与公共性》，北京：三联书店，1998。

王焱等编《市场逻辑与国家观念》，北京：三联书店，1995。

王焱等编《直接民主与间接民主》，北京：三联书店，1998。

王焱等编《宪政主义与现代国家》，北京：三联书店，2003。

吴雁南主编《中国近代社会思潮（1840–1949）》第二卷，长沙：湖南教育出版社，1998。

许纪霖、宋宏编《史华慈论中国》，北京：新星出版社，2006。

张静编《国家与社会》，杭州：浙江人民出版社，1998。

三　外国译著

〔美〕列文森：《儒教中国及其现代命运》，郑大华、任菁译，北京：中国社会科学出版社，2000。

〔美〕墨子刻：《摆脱困境——新儒学与中国政治文化的演进》，颜世安等译，南京：江苏人民出版社，1995。

〔美〕张灏：《危机中的中国知识分子：秩序与意义》，高力克、王跃译，北京：新星出版社，2006。

〔美〕张灏：《梁启超与中国思想的过渡（1890-1907）》，崔志海、葛夫平译，江苏人民出版社，1993。

〔美〕本杰明·史华兹：《寻求富强：严复与西方》，叶美凤译，南京：江苏人民出版社，1995。

〔美〕周锡瑞：《改良与革命——辛亥革命在两湖》，杨慎之译，北京：中华书局，1982。

〔美〕周策纵：《五四运动史》，陈永明等译，长沙：岳麓书社，2000。

〔美〕杜赞奇：《文化、权力与国家：1900-1942年的华北农村》，王福明译，南京：江苏人民出版社，1994。

〔美〕乔·萨托利：《民主新论》，冯克利、阎克文译，北京：东方出版社，1998。

〔美〕弗里德里克·沃特金斯：《西方政治传统——近代自由主义之发展》，李丰斌译，北京：新星出版社，2006。

〔美〕斯科特·戈登：《控制国家——西方宪政的历史》，应奇、陈丽微译，南京：江苏人民出版社，2001。

〔美〕C. H. 麦基文：《宪政古今》，翟晓波译，贵阳：贵州人民出版社，2004。

〔美〕比尔德：《美国宪法的经济观》，何希齐译，北京：商务印书馆，1984。

〔美〕亨德里克·威廉·房龙：《美国的故事》，刘北城等译，北京：社会科学文献出版社，1999。

〔美〕苏珊·邓恩：《姊妹革命：美国革命与法国革命启示录》，杨小刚译，上海：上海文艺出版社，2003。

〔美〕詹姆斯·麦迪逊：《辩论：美国制宪会议记录》（上、下），尹宣译，沈阳：辽宁教育出版社，2003。

〔美〕汉密尔顿、杰伊、麦迪逊：《联邦党人文集》，程逢如等译，北京：商务印书馆，1980。

〔美〕莱斯利·里普森：《政治学的重大问题》，刘晓译，北京：华夏出版社，2001。

〔美〕马克斯·法仑德：《设计宪法》，董成美译，上海：三联书店，2006。

〔美〕詹姆斯·M. 伯恩斯等：《美国式民主》，谭君久等译，北京：中国社会科学出版社，1993。

〔美〕亨廷顿：《变化社会中的政治秩序》，王冠华等译，北京：三联书店，1992。

〔美〕亨廷顿：《第三波——20世纪后期民主化浪潮》，刘军宁译，上海：三联书店，1998。

〔美〕布莱克：《现代化的动力》，段晓光译，杭州：浙江人民出版社，1989。

〔美〕罗斯科·庞德：《普通法的精神》，唐前宏译，北京：法律出版社，2001。

〔美〕伯纳德·施瓦茨：《美国法律史》，王军等译，北京：中国政法大学出版社，1990。

〔美〕罗伯特·达尔：《民主理论的前言》，顾昕、朱丹译，北京：三联书店，1999。

〔美〕詹姆斯·M.伯恩斯等：《民治政府》，陆震纶等译，北京：中国社会科学出版社，1996。

〔美〕托马斯·谢林：《冲突的战略》，赵华等译，北京：华夏出版社，2006。

〔美〕丹尼尔·贝尔：《资本主义文化矛盾》，赵一凡等译，北京：三联书店，1989。

〔英〕埃德蒙·柏克：《自由与传统》，蒋庆等译，北京：商务印书馆，2001。

〔英〕洛克：《政府论》（下），叶启芳、瞿菊农译，北京：商务印书馆，1964。

〔英〕以塞亚·伯林：《自由论》，胡传胜译，南京：译林出版社，2003。

〔英〕阿克顿：《自由史论》，胡传胜等译，南京：译林出版社，2001。

〔英〕阿诺德·汤因比：《历史研究》（上、中、下），曹未风等译，上海：上海人民出版社，1986。

〔英〕罗素：《西方的智慧》，马家驹、贺霖译，北京：世界知识出版社，1992。

〔英〕哈耶克:《自由秩序原理》，邓正来译，北京：三联书店，1997。

〔英〕爱德华·詹克斯:《社会通诠》，严复译，北京：商务印书馆，1981。

〔英〕M.J.C.维尔: 《宪政与分权》，苏力译，北京：三联书店，1997。

〔法〕托克维尔:《论美国的民主》（上、下卷），董果良译，北京：商务印书馆，1996。

〔法〕托克维尔:《旧制度与大革命》，冯棠译，北京：商务印书馆，1997。

〔法〕马克·布洛赫:《封建社会》（下卷），张绪山等译，北京：商务印书馆，2004。

〔法〕孟德斯鸠:《论法的精神》，张雁深译，北京：商务印书馆，1963。

〔法〕伏尔泰:《论宽容》，蔡鸿宾译，广州：花城出版社，2007。

〔法〕基佐:《欧洲文明史》，程洪逵、沅芷译，北京：商务印书馆，1988。

〔法〕古斯塔夫·勒庞:《革命心理学》，童德志、刘训练译，长春：吉林人民出版社，2004。

〔意〕拉吉罗:《欧洲自由主义史》，杨军译，长春：吉林人民出版社，2001。

〔奥〕茨威格:《一个古老的梦——伊拉斯谟传》，姜瑞璋、廖彩胜译，沈阳：辽宁教育出版社，1998。

〔加〕A.布来顿等:《理解民主》，毛丹等译，上海：学林出版社，2000。

〔日〕猪口孝等:《变动中的民主》，林猛等译，长春：吉林人民出版社，1999。

〔美〕费正清编《剑桥中华民国史1912-1949年》上，杨品泉等译，北京：中国社会科学出版社，1993。

〔美〕罗伯特·古丁、汉斯—迪特尔·克林格曼主编《政治科学新手册》，钟开斌、王洛忠、任丙强等译，北京：三联书店，2006。

〔英〕莫瓦特编《新编剑桥世界近代史》第12卷，中国社会科学院世界历史研究所组译，北京：中国社会科学出版社，1999。

〔英〕戴维·赫尔德：《民主的模式》，燕继荣等译，北京：中央编译出版社，2004。

〔英〕戴维·米勒、韦农·波格丹诺主编《布莱克维尔政治学百科全书》，邓正来主译，北京：中国政法大学出版社，2002。

四 期刊论文

邓丽兰、王红霞：《法政学者的宪政诉求——略论〈太平洋〉派学人的宪政思想（1917-1925）》，《福建论坛·人文社会科学版》2006年第3期。

浮新才：《章士钊〈甲寅〉（月刊）时期政论研究——以调和论为中心》，《清华大学学报》（哲社版）1999年第14卷第3期。

伏炎安：《重评杜亚泉的东西文化调和观》，《吉首大学学报》（社科版）2005年4月第26卷第2期。

高力克：《民初调和思潮述论》，《教学与研究》1998年第5期。

高力克：《现代中国激进主义之再思考》，《华东师范大学学报》2009年第4期。

郭华清：《从宪政到"业治"：章士钊政治思想及其转变》，《历史教学》2004年第9期。

郭世佑：《梁启超："激进—保守"模式的盲区》，《文史哲》2004年第4期。

郭宇宽：《重新审视圣雄的遗产——在甘地遇刺60周年之际》，《南方周末》2008年4月3日。

李慎之：《中国文化传统与现代化——兼论中国的专制主义》，《战略与管理》2000年第6期。

侯建新：《封建主义概念辨析》，《中国社会科学》2005年第6期。

李华兴：《从传播欧洲思想到回归传统文化——〈甲寅〉时期章士钊思想研究》，《史林》1996年第1期。

李海涛：《论政治妥协的功能》，《南京政治学院学报》2005年第6期。

刘黎红：《"调和折衷"在杜亚泉思想中的方法论意义》，《聊城师范学院学报》（哲社版）2001 年第 6 期。

刘黎红：《天演的法则：章士钊、杜亚泉论"新旧调和"》，《锦州师范学院学报》2002 年 7 月第 24 卷第 4 期。

栾亚丽、宋严：《张东荪民主思想探微》，《中共天津市委党校学报》2006 年第 1 期。

龙太江：《政治妥协的根源价值与类型》，《探索与争鸣》2002 年第 5 期。

龙太江：《妥协：一种政治哲学的解读》，《哲学动态》2004 年第 1 期。

龙太江：《论政治妥协与西方民主政治》，《南通师范学院学报》（哲社版）2004 年第 4 期。

龙太江：《政治妥协与西方政治发展》，《广州大学学报》（社科版）2007 年第 3 期。

林宇：《略论宪政妥协的要义》，《南方论刊》2007 年第 8 期。

闫小波：《柏克与梁启超：革命年代的智者》，《江海学刊》2006 年第 4 期。

吕元礼、魏军妹：《民主政治中的妥协原则》，《深圳大学学报》（社科版）2004 年第 1 期。

罗维：《政治妥协的若干模型——以博弈论为分析方法》，《浙江学刊》2009 年第 1 期。

秦晖：《怎样的"左派"和"右派"——读林达〈西班牙旅行笔记〉有感》，《南方周末》2008 年 4 月 24 日。

孙立平：《从政治整合到社会重建》，《瞭望》2009 年第 36 期。

孙景珊：《政治冲突与政治妥协》，《云南社会科学》2007 年第 2 期。

滕峰丽：《章士钊、杜亚泉"新旧调和论"之比较》，《中州学刊》2006 年 3 月第 3 期（总第 153 期）。

万斌、罗维：《论政治妥协》，《浙江学刊》2005 年第 1 期。

万斌、段成利：《政治妥协的伦理困境》，《浙江社会科学》2008 年第 10 期。

王敏、张继良：《李大钊早期宪政思想探析》，《河北师范大学学报》（哲社版）2003 年第 1 期。

万斌、罗许成：《政治妥协的伦理辩护》，《浙江社会科学》2009 年第 4 期。

王国宝、张敏：《试论李大钊的中西文化观》，《兰台世界》2007 年第 3 期。

王绍光：《"公民社会"祛魅》，《绿叶》2009 年第 7 期。

王邦佐：《政治妥协推动政治文明——评〈论政治妥协〉》，《探索与争鸣》2005 年第 2 期。

汪国华：《"预备立宪"百年祭——祭晚清预备立宪中的政治妥协》，《湖南科技大学学报》（哲社版）2007 年第 1 期。

吴敬琏：《"左""右"极端都会给社会带来灾难》，《南方周末》2008 年 4 月 23 日。

萧功秦：《市民社会与中国现代化的三重障碍》，《中国社会科学季刊》（香港）1993 年第 4 卷（总第 5 期）。

萧致治：《李剑农：世界级大史学家——纪念李剑农逝世 40 周年》，《武汉大学学报》（人文科学版）2003 年第 1 期。

杨念群：《"社会"是一个关键词："五四解释学"反思》，《开放时代》2009 年第 4 期。

袁伟时：《辛亥革命的是是非非》，《二十一世纪》2001 年 12 月号。

袁伟时：《政治策略与民初宪政的历史经验》，《战略与管理》2000 年第 6 期。

袁伟时：《袁伟时谈清末民初的政治教训和经济自由》，《深圳商报》2003 年 8 月 9 日。

钟华：《杜亚泉文化思想初探——兼论五四新文化运动的论争》，《史学月刊》1994 年第 4 期。

张宝明：《"调和"与"独行"：李大钊从保守到激进的逻辑依据（1914–1921）》，《史学月刊》2004 年第 1 期。

周石峰：《趋同与离异：张东荪与文化激进主义和文化保守主义》，《青岛大学师范学院学报》2004 年 9 月第 21 卷第 3 期。

邹小站：《民初宪法争衡中的几个问题》，中国社会科学院近代史研究所青年学术论坛 2004 年卷。

张玉法：《民初对制宪问题的争论》，《中央研究院近代史研究所集刊》（台北）第 12 期。

张中秋：《中国传统法律人治精神若干问题辨析》，《南京社会科学》1991 年第 2 期。

张曙光：《论妥协》，《读书》1995 年第 3 期。

赵九州：《政治是关于妥协的艺术——以美国宪法的制定为例》，《科教文汇》2009 年第 7 期。

五　学位论文

罗维：《政治妥协论纲》（博士学位论文），浙江大学，2006。

郑春英：《章士钊调和立国论再研究》（硕士学位论文），清华大学，2004。

六　电子文献

华东师范大学近现代思想史研究室研究方向的介绍。http：//www. ecnu. edu. cn/HSD/hsd100. htm.

托马斯·海贝勒在 2009 年 3 月 1 日于浙江大学劳动保障与公共政策研究中心的演讲：《自上而下地构建中国公民社会结构》，浙大人文社科处网站。http：//rwsk. zju. edu. cn/web_ news. asp？lid＝3&id＝2889.

许纪霖：《在现代性与民族性之间——现代中国的自由民族主义思想（一）》。http：//www. douban. com/group/topic/4534212/

杨念群：《"社会"是一个关键词："五四解释学"反思》。http：//wen. org. cn/modules/article/view. article. php/c12/1077

杨小凯：《百年中国经济史笔记》。http：//business. sohu. com/20041021/n222632877. shtml.

七　外文文献

John Viscount Morley, *On compromise*, London： Macmillan ＆ Co.,

1928.

T. V. Smith, *The Ethics of Compromise and the Art of Containment*, Boston: Starr King Press, 1956.

J. Patrick. Dobel, *Compromise and Politicial Action: Political Morality in Liberal and Democrotical Life Savage*, MD: Promman & Littlefield, 1990.

Martin. Benjamin. Splitting, *The Difference: Compromise and Integrity in Ethics and Politics*, Lawrence Kansas: Universitiy Press of Kansas, 1990.

Richard Bellamy, *Liberalism and Pluralism: Toward A Politics of Compromise*, London and New York: Routledge, 1999.

Alfred I-I. Kelly, Winfred A. Harbison, and Herman Belz, *The American Constitution: Its Origins and Development*, New York: W. W. Norton & Company Inc, 1991.

后　记

原以为书稿完成定有如释重负之感，哪知反倒生出更多的忐忑与不安。无疑，选题"民初宪政危机中的政治调和思潮"极具研究价值，这得益于我的导师高力克先生的学术敏锐性。但是，当我回首整个书稿写作过程时，颇感当初选择这一研究主题确是冒险之举。民初是一个中西古今各种思想交汇碰撞而极富思想魅力的年代，学术底子尚浅，积累欠丰的我时感难以驾驭六位思想代表人物及整个调和思潮，难免时时与被"牵着鼻子走"作"斗争"。不仅如此，当我面对这一写就的书稿时，深觉它不过是个"半成品"，还远未成熟。在所作的努力还远远不够之时，我便将它这样"交差"，难掩心中不安。然而，无论如何足可聊以自慰的是，犹如跟跟跄跄学步之人，我起初的步子尽管姿态不够优雅娴熟，但却有其重要意义，至少使我有机会随着六位思想代表在民初调和思想领域畅游了一番。

需要感谢的人很多。感谢浙江省社会科学院的领导和同事。感谢陈华兴教授、汪俊昌教授、卢敦基研究员、黄宇研究员等领导的指导与关心。感谢政治学所的唐玉、傅歆、唐晓燕、王一胜、王崟屾、余华、李旭等同事的支持和帮助。同样感谢浙江大学的多位教授。高力克教授，人称"高夫子"，学术与人品皆备受同仁推崇。高老师不仅是我的博导，也是我的硕导，2002年至今有幸受其熏陶与督促七年有余。当我写作懈怠或气馁时，只要回首高老师，他总是带着智慧与儒雅，坚定地在那里，给人以无比的慰藉与力量。毛丹教授是另一位要特别感谢的老师。从硕士到博士，我有幸受教于毛老师，他那睿智的头脑与对现实及人性的敏锐洞察力使人终生难忘，其"肩膀一滑"说尤令我记忆犹新，意在督促我们作博士学位论文不能应付了事。感谢陈剩勇教授，以其令人敬佩的学养和深邃的学识使我受益匪浅。感谢极具女学人风范的潘一禾教授与董晓燕教授，聆听她们课上的教诲亦是幸事。还要感谢历史系的陈红民、梁敬明、汪林茂、肖如平等老师曾给予的指导和帮助。

感谢我的同门，陈旭清、胡勇、邵志择、赵卫东、汤洪庆、杨会清、金朝晖、李德成、杨琳、陈丽薇、徐露辉、龙长安、王晓范、项松林、肖海艳、张领、徐伟、徐木兴、秦绪娜、汪维佳、苏光恩、朱晶等；也十分感谢王萍、王燕锋、于爽等同学。他（她）们都伴随我度过了快乐而有压力的研究生时光。

本书得以尽早出版，还要感谢社会科学文献出版社的袁清湘老师，以及浙江省社会科学院科研处的朴姬福老师和李东老师。

最后感谢我的家人，尤其是年迈的外公外婆。

2013 年春于杭州

图书在版编目(CIP)数据

民初宪政危机中的政治调和思潮/胡丽娟著. —北京：
社会科学文献出版社，2013.8
（中国地方社会科学院学术精品文库. 浙江系列）
ISBN 978-7-5097-3987-7

Ⅰ.①民… Ⅱ.①胡… Ⅲ.①政治思想史-研究-中国-
民国 Ⅳ.①D092.6

中国版本图书馆 CIP 数据核字（2012）第 263770 号

·中国地方社会科学院学术精品文库·浙江系列·
民初宪政危机中的政治调和思潮

著　　者／胡丽娟

出 版 人／谢寿光
出 版 者／社会科学文献出版社
地　　址／北京市西城区北三环中路甲 29 号院 3 号楼华龙大厦
邮政编码／100029

责任部门／人文分社 （010）59367215　　　　责任编辑／范明礼
电子信箱／renwen@ssap.cn　　　　　　　　　责任校对／徐兵臣
项目统筹／宋月华　袁清湘　　　　　　　　　责任印制／岳　阳
经　　销／社会科学文献出版社市场营销中心 （010）59367081　59367089
读者服务／读者服务中心 （010）59367028

印　　装／三河市尚艺印装有限公司
开　　本／787mm×1092mm　1/16　　　　　印　　张／23.75
版　　次／2013 年 8 月第 1 版　　　　　　　字　　数／374 千字
印　　次／2013 年 8 月第 1 次印刷
书　　号／ISBN 978-7-5097-3987-7
定　　价／79.00 元